Reise-Taschenbuch

rom

Tanja Schultz

Senkrechtstarter

Aus Roms Ruinen entstand stets Neues. So aus dem Kapitol, einst sakrales Zentrum der antiken Stadt. Michelangelo verwandelte die verfallene Akropolis in einen der schönsten Renaissanceplätze Italiens. Von oben betrachtet verstärkt das ovale Rautenmuster die Illusion eines plastischen Omphalos – als wollte Michelangelo der aus dem Mittelalter erwachenden Stadt einen neuen Nabel aufmalen. Mittelpunkt ist das Kapitol auch heute wieder: Hier lenkt der Bürgermeister die Geschicke der Metropole. Der Platz wurde auf der italienischen 50-Cent-Münze verewigt.

Überflieger

Flaminio

Hier wird's modern

Entspannt shoppen und bummeln

Alta-Moda-Alarm

Tridente •

Prati

Stromaufwärts radeln

So viel Michelangelo …

• Tiber

• Musei Vaticani

• Castel Sant'Angelo

Arme Tosca!

Petersdom •

Grandioser Himmel von Menschenhand

… und noch viel mehr Papst

Pantheon •

Piazza Navona •

Platz da!

Verdiente Aussicht

• Campo de' Fiori

Altes Handwerk

• Gianicolo

Isola • Tiberina

Sportliche Runden drehen

Best Summer Hangout

Bohemien-Romantik

Trastevere

• Villa Doria Pamphilj

Streetart

Testaccio

Rom — Stadt der sieben Hügel am Tiber. Rauf und runter geht's, mal laut in den belebten Gassen, mal mit Vogelgezwitscher durch versteckte Villenparks und Klostergärten. Und Kunst ohne Ende.

- Villa Borghese

Lungen lüften

Trieste

Luftiger Liberty

Dolce Vita in der Konserve

- Via Veneto

San Lorenzo

Oh! Fliegende Münzen

- Fontana di Trevi

Hilfe, Studenten-Movida!

Hippes Dorf

Ethnisch bunt

Esquilin

Dach der Nation

- Vittoriano

Monti

Pigneto

Ruinen

Subkultur

Klosteridylle mit Peepshow

- Forum Romanum und Palatin

Stille!

Celio

Aventin

Tanzhöhlen

Ostiense

Kreuz und quer

Fundstücke — zwischen Tempelruinen und barocken Kirchen, engen Gassen und weiten Parks. Mittendrin lebenslustige Bürger, die ihre kulturellen und gastronomischen Schätze gern Fremden zeigen.

Unterwegs mit der Autorin

Wer Lust hat, mehr zu erfahren über diese fantastische Kunstmetropole, über ihre verborgenen Schätze und Winkel: Ich biete individuelle Stadtführungen in Rom an (tu65.schultz@gmail.com).

Stadt der Kuppeln

Ein Meer von Kuppeln, Campanili und verschachtelten Dachterrassen: Die Altstadtsilhouette der Millionenmetropole ist ohnegleichen. Blühender Oleander und die hohen Schirmpinien verleihen ihr eine arkadische Idylle. An dem lautlosen Spektakel kann man sich nicht sattsehen, vor allem im Abendlicht, wenn sich die terracottafarbene Dachlandschaft orange verfärbt. Wer nicht den Pincio-Hügel erklimmen will, kann den Blick bei einem Aperitif von einer der Roofbars aus genießen.

Übernehmen Sie sich nicht

Um alle Kunstschätze Roms zu würdigen, müsste man wie zur Zeit der ›Grand Tour‹ mindestens ein Jahr in der Stadt verweilen. Gleich wie viel Zeit Sie mitbringen: Haken Sie die Monumente nicht im Schnelldurchgang ab. Weniger kann mehr sein. Lieber wiederkommen.

Die Römer besitzen viel emotionale Intelligenz und sind Meister der Körpersprache. Worte sind nur ein Teil der Kommunikation, Tonlage, Gestik und Mimik sind ebenso wichtig, denn sie sind spontaner und locken den Gesprächspartner aus der Reserve. Wenn Sie Ihr Anliegen mit einem Lächeln und Augenzwinkern begleiten, kommen Sie leichter weiter.

Rom wird modern

Das neue Kongresszentrum in Form einer schwebenden Wolke forderte nicht nur Statiker heraus, seine wandelbaren Räume begünstigen auch neue Kommunikationsformen. Der kühle Minimalismus des Kultur-Hubs Palazzo Rhinoceros von Alda Fendi kontrastiert mit den verwitterten Marmorbögen und Tempeln auf dem antiken Rindermarkt. Auf einem ehemaligen Kasernengelände ist das Museum für Moderne Kunst, MAXXI, entstanden, das den rechten Winkel schmäht. Eine Studentenstadt mit Kulturzentrum zieht in den früheren Großmarkt an der Via Ostiense. Das 230 m lange Bürohaus Orizzonte EUROPA bei der Stazione Tiburtina wurde für sein nachhaltiges Architekturkonzept prämiert. Und selbst die traditionsliebende Gastronomie öffnet sich jüngst fremden, exotischen Geschmacksnoten.

Rom ist ein Eis-Paradies.
Mit dem Spachtel wird die cremige Masse kunstvoll aufgetürmt, um anschließend auf der Straße verzehrt zu werden. Eiscafés kennt man kaum.

Heißen Sommer erwischt? Am weiten Naturstrand von Castelporziano weht immer eine frische Brise.

Geschichte trieft aus allen Steinporen

Selbst Geschichtsmuffel werden in Rom neugierig. Jede Epoche hat ihre Spuren hinterlassen. Jahrhundertelang baute man übereinander, alte Steine wurden wiederverwertet, dasselbe Straßennetz benutzt. Die Antike verfolgt einen auf Schritt und Tritt. Teile von Gebälk sind in Türstürzen, Granitsäulen in Kirchenschiffen zu sehen. Ganze Tempel, wie das Pantheon, wurden zu Kirchen umgeweiht. Der lässige Umgang der Römer mit ihrem Erbe beeindruckt. Wie selbstverständlich bewohnen sie diese Mauern, zaubern aus mittelalterlichen Werkstätten Galerien und Bars und flitzen auf der Vespa durch die engen Gassen, immer mit der neuesten Sonnenbrille auf der Nase.

Inhalt

- 2 *Senkrechtstarter*
- 4 *Überflieger*
- 6 *Kreuz und quer*

- 12 *Stadtlandschaften*
- 14 *Essen ist mehr als satt werden*
- 20 *Flanieren & stöbern*
- 22 *Diese Museen lieben wir!*
- 24 *Nachtschwärmereien*
- 28 *Wo du schläfst, bist du zu Hause*

Vor Ort

Entlang der Via del Corso 34

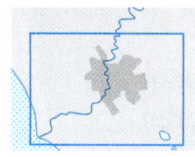

- 37 Rund um den Tridente
- 37 Piazza del Popolo
- 38 *Tour Malerischer Einstieg von oben*
- 41 Santa Maria del Popolo
- 42 *Lieblingsort Restauri Squatriti*
- 43 Um die Piazza Augusto Imperatore
- 45 Nördliche Via del Corso
- 45 Im Spanischen Viertel
- 46 Um die Spanische Treppe
- 48 *Tour Nostalgische Zeitreise*
- 50 San Lorenzo in Lucina
- 50 Auf dem Pincio
- 51 Südliche Via del Corso
- 51 Fontana di Trevi
- 52 Im Regierungsviertel
- 54 Rund um die Piazza Venezia
- 56 Museen
- 59 *Zugabe Hilfe, Low-Cost-Touristen!*

Die Altstadt im Tiberknie 60

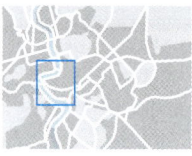

- 63 Um die Piazza della Rotonda
- 63 Pantheon
- 65 Piazza della Minerva
- 68 Am Corso del Rinascimento
- 70 Um die Piazza Navona
- 70 Piazza Navona
- 71 Fontana dei Fiumi
- 72 Sant'Agnese in Agone
- 72 Santa Maria della Pace
- 72 Via dei Coronari
- 73 *Lieblingsort Caffetteria del Chiostro del Bramante*
- 74 Corso Vittorio Emanuele II
- 74 Il Gesù, Sant'Andrea della Valle
- 75 Campo de' Fiori
- 77 Um den Campo de' Fiori
- 78 Palazzo Farnese
- 78 Via Giulia
- 78 Palazzo Spada
- 79 Largo di Torre Argentina
- 79 Vor den Toren des Ghettos
- 80 Jüdisches Viertel

- 81 Museen
- 82 *Tour* Zwischen gestern und heute
- 86 *Zugabe* Die Lebenskünstler der Hutmachergasse

Das antike Zentrum 88

- 91 Forum Romanum
- 100 Palatin
- 103 Palast von Domitian
- 104 Kaiserforen
- 106 Zwischen Forum und Kolosseum
- 107 Kolosseum
- 108 *Tour* Wo die Löwen Fahrstuhl fuhren
- 110 Kapitol
- 113 Zwischen Kapitol und Tiber
- 115 Museen
- 117 *Zugabe* Nashorn im Haus

Im Süden von Rom 118

- 121 Aventin
- 124 *Tour* Mit dem ›Streitwagen‹ auf den Hügel
- 126 Testaccio
- 128 Cimitero Acattolico
- 128 Ostiense
- 129 Aurelianische Mauer
- 129 Città dei Giovani
- 129 San Paolo fuori le Mura
- 130 Garbatella
- 131 EUR-Viertel
- 132 Via Appia Antica
- 133 Museen
- 134 *Tour* Auf antiken Wegen
- 139 *Zugabe* Kunst als Smogfresser

Vatikan und Prati 140

- 143 Im Schatten des Vatikans
- 143 Castel Sant'Angelo
- 143 Ponte Sant'Angelo
- 144 *Lieblingsort* Stuffetta di Clemente VII
- 145 Via della Conciliazione
- 145 Campo Santo Teutonico
- 145 Vatikan
- 146 Petersplatz
- 148 Petersdom
- 152 Musei Vaticani
- 157 Cappella Sistina
- 160 Giardini Vaticani
- 161 Prati
- 162 *Tour* Die irdische Version des Paradieses
- 165 *Zugabe* Himmlische Tore

Trastevere und Gianicolo 166

- 169 Isola Tiberina
- 169 Östlich des Viale di Trastevere
- 172 Um die Porta Portese
- 173 Im Herzen von Trastevere
- 173 Piazza Sonnino
- 173 Piazza Santa Maria
- 174 *Tour Raus aus der Asphaltwüste, hoch ins Grüne*
- 177 *Lieblingsort Piazza Sant'Egidio*
- 178 Via della Lungara
- 180 *Tour Rom gegen den Strom*
- 183 *Zugabe Lebensader und Fluch*

Villa Borghese und der Norden 184

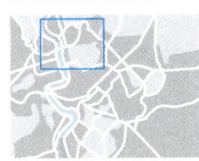

- 187 Villa Borghese
- 188 *Lieblingsort Piazza di Siena*
- 189 Flaminio
- 190 Abstecher zum Foro Italico
- 192 Museen
- 194 *Tour Bei der spießigen Upperclass*
- 198 *Tour Moderne Architektur*
- 201 *Zugabe Römische Sonnenschirme*

Viminal, Quirinal, Monti und Nomentano 202

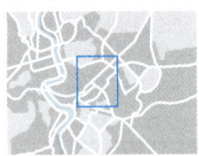

- 205 Um die Piazza della Repubblica
- 205 Terme di Diocleziano
- 208 Stazione Termini
- 208 An der Via Nazionale
- 208 Quirinal
- 209 Via Venti Settembre
- 209 Via del Quirinale
- 210 Piazza del Quirinale
- 211 Piazza Barberini
- 212 *Tour Das hippe Dorf der Freigeister*
- 214 Ludovisi
- 214 Via Veneto
- 214 Via Nomentana
- 216 *Tour Ein Architektur-Bilderbuch im Landschaftsgarten*
- 218 Museen
- 220 *Zugabe Wie lebt es sich in Monti?*

Esquilin, Celio und Roms Osten 222

- 225 Esquilin
- 225 Rund um den Colle Oppio
- 229 Santa Maria Maggiore

230	*Tour* Wo die Welt zu Hause ist
232	Zwischen Stazione Termini und Piazza Vittorio
233	Lateran
233	San Giovanni in Laterano
235	Rund um die Piazza San Giovanni in Laterano
235	Entlang der Stadtmauer
236	Celio
236	Um die Villa Celimontana
237	Santo Stefano Rotondo
237	San Clemente
238	Santi Quattro Coronati
239	San Lorenzo
240	*Tour* Zwischen Poesie und Chaos
242	Pigneto
243	*Lieblingsort* Mercato Centrale
245	*Zugabe* Kunst einer anderen Welt

Ziele in der Umgebung 246

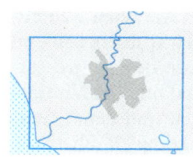

249	Lido di Ostia
249	Ostia Antica
250	Area Archeologica del Porto di Traiano
251	Tivoli
252	Ninfa
253	*Zugabe* Glanzzeit eines Strandbads

Das Kleingedruckte

254	Reiseinfos von A bis Z
266	Sprachführer
268	Kulinarisches Lexikon

Via Daniele Manin in der Nähe der Stazione Termini

Das Magazin

273	Take it scialla!
274	Der grüne Papst und sein Paukenschlag
277	Juden in Rom
280	Unregierbare Hauptstadt
283	Achterbahnfahrt
286	Youth Drain
288	Das zählt
290	Wo liegt die Schallgrenze?
294	Kurz und gut
295	Romanesco wird Kult
296	Retter des römischen Kulturerbes
299	Reise durch Zeit & Raum
302	Stars der Antike
304	Gratis-Gemeingut

306	Register
311	Autorin & Impressum
312	Offene Fragen

Stadtlandschaften

Stadt der Emotionen — Mal dörflich, dann große Metropole, die einen durch die Epochen wirbelt. Ihrer sprudelnden Energie und hinreißenden Schönheit kann keiner entsagen.

Die Ausmaße der Metropole Rom hat man am besten vom Gianicolo-Hügel auf der rechten Tiberseite im Blick: die verwinkelte Altstadt in der Senke der Tiberschleife, im Osten halbkreisförmig eingefasst von den historischen sieben Hügeln. Wie grüne Kleckse liegen die Villenparks um die Altstadt verstreut. Dahinter verschwimmen die neuen Wohnquartiere vor der Kulisse der Tiburtinischen Berge.

Innerhalb der Stadtmauer

Die Innenstadt, UNESCO-Weltkulturerbe, ist identisch mit dem antiken Stadtgebiet. Von der einst 19 km langen Stadtmauer aus dem 3. Jh., den *mura aureliane*, sind noch fast 12 km erhalten. Der Charme des *centro storico* ist einzigartig. Mit 25 000 Monumenten aus 2800 Jahren Kulturgeschichte enthält es die weltgrößte Dichte an Denkmälern.

Besonders quirlig ist das **Altstadtviertel** um das Pantheon im Tiberknie, das ehemalige Marsfeld. Zwischen Palästen und Kirchen verstecken sich peppige Modeläden, alte Werkstätten, Kunstgalerien, trendige Restaurants und Roofbars. Die Altstadt lässt sich am besten zu Fuß erkunden.

Volkstümlich geht es im jüdischen **Ghetto** zu. Abends zieht die *movida* durch das Dreieck zwischen Campo de' Fiori, Engelsburg und Pantheon.

Vatikanseite

Inbegriff des pittoresken Rom ist **Trastevere** auf der westlichen Tiberseite, dessen Bewohner sich als Ur-Römer bezeichnen. Nördlich davon empfängt der **Petersplatz** die Besucher mit offenen Armen. Der Dom und die Vatikanischen Museen sind Publikumsmagneten. Erholung von den Menschenmassen bietet das schachbrettartige Viertel **Prati** mit seinen Modeläden und Cafés.

Wo sind die sieben Hügel?

Von den klassischen Hügeln sind manche kaum mehr als Anhöhen wahrzunehmen. Die Senken wurden während des Baubooms Ende des 19. Jh. aufgefüllt. Der **Quirinal** und der **Viminal** sind mit Ministerien und dem Staatspräsidentenpalast komplett überbaut. Andere Hügel sind grüne Lungen wie der **Celio** und der **Aventin,** die von alten Ordenskirchen und Klostergärten geprägt werden. Das Herz des antiken Rom, das **Forum Romanum,** die **Kaiserforen,** der **Palatin** mit dem Kaiserpalast und das **Kapitol,** bilden einen offenen archäologischen Park. Er wurde schrittweise vom Verkehr freigeschält. Am Ostrand stemmt sich das alles überragende Kolosseum gegen die Zeit. Den besten Blick auf die antike Ruinenlandschaft hat man vom Kapitol, dem Sitz des Bürgermeisters.

Auf dem dicht besiedelten nördlichen **Esquilin** herrscht multikulturelles Treiben zwischen bedeutenden frühchristlichen Kirchen. Angelpunkt ist der Kopfbahnhof Termini mit seiner Hotelzone und dem Esquilin-Markt. Ein Mix aus Kultur und ethnischer Gastronomie verwandelt derzeit die Via Merulana in eine beliebte Ausgehstraße neben dem kleinen, hippen **Monti**. Weiter östlich, zur Stadtmauer hin, steht stolz die erste offizielle Kirche der Christen und der alte Papstsitz, der **Lateran**.

Außerhalb der Mauern

Das Grün, das die Altstadtgassen entbehren, ballt sich in den vielen Villenparks um die Stadtmauer. Sie sind Freizeitoasen und die Hausgärten der Römer. Reich mit Bäumen und Grünflächen gesegnet sind die Wohnviertel im Norden. Die Sportstätten im Stil des Rationalismus, das neue Kunstmuseum und das Auditorium von internationalen Stararchitekten machen den **Flaminio** zum Synonym für moderne Architektur. In den Nachbarvierteln **Parioli** und **Trieste** oberhalb der Villa Borghese lebt das gehobene Bürgertum. Sie entwickeln immer mehr Eigenleben, bieten schöne Lokale und Geschäfte. Die junge alternative Szene hingegen ist zum Stadtrand abgewandert, wo sie ungeachtet der Sperrstunde auf der Straße weiterfeiern kann, wo die Mieten noch bezahlbar sind und Streetart willkommen ist. Der **Testaccio** am alten Schlachthof und **Ostiense** im verlassenen Industriegebiet, **San Lorenzo**, Stadtteil der Eisenbahner nahe der Universitätsstadt, und das schräge **Pigneto** im Osten sind ehemalige linke Arbeiterviertel, in denen sich ein reges Kultur- und Nachtleben entfaltet. Zu neuem Leben erwacht auch das im Faschismus entstandene **EUR** mit avantgardistischer Architektur und Freizeitparks.

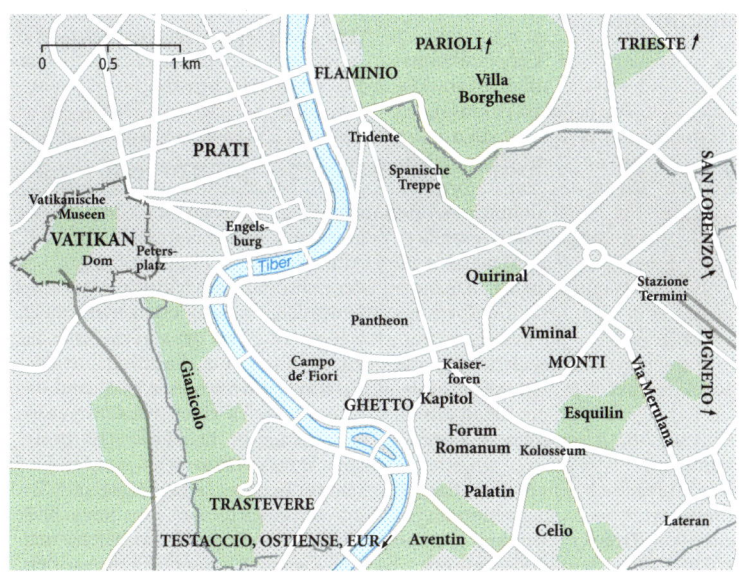

Essen ist mehr

In der römischen Küche regiert das Volk — und nicht der Adel oder der Papst. Urrömisch essen heißt in die Geheimnisse einer raffinierten Arme-Leute-Küche einzutauchen: geschmorte Innereien, Schweinebraten in Salzkruste, Pecorinokäse, frittierte Artischocken oder Zucchiniblüten. Wem die deftige Bauernkost zu schwer ist, der hält sich an die vielen mediterranen Gerichte – Einfluss der nahen Meeresküste. Die Römer lieben gegrillten Fisch, frisches Gemüse und Obst. Und nicht zu vergessen: die Kunst des *gelataio!*

Buongiorno!

Wer abends spät isst, hat morgens keinen Hunger. Kinder tunken zu Hause Kekse ins Milchglas, während die Eltern auf dem Weg ins Büro einen Cappuccino und ein süßes *cornetto* an der Bar einnehmen – im Stehen. Keine Vorurteile! Die Bars verbreiten morgens gute Laune: Der Duft des gerösteten Kaffees, das Geklapper der Tassen, der kurze Plausch mit den Nachbarn *(ciao Gigi, come va?),* die ofenfrischen Hörnchen.

Kulinarischer Alltag – ›pranzo‹ und ›cena‹

Berufstätige essen mittags nur wenig: ein Stück Pizza auf die Hand, eine Pasta oder einen Salat in einer *tavola calda*. Man hebt sich den Hunger für die *cena* (20–22 Uhr) auf, geselliger und kulinarischer Höhepunkt des Tages. Snacks zwischendurch sind verpönt, genauso wie allein zu essen – *che tristezza!* Die Familie versammelt sich unter der Woche meist am ordentlich gedeckten Küchentisch.

Römer lieben es, mit Freunden essen zu gehen. Sonntagmittag finden oft Familiengelage an langen Tischen statt – im Sommer gern im Freien, besser noch auf dem Land oder am Meer.

Ein komplettes Menü schafft heute kaum mehr einer. Dennoch wird für alle am Tisch immer in dieser Reihenfolge bestellt und aufgetragen: *antipasto* (Vorspeise), *primo* (Pasta, Risotto oder Suppe), *secondo* (Fleisch oder Fisch) mit *contorni* (Gemüse-, Kartoffel- oder Salatbeilage) und *dessert* (Nachtisch).

Die ›cornetti‹ werden mit verschiedenen Cremes oder mit Marmelade gefüllt.

als satt werden

Königin des Gourmet-Streetfood ist die geschnittene Pizza vom Blech – pizza a taglio. Sie ist eine römische Erfindung und schmeckt anders als der runde, harte Teigfladen aus dem Holzkohleofen. Das Gute: Man kann von jeder Sorte nur einen Streifen kosten. Bezahlt wird nach Gewicht. Die Auswahl an Belag wie Gemüse, Schinken, Käse, Pilze, Krabben oder Salat, warm oder kalt, ist endlos und Innovationen unterworfen. Kein Wunder, dass die Stehpizzerien mittags zu Hauptanlaufstellen von Schülern und Berufstätigen geworden sind. Letzter Trend: Trapizzino, eine mit Fleischsoße oder Gemüse gefüllte, dreieckige Pizzatasche. Ein Patent des Römers Stefano Callegari.

Im Trend: Sushi, Fusion & Vegetarisches

Gefüllte, frittierte Zucchiniblüten werden als Vorspeise zur Pizza gegessen.

Trotz der Liebe zur eigenen Tradition ist Rom auch kulinarischer Meltingpot anderer italienischer Regionen. Einwanderer und Millennials haben den Gaumen für die Küchen aus Asien und Afrika geöffnet. Der Renner sind Sushi-Lokale, gefolgt von Chinesen, Indern und Libanesen. Neuester Trend ist *fusion food*, das italienische und asiatische oder brasilianische Geschmacksnoten kombiniert. Um fleischlos zu essen, muss man in Rom nicht unbedingt in ein vegetarisches Restaurant gehen. Bekannte vegetarische Gerichte sind *parmigiana* (Auberginenauflauf), *pomodoro al riso* (mit Reis gefüllte Tomaten), *polpette di verdure* (Gemüsebratlinge), alle Risotto-Gerichte und die vielen Suppen aus Gemüse und Hülsenfrüchten *(zuppe, vellutate)*. Wenn Sie ein reines Gemüsegericht wünschen, fragen Sie nach einem Teller gegrilltem oder gedünstetem Gemüse *(verdure grigliate/lessate)*.

Eisfieber

Sahne, ›panna‹, gibt es meistens kostenlos dazu.

Schon Kaiser Nero verkühlte sich den Magen mit zu viel Sorbet, das aus mit Früchten, Honig und Rosenwasser vermischtem Schnee bestand. Die Eisblöcke ließ er vom Monte Terminillo herbeischleppen. Mit etwa 1430 *gelaterie* hält Rom den Rekord in Italien. Einige versuchen sich mit Qualität und Naturreinheit der Zutaten aus der Masse herauszuheben wie Gracchi oder Fatamorgana. Otaleg und San Crispino, preisgekrönt, erproben antike Rezepte wie Ricotta mit Birne oder Walnusscreme mit getrockneten Feigen. *Artigianale,* handgemacht, heißt nur, dass der letzte Arbeitsschritt, das Vermischen von Basiscremes mit Früchten o. Ä., beim Produzenten stattfand. Vorsicht bei bonbonfarbenen Sortimenten. Im Hochsommer sind die *grattachecche*, geschabtes Eis mit Fruchtsirup, herrliche Gaumenkühler. Es gibt sie in Kiosken oder an fahrenden Eisbuden am Strand.

Apericena-Kult

Rom ist die Stadt der Bars. Sie begleiten den Bürger von den ersten Morgenstunden bis – und das ist neu – in den späten Abend. *Apericena*, ein Mix aus *aperitivo* und *cena*, ist die letzte Mode aus dem avantgardistischen Mailand. Die Buffets aus *pizzette, fritti*, Couscous und verschiedenen Salaten sind meist so reichlich, dass sie ein Abendessen ersetzen, und das für 12–20 €. Ein besonderer Luxus sind die Aperitif-Bars auf Dachterrassen, die mit sensationellen Ausblicken auf die Kuppeln Roms locken. Schön gelegen sind auch viele Museumscafés.

Buon appetito – aber wohin zum Essen*

Rund 8000 Lokale warten auf Sie, mindestens eines wird in Ihrer Nähe sein, egal, wo sie wohnen. Ein Blick auf die Speisekarte am Eingang erspart Überraschungen. Lokale mit stylischem oder folkloristischem Outfit sind immer etwas teurer, vor allem an reizvollen Plätzen. Alte, unrenovierte Trattorie haben oft die bessere Küche.

Trastevere ♀ G–J 8–13: Das In-Viertel hat die meisten pittoresken Trattorie, Enoteche und Pubs (mit TV für Fußballspiele), oft mit Tischen im Freien zwischen Blumenkübeln. Beliebt bei jungem Publikum.

Ghetto ♀ J 9/10: Die jüdisch-römische Küche ist so alt wie die Gemeinde selbst. Bistros und Restaurants beleben die volkstümliche Via di Portico d'Ottavia bei der Synagoge.

Um den Campo de' Fiori ♀ H 9: Vom eleganten Speiselokal bis zur rustikalen Taverne und Weinbar gibt es für jeden Geschmack und Geldbeutel das Richtige.

Testaccio ♀ H–K 12–15: Rund um den alten Schlachthof bekommt man beste urrömische Küche. Tagsüber gibt es einen authentischen Markt mit Essständen.

Piazza Alessandria ♀ M/N 6: Um die Liberty-Markthalle des gutbürgerlichen Wohnviertels gruppieren sich neue trendige Lokale neben alteingesessenen Pizzerie. Hier trifft man nur Einheimische.

* Wo Sie in den verschiedenen Stadtgegenden gut essen können, steht an Ort und Stelle im Buch.

TYPISCH ROM

Klassiker: *Bucatini all'amatriciana,* dicke Spaghetti in Tomatensoße, die ihre Würze durch gerösteten Wangenspeck und Pecorino erhält; *Tonnarelli cacio e pepe,* kantige Spaghetti, in einer gepfefferten Pecorino-Creme gewälzt. Donnerstags gibt's *gnocchi alla romana,* überbackene Grießklößchen. *Saltimbocca,* zarte Kalbsschnitzel mit Schinken und Salbei, hat Eingang in die internationale Küche gefunden.

Innereien: Aus den Resten des Schlachtviehs zauberte das Volk wahre Delikatessen: *coratella* (eingekochtes Herz und Lunge vom Lamm), *trippa alla romana* (butterzarte Rinderkutteln in würziger Tomatensoße), *coda alla vaccinara* (Ochsenschwanz), oder *rigatoni alla pajata* (Nudeln mit gebratenem Darm vom Milchkalb). Ein Festessen ist *abbacchio,* Milchlamm.

Sommerkost: Im Sommer wird Fisch bevorzugt. *Spaghetti alle vongole* (Venusmuscheln), gegrillte *spigola* (Seebarsch) und *orata* (Goldbrasse). *Baccalà* (Stockfisch) gibt es fettgebacken oder in Wein mit Rosinen und Pinienkernen gedünstet *(in umido)*.

Kartoffeln und Gemüse: Müssen meist dazu bestellt werden. Klassiker sind *carciofi* (Artischocken), die gesunde *cicoria* (bittere Zichorie) oder *agretti* (Zichoriensalat). Salat ist als Beilage oder Vorspeise üblich.

Wein: Zur regionalen Küche passt der trocken-fruchtige Frascati. Zum Rotwein (Montepulciano) greifen die Römer nur im Winter.

Sonderwünsche können Sie gern äußern, z. B. für Kinder und bei Allergien. Glutenfreie Pasta *(senza glutine)* haben fast alle Restaurants vorrätig.

Ausgewählt

Bar & Apericena

Seite 54

🟥 **Terrazza del 9 Hotel Cesàri:** Die liebevoll bepflanzte Dachterrasse des alten Hotels gewährt eine grandiose Aussicht. 📍 Karte 3, **J 8**

Seite 57

🟥 **Zuma:** Japanische Küche und exotische Cocktails auf dem Palazzo Fendi – mit Blick auf die Glaskuppel von Stararchitekt Fuksas. 📍 Karte 3, **J 7**

Seite 244

🟥 **Ciacco:** Die Enoteca ist bekannt für ihre üppigen Beilagen zum Wein, die aus dem lokalen Bioanbau stammen. 📍 **O 8**

Bewährt

Seite 84

🟥 **Pierluigi:** Gediegenes Fischlokal (1939) auf einem der romantischsten Altstadtplätze, fern vom Trubel. 📍 Karte 3, **H 9**

Seite 84

🟥 **La Fiaschetta:** Eine urige kleine Osteria mit viel Flair und familiärer Stimmung. Die römischen Spezialitäten kommen direkt aus der Pfanne auf den Teller. 📍 Karte 3, **H 9**

Seite 161

🟥 **Trattoria La Vittoria:** In dem gemütlichen Lokal nahe dem Petersdom tafelt der Klerus seit Jahrzehnten. Gute Lammgerichte. 📍 **F 8**

Seite 179

🟥 **Da Enzo al 29:** Einheimische stehen Schlange für die *pasta alla gricia* bei Enzo in Trastevere. Von Eataly zur besten Trattoria 2019 gekürt. 📍 **J 11**

Seite 182

🟥 **Trattoria Pizzeria da Gino alla Villetta:** Familiengeführte Trattoria in einer stillen Ecke von Trastevere. Unverfälschte Hausmannskost und knusprige Pizza. 📍 **J 11**

Seite 241

🟥 **Pommidoro:** Alteingesessenes, von Journalisten und einst Pasolini frequentiertes Lokal in San Lorenzo, Wildschwein- und Lammgerichte und Klassiker der römischen Küche. 📍 **P 9**

Angesagt

Seite 84
■ **Giulio passami l'olio:** Familiäre Enoteca mit Tischen draußen, über 1000 Weine begleiten feine Gerichte, homemade. 📍 Karte 3, **H 8**

Seite 179
■ **Rione 13:** In der stylischen Osteria mit Sofaecken für den Aperitif und Tischen draußen hängt die kreative Szene gern ab. 📍 **H 11**

Seite 197
■ **Aroma Osteria Flaminio:** Beliebtes Fischlokal mit jugendlichem Esprit beim Teatro Olimpico. 📍 **G 3**

Süße Träume

Seite 57
■ **Venchi:** Der Turiner Pralinenfabrikant lässt den Schokosegen in Kaskaden über die Ladenwand laufen. 90 Eissorten ohne künstliche Aromen. 📍 Karte 3, **J 8**

Seite 84
■ **Gelateria del Teatro:** Eislabor zum Zuschauen, Nüsse und Pistazien werden gehackt, Zitronen ausgepresst, Früchte püriert. 📍 Karte 3, **H 8**

Seite 219
■ **Gelateria La Romana:** Die nette Bedienung, großzügige Portionen und viele Extras wie *panna allo zabaione* locken die Jugend in Scharen in die Gelateria-Kette aus Rimini. 📍 **M 7**

Seite 242
■ **Pasticceria Regoli:** Seit 1916 verführt Familie Regoli mit feinsten Torten und Gebäck. Von den *mignon*, den Mini-Obsttörtchen, bestellt man am besten gleich ein halbes Dutzend. 📍 **M 9**

Veggie & Co.

Seite 49
■ **Il Margutta:** In dem vegetarischen Lokal voller Bilder schaffen es die Geschäftsleute aus dem Viertel ihre Linie zu halten – und trotzdem nicht zu hungern. 📍 **J 6**

Seite 56
■ **Ginger:** Das schicke weiße Restaurant mit Pflanzen und exotischer Obsttheke ist der Hit unter Bio-Fans, morgens Müsli-Bar. 📍 Karte 3, **J 7**

Seite 82
■ **Su'Ghetto:** Jüdisch-römische Küche mit innovativem Anstrich in gemütlicher Ghetto-Hosteria. 📍 Karte 3, **J 10**

Seite 164
■ **L'Officina:** Das farbenfrohe In-Lokal in einer ehemaligen Werkstatt bietet eine gastronomische Weltreise, Fusion aus mediterranen und asiatischen Gerichten. ›Open minded‹ sind auch die Gäste. 📍 **G 5**

Seite 197
■ **Chopsticks Parioli:** Trendiges Lokal mit jugendlichem Publikum, reiche Speisekarte, u. a. Sushi und brasilianische Spezialitäten. ›All-you-can-eat‹-Menü oder Essen à la carte. 📍 **M 5**

Seite 244
■ **Soul Kitchen – La cucina dell'anima:** Das lebhafte Bistro begeistert mit seinem Flair und den apulisch-afrikanischen Kreationen, auch Fischgerichte. 📍 **P 8**

Flanieren

An Schaufenstern entlanglaufen — durch Märkte stöbern, das Besondere entdecken …

Schaufenstermeilen

Via del Corso: ♥ J/K 6–9
Bekannteste, nachmittags überlaufene Shoppingmeile mit den großen Ketten (H&M, Nike etc.), junge trendige Mode, Schuhe, alle Sneaker-Marken. S. 34

Via Condotti: ♥ J/K 7
Eleganteste und teuerste Ecke Roms, wo die Flaggschiffe der Alta Moda ankern. Die schrillen Auslagen in den Schaufenstern sind nur Blickfänger. Innen gibt es die tragbare Linie. S. 45

Via dei Giubbonari: ♥ H/J 9
Kleine Boutiquen mit individueller, flippiger Mode (moderate Preise). S. 85

Via di Governo Vecchio: ♥ H 8/9
Ausgefallene, elegante Einzelstücke, lohnt für den Schlussverkauf. S. 85

WO ROM EINKAUFT

Rom hat viele gut sortierte Supermarktketten (8–20 Uhr und länger). Conad-Carrefour und Todis besitzen Filialen mit 24-Std.-Service. Die Biokette NaturaSì ist im Zentrum mit fünf Läden vertreten. Supermärkte außerhalb der Mauern sind billiger.

Via Nazionale: ♥ K–M 8/9
Laut und beliebt wegen der günstigen Marken (z. B. Celio und Tezenis) und der guten Schuhläden. Modischer Mainstream. S. 208

Flohmärkte

Mercato Borghetto Flaminio: ♥ H 5
Ein Original, das den Namen noch verdient. Porzellan, Klamotten, Schuhe, Bilder u. v. m. S. 194

Mercato Salario: ♥ M 5
Kleiner Lebensmittel- und Kleidermarkt. An den ständig wechselnden Klamotten- und Taschenständen findet man häufig Schnäppchen. S. 197

Mercato Monti: ♥ L 9
Liebhaber von Vintage-Mode werden auf dem ausgefallenen Designer-Markt im Hotel Palatino fündig. S. 212

Erst mal schauen, was angeboten wird.

Fundstücke

Seite 58
🛍 **COS:** Der Edel-Ableger von H&M bietet coole, avantgardistische Mode zu bezahlbaren Preisen. 📍 Karte 3, **J 7**

Seite 58
🛍 **Mia Home Design Gallery:** Tolle Interieur-Designstücke vom Sofa bis zum Teller. Inspirierend. 📍 **J 7**

Seite 85
🛍 **Regola71:** Elegantlässige Designerstücke aus edlen Materialien, schöne Tücher. Auch Outlet. 📍 Karte 3, **H 9**

Seite 197
🛍 **Blue Marlin & Co:** Kultladen in Parioli, ausgefallene Kleider, Hosenanzüge, Jacken und Schuhe in einem Vintageladen. Edel-Hipster-Laden für ›Ihn‹ gleich nebenan. 📍 **M 5**

Märkte

Seite 127
🛍 **Mercato Testaccio:** Authentischer Stadtteilmarkt in freundlicher Halle mit Essständen. 📍 **H/J 13**

Seite 230
🛍 **Nuovo Mercato Esquilino:** Lebendiger Großmarkt, Frisches und Gewürze aus fünf Kontinenten. Großes Fischsortiment. 📍 **N 9**

Seite 243
🛍 **Mercato Centrale:** Gourmettempel im Bahnhof Termini, regionale Spezialitäten, tolles Streetfood. 📍 **N 9,** 🛍

Bio- und Regionalmärkte: Campagna Amica (📍 **K 10**) nahe Circo Massimo (mit Essensständen). Weitere Märkte s. www.romasostenibile.it

Von Kopf bis Fuß

Seite 58
🛍 **Rinascente:** Luxus-Kaufhaus mit allen bekannten Marken, auch Lingerie, Kosmetik und Interieur. 📍 Karte 3, **K 8**

Seite 58
🛍 **BallereTTe:** Peppige, junge Schuhmode für jedes Alter. Spezialisiert auf Ballerina-Modelle. 📍 Karte 3, **J 8**

Seite 85
🛍 **Monica Coscioni Design:** Individueller, großformatiger Silberschmuck, der auf jedem Kleidungsstück Blickfang ist. 📍 Karte 3, **J 8**

Seite 164
🛍 **Antica Manifattura Cappelli:** Die historische Werkstatt ist ein Eldorado für Hutfetischisten. 📍 **F 7**

Seite 219
🛍 **LOL:** Wer es lässigelegant, mit dem gewissen Etwas liebt: Mode, Schmuck und Schuhe in restaurierten Räumen mit Designermöbeln à la Julia Roberts. 📍 Karte 3, **L 9**

Diese Museen …

Über 100 Museen besitzt Rom — aber welche lohnen wirklich? Hier einige Empfehlungen.

Musei Capitolini

Das älteste Museum der Welt hoch oben auf dem Kapitol zeigt eine fantastische Antikensammlung in prächtig ausgemalten Sälen. Zu den Highlights zählen die Originalbronzen der Wölfin und der Reiterstatue des Mark Aurel. S. 115, ♥ Karte 3, **K 9/10**

Musei Vaticani

Jährlich locken Michelangelos Fresken in der Sixtina und die Raffael-Stanzen 6 Mio. Besucher in die weltberühmten Sammlungen der Päpste. Der Andrang macht es schwierig, die Werke in Ruhe zu betrachten. Beschäftigen Sie sich im Vorhinein mit den Epochen und der Kunst, die Sie sehen möchten, und reservieren Sie am besten. S. 152, ♥ **E/F 7/8**

Galleria Borghese

Die Königin der Privatsammlungen ist hochkarätig und übersichtlich. Besucher verharren vor den hauchdünnen Lorbeerblättern, die sich um den Leib der Daphne ranken. Unfassbar, wie der blutjunge Bernini den Marmor zu verwandeln wusste. Oder Canova. Als er Napoleons Schwester Paolina als Liebesgöttin verewigte, ließ er kein Detail aus, beispielsweise die Venusgrübchen … Eine Reservierung ist obligatorisch. S. 192, ♥ **L 5/6**

Galleria Doria Pamphilj

Einen Einblick in die Wohnkultur des kunstwütigen Adels vermitteln die angestaubten Privatgemächer der Pamphilj. Bis unter die Decke stapeln sich Gemälde europäischer Meister wie Raffael, Tizian, J. Brueghel d. Ä., Caravaggio und Poussin. S. 56, ♥ Karte 3, **J/K 9**

MUSEUMSBESUCHE PLANEN

Die meisten Museen sind montags geschlossen. Ausnahmen: Musei Vaticani, Musei Capitolini, Villa Adriana, Villa Farnesina, Galleria Doria Pamphilj, Ara Pacis. **Giornate Fai:** Sonderöffnung von Palazzi, Höfen, Gärten etc., www.fondoambiente.it

Palazzo Massimo alle Terme

Kunst mal nicht gestapelt. In großen, hellen Sälen sind antike Kostbarkeiten wie die Bronzefigur eines Faustkämpfers mit gebrochenem Nasenbein oder das liebliche Gartenfresko der Livia-Villa in Primaporta präsentiert. S. 218, ♥ M 8

Metropoliz – MAAM

Familien ohne Bleibe besetzten eine ehemalige Salamifabrik. Videomaker Giorgio de Finis forderte internationale Streetart-Künstler auf, das Leben in der multiethnischen WG vor Ort zu dokumentieren. S. 245, ♥ östl. S 10

Centrale Montemartini

Die Kapitolinischen Museen zu entrümpeln und 400 Werke im stillgelegten Elektrizitätswerk aufzustellen, entpuppte sich als Erfolgsidee. Neben Dampfturbinen schimmern die Marmorkörper griechischer Heroen. S. 133, ♥ Karte 2, J 15

Galleria Nazionale d'Arte Moderna

Wer etwas über Italiens Beitrag zur modernen Kunst erfahren will, ist in den lichten, kaum besuchten Sälen gut aufgehoben. Im Fokus stehen Futurismus, Pittura Metafisica und Neorealimus mit Werken von Umberto Boccioni, Giacomo Balla und Giorgio de Chirico u. a. Marcel Duchamp ist mit vier Readymades vertreten. S. 193, ♥ K 5

Villa Giulia

Die schmucke Papstvilla am Rand des Borghese-Parks beherbergt die größte Sammlung zur Kultur der Etrusker. Das lebensfrohe und doch rätselhafte Volk stellte die ersten Könige. S. 196, ♥ J 5

FREIER EINTRITT

In allen staatlichen und städtischen Museen und Monumenten: bis 18 Jahre; Behinderte (inkl. Begleitung). Für alle am 1. So im Monat und während der *settimana dei musei* (6 Tage, meist im März).
Museo Carlo Bilotti, Museo Barracco, Museo delle Mura, Galleria 4 del MAXXI: Eintritt frei zur ständigen Ausstellung Di–So, zur wechselnden Ausstellung am 1. So im Monat.
Musei Vaticani: letzter So im Monat 9–14 Uhr, Kassenschluss 12.30 Uhr (mind. 1 Std. vor Öffnung kommen).

… lieben wir!

Nachtschw

Chillen auf Römisch: in einer der Bars am kühlen Tiberufer

Sobald die Sonne untergeht, verwandeln sich die römischen Plätze in Pubs und Enoteche unter freiem Himmel. Mit einem Getränk in der Hand steht das Jungvolk in Gruppen zusammen und klönt – *a bivaccare* sagt man in Rom. Die *movida* zieht von Platz zu Platz. Wer nicht stehen mag, geht in eine der vielen Book- oder Cocktailbars oder setzt sich auf den Brunnenrand.
Samstags meiden Stadtrömer allerdings das Zentrum. Dann nehmen es die Vorstädter und Touristen in Beschlag. Dafür entwickeln die Wohnquartiere immer mehr eigenes Nachtleben mit trendigen Bars und Restaurants. Hier ist man unter sich. Die Szene ist schon lange in die Peripherie geflüchtet, in das städtische Unterholz des Pigneto, wo die Sperrstunde nicht so genau kontrolliert und mit alternativer Musik und Filmkunst experimentiert wird.
Wer tanzen will, muss bis Mitternacht warten. Die Diskothekenmeile liegt rings um den Testaccio und im benachbarten Ostiense. Das Zentrum hat eher kommerzielle Edelschuppen. Die Türsteher selektieren nach Gutdünken. Probieren Sie es einfach im nächsten Laden. Ein neuer Szenetreff etabliert sich am Fluss Aniene, wo in luftigen Schuppen und Fabrikhallen exotische Vergnügungstempel auf mehreren Ebenen entstehen.

* Wohin am Abend? Bei jedem Viertel sind ausgewählte Adressen und Tipps gelistet.

ärmereien

Da ist nachts was los …

Altstadt 📍 **H 8/9**
Im Dreieck zwischen Campo de' Fiori, Piazza Navona und Piazza del Fico bewegt sich die junge und ältere Movida. S. 85

Testaccio 📍 **H–K 13–15**
Um den antiken Scherbenhügel reihen sich die engen Diskothekenhöhlen aneinander. S. 138

Ostiense 📍 Karte 2, **G–K 15–19**
Größere Techno-Dancefloors mit Profi-DJs liegen an der Via Libetta. S. 138

San Lorenzo 📍 **O/P 7–9**
Heruntergekommener, jedoch beliebter Studentenkiez mit Kneipen, Milonga, Musikclubs und urigen Pizzerien. S. 239

Pigneto 📍 **Q/R 10/11**
Multikulti-Vergnügungsviertel der linken Kulturszene. S. 242

Aniene 📍 Karte 5, **D 2**
In Ex-Fabriken wird getrunken, getanzt und Livemusik gehört. S. 244

Cocktail & Co.

Seite 182
■ **Freni e Frizioni:** Die lässige Cocktailbar mit Kronleuchtern und modernem Outfit in einer ehemaligen Autowerkstatt ist der Dauerbrenner beim jüngeren Publikum. 📍 Karte 3, **H 10**

Seite 197
■ **Tribeca Café:** Yuppie-Treff in ruhigem Wohnviertel. Formidable Cocktails zum preisgünstigen Buffet an gepflegten Holztischen. 📍 **N 6**

Seite 219
✹ **Ice Club:** Im Sommer ist die Cocktailbar aus Eis der letzte Hit. Auch wenn die Temperatur bei -5 °C liegt – erkältet hat sich bisher noch niemand. 📍 Karte 3, **L 9**

Seite 182
✹ **Alcazar Live:** Gestern Kinosaal, heute Hostaria-Bar mit Livemusik, Theater, Kunst, die ein junges, queer-freundliches Publikum anzieht. Sonntags Kleider- und Kunsthandwerksbasar. 📍 **H 11**

Coole Drinks gehen bei Freni & Frizioni über den Tresen.

BUSSE FÜR NACHTSCHWÄRMER

Von 23.30 bis 5 Uhr verkehren die nachtblauen N-Buslinien mit festem Fahrplan. Die angefahrenen Haltestellen sind mit einem schwarzen ›N‹ gekennzeichnet. Fahrpläne nur auf https://atac.roma.it.

Seite 242
☀ **Co.So – Cocktail & Social:** Bestgemixte Longdrinks vom Bartender des Hotel de Russie gehen in der coolen Bar über den Tresen. 📍 **R 10**

Seite 244
☀ **Coropuna:** Exotische Lounge-Bar und Fusion-Restaurant mit Korbsesseln, Palmen und Kronleuchtern im Innenhof und in der Halle einer ehemaligen Autowerkstatt, nach Mitternacht wird abgehottet. 📍 Karte 5, **D 2**

Tanzen

Von Ende Juni bis Ende September sind die meisten Diskotheken und Clubs geschlossen oder sie verlegen ihre Locations ans Meer.

Seite 138
☀ **Caruso Café:** Kleines Eldorado für Latinos und Liebhaber lateinamerikanischer Rhythmen, gute Mojitos und tropische Cocktails. 📍 **H/J 13**

Seite 138
☀ **Spazio Novecento:** Angesagte Techno-Diskothek im EUR mit großer Tanzfläche und luftigen Portiken zum Sitzen. 📍 Karte 2, **H 21**

Seite 200
☀ **Art Cafè:** Von Jung-Schickeria und VIPs frequentierter Nacht- und Tanzclub in der Villa Borghese mit Themenabenden. 📍 **K 6**

Seite 244
☀ **TANGOfficina:** Die beliebte Tangotanzschule und Milonga organisiert Tangoabende. 📍 **Q 7**

Seite 244
☀ **Lanificio 159:** In der ehemaligen Wollmühle am Fluss wird getanzt, gefeiert, gegessen und Kunst ausgestellt. Livemusik gibt es auf dem Dach. 📍 Karte 5, **D 2**

Jazz & Co.

Legendär sind von Juni bis September die vom Jazzclub **Village Celimontana** organisierten Jazznächte mit internationalem Aufgebot im Park des Celio (https://villagecelimontana.it).

Seite 138
☀ **Casa del Jazz:** In der konfiszierten Villa eines Mafiabosses geben sich die Großen der italienischen Jazzszene die Ehre; alles von Dixieland bis Avantgarde. 📍 Karte 5, **D 2**

Seite 138
☀ **Vinile:** Der Nightclub ›Schallplatte‹ ist ein Eldorado für Nostalgiker des guten alten Jazz, Swing oder Rock 'n' Roll. 📍 Karte 2, **J 15**

Seite 164
☀ **Alexanderplatz:** Einer der besten Jazzclubs Italiens, meist amerikanische Interpreten, Kneipe mit Wohnzimmerflair, ethnische Küche, im Sommer Konzerte im Village Celimontana. 📍 **F 6/7**

Seite 242
☀ **Fanfulla 5/a:** Ausgelassen geht es im schummrigen Musik- und Theaterclub des alternativen Zentrums zu, eine Bühne für experimentelle Livemusik wie Neo-Psychedelic Rock. 📍 **R 10**

Kinokultur

Der junge Verein **Cinema America** (s. S. 172) organisiert im Sommer kostenlose Kinoabende unter freiem Himmel (https://ilcinemainpiazza.it).

Seite 172
☀ **Nuovo Sacher:** In dem von dem Regisseur

Während des Kultursommers »Estate Romana« verwandelt sich die Piazza San Cosimato in Trastevere in ein Freilichtkino.

Nanni Moretti 1991 gegründeten Kino werden internationale Autorenfilme im Originalton gezeigt. ♥ H 11

Theater, Oper, Ballett

Rom hat knapp 80 Bühnen (www.teatro.it). Tickets bekommen Sie an den Theaterkassen oder über www.ticketone.it (VVK mind. 10 %). Eine Institution ist das **Teatro dell'Opera** (♥ M 8) mit seinen Opern- und Ballettaufführungen – oft mit hochkarätigen Gastensembles. Im Sommer zieht die Bühne in die großartige Kulisse der Caracalla-Thermen und das mobile Kleintheater **Opera-Camion** geht mit Figaro, Rigoletto u. a. am Stadtrand auf Tournee. Im **Teatro Argentina** (♥ Karte 3, J 9), Roms ältestem Theater, treten die bekanntesten Ensembles Italiens auf. Das **Teatro Ambra Jovinelli** (♥ N 9), wo Totò debütierte, ist die beliebteste Bühne der Stadt für Kabarett und zeitgenössische Stücke (Via Guglielmo Pepe 45, www.ambrajovinelli.org).

KONZERTSTÄTTEN

Hochkarätige Konzerte aller Genres finden im **Auditorium Parco della Musica** (♥ H/J 2/3) statt, kleine klassische im stimmungsvollen Rahmen von **Kirchen** oder **Palasthöfen,** Klassik und Folk in der **Villa Torlonia** (♥ O 5/6). Große Pop- und Rockkonzerte toben im **PalaLottomatica** (♥ Karte 2, G 23) oder **Stadio Olimpico** (♥ Karte 5, C 2). Angesagte italienische Rapper treten im **Ippodromo delle Capannelle** (♥ Karte 5, E 3) und im **Cieloterra** (♥ S 7) auf. Die junge Musikszene lässt sich in den vielen kleinen Musikclubs entdecken. **Infos und Termine:** www.turismoroma.it, https://zero.eu und www.concertiaroma.com.

Wo du schläfst,

Und dafür bietet Rom viele Optionen — ob private Atmosphäre, mal was ganz Neues probieren oder luxuriös wohnen.

Das Übernachtungsangebot in Rom ist so groß, dass man selbst in der Hauptsaison meist ein Zimmer findet. Allerdings sind die Preise 2023 stark gestiegen. Tausende B&B und Privatzimmer machen den über 1000 Hotels Konkurrenz. Sie haben oft mehr Charme und die bessere Einrichtung zum vergleichsweise niedrigen Preis. Daneben gibt es rund 300 Ferienwohnungen und 200 religiöse Häuser. Die Hotelklassifizierung mit 1 bis 5 Sternen erfolgt nach bestimmten Serviceleistungen. Sie sagt nichts über Lage, Lärmschutz, Zimmergröße und Qualität der Ausstattung aus. Wichtiger als die Kategorie ist die Lage. Das **Zentrum** hat den Vorteil, dass man nicht auf die Verkehrsmittel angewiesen ist. Eine Alternative sind die Viertel um die **Villa Borghese.** Sie wohnen unter Römern und können entspannt mit dem Rad durch den Park ins Zentrum fahren.

Die meisten Hotels liegen um den Bahnhof Termini. Sehr viel mehr Atmosphäre haben die Altstadtviertel **Monti,** der **Campo Marzio** und **Trastevere.** Um in die alternativen Szenen hineinzuschnuppern, kann auch ein B&B im **Testaccio** oder **Pigneto** spannend sein. Besonders begehrt sind Unterkünfte mit Dachterrasse oder begrüntem Innenhof. Einzelzimmer sind meist klein und nur wenig billiger als ein Doppelzimmer. Früh zu buchen zahlt sich aus. Rund um die italienischen Feiertage sowie im Mai und Oktober steigen die Preise, im August und im Winter sind sie am niedrigsten.

Die Stadt verlangt pro Gast (ab 10 Jahre) und Nacht eine **Bettensteuer** *(tassa di soggiorno)* – je nach Kategorie 3–7 €.

Viel Rom-Feeling

Bohemien-Künstlertreff

🟧 **Hotel Locarno,** 📍 **J 6:** In dem Jugendstilhotel bei der Piazza del Popolo laufen einem schon mal Isabella Rosselini oder Wes Anderson über den Weg. Die unaufdringliche Atmosphäre mit dem lieblichen Patio zog seit jeher Maler, Schriftsteller und Regisseure an, u. a. Fellini. Nebenan tippte Alberto Moravia seinen Roman »La Noia« in die Maschine. Die Zimmer sind alle mit Art-déco-Möbeln eingerichtet. Im Sommer Frühstück auf der wunderschönen Dachterrasse. Fahrradverleih für Gäste.

Via della Penna 22, T 063 61 08 41, www.hotellocarno.com, Metro: Flaminio, 60 Zi., EZ ab 200 €, DZ ab 400 € inkl. Frühstück

Idyllisches Kloster
🟧 **Santa Maria**, 📍 Karte 3, **H 10**: Im ehemaligen Kreuzgang kann man wunderbar den Tag ausklingen lassen. Das familienfreundliche Hotel mit seinen bunt möblierten Zimmern im Herzen des turbulenten Trastevere ist eine Oase. Kostenloser Fahrradverleih.
Vicolo del Piede 2, T 06 589 46 26, www.hotelsantamariatrastevere.it, Tram/Bus: Belli, 20 Zi., EZ ab 120 €, DZ ab 145 € inkl. Frühstück

Charming
🟧 **B&B Tree Charme Trilussa**, 📍 Karte 3, **H 10**: In dem gemütlichen Boutique-B&B im Erdgeschoss eines alten Palastes in Trastevere fühlt man sich sofort zu Hause. Gefrühstückt wird auf der bepflanzten Veranda. Vier elegante Zimmer und ein Apartment (4 Pers.); Leihräder.
Lungotevere Farnesina 2, T 06 581 63 20, www.treecharme.com, Bus: Farnesina, DZ 110–150 €

Bezahlbares Liberty
🟧 **Villa Laetitia**, 📍 **H 5**: Von Anna Fendi Venturini liebevoll restaurierte Liberty-Villa in einem kleinen botanischen Garten in Tibernähe, mit alten Böden und Art-déco-Lampen neben modernem Design. Die Zimmer haben eine Kochecke und Veranda oder Balkon zum Garten. Mit stilvoller Enoteca.
Lungotevere delle Armi 22/23, T 06 322 67 76, www.villalaetitia.com, Metro: Lepanto, DZ ab 200 €

Abgeordnete aus der Nähe sehen
🟧 **Parlamento Boutique Hotel**, 📍 Karte 3, **J 8**: Geschmackvoll und farbenfroh gestaltetes Hotel im Regierungsviertel, Pluspunkt ist die niedliche Dachterrasse, auf der im Sommer das Frühstück mit Blick auf das Parlament serviert wird.
Via delle Convertite 5, T 06 69 92 10 00, www.hotelparlamento.it, Bus: Via del Tritone, EZ ab 210 €, DZ ab 245 €

Der Zeit irgendwie voraus

Kunst der Kargheit
🟧 **The Rooms of Rome**, 📍 **K 10**: Überraschend kühl sind die 24 Apartments im Palazzo Rhinoceros von Alda Fendi. Architekturstar Jean Nouvel bringt verputzte Ziegelwände, Freskenreste und Kacheln mit modernem Mobiliar und Spiegeln effektvoll zur Geltung. Der Blick auf den antiken Janusbogen und den Palatin ist überwältigend. Wer die Edelstahlküche nicht beschmutzen will, speist im Restaurant Entr'acte auf der Dachterrasse.
Via del Velabro 9, T 34 51 78 16 15, https://theroomsofrome.com, Metro: Circo Massimo, Suite je nach Größe und Saison für 2 Pers. ab 700 €

Domizil für Comic-Fans
🟧 **Comics Guesthouse**, 📍 **H 6**: Wollen Sie lieber mit Batman, Dylan Dog, Betty Boop oder anderen Heroen die Nacht verbringen? In dem komplett ausgemalten Hostel dürfen Groß und Klein ihre Leidenschaft für Comics ausleben. Mit TV und DVD-Sammlung, Gemeinschaftsküche und Aufenthaltsraum.
Viale Giulio Cesare 38, T 06 94 37 98 73, comicsgh@gmail.com, Metro: Lepanto, DZ ab 69 €, Bett im 6er-Zimmer ab 29 €

bist du zu Hause

Innovation trifft Tradition
🏠 **Horti 14**, 📍 **G 9**: Das Hotel in Trastevere empfängt mit viel Holz und Glas in japanisch angehauchtem *minimal style*. Ein Juwel ist der bepflanzte Innenhof mit Sonnenbetten. Streetart-Künstler Lucamaleonte hat die 17 Suiten mit dezentem Pflanzendesign dekoriert, eine Hommage an den uralten Botanischen Garten, den man von der Frühstücksveranda sieht.
Via Francesco Sales 14, T 06 68 80 62 89, www.horti14.com, Tram: Belli, Bus: Chiesa Nuova, DZ ab 180 €

Ein Hauch von Zen
🏠 **B & B Trastevere Rolli**, 📍 Karte 2, **H 13**: Dieses wunderbare Paradies liegt inmitten des lebhaften südlichen Trastevere – ein verträumtes Häuschen in einem Zen-Garten mit Goldfischteich, Hunden und Katzen. Die Hosts, ein buddhistisches Paar, backen selbst Kuchen und Brot fürs Frühstück. Für die schöne Jahreszeit.
Via Ettore Rolli 49, www.bbitalia.it/it/bb-roma/trastevere-rolli.html, Bus: Rolli/Castaldi, DZ ab 100 €

Wenn es einfach sein darf

Versteckt an einer Einkaufsstraße
🏠 **Sweet Dream**, 📍 Karte 3, **K 9**: Die kleine Familienpension ist in einem Wohnpalast so gut versteckt, dass man vom Treiben auf der Via Nazionale nicht gestört wird. Die vier bunt möblierten Zimmer liegen nach hinten raus zu den Quirinalsgärten. Mit Minibar und Wasserkocher; ohne Frühstück.
Via Nazionale 163, T 36 61 05 69 64, www.sweetdreamsroma.com, Bus: Nazionale/Quirinale, EZ 55–100 €, DZ 70–140 €

Ausgesuchtes Interieur mit Pep
🏠 **Hotel Alpi**, 📍 **N 7**: Schniekes Jugendstilhaus mit moderner Einrichtung in einer ruhigen Straße zwischen Termini und Castro Pretorio. 48 Zimmer, teils sehr klein, aber komfortabel ausgestattet, manche mit Balkon. Auch Mini-Apartments. Treffpunkt der jungen Gäste ist der kleine *cortile*, reiches Frühstück.
Via Castelfidardo 84, T 06 444 12 35, www.hotelalpi.com, Metro: Castro Pretorio, DZ ab 90 €

Friedlich bei Nonnen
🏠 **Istituto Immacolata Concezione Nostra Signora Di Lourdes**, 📍 Karte 3, **K 7**: In dem schönen, blitzblanken Ordenshaus wenige Meter von der belebten Spanischen Treppe entfernt fühlt man sich gut aufgehoben.
Via Sistina 113, T 06 474 53 24, https://istituto-immacolata-concezione-nostra-signora.business.site, schließt um 23.30 Uhr, Metro: Barberini, EZ mit Bad 75 €

Filmreifes Hostel
🏠 **The RomeHello**, 📍 **L 8**: Zentral gelegenes Hostel mit dem Komfort eines Hotels. Den Gästen stehen der Innenhof mit Tischtennisplatte, eine moderne Küche, ein Internetraum und eine Vintagebar zur Verfügung. Geräumige Zimmer mit Parkett, modernen Möbeln, Bad und Minibar, Schlafsäle mit bis zu 10 Betten, Frühstück 7 €. Auch gut für Kleingruppen.
Via Torino 45, T 06 96 86 00 70, https://theromehello.com, Metro: Repubblica, 34–71 € pro Pers., €

Mittendrin

B&B Dante's Hell, ♥ Karte 3, **J8:** An Dantes Hölle erinnern nur die Wandbilder im Flur, der Rest ist angenehm irdisch. Elegante, helle Zimmer mit Bad und Kühlschrank in einem schönen Altstadtpalast nur wenige Schritte von der Piazza Navona entfernt. Host Flavia serviert das italienische (süße) Frühstück auf dem Zimmer.

Via delle Coppelle 74, T 32 96 70 73 19, www.bed-and-breakfast.it (> Dante's Hell), Bus: Senato, DZ ab 140 €

Ferien in der Wohnung

Campo de' Fiori-Markt vor der Tür

Maisonette Campo, ♥ Karte 3, **H9:** Typische 60-m²-Mansarde in einem Stadtpalast mit alter Balkendecke und Terracottaböden. Geschmackvoll und komfortabel. Sehr begehrt.

Piazza della Cancelleria 91, http://maisonette-campo-de-fiori.tophotelsrome.com/it, Bus: Corso Vittorio Emanuele/Navona, ab 700 € pro Woche

Perfekt für Street-Art-Jäger

Street Art R(h)ome, ♥ Karte 5, **E3:** Wer das hippe Streetart-Viertel Quadraro (MURO) oder den Parco degli Acquedotti erkunden will, ist in der freundlichen Parterre-Wohnung des schmucken *villino* gut aufgehoben. 20 Min. mit der Metro bis zum Bahnhof Termini.

Via degli Arvali 8, www.facebook.com/StreetArtHomeRome, https://ecobnb.it/, Metro: Porta Furba, DZ ab 90 €

Altstadtflair

Navona Residenza De Charme, ♥ Karte 3, **H9:** Individuell-elegant eingerichtete Zimmer auf zwei Etagen ohne Aufzug in einem alten Stadtpalast. Das Frühstück nehmen Sie auf einer Traumterrasse ein.

Via del Teatro Pace 25, www.navonaresidenzadecharme.it, Bus: Corso Vittorio Emanuele/Navona, DZ ab 170 €

Oase inmitten der Movida

Residenze Argileto, ♥ Karte 3, **L9:** Erschwingliche Designer-Residenz mit kleinem Wellnessbereich im Herzen des urigen Monti. 20 geschmackvoll möblierte 2- und 3-Bett-Zimmer mit alten Balkendecken und Marmorböden. Das Glanzstück des Hauses ist die Dachterrasse mit Whirlpool und Blick aufs Forum, reichhaltiges Frühstück.

Via di Madonna di Monti 108, T 06 88 80 54 91, https://www.argileto.it, Metro: Cavour, DZ ab 140 €

DAS PASSENDE BETT SELBST SUCHEN

Das größte Angebot an allen Unterkunftstypen hat booking.com.

Hotels
https://it.hotels.com
www.hotelreservierung.de
https://boutiquehotel.me

B&B und Ferienwohnungen
www.airbnb.it
www.bed-and-breakfast.it

https://ecobnb.it/roma (kleine Auswahl an B&B mit Nachhaltigkeit)
www.bb30.it (B&B unter 50 €)
https://hostmaker.com/it/en-rome (geschmackvolle Wohnungen)
www.oh-rome.com, www.homeaway.it
www.9flats.com (große Auswahl)

Hostels
www.hostels.com/it/roma/italia
www.hostelsclub.com

Vor

Ort

Wie ein gestrandetes Raumschiff liegt das MAXXI von Zaha Hadid im alten Kasernenareal. Den Platz davor nutzen die Anwohner gern als Wohnzimmer.

Entlang der Via del Corso

Dolce Vita pur — Bevor Sie sich kopfüber in das Treiben stürzen, steigen Sie auf den Pincio-Hügel und atmen Sie die Stille der Stadtsilhouette mit ihren Kuppeln und Dachgärten. Um diesen Ausblick rissen sich schon Patrizier und Kardinäle.

Seite 38
Spaziergang von oben nach unten
Vom Monte Pincio geht es zu den Highlights des Dolce Vita, abseits touristischer Pfade.

Seite 41
Santa Maria del Popolo
Die Schatzkiste der Renaissance ist allein schon wegen zwei Caravaggio-Gemälden den Besuch wert.

Seite 43
Ara Pacis
Richard Meiers Museumshülle für den Altar des Augustus ist ein gelungenes Experiment.

Mit Stilettos auf römischem Pflaster? Die Römerinnen können's.

Eintauchen

Seite 46
Spanische Treppe ✪
Auf den schwingenden Barockstufen trifft sich Rom und die Welt. Am Fuße ankern die Flaggschiffe der Alta Moda.

Seite 48
Via Margutta
Roms alte Künstlerstraße ist unendlich romantisch und verschwiegen.

Seite 50
Villa Medici
In der Lustvilla der Medici feiert heute die Grande Nation ihre Feste. Aber die Türen sind für Ausstellungen und Konzerte geöffnet.

Entlang der Via del Corso **35**

Seite 51
Fontana di Trevi ✪

Die Ikone des Dolce Vita ist unwiderstehlich und erstickt unter dem Münzhagel. Der wird an den ungeraden Wochentagen morgens aus dem Becken gefischt. Freie Schusslinie für Ihren Spendenwurf haben Sie vor 8.30 Uhr.

Seite 54
Vittoriano

Das protzige Nationaldenkmal der Vereinigung Italiens ist nicht zu übersehen. Nur von seinem Dach hat man die sieben Hügel alle im Blick.

Seite 56
Galleria Doria Pamphilj

Ein Tizian im Wohnzimmer! In den angestaubten Privatgemächern des Hochadels stapeln sich Kunstwerke bis unter die Decke.

Seite 57
Venchi

Wie im Schlaraffenland fließt der Schoko-Segen über die Ladenrückwand in der Filiale des bekannten Pralinenfabrikanten aus Piemont. Seine neuen Eiskreationen sind ebenso ungewöhnlich.

Ordensstreitigkeiten führten Luther 1511/12 nach Rom. Die Schönheit der heidnischen Antike sagte ihm jedoch nichts und der Renaissancehof mit seinen Kurtisanen und Künstlern war ihm ein Graus.

Im Haus Piazza di Spagna 31 wohnte Giorgio de Chirico, Begründer der Metaphysischen Malerei (Casa-Museo Giorgio de Chirico, www.fondazionedechirico.org, nur auf Anfrage).

Vom Kutschplatz zum edlen Einkaufsviertel

D Der fröhliche Menschenstrudel in der Via del Corso reißt nicht ab. Das schneeweiße Nationaldenkmal am Ende der 1,6 km langen Shoppingmeile hat Sogwirkung. Alles flaniert in Richtung Piazza Venezia.

Wir sind im Nobelviertel von Rom. Bevor sich hier seit der Renaissance Handwerker und ausländische Künstler niederließen, angezogen von dem florierenden Papsthof und dem Studium der Antike, diente die nördliche Tibersenke vor allem als Kutschparkplatz. Auf dem begrenzenden luftigen Pincio-Hügel schufen die Medici in Nachahmung der antiken Patrizier eine Lustvilla mit einem Prachtgarten. In dem Grün dürfen sich heute die Bürger erholen und an der Aussicht erfreuen.

Die Via del Corso, die Hauptachse des Viertels, geht auf die alte Via Flaminia zurück. Sie wurde im 16. Jh. zur neuen Verkehrs- und Lebensader, gesäumt von prunkvollen Stadtpalästen aufstrebender Adelsfamilien. Den Bauwerken sei Dank. Sonst hätte ein eifriger Stadtvater die enge Schneise schon längst für den Busverkehr erweitert. Heute haben die Fußgänger fast zwei Drittel zurückerobert.

Im Dreieck vor der Spanischen Treppe geht es äußerst exklusiv zu. Die magischen Stufen zogen in der

> **ORIENTIERUNG**
> **Reisekarte:** 📍 H–K 6–9
> **Cityplan:** S. 41
> **Ankommen:**
> – **Piazza del Popolo:** Metro A Flaminio; Bus 490, 495, 61 Piazzale Flaminio; auf den Pincio über den Viale delle Magnolie/Villa Borghese
> – **Spanische Treppe:** Metro A Spagna
> – **Piazza Venezia:** Bus 64, 40, 87, 81, 87, 61

Romantik Dichter aus ganz Europa an, seit den 1950er-Jahren die Alta Moda. Die Blickachse Via Condotti mauserte sich zur Bond Street. Kein Wunder bei dem Panorama. In den noblen Cafés und Trattorie lässt sich die erschöpfte Klientel mit ihren Einkaufstüten nieder.

An der sonnigen Piazza Montecitorio liegt die Schmiede der Politik. Premier und Abgeordnete arbeiten in beneidenswert fürstlichen Gebäuden.

Der Trevi-Brunnen auf der anderen Seite des Corso verschanzt sich hinter viel zu engen Gassen, durch die sich mit Münzen bewaffnete Touristen schieben. Der zauberhafte Innenhof des Palazzo Doria Pamphilj ist ein unerwarteter Lichtblick in diesem dunklen letzten Abschnitt des Laufstegs.

Rund um den Tridente ♀ J/K 6/7

Piazza del Popolo

Hereinspaziert!
Mit geballter barocker Lebensfreude empfängt die Piazza del Popolo den Reisenden aus dem Norden. Hinter dem Stadttor, durch das einst Luther und Goethe Rom betraten, öffnet sich ein von bühnenartiger Architektur gerahmter Platz. Die neoklassizistischen Götterstatuen, Brunnen und Löwen gehen auf Giuseppe Valadier in napoleonischer Zeit zurück. Mit der ovalen Form sollte der Platz das ›zivile‹ Gegenstück zum ›päpstlichen‹ Petersplatz werden. Der zentrale **Obelisk** (13. Jh. v. Chr., 24 m), Kriegsbeute aus Heliopolis, ist Opfer einer doppelten ›Akkulturation‹: erst Symbol des Sieges über Ägypten unter Kaiser Augustus, dann Trophäe des Katholizismus unter Sixtus V. (1585–90). Am Wochenende finden auf dem weiten Platz oft Konzerte und politische Veranstaltungen statt. Die Jugend zieht es der fantastischen Aussicht wegen auf die 45 m hohe **Terrazza del Pincio** ❶ (s. Tour S. 38) am Rande der Villa Borghese. In den rivalisierenden historischen Cafés unten am Platz, Canova und Rosati, sitzen betuchte Müßiggänger und müde Touristen. Dazwischen bewachen zwei nahezu identische barocke Marienkirchen den Eingang des Tridente (Dreizack), drei strahlenförmig verlaufenden Straßen: die mittlere **Via del Corso,** heute Roms längste Shoppingmeile, links die von edlen Antiquitätenläden gesäumte **Via del Babuino,** und rechts die stille **Via Ripetta,** deren Pflasterung um 1510 aus den ›Hurensteuern‹ finanziert wurde. Sie führt zur Ara Pacis und dem Augustusmausoleum.

Auf der barocken Piazza del Popolo fühlen sich die Römer wie zu Hause. Man picknickt auf den Steinbänken und die ›bambini‹ bespritzen sich mit Brunnenwasser.

TOUR
Malerischer Einstieg von oben

Vom Pincio zur Fontana di Trevi

Infos

📍 J/K 6–8

Start: Piazza del Popolo, erreichbar mit Metro A (Flaminio)

Ziel: Fontana di Trevi

Dauer: mind. 45 Min.

Palazzo Zuccari/ Bibliotheca Hertziana: Via Gregoriana 34, www.biblhertz.it
Palazzo Nuñez-Torlonia: Via di Bocca di Leone 78
Accademia di San Luca: Via di Sant'Andrea delle Fratte 16

Casina Valadier 1:
Piazza Bucarest, T 06 69 92 20 90, http://casinavaladier.com, Di–So 11.30–23 Uhr
Caffè Colbert 14:
Viale della Trinità dei Monti 1, T 33 11 23 02 60, www.caffecolbert.it, Di–So 10–18 Uhr
Antico Caffè Greco 2: Via dei Condotti 86, T 06 679 17 00, www.anticocaffegreco.eu, tgl. 9–21 Uhr

Rom hat viele Tore. Doch der schönste Start ist der vom **Monte Pincio** aus. Von dort oben zeigt die turbulente Metropole ihre idyllische Seite. Über ausgetretene Treppen und Rampen steigt man von der **Piazza del Popolo** zur weiß gekiesten **Terrazza del Pincio** 1 hinauf. Zu Füßen liegt ein Meer von Dachgärten zwischen Kuppeln und zierlichen Glockentürmen, in der Ferne überragt vom Petersdom und vom Monte Mario. Kein Autolärm, kein moderner Bau, nicht einmal ein Pool stört das Idyll der uralten Silhouette, über die das Denkmalamt eifersüchtig wacht. An der Balustrade drängen sich zum Sonnenuntergang Liebespaare. Die Aussicht schätzte bereits Feldherr Lukull vor über 2000 Jahren. Der kultivierte Prasser legte seine Kriegsbeute auf dem Pincio in Lustgärten an, in denen er üppige Gastmähler gab.

Steineichen und Hermen von italienischen Patrioten begleiten den Weg in Richtung Spanische Treppe. Lukullische Traditionen bietet heute die **Casina Valadier** 1, die klassizistische Traumvilla der Architekten auf dem höchsten Punkt des Pincio. Designer Valentino tauchte sie für die Party zum 50. Jubiläum komplett in rotes Licht. Entlang der von Bougainvillea überwucherten Mauer erreicht man die festungsartige **Villa Medici** 14 (s. S. 50). Die prächtige Gartenfassade ist vor Passanten gut versteckt. Nur die riesigen Schirmpinien ragen aus dem 7 ha großen Park heraus. Der Hausarrest von Galilei während des Häresie-Prozesses 1633 wird erträglich gewesen sein. Seit Napoleon ist die Renaissancevilla stolzer Sitz der **Académie de France**. Einen Gratisblick ins Innere gewährt im ersten Stock das mit Statuen und Fresken geschmückte **Caffè Colbert** (Gartenterrasse).

Nach 200 m das bekannte Postkartenmotiv: die weiße Kirche **Trinità dei Monti** 8 mit der Doppelturmfassade hoch über der **Spanischen Treppe** (s. S. 46). Dahinter gabelt sich die Promenade. Taxis fahren vor das edle Hotel Hassler in der Via Sistina, es wird lebhaft. Eine

Stippvisite bei der **Bibliotheca Hertziana**, Erbin des manieristischen **Palazzo Zuccari** ㉛, ist Ehrensache. Das deutsche Kunsthistorische Institut empfängt Besucher mit einer riesigen Steinfratze als Portal. Gut für Selfies.

Wagen wir uns in die Altstadt! Von den Zwischenterrassen der Spanischen Treppe sind die pittoresken Dachwohnungen zum Greifen nah. Unten empfängt uns ein buntes Menschenknäuel, gespeist über die Hauptachse **Via dei Condotti** mit ihren noblen Geschäften. An den Auslagen des **Antico Caffè Greco** ❷ (s. S. 46) läuft man fast vorbei. Am Wochenende belagern Römer die Theke, wo der *caffè* nur ein Viertel so teuer ist wie am Tisch. In den Seitengassen ist es wunderbar ruhig. Schnell ein Blick am Portier vorbei in den mit Blauregen berankten Hof des **Palazzo Nuñez-Torlonia** ㉜, den schönsten Palast des Viertels. Vis-à-vis logierten die englischen Lords im Albergo d'Inghilterra. Im **Eckpalast der Via di Propaganda** ㉝ wohnte Bernini. Fürsten aus halb Europa standen hier an und bettelten um ein Porträt. Gegenüber in der Kirche **Sant'Andrea delle Fratte** ㉞ ruht die Erfolgsmalerin Angelika Kauffmann (4. Kapelle links). Goethe bescheinigte ihr »ein ungeheures Talent für ein Weib«.

Der Parteisitz des **Partito Democratico (PD)** ㉟ ist von Militär bewacht, die innere Krise der ›Sozialdemokraten‹ wird hinter verschlossenen Türen ausgefochten. Kurz vor der Via del Tritone sind rechts ein paar Bögen der **Aqua Virgo** ㊱ freigelegt (s. S. 52). Wir überqueren die laute Fahrstraße. Auf Höhe der **Accademia di San Luca** ㊲, Italiens erster Kunstakademie, hört man es rauschen. Dann plötzlich rechts die riesige kulissenartige weiße Brunnenwand der **Fontana di Trevi** ⓯ (s. S. 51) auf dem engen Platz. Das smaragdgrüne Wasser zieht einen magisch an. Alles stürzt für ein Selfie zum Becken. Münzen fliegen durch die Luft. Seinen eigentlichen Zauber entfaltet das Barockjuwel jedoch erst abends, wenn die Reisegruppen verschwunden sind. Dann verwandeln hundert LED den Trevi-Brunnen in eine karibische See, über die die Meereswesen toben.

Monte Pincio / Piazza del Popolo area

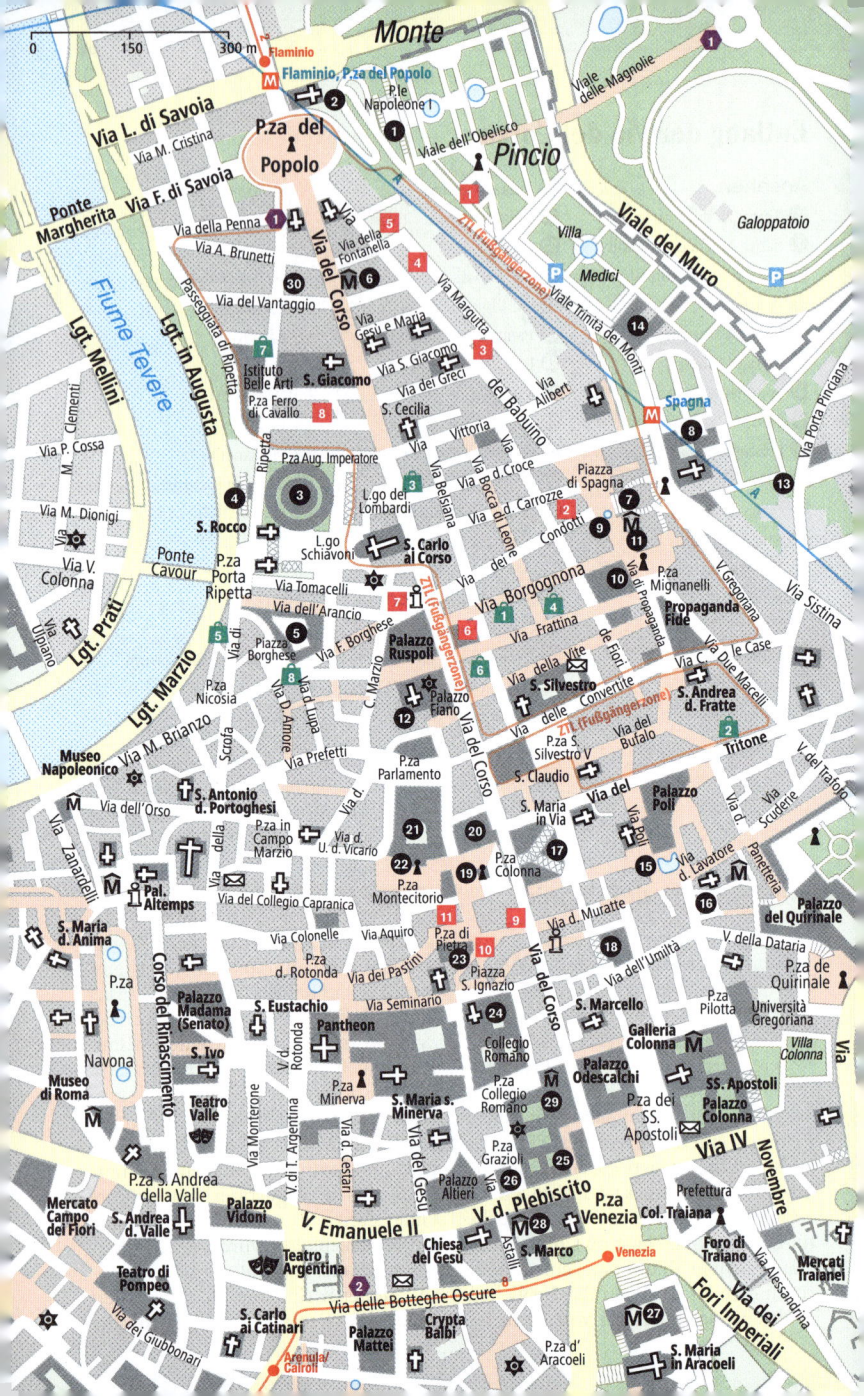

0 150 300 m

Monte Pincio

Flaminio
Flaminio, P.za del Popolo
P.le Napoleone I
Viale dell'Obelisco
Viale delle Magnolie

Via L. di Savoia
Via M. Cristina
Ponte Margherita
Via F. di Savoia
P.za del Popolo
Via della Penna
Via A. Brunetti
Via della Fontanella
Via del Vantaggio
Passeggiata di Ripetta
Istituto Belle Arti
S. Giacomo
Via Gesù e Maria
Via S. Giacomo
Via dei Greci
S. Cecilia
P.za Ferro di Cavallo
Ripetta
Pza Aug. Imperatore
Via Margutta
Villa Medici
Viale Trinità dei Monti
Galoppatoio
Viale del Muro
Via del Babuino
Vittoria
Via d. Croce
Via Bocca di Leone
Piazza di Spagna
Spagna
Via Alibert
Via Gregoriana
Via Sistina
Via Porta Pinciana

Lgt. Mellini
Via P. Clementi
Via P. Cossa
Via M. Dionigi
Via V. Colonna
Lgt. Prati
Via Ulpiano
Fiume Tevere
Lgt. in Augusta
S. Rocco
Ponte Cavour
P.za Porta Ripetta
L.go Schiavoni
Via Tomacelli
Via dell'Arancio
Via di
Piazza Borghese
Via F. Borghese
Via Nicosia
Via D. Amore
Scrofa
Via della Lupa
Via Prefetti
L.go dei Lombardi
S. Carlo al Corso
Via d. Carrozze
Condotti
Via Mignanelli
Via Borgognona
Via di Propaganda
Via Frattina
Via della Vite
Via delle Convertite
Palazzo Ruspoli
S. Silvestro
Palazzo Fiano
P.za S. Silvestro V
S. Claudio
Via del Bufalo
Propaganda Fide
S. Andrea d. Fratte
Via le Case
Via Due Macelli
Tritone
V. di Trafoi

Museo Napoleonico
Via M. Brianzo
S. Antonio d. Portoghesi
Via dell'Orso
P.za in Campo Marzio
Via U. d. Vicario
Via della
P.za Montecitorio
P.za Colonna
Via del
Palazzo Poli
Via Scuderie
Palazzo del Quirinale
Pal. Altemps
S. Maria d. Anima
P.za
Navona
Via Zanardelli
Via Aquiro
Via Colonelle
P.za di Pietra
Piazza S. Ignazio
Via delle Muratte
Via dell'Umiltà
Via d. Lavatore
Panetteria
V. della Dataria
P.za de Quirinale
Università Gregoriana
Villa Colonna

Corso del Rinascimento
Palazzo Madama (Senato)
S. Eustachio
S. Ivo
Museo di Roma
Via d. Rotonda
Pantheon
Via dei Pastini
Via Seminario
Collegio Romano
S. Marcello
Galleria Colonna
Palazzo Odescalchi
P.za dei SS. Apostoli
SS. Apostoli
Palazzo Colonna

Mercato Campo dei Fiori
P.za S. Andrea della Valle
S. Andrea d. Valle
Teatro Valle
Palazzo Vidoni
Via Monterone
V. di T. Argentina
P.za Minerva
S. Maria s. Minerva
Via del Gesù
Palazzo Altieri
V. d. Plebiscito
P.za Venezia
Col. Traiana
Prefettura
Foro di Traiano
Via Alessandrina
Mercati Traianei

Teatro di Pompeo
Via dei Giubbonari
Teatro Argentina
S. Carlo ai Catinari
Arenula/Cairoli
Via delle Botteghe Oscure
Palazzo Mattei
Crypta Balbi
Chiesa del Gesù
V. Emanuele II
Via Astalli
S. Marco
Venezia
Via IV Novembre
P.za d' Aracoeli
S. Maria in Aracoeli
Via dei Fori Imperiali

Entlang der Via del Corso

Ansehen

1. Terrazza del Pincio
2. Santa Maria del Popolo
3. Mausoleo di Augusto
4. Ara Pacis
5. Palazzo Borghese
6. Casa di Goethe
7. Spanische Treppe
8. Trinità dei Monti
9. Fontana della Barcaccia
10. Spanische Botschaft
11. Keats-Shelley House
12. San Lorenzo in Lucina
13. Villa Malta
14. Villa Medici/ Caffè Colbert
15. Fontana di Trevi
16. Città dell'Acqua
17. Galleria Alberto Sordi
18. Galleria Sciarra
19. Mark-Aurel-Säule
20. Palazzo Chigi
21. Palazzo Montecitorio
22. Obelisk
23. Tempio di Adriano
24. Sant'Ignazio
25. Palazzo Bonaparte
26. Palazzo Grazioli
27. Vittoriano
28. Palazzo Venezia
29. Galleria Doria Pamphilj
30. Restauri Squatriti
31. – 37. s. Tour S. 38
38. – 44. s. Tour S. 48

Essen, Ausgehen

1. Casina Valadier
2. Antico Caffè Greco
3. Osteria Margutta
4. Il Margutta
5. Babette
6. Ginger
7. Zuma
8. Frezza – Cucina di Coccio
9. Venchi
10. Terrazza del 9 Hotel Cesàri
11. Salotto 42

Einkaufen

1. COS
2. Rinascente
3. Thierry Rabotin
4. Fabiani – De Marco
5. Alessi & Alessi
6. BallereTTe
7. Mia Home Design Gallery
8. Mercato delle Stampe

Bewegen

1. Segway-Verleih
2. Rome for you

Santa Maria del Popolo

Kunstschätze und ein Mord

Von den drei Marienkirchen am Platz ist **Santa Maria del Popolo** ❷ die älteste und bedeutendste. Unter Sixtus IV. della Rovere wurde sie 1472–77 als Familiengrablege errichtet. Mit den gestifteten Seitenkapellen erkauften sich führende Familien einen Platz in der Nähe der Papstfamilie, die sich wie eine Dynastie gebärdete. Glanzstück ist die von Raffael entworfene überkuppelte **Chigi-Kapelle** für den Bankier Agostino Chigi, in der Dan Brown in »Illuminati« einen Mord stattfinden lässt. Neben den lieblichen Frührenaissancefresken von Pinturicchio im rechten Seitenschiff und der Apsis, sind die monumentalen Wandgräber für Mitglieder der della Rovere und der Sforza in der Sakristei sehenswert. Von der Kapelle des Skandalpapstes Alexander VI. Borgia steht nur noch der von Andrea Bregno geschaffene Altartabernakel rechts vom Hochaltar. Einst war sein ermordeter Lieblingssohn Juan hier beigesetzt sowie dessen Mutter Vanozza Cattanei. Die langjährige Mätresse des Borgia wurde im Alter eine fromme Stifterin. Die Augustiner nahmen ihre Güter dankbar an. Nach der strengen Gegenreformation wurde das Grab der Skandalnudel entfernt.

Besucher sind vor allem fokussiert auf die zwei Gemälde von Modekünstler

Lieblingsort

Filmreifes Relikt aus dem letzten Jahrhundert

Bis unter die Decke stapeln sich alte Puppen, Krippenfiguren und Porzellan in der staubigen Werkstatt **Restauri Squatriti** ㉚ (Via di Ripetta 29). Gliedmaßen, Torsen und Puppenköpfe mit schwarzen Augenhöhlen füllen die kleine Vitrine. Gelernt hat Restaurator Federico Squatriti das Metier der Puppen- und Porzellanrestaurierung von seinen Großeltern, neapolitanischen Maskenbildnern – und von ›Mamma‹ Gelsy, die seit 1953 in der Werkstatt arbeitet. Die alte Dame sitzt würdig gebeugt über einer Porzellanvase, den Pinsel in der Hand. Die Squatriti sind bekannt. Mit glänzenden Augen erzählt Federico von berühmten Kunden und Kontakten, zeigt verblichene Fotos. Es kamen schon Sammler aus Tokio und New York, um ihre Puppen reparieren zu lassen. Aber angesichts einer Monatsmiete von 2100 € reicht das nicht. Die Squatriti flicken vor allem Geschirr und Krippenfiguren, damit was reinkommt. Nein, einen Lehrling habe er nicht, er müsste ihn ja versichern. »Es ist auch gut so«, meint Federico, »denn jene Epoche kommt nicht wieder«.

Caravaggio in der **Cerasi-Kapelle** links vom Hauptaltar (um 1600). Die »Bekehrung des Paulus« zeigt den erblindeten, vom Pferd gestürzten Saul am Boden liegend, während er die Stimme Christi vernimmt: »Saul, Saul, warum verfolgst Du mich«. In der »Kreuzigung Petri« sind drei rüde Schergen damit beschäftigt, das Kreuz mit dem gemarterten Petrus auf den Kopf zu stellen als handele es sich um ein Möbelstück. Die nicht idealisierten Gesichtszüge der Henker und des Knappen, ihre schmutzigen Füße verleihen den biblischen Szenen eine ungemein realistische Note. Die Modelle scheinen wie direkt von der Straße aufgelesen.

Mo–Sa 7–12, 16–19, So, Fei 8–13.30, 16.30–19.30 Uhr

Um die Piazza Augusto Imperatore

Des Kaisers neues Grab

Mussolini betrachtete sich als zweiter Augustus. Das sollte die **Piazza Augusto Imperatore** unterstreichen, die zwei bedeutende Bauwerke des Kaisers aufnimmt: das von späteren Überbauungen befreite Mausoleo di Augusto und die Ara Pacis, die aus Originalteilen zusammengesetzt wurde. Den Rahmen schaffen monumentale Gebäude im Stil des Rationalismus, gespickt mit faschistischen Emblemen.

Nach dem Sieg über Marc Antonius und Kleopatra, der ihm die Alleinherrschaft über das Reich sicherte, begann Augustus an seiner königsgleichen Verehrung zu tüfteln. Er ließ 29 v. Chr. – wohl nach dem Vorbild des Alexander-Grabes in Alexandrien – ein gigantisches, kegelförmiges Mausoleum für die neue iulisch-claudische Dynastie errichten, das **Mausoleo di Augusto** ❸. Die Ziegelruine von 87 m Durchmesser ist trotz fehlender Marmorausstattung noch imposant. Seitlich des Eingangs konnten die Besucher die »Res Gestae« lesen, in denen Augustus freimütig seinen Weg zur Macht darlegt. Sein Tatenbericht ist heute in die Außenmauer der Ara Pacis eingraviert. In einer Kammer wurden die Urnen von 20 Familienmitgliedern aufbewahrt, darunter Caesar, Augustus, Livia, Varus und Caligula. Allein der ins Exil verbannten Tochter verwehrte Augustus die Beisetzung. Er hatte Iulia ihren ausschweifenden Lebensstil und vor allem ihre Affäre mit dem Sohn seines Erzfeindes Marc Antonius nicht verziehen.

Bis 2024 soll das Areal um das Grab für Fußgänger erschlossen werden. Für eine vornehme Note sorgt das neue Extra-Luxushotel von Bulgari, das in den strengen Palast aus dem Faschismus auf der Nordseite gezogen ist. **Tipp:** Vor Ort erzählt eine Videoinstallation (Webby Awards 2018) eindrucksvoll die Geschichte des Kaisergrabs und seiner späteren Nutzung als Stierkampfarena und Konzertsaal.

www.mausoleodiaugusto.it, Di–So ab 9 Uhr, 22. April–Sept. bis 18 (letzter Einlass), Nov.–26. März bis 15 Uhr (letzter Einlass), übrige Schließzeiten s. Website, 5 €

Auf Kriegsfuß mit der Moderne

»Eine texanische Tankstelle im antiken Rom«, schimpfte Kunstkritiker Vittorio Sgarbi. Mit der von Richard Meier entworfenen Hülle für die **Ara Pacis** ❹ konnten sich die Römer anfangs nur schwer anfreunden. Fremdkörper hin oder her – bei genauerer Betrachtung hat der US-Stararchitekt geschickt Elemente der in der Zeit des Faschismus gestalteten Piazza in seinem Meisterwerk aus Travertin und Glas verarbeitet. Wie ein Kreuzfahrtschiff präsentiert sich die lange Flanke von der Via Ripetta aus.

Dahinter verbirgt sich der ›Altar des augusteischen Friedens‹, eines der Hauptwerke der Kunst und Propaganda des ersten römischen Kaisers (9. v. Chr.). Es feiert das Ende der Bürgerkriege und die allgemeine Befriedung des römischen Imperiums. Der Preis dafür war die Herrschaft eines einzigen Mannes. Der Altar für die Friedensgöttin ist von einer hohen Marmorschranke umschlossen. Auf dieser werden in feinstem Flachrelief Augustus als *primus inter pares* und seine Familie vorgeführt. Die Vereinheitlichung der Gesichter ist als Rückgriff auf den Parthenonfries, Ikone des klassischen Griechenlands, zu verstehen. Blumen und Vögel begleiten den Prozessionszug als Glückschiffren für das neu anbrechende goldene Zeitalter des Augustus. Im Unterbau finden Ausstellungen statt – von antiken Themen bis zu Fotografie.

Lungotevere in Augusta, www.arapacis.it, tgl. 9.30–19.30 Uhr, 10,50/8,50 €

Cembalo aus Stein

Als Camillo Borghese 1605 als Paul V. den Thron bestieg, musste für die Papstfamilie eine angemessene Stadtresidenz her. Hausarchitekt Flaminio Ponzio schusterte den **Palazzo Borghese** 5 (www.galleria delcembalo.it, Mi–Fr 15.30–19, Sa 11–19 Uhr, Galleria freier Eintritt) aus älteren Gebäuden in der Form eines Cembalos samt ›Klaviatur‹ zusammen. Jahrhundertelang Zentrum des aristokratischen Roms, ist der Prachtbau noch heute von einigen Nachkommen der Borghese, der konservativen *nobiltà nera,* bewohnt. Die frisch vermählte Paolina Bonaparte hat hier das erste Badezimmer in Rom einrichten lassen, um ihre Eselsmilchbäder nehmen zu können. Zugänglich ist nur die Galleria del Cembalo im Parterre. Aber allein schon für den Arkadeninnenhof lohnt sich der Schlenker. Die antikenbegeisterten Borghese schmückten die doppelstöckige Loggia reich mit Statuen. Auf dem pittoresken **Mercato delle Stampe** 8 (Piazza Borghese) finden Architektur- und Kunstfreunde Drucke, Bilder und Fotografien von Rom.

Die Glashülle von Richard Meier erlaubt es, dass man die Ara Pacis von außen sieht. Der Marmoraltar ist wieder in den Platz integriert.

Nördliche Via del Corso

Vom Karneval zum ›struscio‹
Die Via del Corso, seit jeher eine der wichtigsten Straßen Roms, ist der innerstädtische Abschnitt der 220 v. Chr. gebauten Via Flaminia, die vom Kapitol bis nach Rimini führte. Einst von Triumphbögen überspannt und von prächtigen Grabpyramiden gesäumt, mutierte sie in der Renaissance zur ›Straße des Volkes‹. Legendär waren die Karnevalsumzüge, die Venezianer-Papst Paul II. 1466 vom Testaccio hierher verlegen ließ. Der Adel baute entlang der Straße elegante Paläste und vermietete die Balkon- und Fensterplätze. Goethe beschrieb das närrische Treiben von Kurtisanen, Priestern und Gassenvolk in einer Monografie. Namensgeber der Straße waren die populären Rennen mit reiterlosen Araberpferden (ital. *corso* = Rennbahn). Diese rasten, von Stacheln gepeinigt, durch die Straße, bevor man sie an der Piazza Venezia einfing. Die norditalienischen Savoyer hatten wenig Sinn für die derben Späße der Römer. 1874 wurden die Rennen verboten. Stattdessen eroberte der *struscio* die Straße, das Auf- und Abflanieren der herausgeputzten Vorstadtjugend. Scharen von *ragazzi delle borgate* strömen nachmittags aus der Metro und ergießen sich über den Corso mit seinen Filialen trendiger Modeketten. Beliebtester Teil ist der autofreie Abschnitt bis kurz vor der Via del Tritone.

Eine Art Künstler-WG
Gleich zu Beginn des Corso liegt die Wohnung, wo der Maler Tischbein Goethe von 1786 bis 1788 beherbergte und auch andere deutsche Künstler. Das originale Mobiliar ist nicht mehr erhalten, vielmehr widmet sich die heutige **Casa di Goethe** ❻ in Wechselausstellungen und Lesungen der Tradition der Italiensehnsucht bis in die Gegenwart. Eine Dauerausstellung illustriert Goethes Künstlerdasein in Rom, seinen Alltag mit den Wohnkumpanen, seine Antikenbegeisterung und Inspirationen. Neben einer bedeutenden Sammlung von zeitgenössischen Werken besitzt die Casa di Goethe auch moderne Rezeptionen wie das berühmte Goethe-Porträt von Warhol.
Via del Corso 18, www.casadigoethe.it, Di–So 10–18 Uhr, kostenlose Führungen für Schulklassen, 5/6 €

> **DER AUSSTEIGER** A
>
> Am 3. September 1786 nachts stahl sich Goethe heimlich in der Postkutsche aus Karlsbad. Seine Italienreise war eine Flucht aus der Alltagsroutine als Minister, aus der schöpferischen Starre, aber auch aus den moralischen Zwängen des kleinen Weimar. In Rom erwachte er – auch dank »Faustina's Küssen« (Ortheil) – wieder zu neuen Lebensgeistern und wurde kreativ wie nie zuvor. Er kehrte mit fast 1000 Aquarellen und Zeichnungen nach Weimar zurück.

Im Spanischen Viertel ♀ Karte 3, J/K 7/8

Wo Shopping höchste Kunst ist
Star und Namensgeber des Viertels ist die Spanische Treppe am Abhang des Pincio. Die **Via dei Condotti** mit den angrenzenden Gassen gehört ganz der italienischen Modewelt. In den extravaganten Auslagen offenbart sich das ewig kreative Genie des Italieners. Mode ist Bestandteil der Landeskultur. Römer,

MIETWUCHER

Das **Antico Caffè Greco** 2 wurde 2019 Opfer der Immobilienspekulation. Der Besitzer der Räume verlangte nach Ablauf des Vertrages 120 000 € Monatsmiete, das Siebenfache. Für Moncler oder Cartier nebenan mag die Summe tragbar sein, nicht so für den Betreiber des Cafés, eine römische Familie. Schon jetzt lockt der Preis von 9 € für einen Cappuccino nur Betuchte und Liebhaber des Cafés in die mit Bildern und Memorabilia tapezierten Salons, wo einst Casanova saß und Gogol »Die toten Seelen« schrieb. Während der Rechtsstreit noch läuft, hat der Staat zumindest verfügt, dass Mobiliar und Betrieb nicht modifiziert werden dürfen.

Frau wie Mann, können stundenlang vor Vitrinen debattieren. Erlesene Antiquitäten findet man in der **Via del Babuino**, erschwingliche jugendliche Mode am oberen Teil des **Corso.**

Von der Epoche, in der das Spanische Viertel von ausländischen Intellektuellen und Künstlern belebt war, erzählt das 1760 gegründete **Antico Caffè Greco** 2 mit seiner originalen Ausstattung (s. Kasten). In das Stammlokal der deutschen Künstlerkolonie kehrte Goethe häufig ein. Mehr noch als Kaffee mochte er Schokolade.

Um die Spanische Treppe

Die Spanische Treppe ✪

Weit mehr als nur eine Treppe – Kunstwerk, Blickfang, Ort der Begegnung – ist die **Spanische Treppe** 7. Elegant und schwungvoll passt sich die **Scalinata di Trinità dei Monti** dem Abhang des Pincio an. Ihre 135 mal konvex, mal konkav zurückschwingenden flachen Stufen machen den Aufstieg zu einem mühelosen Vergnügen. Im Frühjahr überzieht ein weiß-rosa Blütenmeer aus 300 Azaleentöpfen die Stufen. Allein für dieses Happening lohnt sich eine Reise nach Rom.

Die Treppe (1723–26) von Francesco de Sanctis besiegelte einen langjährigen Streit zwischen dem Papst und dem französischen Königshaus, dem Besitzer des Abhangs und der Kirche **Trinità dei Monti** 8. Sie sollte den Aufstieg erleichtern und mit einer bekrönenden Reiterfigur des Sonnenkönigs Blickfang in der Stadt werden. Der Hausherr war empört. Der König, immerhin seine Schutzmacht, durfte am Ende nur sein Autogramm, die Bourbonen-Lilie, auf den Steinkugeln der unteren Pfeiler anbringen. Wie zum Trotz pflanzte der Papst einen Obelisken mit einem Kreuz auf den oberen Treppenabsatz: è mio!

Die Bezeichnung ›spanische Treppe‹ hatte sich nur wegen der Nähe zum spanischen Botschaftsgelände eingebürgert. Sie müsste eigentlich ›französische Treppe‹ genannt werden.

Im spanischen Hoheitsgebiet

Die **Piazza di Spagna** formt sich aus zwei ungleichen spitzen Dreiecken. An der sprudelnden **Fontana della Barcaccia** 9 füllen Besucher der Stadt gern ihre Wasserflaschen auf. Bernini-Vater Pietro schlug den Brunnen im Auftrag von Barberini-Papst Urban VIII. (1627–29) aus Travertin. Vorbild sei eine nach einer Tiberflut gestrandete Barke gewesen, erzählt eine Legende. Tatsächlich zwangen Wasserdruckprobleme der Aqua Virgo (s. S. 52) den Künstler zur Installation des Brunnens unter dem Straßenniveau – wunderbar vom Schiff kaschiert.

Zu Mariä Empfängnis am 8. Dezember ist das ganze Viertel auf den Beinen, um den Papst zu begrüßen, der an der **Mariensäule** (Colonna dell'Immaculata) vor der **Spanischen Botschaft** ❿ betet. Feuerwehrleute hängen der Gottesmutter auf der Säule einen frischen Blumenkranz in den Arm. 1854 wurde das Dogma verkündet, das Maria vom ›Makel der Erbsünde‹ freispricht. In der hiesigen Volksfrömmigkeit hat die Madonna Vorrang vor Christus und anderen Heiligen. Das Hochfest ist auch Paukenschlag für römisches Weihnachtsbrauchtum: Die Kinder dürfen die beliebten Krippen im Wohnzimmer aufbauen und den (Kunst-)Baum schmücken.

Nicht nur zum Studieren

Rom zog im 18. und 19. Jh. Maler, Musiker und Literaten aus ganz Europa an, die aus dem Studium der Antike neue Impulse bezogen. Söhne adliger Familien wurden zum bekrönenden Abschluss ihrer Erziehung auf die ›Grand Tour‹ geschickt mit Rom als wichtigster Etappe. Nicht selten wurden neben der antiken Kunst auch die Leibesfreuden mit Mädchen aus dem Volk studiert, die in der puritanischen Heimat verpönt waren. Goethe soll hier seine ersten erotischen Erfahrungen gesammelt haben, die er in den »Römischen Elegien« offenbart. Das Spanische Viertel mit seinen vielen Gasthäusern war besonders beliebt bei ausländischen Kunstreisenden wie Schopenhauer, Lord Byron oder Mendelssohn Bartholdy.

Das **Keats-Shelley House** ⓫ für die beiden romantischen Dichter rechts der Spanischen Treppe ist Pilgerort der Engländer. Die letzte Wohnstätte des mit 26 Jahren von der Tuberkulose dahingerafften John Keats (1823) hat die Atmosphäre jener Epoche schön bewahrt.
Piazza Di Spagna 26, www.keats-shelley-house.org, Mo–Sa 10–13, 14–18 Uhr, 5/6 €

Flashmob auf der Spanischen Treppe gegen die Schließung der italienischen Häfen. Als Zeichen der Solidarität mit den Bootsflüchtlingen tragen die Demonstranten Wärmefolien.

Nostalgische Zeitreise

Die Via Margutta erzählt von Künstlerleben in vergangenen Zeiten

Infos

📍 J/K 6/7

Start: Via Alibert, erreichbar mit Metro A (Spagna)

Dauer: mind. 30 Min.

Osteria Margutta 3: Via Margutta 82, www.osteriamargutta.it, Di–Sa 12.30–15, 19.30–23, So 12.30–15 Uhr

Il Margutta 4: Via Margutta 118, T 06 32 65 05 77, https://ilmargutta.bio, www.ilmargutta.it, tgl. 9–23.30 Uhr

Das Mondäne und Kosmopolitische der **Via Margutta** ist nicht auf den ersten Blick zu erkennen. Man fühlt sich zunächst in ein verschlafenes Landstädtchen versetzt. Die Häuser niedrig, viel grünes Rankenwerk, kaum Passanten. Eine stille, nicht allzu schmale, 350 m lange Gasse, eingezwängt zwischen dem Parkhügel Pincio und der belebten Antiquitätenstraße Via del Babuino. Akkurat gepflegt das Kopfsteinpflaster, den Efeu wie Wäsche quer über die Straße gehängt. Zum Pincio öffnen sich romantische Höfe mit Ateliers aus dem 19. Jh., hohe Rundbogen- und Sprossenfenster, umrankt von Blätterwerk. Canova meißelte hier, später stellten Giorgio de Chirico und Renato Guttuso ihre Staffeleien auf. In den berühmten **Studi Patrizi** 38 (Nr. 53b) arbeitete 1917 Picasso an dem Bühnenbild für das kubistische Ballett »Parade«.

»Die Straße war Atelier von über tausend Künstlern in 500 Jahren«, erzählt die Galeristin **Valentina Moncada** 39 (Nr. 54, www.valentinamoncada.com). Heute können sich die Wahnsinnsmieten nurmehr renommierte Kunstgalerien wie die **Galleria Russo** 40 (Via Alibert 20, www.galleriarusso.it) leisten, kaum noch angehende Künstler. Der Verein Cento Pittori bemüht sich, mit regelmäßigen Openair-Kunstmessen die Tradition nicht ganz aussterben zu lassen. Interessanter Nachwuchs hat sich jedoch noch nicht blicken lassen.

Hinter manchen Fenstern verbergen sich Super-Lofts für reiche Touristen, unaufdringlich und dezent. Ein weiteres Zeichen des Umbruchs. Die Anfänge der Via Margutta waren ganz andere. Bevor sich ausländische Maler wie Rubens und Poussin in das Licht und die Ruhe der Straße verliebten, parkten hier Kutscher

Aus der Via Margutta ist kein zweiter Picasso mehr hervorgegangen.

ihre Karossen, lagen hier Ställe und Schmieden. Die Mieten waren niedrig, ausländische Handwerker von der Gewerbesteuer befreit. Nach und nach entwickelte sie sich zur Künstlerstraße. Der 1887 gegründete internationale Künstlerclub zog auch Musiker und Intellektuelle wie Puccini, D'Annunzio und Sartre an.

Schlagartig berühmt machte die Straße der Liebesfilm »Ein Herz und eine Krone« mit Audrey Hepburn (1953). Die Laube und die Blumenkübel im Hof des **Palazzo Nr. 51** 41 scheinen noch dieselben zu sein wie die des Filmsets. Danach zogen Regisseur Federico Fellini und seine Frau Giulietta Masina in das einstöckige **Haus bei Nr. 110** 42, es folgten Anna Magnani und Stars des Dolce Vita. Die gemütliche **Osteria Margutta** 3 rühmt sich, viele Berühmtheiten bekocht zu haben. Gegenüber widmete Pietro Lombardi der gespaltenen Künstlerseele 1927 ein Denkmal. Die **Fontana delle Arti** 43 zeigt zwei groteske Masken auf Staffeleien, eine mit trauriger, die andere mit lustiger Miene. Gespalten ist auch oft ihre wirtschaftliche Existenz.

Zwischen den eleganten Galerien und Schmuckläden fallen zwei staubige Werkstätten auf – ein Rahmenmacher und ein Möbelrestaurator –, Relikte aus einer früheren Epoche. Und dann ist da noch Enrico Fiorentini, der mit seiner historischen **Bottega del Marmoraro** 44 (Nr. 53b) im Kleinen zu überleben versucht. Bis unter die Decke stapeln sich Marmortäfelchen zwischen Büchern und Bildern. Für 15 € graviert Enrico Sprüche in Stein, Souvenirs für Touristen.

Roms erstes vegetarisches Lokal **Il Margutta** 4 sorgt noch immer für raffinierte fleischlose Genüsse. Seinen Tribut an die Künstlerstraße zollt es mit Ausstellungen junger Maler und Bildhauer (Sonntagsbrunch, Light- und Detox-Gerichte für Sportler und Kalorienbewusste, glutenfreie Speisen).

»SCHLUSS MIT DER FREILICHTKLOAKE!« F

… fordert Paolo Bulgari, Chef des Luxuskonzerns und Sponsor der 1,5 Mio. teuren Restaurierung der **Spanischen Treppe**. Er fordert, sie nachts mit einem Plexiglaszaun abzusperren, damit »die Barbaren nicht darauf essen wie in einem Stadion«. Gemeint sind Touristen jeden Alters, die auf den Stufen triefende Eistüten oder ölige Pizza verzehren. Den Müllmännern kullern morgens Flaschen nächtlicher Umtrunke entgegen. Restauratoren kratzten 2014–16 eine komplette Speisekarte aus dem Travertin. Besonders hartnäckig waren die Kaugummireste. Die Bilanz ein Jahr später: alles wie zuvor. Die damalige Bürgermeisterin Raggi erließ daher ein Sitzverbot für die Stufen – unter großem Protest.

San Lorenzo in Lucina

Gut gegen Ischias

Die für ihre Freiluftcafés beliebte **Piazza di San Lorenzo in Lucina** öffnet sich auf der anderen Seite des Corso auf Höhe der Via Frattina. Der romanische Portikus der frühchristlichen Stationskirche **San Lorenzo in Lucina** ⑫ fällt sofort ins Auge. Das barockisierte Innere mag zunächst enttäuschen, weil es nicht zur Fassade passt. Es birgt jedoch bedeutende Gräber wie das von Poussin. Das Altarblatt, die Kreuzigung von Guido Reni, stand im Zentrum der heftigen ›Kreuzdebatte‹, die der muslimische Intellektuelle Navid Kermani mit dem Artikel »Bildansichten: Warum hast Du uns verlassen?« in der NZZ lostrat.

Die Kirche verwahrt den Rost, auf dem Laurentius 258 gemartert wurde. Der Schutzheilige der Feuerwehrleute, Bäcker, Büglerinnen und Köche – all jener, die mit Feuer zu tun haben – soll sogar bei Hexenschuss und Ischias Wunder tun!

Tgl. 8–20 Uhr, Ausgrabungen der Domus Lucinae (2. Jh.) und des Baptisteriums (4. Jh.) jeweils 1. Sa im Monat

Auf dem Pincio

📍 J/K6/7

Der schmale Hügelrücken rahmt die Altstadt im Norden und geht nahtlos in den Park der Villa Borghese über. Seine üppige mediterrane Flora und die romantische Aussichtsterrasse von Valadier machen ihn zum sommerlichen Treffpunkt der Stadtjugend, die hier um Mitternacht die Korken knallen lässt.

Der *collis hortulorum* genannte Gartenhügel war seit dem 1. Jh. v. Chr. erste Adresse der reichen Patrizier. Lukull und Sallust ließen sich an den Abhängen Weinberge und Lustgärten anlegen. Im 16. Jh. wurden die Medici mit dem Bau ihrer Prunkvilla erneut Trendsetter dieser antiken Mode. Die **Villa Malta** ⑬ (Via di Porta Pinciana 1, nur Außenbesichtigung) war Stützpunkt der deutschen Malerkolonie im 18. Jh. Auch Herder und Wilhelm von Humboldt waren dort Gast. Goethe besuchte oft Angelika Kauffmann im Garten, wo sie ihre Staffelei aufstellen durfte. Die Villa ist heute Redaktionssitz der Jesuitenzeitschrift »La Civiltà Cattolica«.

Statussymbol der Grande Nation

Hoch oben auf dem Pincio thront die **Villa Medici** ⑭ mit ihrer strengen Doppelturmfassade (s. auch Tour S. 38). Ihr eigentliches Prunkstück, die mit Stuck, antiken Reliefs und Statuen verzierte Gartenfassade, bekommen Sie nur mit Eintrittskarte zu sehen. Kardinal Ferdinando de' Medici, der spätere Großherzog der Toskana, erwarb 1576 das Gelände mit den Resten der Villa des Lukull. Der aufgeklärte, kultivierte Florentiner wollte ein den Medici würdiges Schloss – für Bankette und zur Aufnahme seiner reichen Kunstsammlung. Die Villa wurde später Sitz der toskanischen Botschafter. Partys in dem traumhaften Garten sind heuCte den Stipendiaten der Académie de France vorbehalten, den Gewinnern des berühmten »Prix de Rome«. Unter dem internationalen Künstlernachwuchs figurieren neuerdings auch Köche. Als die Medici-Linie ausstarb, kaufte Napoleon die Villa 1803 und verlegte den Sitz der Akademie hierher. In dem mit manieristischen Fresken und Terracottaböden ausgestatteten Spätrenaissancebau finden Ausstellungen und Konzerte statt. Grandios ist das **Caffè Colbert** mit Gartenterrasse (1. Stock; s. auch S. 38).

Viale della Trinità dei Monti 1, Di–So 9.30–19 Uhr, Besichtigung nur bei Ausstellungen u. mit Führung (u. a. dt., www.villamedici.it/en), 12/6 €

Was heute als Fehler in der Stadtplanung gelten würde, war im Spätbarock ein gelungener Aha-Effekt. Architekt Nicola Salvi hat den mit 26 x 50 m größten Brunnen Roms bewusst in den kleinen Platz gezwängt (1732–62). Der Besucher, der sich durch die engen Gassen treiben lässt, erwartet ein solch monumentales Wasserspektakel hier nicht.

Der Schaubrunnen in Form eines Triumphbogens klebt am **Palazzo Poli,** dessen Südseite ungeachtet der Proteste des Besitzers einfach zugemauert wurde. Davor breitet sich die Wasserwelt der antiken Mythologie aus: Oceanus reitet auf einer von Seepferden und Tritonen gezogenen Auster-Karosse über die Wogen des Meeres, gerahmt von den Allegorien der Fruchtbarkeit (Füllhorn) und der Gesundheit (Äskulap-Schlange).

Was kaum einer weiß: Das Münzwerfen ist ein jüngerer Brauch. Der ursprüngliche Star war das Wasser, das als das beste und kalkärmste in ganz Rom galt. Es hieß: »Wenn du einmal vom Trevi gekostet hast, wirst du immer wieder zurückkehren«. Daher tranken Liebespaare

Südliche Via del Corso ♀ Karte 3, J/K8/9

Fontana di Trevi ⭐

Teurer Badespaß
Der Rummel an der **Fontana di Trevi** ⓯ gleicht einem Souk. »Signora, look! Good price.« Pakistanische Verkäufer halten Touristen Selfiesticks und Plastikramsch unter die Nase, alles drängelt und schiebt, *guides* fahnden nach verlorenen Schäfchen. Die jedoch sind wie in Ekstase und haben nur eines im Sinn: Münze werfen und Selfie schießen. Der Platz am Beckenrand ist heiß umkämpft.

VON WEGEN HEISSBLÜTIGER ITALIENER H

Februar 1960: Ohne mit der Wimper zu zucken steigt das schwedische Busenwunder Anita Ekberg im schulterfreien Abendkleid und barfuß in den winterkalten Trevi-Brunnen. Ihr Partner Marcello Mastroianni hingegen hat für die Badeszene in »La Dolce Vita« nach einem Neoprenanzug unter dem Smoking verlangt. Mehrfach muss die Szene wiederholt werden, denn das frierende Frauenidol wärmt sich während der Dreharbeiten mit einer Flasche Whisky auf – und stürzt halbtrunken drei Mal.

gemeinsam aus einem Glas und schworen sich ewige Treue. Ob der Liebestrunk irgendwann seine Kraft verlor, ist nicht bekannt. Jedenfalls hätten gegen Ende des 19. Jh. Reisende das Münzwerfen eingeführt. Die Geste galt bereits im antiken Rom als glücksbringend. Segen bringt sie heute den Empfängern des Caritas-Sozialdienstes in Form von Essenstafeln, Unterkünften für Flüchtlingskinder, Kleinkrediten. Die Ausbeute erreichte 2022 noch nicht wieder den Stand von vor der Pandemie (1,4 Mio.). Die Münzen werden dreimal wöchentlich mit Saugern herausgeholt und in Säcke gepackt. Das am häufigsten geworfene Geldstück ist die 20-Cent-Münze. Etwas überteuert ist ein Bad im Trevi-Brunnen: Es kostet 450 € (Strafe).

Die **Aqua Virgo,** die den Trevi speist, ist seit über 2000 Jahren in Betrieb. Von Agrippa 19 v. Chr. für seine Thermen gestiftet, ist sie mit 22 km die kürzeste und die einzige Leitung, die die Belagerungen überlebt hat. Die Reliefs auf der Attika stellen die Ereignisse rund um den Bau dar. Aufgrund des schwachen Wasserdrucks (nur 3,6 m Gefälle) tiefte Salvi das Becken in das Pflaster ein. Damit löste er auch das Problem des nach Süden abfallenden Platzes. Im nahen Vicolo del Putarello (*vicus caprarius*) kann das Wasserkastell der Aqua Virgo, **Città dell'Acqua** ⓰ besichtigt werden. Im Keller des Kaufhauses **Rinascente** 🄂 (s. S. 58) wurde ein 30 m langer Abschnitt der Leitung entdeckt. Heute lässt eine Umwälzpumpe das Wasser im Brunnen sprudeln. Es gab bereits mehrfach Farbanschläge auf das Kunstwerk.

Oase hinter Glas

Die Einkaufspassage **Galleria Alberto Sordi** ⓱ ist ein beliebter Durchgang vom Trevi-Brunnen zum Regierungsviertel. Der faschistische Architekt Giorgio Calza Bini schuf die eklektische Halle 1922–40 nach dem Vorbild der

Weniger die teuren Läden als die Stille locken die Passanten in die Galleria Alberto Sordi.

Mailänder Galerie. Wer reinen Jugendstil sucht, geht in die 150 m entfernte **Galleria Sciarra** ⓲ (1888).

Im Regierungsviertel

Schmiede der Politik

Auf der anderen Seite des Corso erwartet Sie einer der elegantesten Plätze Roms. Blickfang auf der **Piazza Colonna** ist die **Ehrensäule des Mark Aurel** ⓳, bekrönt vom Apostel Paulus. Sie ist das jüngere und kleinere Gegenstück zur Trajanssäule (s. S. 105). Der spiralförmige Fries mit dem Sieg über Germanen und Sarmaten (176–80) erinnert an eine Ära, als die Römer die Herren Europas waren.

Dass sich die Regierung an diesem Platz einquartiert hat, verwundert nicht.

Der Vorschlag der Stadtplaner, Parlament und Ministerien aus verkehrstechnischen Gründen nach EUR zu verlegen, wurde stets abgeschmettert. Die Parlamentarier lieben die alten Paläste – und die schönen, nahen Lokale. Sie zeigen sich gern in der Öffentlichkeit, auch wenn das ›Kastenverhalten‹ durch die Fünf-Sterne-Bewegung etwas gedämpft wurde. Oft sieht man prominente Minister oder Abgeordnete über den Platz laufen oder Interviews geben.

Rechts begrenzt der Amtssitz des Premierministers, der vornehme **Palazzo Chigi** ⓴ aus der Spätrenaissance, die Piazza. Ohne Bannmeile – man kann bis an die Schwelle treten. Mit dem Ende der Berlusconi-Ära kehrte nahezu angelsächsische Schlichtheit ein: weniger Limousinen, Glamour und Skandale. Unter dem Druck des Movimento 5 Stelle wurden die Leibrenten gekürzt und die Anzahl der Parlamentarier um ein Drittel reduziert.

Im **Palazzo Montecitorio** ㉑, Sitz der größeren der beiden Parlamentskammern, stimmen 400 Abgeordnete über Gesetze und Haushalt ab und sprechen dem Premier ihr Vertrauen aus – oder auch nicht. Jugendstilarchitekt Ernesto Basile entkernte den mächtigen Bernini-Bau für das neue Parlament und erweiterte ihn mit einem spektakulären Plenarsaal aus Holz. Legendär ist die Transatlantico genannte Lobby, die Fenster wie ein Kreuzfahrtschiff hat. Wer des Italienischen mächtig ist, sollte die Parlamentssitzungen besuchen, in denen es sehr ›italienisch‹ zugehen kann. Die Führungen haben die Baugeschichte als Schwerpunkt, nicht das politische System.

Piazza del Parlamento 24, www.camera.it/leg18/1, am 1. So im Monat frei zu besichtigen, sonst auf Anfrage. Für Herren Jackett und Krawatte obligatorisch.

Aperitif vor Säulenkulissen

Über die Via dei Bergamaschi gelangen Sie zu einem antiken Tempel, der eine eigenartige Nutzung gefunden hat: erst als Zollhaus und seit 1831 als Börse und Industrie- und Handelskammer. Der **Tempio di Adriano** ㉓ ist ein im korinthischen Stil errichteter Kultbau zu Ehren des vergöttlichten gräkophilen Kaisers Hadrian (117–138). Die nördliche Längsseite mit den 11 kannelierten Säulen und Gebälkresten dominieren auf eindrucksvolle Weise die **Piazza di Pietra.** Abends angestrahlt, werden sie zu einer großartigen Kulisse für die coole Aperitif-Bar **Salotto 42** 11. Der Tempel und die Mark-Aurel-Säule gehörten zu einem großen Komplex auf dem Marsfeld, der aus Kaiserkulttempeln, Grabsäulen und Verbrennungsplätzen *(ustrina)* bestand.

Gekonnte Augenwischerei

An eine Theaterbühne erinnert der trapezförmige Platz vor der Kirche **Sant'Ignazio** ㉔. Die Palazzi sind versetzt angeordnet wie Kulissen, hinter denen Schauspieler hervorzutreten scheinen. Ein origineller Einfall des Rokoko-Architekten Raguzzini (1728). Nach der Heiligsprechung von Ignatius von Loyola 1622 sollte der Gründer des Jesuitenordens beim Collegio Romano eine eigene Kirche erhalten. Berühmt sind die perspektivischen Fresken des Jesuiten-

---

ANTIKER KALENDER K

Vor dem Eingang des Palazzo Montecitorio steht ein **Obelisk** ㉒, den Augustus 10 v. Chr. aus dem ägyptischen Heliopolis nach Rom bringen ließ. Er diente als Gnomon eines Meridianinstruments, mit dem die Mittagsstunde und das Jahreskalendarium angezeigt wurden. Früher hielt man dieses von Plinius erwähnte ›Solarium Augusti‹ für eine Sonnenuhr. Der zerbrochene Granitpfeiler wurde 1792 um 250 m weiter südlich versetzt wieder aufgerichtet.

ROOFTOP-ROMANTIK

Der Schatz des alten 9 Hotel Cesàri liegt gut versteckt: Mit dem Fahrstuhl geht's bis ins oberste Stockwerk hinauf, dann über eine enge Treppe auf die liebevoll bepflanzte Dachterrasse auf zwei Ebenen. Die benachbarten Dachgärten und die Fassade von Sant'Ignazio sind zum Greifen nah. **(Terrazza del 9 Hotel Cesàri** 10, Via di Pietra 89/A, T 06 67 49 70 13, www.9-hotel-cesari-rome.it, Bus: Corso/Minghetti, Barbetrieb für Nichtgäste 12–24 Uhr).

paters Andrea Pozzo, die illusionistische Kuppel als Billiglösung anstelle einer aus Stein und das Trompe-l'Œil im Gewölbe mit der Apotheose des Heiligen. Das Kirchendach scheint aufgerissen und den Blick in den Himmel freizugeben. Das Auge kann Stuck, Architektur und Malerei kaum voneinander unterscheiden.

Piazza Sant'Ignazio, tgl. 7.30–12.20, 15–19.20 Uhr

Rund um die Piazza Venezia

📍 Karte 3, J/K9

Alle Buslinien kreuzen sich hier: Die **Piazza Venezia** ist zentraler Verkehrsknotenpunkt und Nahtstelle zwischen den antiken Stätten und dem Tiberknie. Ihre jetzige Gestalt erhielt sie nach der Einigung Italiens 1871, als man den Blick freiräumen wollte auf die ›Schreibmaschine‹, das wuchtige Nationaldenkmal für Vittorio Emanuele II. (1885–1911).

Von Bunga-Bunga und Waterloo

Im heute für Ausstellungen genutzten **Palazzo Bonaparte** 25 an der Ecke des Corso (Piazza Venezia 5, www.mostrepalazzobonaparte.it/) verbrachte ›Madame Mère de l'Empereur‹ nach dem Sturz ihres Sohnes Napoleon ihre letzten Lebensjahre. Ein Waterloo samt Verbannung erlebte am Ende auch Berlusconi, nachdem er im benachbarten **Palazzo Grazioli** 26 (Via del Plebiscito 102) goldene Jahre verbracht hatte. Während seiner Amtszeit nutzte er ihn für private Empfänge und Sexpartys. Die abgeschottete Hofeinfahrt garantierte den Gästen, die in dunkel verglasten Limousinen vorfuhren, Diskretion. Berlusconi gab die monatlich 40 000 Euro teure Residenz gezwungenermaßen auf. Ein Comeback in die Politik vereiteln ironischerweise nicht Richter, sondern ein Herzleiden.

Auf dem Dach der Nation

Der Zuckerbäckerstil des Nationaldenkmals **Vittoriano** 27 entsprang dem ersten Freudentaumel, den das Ende von 1400 Jahren Fremdherrschaft ausgelöst hatte. Endlich war man wieder eine Nation! Doch das Einheitsgefühl wird mittlerweile von den krassen sozioökonomischen Unterschieden zwischen Nord- und Süditalien überschattet. Als ›eine‹ Nation fühlen sich die Italiener nur beim Fußball. Gerade deshalb finden immer noch Staatsfeiern und anachronistische Militärparaden vor dem Denkmal statt. Auf halber Höhe bewachen zwei Militärs das ›Grabmal des unbekannten Soldaten‹, in dem die Gebeine von Gefallenen des Ersten Weltkrieges liegen. Der Hohlbau birgt neben einer **Dauerschau zum Risorgimento** Wechselausstellungen zu moderner Kunst. Die erste Terrasse kann kostenlos zu Fuß erklommen werden.

Sensationell ist der Rundblick von der 65 m hohen **Terrazza delle Quadrighe,** die man nur gegen Gebühr mit einem gläsernen Fahrstuhl erreicht. Wie in einem

Von der Panoramaterrasse des Vittoriano hat man alle sieben Hügel im Blick. Am besten zum Sonnenuntergang kommen.

Hubschrauber steigt man senkrecht auf, wird weit über die umliegenden Dächer und Monumente gehoben. Der Rathausturm zum Greifen nah, der Kapitolsplatz mit dem symmetrischen Sternmuster tief unten. In der Ferne der einsame Monte Soratte im Tibertal, die Abhänge der Albaner Berge im Südosten. Und endlich: alle sieben Hügel auf einen Streich!

Piazza Venezia, Via di San Pietro in Carcere, Ausstellungen in der Ala Brasini Mo–Do 9.30–19.30, Fr, Sa 9.30–22, So 9.30–20.30 Uhr (Kasse schließt 1 Std. vorher), https://vive.cultura.gov.it/it/vittoriano; Fahrstuhl zur Aussichtsterrasse tgl. 9.30–19.30 (Kasse bis 18.45 Uhr), 15/2 €, gratis jeden 1. So im Monat

Balkon des Duce

Begleitet von einer neuen, affektierten Körpersprache hielt Mussolini seine Propagandareden vom Balkon des **Palazzo Venezia** ❷❽. Als er im Juni 1940 den Kriegseintritt Italiens an der Seite Deutschlands verkündete, quoll die Piazza Venezia über von jubelnden Anhängern. Der Palazzo Venezia gilt als erster Frührenaissancepalast der Stadt. Während seine Zinnen noch an mittelalterliche Festungen erinnern, offenbart die prächtige Innenhofloggia bereits die neue Lebenskultur des Adels. Mitte des 15. Jh. entstand er im Auftrag des späteren Papstes Paul II., der vom zentralen Balkon aus das Ziel der Pferderennen auf dem Corso im Blick haben wollte (s. S. 45). Der venezianische Pontifex war ein Freund von Festen, weniger von humanistischen Studien. Von 1929–43 war der mächtige Palazzo Sitz der faschistischen Regierung. Das Licht am Fenster erlosch nie, um zu demonstrieren, dass ›der Duce Tag und Nacht für das Wohl der Nation arbeite‹. Dafür garantierte ein 16 m unter dem Palast eingebauter Bunker dem emsigen Diktator Unversehrtheit bei Bombardierung. Heute beherbergt der Palazzo eine **Kunstsammlung** aus dem 13. bis 18. Jh., u. a. Terrakottamodelle von Bernini sowie eine bedeutende **Bibliothek für Archäologie und Kunstgeschichte.** Es finden regelmäßig interessante kleinere Ausstellungen statt. Schön sind im Sommer die Folkkonzerte im Palmen-Innenhof.

Piazza Venezia 3, https://vive.cultura.gov.it/it/palazzo-venezia, Museum tgl. 8.30–19.30 Uhr, 10/2 €, freier Zutritt in den Garten

Museen

Beim Hochadel zu Besuch

㉙ Galleria Doria Pamphilj: Am Ende des dunklen Corso lockt der reizvolle Säulenhof des Palazzo Doria Pamphilj Passanten an. Doch nur wenige besichtigen die prächtige barocke Adelsresidenz auch von innen. Schade! Die über Jahrhunderte gewachsene Kunstsammlung der genuesisch-römischen Familie ist ein Eldorado für Malerei-Liebhaber. Vertreten sind die bedeutendsten europäischen Meister des 15. bis 18. Jh. – von Memling über Raffael, Tizian, J. Brueghel d. Ä., Caravaggio bis Poussin. Nach wie vor sind die Werke im Besitz der Familie, die ihre Türen bereitwillig für das Publikum geöffnet hat.

Der Hausherr führt ›persönlich‹ durch die Säle; seine Stimme wurde auf den Audioguides gespeichert. Der Reiz der Galerie besteht in der noch originalen Hängung der Bilder, oft ohne Beschriftung und ohne sichtbares Konzept. Die Besitzer lebten mit ihren Kunstwerken. Diesen Eindruck verstärken die verschlissenen Seidentapeten und die Patina der Wände. Der 1970er-Jahre-Babystuhl in dem noch bis vor Kurzem benutzten Speisezimmer bildet einen witzigen Kontrast zu dem barocken Mobiliar.

Vorzeigestück der Pamphilj ist das von Velázquez gemalte Sitzporträt ihres Ahns Giovanni Battista, der als Innozenz X. 1644 den Papstthron bestieg. Velázquez fängt die besorgt-misstrauische Stimmung des Papstes trefflich ein. Der Westfälische Frieden 1648 war ein empfindlicher Schlag für die katholische Kirche in Europa. Nicht weniger realistisch ist der Ausdruck seiner energischen Schwägerin und Ratgeberin, Donna Olimpia. Die Marmorbüste von Alessandro Algardi zeigt eine entschlossene Endvierzigerin mit Doppelkinn. Das Volk nannte sie ›Pimpaccia‹, die Aufgetakelte, und wegen ihres Einflusses am Papsthof auch ›Papessa‹. Stolz ist die Familie auch auf ihre antifaschistische Tradition. Filippo Andrea VI. verweigerte Hitler 1938 den Zutritt zu seiner Residenz, in der Jahre zuvor der deutsche Kaiser Wilhelm II. empfangen worden war.

Via del Corso 305, www.doriapamphilj.it, Mo–Do 9–19, Fr–So 10–20, 15 € (Reservierung 1 €) inkl. Audioguide (u. a. engl.)

Essen, Ausgehen

Klassiker

Casina Valadier 1, Colbert ⓴ und **Antico Caffè Greco 2**: s. S. 38, 46.

Kunstflair und Vegetarisches

Osteria Margutta 3 und **Il Margutta 4**: s. Tour S. 48.

Filmreif in der Via Margutta

5 Babette: Das junge Lokal im Osteria-Look überzeugt vor allem durch die zwei schönen Innenhöfe und die ausgefallene Speisekarte. Fantasievolle *primi* (Gazpacho mit Kokosmilch), römische Klassiker und besondere Salate, alles zu moderaten Preisen – für diese Ecke.

Via Margutta 3, T 06 321 15 59, www.babetteristorante.it, Metro: Flaminio, Bus: Babuino/Fontanella, Di–So 12.30–14.45, 19–22.30, Bar Di–Sa 9–20.30, So 10–20.30 Uhr

Beschwingt

6 Ginger: Das schicke weiße Restaurant mit Pflanzen und exotischer Obsttheke ist

Unten im Palazzo Fendi kann man sich neu einkleiden. ›Anziehend‹ ist auch die Terrasse auf dem Dach mit der exklusiven Bar Zuma.

nicht nur unter Bio-Fans der Hit. Neben italienischen Bestsellern gibt es auch internationale Gerichte, morgens lockt eine Müsli-Bar.
Via Borgognona 43–46, T 06 96 03 63 90, www.gingersaporiesalute.com, Bus: Tomacelli, tgl. 10–24 Uhr

Beliebteste Skybar
[7] **Zuma:** Viel Atmosphäre hat die edle Skybar des Palazzo Fendi mit einzigartigem Blick auf Barockkuppeln und die Glaslaterne (Palazzo dell'Ex Unione Militare) von Stararchitekt Fuksas. Wenn Sie nicht gehoben japanisch essen möchten, probieren Sie einen der besonderen Cocktails, z. B. Rubabu, ein Mix aus Reiswein, Rhabarbersaft, Passionsfrüchten und Wodka.
Via della Fontanella Borghese 48, 5. und 6. Stock, T 06 99 26 66 22, https://zuma restaurant.com, Bus: Tomacelli, Bar tgl. 18–1 Uhr, Restaurant tgl. 12–15, 19–23 Uhr, unbedingt reservieren!

Herzhaft
[8] **Frezza – Cucina di Coccio:** Im neuen Lokal von TV-Liebling Claudio Amendola werden römische Klassiker nach alten Rezepten gekocht und in Tontöpfen serviert. Ausgezeichnete *fritti* (Antipasti) und Pasta. Stilvolles, gemütliches Bistrot-Ambiente. Preislich im Rahmen.
Via della Frezza 64–66, T 06 70 45 26 05, Di–So 12–23.30 Uhr

Süße Niagara Falls
[9] **Venchi:** Beim berühmten Pralinenfabrikanten aus Piemont hat auch das Eis eine ›Schokoladenseite‹. Er kredenzt *gusti* wie Trüffel mit Himbeeren, im Fokus stehen auch feine Nuss- und Pistaziencremes aus der Heimatregion. Alle Sorten werden ohne Gluten, Bindemittel und künstliche Aromen hergestellt. Hinter der Theke fließt über die gesamte Ladenrückwand der Schoko-Segen – wie im Schlaraffenland.

Via del Corso 335, T 06 678 46 98, https://it.venchi.com, Bus: Corso/Minghetti, Mo–Do 9–0.30, Fr–So 9–1 Uhr

Rooftop-Romantik
10 9 Hotel Cesàri: s. S. 54.

Trendy
11 Salotto 42: Beliebte Bookbar unter einer pinken Bougainvillea mit Blick auf den Hadrian-Tempel, der in Sommernächten Leinwand einer faszinierenden Lichtshow wird. Cocktails und Fingerfood, Sushi. Abends reservieren!
Piazza di Pietra 42, T 06 678 58 04, www.salotto42.it, Bus: Corso/Minghetti, tgl. 10.30–2 Uhr

Einkaufen

Minimalistisch
1 COS: Edelableger des schwedischen Modegiganten H&M, coole avantgardistische Mode zu bezahlbaren Preisen, kombiniert mit italienischem Schmuck und Schuhen macht sie was her.
Via Borgognona 36, T 063 283 27 07, www.cosstores.com, Metro: Spagna, Mo–Sa 10–20, So 10–19 Uhr

Beste Markenmode
2 Rinascente: Altes Luxuskaufhaus in neuem Palazzo. Auf sechs von Designern eingerichteten Etagen gibt es alle bekannte Marken, auch Lingerie, Kosmetik und Interieur. Lohnt sich zum Schlussverkauf.

> **RUINEN IM KAUFHAUS** R
>
> Im Untergeschoss des Kaufhauses **Rinascente** 2 können Sie 15 Bögen der **Aqua Virgo** samt einem Abschnitt der Via Salaria Vetus besichtigen (19 v. Chr.–3. Jh.). Eine Videoprojektion informiert über die Ausgrabungen.

Via del Tritone 61, Via dei Due Macelli 23, T 800 12 12 11 (in Italien, kostenlos), www.rinascente.it, Bus: Tritone/Fontana Trevi, tgl. 10–22 Uhr

Schuhe von klassisch bis peppig
Thierry Rabotin 3 (Via della Croce 57, T 06 69 97 00 13, www.thierryrabotin.shop/it, Mo–Sa 10–19 Uhr) wirbt mit der Bequemlichkeit seiner farbenfrohen, modischen Modelle für Sie und Ihn. Preiswerte klassische bis sportliche Schuhe aus Florenz hat **Fabiani – De Marco** 4 (Via Frattina 126, T 06 679 61 97, Mo–Sa 10–20 Uhr). Ausgefallene farbenfrohe Modelle finden Frauen bei **Alessi & Alessi** 5 (Via di Ripetta 149, T 06 64 76 03 88, Mo–Sa 10–19.30 Uhr). Peppiges für jedes Alter, vor allem Ballerinas, führt **BallereTTe** 6 (Via del Gambero 22, T 06 69 31 03 72, www.ballerette.com, tgl. 10–20 Uhr).

Inspirierende Designobjekte
7 Mia Home Design Gallery: Tolle Designstücke vom Sofa bis zum Teller.
Via di Ripetta 224, T 06 97 84 18 92, https://galleriamia.it, Bus: Ripetta, Di–Sa 10.30–14, 15–19.30 Uhr

Pittoresker Markt für Drucke etc.
8 Mercato delle Stampe: s. S. 44.
Largo della Fontanella di Borghese, Bus: Fontanella Borghese, Mo und Sa 7–13 Uhr

Bewegen

Im Rollmodus
1 Segway-Verleih: Piazza del Popolo/Bar Rosati (Claudio: T 32 92 45 47 80); Viale delle Magnolie, Pincio (Ahmed: T 39 25 22 14 23); 1 Std 15 €, 3 Std. ca. 30 € (verhandeln); auch Vespa- und Bikeverleih, geführte Touren, www.segwayroma.net/it.
2 Rome for you: Piazza dei Calcarari 2 (Largo Argentina), www.romeforyou.net/, T 06 45 43 78 55, tgl. 9.30–19.30 Uhr, Verleih von E-Bikes, Bike-Touren.

Zugabe
Hilfe, Low-Cost-Touristen!

Immer weniger Römer kaufen im Zentrum ein

Keinen Blick für Qualitätsware …

»Mit Flip-Flops, labbrigem T-Shirt, Rucksack und einer Wasserflasche bewaffnet. So präsentieren sie sich in unserem Geschäft.« Franco Trulli ist ein eleganter Herr, ein Verkäufer der alten Schule. Sein Bekleidungsgeschäft in der Via del Corso ist seit anno 1976 in Familienbesitz. ›Turista bottiglietta‹, ›Wasserflaschentourist‹, wird der neue Typ von Kunde genannt. Eigentlich ist er nur Besucher. Denn meist stöbert er nur in den Regalen, ohne etwas zu kaufen. Zumindest nichts von Wert. Schlüsselanhänger, Gürtel, Halstuch, möglichst unter 20 Euro. Gute Verarbeitung und hochwertiges Material waren immer das Markenzeichen der Boutiquen im gediegenen alten Modeviertel rund um die Spanische Treppe, auch jener, die nicht zu den berühmten ›Maisons‹ gehören. Aber offenbar ist Qualität immer weniger gefragt.

»Trotz wachsendem Tourismus verzeichnen wir seit Jahren einen Rückgang. Und ab 2017 haben wir einen regelrechten Einbruch erlitten, von 25 %.« Bis vor vier Jahren noch ließen Amerikaner und Russen ihre Devisen in den Geschäften. Die Luxuskundschaft ist seitdem geschrumpft und hat sich nach Asien verlagert: Japaner, Koreaner und Chinesen rücken nach. Fendi, Ferragamo, Gucci rüsten sich mit asiatischen Verkäuferinnen.

Dass die traditionelle einheimische Kundschaft weggebrochen ist, führt Trulli auf die Reduzierung des Parkraums und die Streichung von Buslinien der hochverschuldeten Verkehrsbetriebe zurück. Es gibt aber noch weitere Gründe: Die römische Handelskammer meldet einen stetigen Zuwachs beim Onlinehandel und in Roms Speckgürtel florieren Malls à la Las Vegas. Das Zentrum wird immer mehr den Touristen überlassen. Es ist ein Low-Cost-Tourismus. Die einen, z. B. Giuseppe Roscioli, Vorsitzender des römischen Hotelverbandes, geben die Schuld dem Boom der B&B – schätzungsweise 25 000 werden im Internet beworben. Andere sehen die Tagestouristen der Kreuzfahrtschiffe als Hauptproblem. Sie mehren die Gewinne der Eis-, Pizza- und Souvenirläden. Die Restaurants oder Geschäfte mit Qualitätsware gehen dagegen leer aus. Hier kann nur die Stadt regulierend eingreifen. Aber davon kann bisher keine Rede sein. ■

> **Geschäfte mit Qualitätsware gehen leer aus.**

Die Altstadt im Tiberknie

Roms ältestes Viertel — Im historischen Patchwork der alten Gassen, Tempel und Kirchen pulsiert das Leben. Mit viel Fantasie werden altes Handwerk und Werkstätten dem Zeitgeist angepasst. Das Zentrum will kein totes Museum sein.

Seite 63
Pantheon ⭐

Der antike Tempel war Vorbild für die Kuppeln der Neuzeit. Michelangelo hat ihn studiert und vermessen für den Entwurf der Petersdomkuppel. Sie wurde zwar höher, im Durchmesser jedoch kleiner.

Seite 68
Santa Maria sopra Minerva

Die gotische Kirche ist eine Schatztruhe mit Renaissancewerken wie Michelangelos Christus-Statue. Unter dem Hauptaltar der dreischiffigen Pfeilerbasilika ruhen die Gebeine der hl. Katharina von Siena.

Ganz legal flitzen sie durch die Fußgängerzone der Altstadt.

Eintauchen

Seite 70
Piazza Navona ⭐

Aus dem antiken Stadion wurde der schönste Barockplatz der Stadt, auf dem halb Rom flanierte.

Seite 72
Chiostro del Bramante

Im Kreuzgang von Renaissancearchitekt Bramante klären sich die Sinne.

Seite 72
Via dei Coronari

In der alten Antiquitätenstraße ist alles pittoresk, von den Kunstgalerien bis zu den Cafés.

Die Altstadt im Tiberknie **61**

Seite 78
Palazzo Spada

Die Borromini-Galerie im Hof des Palazzo Spada führt Besucher an der Nase herum. Aber auch die stuckverzierte Palastfassade hat etwas.

Seite 75
Campo de' Fiori ⭐

Auf der urigsten Piazza der Altstadt findet Roms ältester Obst- und Gemüsemarkt statt. Er ist folkloristisches Aushängeschild und zugleich Emblem eines Wandels. Touristen haben die einheimische Kundschaft nahezu ersetzt.

Seite 80
Palazzo Mattei

Recyceln ist schön! Bis zum Dach hinauf ist die Innenhof-Fassade des Palazzo Mattei mit antiken Reliefs und Büsten tapeziert. Die Familie Mattei bewachte eines der Ghettotore.

&

Seite 82
Spaziergang im Ghetto

Die Mauern des Ghettos wurden eingerissen. Geblieben ist ein volkstümliches Viertel, das mit jüdischem Brauchtum und kulinarischen Traditionen lockt.

Roms jüdische Gemeinde besteht seit 2200 Jahren. Die Vorliebe der jüdischen Einwohner für Fritiertes, z. B. *carciofi alla giudia,* beeinflusste die römische Küche.

»Die Sexomanie ist nicht nur ein Phänomen unserer Tage. Anders lässt sich die Präsenz so vieler Obelisken, Prellsteine und Säulen im Herzen Roms nicht erklären.« (Francesco Burdin, Schriftsteller, 1916–2003)

erleben

Wo noch die römische Volksseele zu Hause ist

Das Viertel westlich der Via del Corso bis zum Tiber ist das pulsierende Herz von Rom. Einzigartig ist die Konzentration an Denkmälern, Kirchen, Lokalen und Geschäften. Dass es die älteste durchgehend besiedelte Zone von Rom ist, wird an allen Ecken sichtbar: Es wirkt mittelalterlicher, verschachtelter, die wackeligen Pflastersteine noch etwas älter, die Gassen enger als im benachbarten Tridente. Antike, Mittelalter und Renaissance begleiten auf Schritt und Tritt, sind eng miteinander verwoben. Das moderne Leben fügt sich wie selbstverständlich in dieses historische Patchwork, in dem alles fröhlich vibriert. In alten *botteghe* experimentieren Modeläden und Lokale mit modernstem Design. In den Etagen darüber leben seit Generationen Familien aus allen sozialen Schichten. Manche sehen natürlich die ›Altstadtseele‹ durch die fortschreitende Kommerzialisierung bedroht.

Die Ebene deckt sich mit dem Herzen des antiken Marsfelds (Campo Marzio), dem ehemaligen Übungsplatz der römischen Soldaten. In der Republik wurde es mit Tempeln, Theatern, Thermen, Sportanlagen und Wahllokalen dicht bebaut. Das Pantheon ist das eindrucksvollste Zeugnis jener Epoche. Nach dem Bevölkerungsrückgang im Mittelalter erlebte das Marsfeld sein Comeback in der Renaissance. In dichter Folge entstanden nun Kirchen und prächtige Paläste der geistlichen Würdenträger, die eine neue Wohnkultur zelebrierten. Der Barock fügte prunkvolle Fassaden und Brunnen hinzu. Einen eigenen Charakter hat das Ghetto, das die Römer heute gern wegen der jüdischen Spezialitäten aufsuchen.

Der laute Corso Vittorio Emanuele II (19. Jh.) durchzieht als einzige Fahrschneise das Gassenviertel. In der Hauptsaison traben große Reisegruppen zwischen Trevibrunnen und Piazza Navona hin und her. In den Seitengassen ist es meistens erstaunlich ruhig. Obwohl sich die Plätze zum Hotspot des Nachtlebens entwickelt haben, gibt es noch viele abgeschiedene, romantische Winkel. Sie zu entdecken, gehört zum schönsten Teil einer Romreise.

> **ORIENTIERUNG**
>
> **Reisekarte:** Karte 3, G–J 8–10
> **Cityplan:** S. 67
> **Ankommen:** Metro A Spagna oder Bus 64, 40, 87, 70 bis Largo Argentina.

Um die Piazza della Rotonda

♀ Karte 3, J 8/9

In den gemütlichen Cafés vor dem Pantheon braucht es keine Heizpilze. Die kleine **Piazza della Rotonda** fängt auch im Winter Sonnenstrahlen ein. Dann haben die Römer ihre Altstadt wieder für sich und trinken mit Vorliebe ihren *caffè* vor dem antiken Tempel oder tanken auf den Stufen des Brunnens Sonne. In den umliegenden Gässchen kann man herrlich bummeln und nach besonderen Mitbringseln stöbern. Hier findet man individuelle Mode, Schmuck, Papeteriewaren und Antiquitäten. Seit Jahrzehnten wetteifern die Bars **Tazza D'Oro** 12 und **Sant'Eustachio** 13 um den ersten Platz für den besten Espresso in Rom. Folgen Sie einfach dem Kaffeeduft, der aus den Röstereien strömt. In der **Gelateria della Palma** 11 können Sie zwischen 150 Eissorten und feinsten hausgemachten Desserts wählen. Vormittags findet auf der **Piazza delle Coppelle** ein kleiner Lebensmittelmarkt statt. Hier lassen sich die Anwohner noch das Gemüse für die Minestrone schnippeln.

Pantheon ⭐

Himmel von Menschenhand
An kaum einem anderen Ort lässt sich das ›Göttliche‹ so sehr spüren wie im **Pantheon** ❶. Es besitzt die größte in unbewehrten Beton gegossene Kuppel und hatte bis ins 20. Jh. Vorbildcharakter.

Im Caffè Sant'Eustachio hatte der Schweizer Ingenieur Eric Favre ein Aha-Erlebnis, das ihn zum Erfinder des Nespresso machte: Er fragte den Barista, wie es komme, dass er einen derart guten Espresso herstelle. Dessen Antwort: »Ich habe nur eine Taste gedrückt«.

Die Kaiser Trajan und Hadrian errichteten den Tempel zwischen 114 und 128, nachdem der Vorgängerbau des Agrippa abgebrannt war. Die Weihinschrift aus großen Bronzelettern über dem Eingang huldigt noch immer dem ersten Stifter. Das Gebäude verbindet eine Rotunde mit einem Pronaos. 16 mächtige Granitsäulen tragen die Vorhalle mit ihrem strengen Giebeldreieck.

Durch eine 6 m hohe Bronzetür gelangt man in die lichtdurchflutete Ziegelrotunde. Die Wände und der Boden sind zum großen Teil noch mit dem originalen Marmor vertäfelt. Kaum zu fassen, dass die Inkrustationen 1900 Jahre alt sind. So ähnlich ausgestattet darf man sich auch die anderen römischen Tempel und Basiliken vorstellen. Die sieben Nischen nahmen die Statuen und Altäre der Planetengötter auf, die hier verehrt wurden. Heute schmückt ein Marienaltar die große Nische gegenüber dem Eingang.

Bonifatius IV. rettete das heidnische Wunderwerk 609 durch die damals übliche Praxis der Umwandlung in eine Kirche. Doch für die Römer ist **Santa Maria ad Martyres** (Sankt Maria bei den Märtyrern) nach wie vor das ›Pantheon‹.

Die Harmonie des Raums beruht auf den ausgewogenen Maßen: Höhe und Durchmesser sind identisch (43,30 m), der Zylinder und die Kuppel messen jeweils 21,65 m. Der unbekannte Architekt muss empirisch vorgegangen sein, denn der Seitenschub konnte damals nicht berechnet werden. 6,20 m dicke Ziegelmauern stützen die ca. 5000 t schwere Kuppel. Beide Bauteile sind über einer Holzverschalung aus *opus caementitium* (s. S. 99) gegossen. Um das Gewicht der Kuppel zu reduzieren, wurde ihre Wandstärke zur Öffnung hin von 6 m auf 1,5 m ausgedünnt. Zusätzlich sorgte Bimsstein als Zuschlag im oberen Bereich für eine Minderung des Gewichts. Der leicht konvexe Fußboden lässt den Raum größer erscheinen – ein Trick der griechischen Tempelarchitektur.

Das kreisrunde Fenster im Scheitelpunkt (Opaion) ist unverglast, was kein Problem darstellt, denn der Kamineffekt verhindert das Eindringen von Wassermassen. Regenwasser rinnt in einen Gully. Am 21. April, ›Roms Geburtstag‹, fällt mittags der Lichtstrahl auf den Eingang, »als erwarte man den Kaiser«. Das Pantheon könnte als kaiserlicher Empfangssaal gedient haben.

PANTHEON-GESTEIN

Der bernsteinfarbene *giallo antico* stammt aus Tunesien, der gesprenkelte Pavonazzetto aus der Türkei, Granit und Porphyr kamen aus Ägypten. Die halb fertigen Granitsäulen für die Vorhalle wurden vom Mons Claudianus auf mehrachsigen Wagen 100 km durch die Wüste nach Assuan gezogen; der rote Porphyr 45 km vom Mons Porphyrites. Auf Barken verladen, segelte das Material auf dem Nil bis Alexandrien, wo große Frachter bereitstanden. Nach der 2300-km-Fahrt übers Mittelmeer wurde alles in Ostia auf Flöße umgeladen, um dann von Ochsen den Tiber stromaufwärts gezogen zu werden. Durch die halbe Stadt ging's anschließend zur Bauhütte. Geschafft! Von wegen – der heikelste Moment kam erst noch: Das Aufrichten der 60 t schweren Monolithe. Nicht selten fielen sie um.

Jagd auf Gold

Von außen zeigt sich die Kuppel als flache graue Kalotte. Einst war sie innen wie außen vergoldet. Gold galt als ewiges Licht wie heute noch in orthodoxen Kirchen. Das Gold der Kuppel wurde bereits

Die Kuppel, eine perfekte Halbkugel, galt in der Renaissance als Abbild des Universums, ihre Lichtöffnung als Sonne.

655 nach Konstantinopel verschleppt. Die vergoldeten Bronzeplatten des Dachstuhls der Vorhalle hingegen ließ der bauwütige Urban VIII. einschmelzen, damit Bernini den Altarbaldachin im Petersdom gießen konnte. Das Erz reichte sogar noch für 70 Kanonen der Engelsburg. Seither pflegte man zu sagen: »Quod non fecerunt barbari, fecerunt Barberini« (Was die Barbaren nicht zerstörten, zerstörten die Barberini).

Begehrte Grablege
Im Pantheon sind sieben Künstler bestattet. Der mit 37 Jahren überraschend verstorbene Raffael (1520) wurde in der Nische links der Apsis beigesetzt. Der Zweizeiler auf dem antiken Sarkophag stammt von dem Humanisten Kardinal Bembo: »Hier ist jener Raffael, von dem die große Mutter der Dinge [= die Natur] fürchtete übertroffen zu werden, so lange er lebte, und zu sterben, als er starb.«

Ungleich pompöser sind die von einer bizarren Ehrengarde bewachten Gräber der ersten Savoyer-Könige, Vittorio Emanuele II. (1878) und Umberto I. (1900). Die Savoyer sind wegen ihrer Haltung im Faschismus unpopulär. Bis 2013 war ihnen das Betreten italienischen Bodens untersagt.

Piazza della Rotonda, tgl. 9–19 Uhr (Kasse bis 18 Uhr), 5/2 €, 1. So im Monat gratis, unbedingt reservieren, www.museiitaliani.it

Piazza della Minerva

Und sie dreht sich doch
Wenige Schritte hinter dem Pantheon ziert der steinerne Elefant von Bernini die ruhige Piazza della Minerva. »Man braucht viel Kraft, um die Wahrheit zu tragen« lautet die Botschaft des Dickhäuters, der einen ägyptischen Obelisken stemmt. Als Besitzer der Wahrheit betrachteten sich die Auftraggeber des **Obelisco della Minerva,** die Dominikaner, die wegen ihrer dogmatischen Schärfe vom Papst zu Generalinquisitoren ernannt wurden. Im Konvent der gegenüberliegenden Kirche Santa Maria sopra Minerva (s. S. 68) fanden zeitweise die Häresieprozesse statt. Dort wurde Giordano Bruno zum Tode und Galilei zu lebenslangem Hausarrest und Lehrverbot verurteilt. Am 22. Juni 1633 musste Galilei in der Kirche seiner Auffassung, die Erde drehe sich um die Sonne, abschwören. Er wollte nicht auf dem Scheiterhaufen enden.

Der Elefant dreht dem Generalhaus sein faltiges Hinterteil zu – angeblich die Rache Berninis, der sich über die Einmischung des Ordens in seinen Entwurf geärgert hatte. In der Päpstlichen Diplomatenakademie gegenüber der Kirche bildet der Heilige Stuhl Nach-

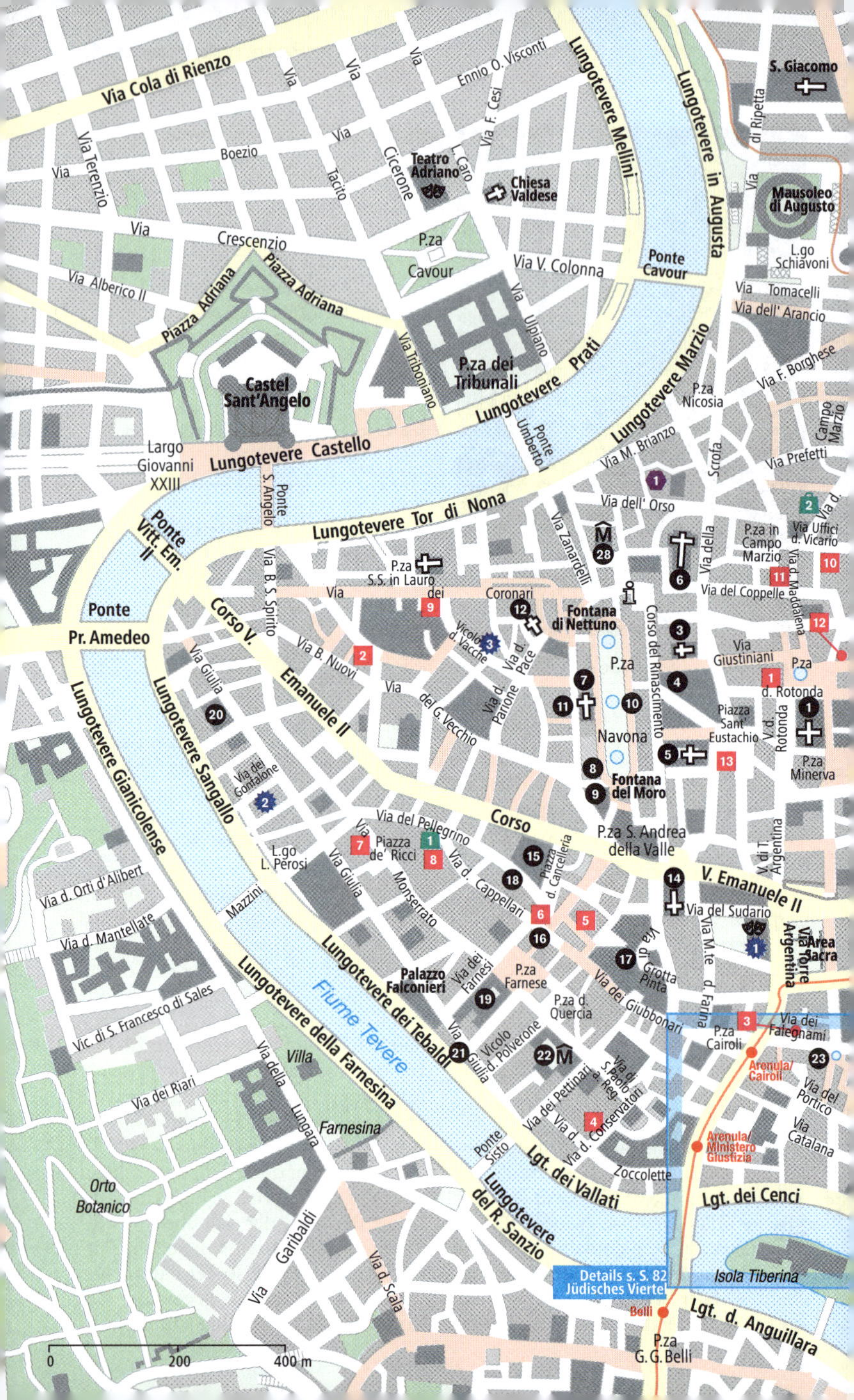
Via Cola di Rienzo
Lungotevere Mellini
Lungotevere in Augusta
S. Giacomo
Via di Ripetta
Mausoleo di Augusto
Teatro Adriano
Chiesa Valdese
Via Terenzio
Boezio
Via Tacito
Cicerone
L. Caro
Via F. Cesi
Ennio Q. Visconti
Via Crescenzio
P.za Cavour
Via Alberico II
Piazza Adriana
Via V. Colonna
Ponte Cavour
L.go Schiavoni
Via Tomacelli
Via dell' Arancio
Via Ulpiano
Via Triboniano
P.za dei Tribunali
Lungotevere Prati
Lungotevere Marzio
Via F. Borghese
Castel Sant'Angelo
P.za Nicosia
Campo Marzio
Largo Giovanni XXIII
Lungotevere Castello
Ponte Umberto I
Via M. Brianzo
Scrofa
Via Prefetti
Ponte S. Angelo
Lungotevere Tor di Nona
Via dell' Orso
Via Zanardelli
Ponte Vitt. Em. II
P.za S.S. in Lauro
Via dei Coronari
Via della
P.za in Campo Marzio
Via Uffici d. Vicario
Via d. Maddalena
Via del Coppelle
Fontana di Nettuno
Ponte Pr. Amedeo
Corso V. Emanuele II
Via B. S. Spirito
Via B. Nuovi
Vicolo d. Vacche
Via d. Pace
Corso del Rinascimento
Via Giustiniani
P.za d. Rotonda
Via Giulia
Via del G. Vecchio
Via d. Parione
P.za Navona
Piazza Sant' Eustachio
V. d. Rotonda
P.za Minerva
Lungotevere Gianicolense
Lungotevere Sangallo
Via dei Gonfalone
Fontana del Moro
Via del Pellegrino
Corso V. Emanuele II
P.za S. Andrea della Valle
L.go L. Perosi
Piazza de' Ricci
Piazza d. Cancelleria
Via d. Orti d'Alibert
Via d. Cappellari
Monserrato
Via del Sudario
Via M.te d. Farina
V. di T. Argentina
Via Torre Argentina
Area Sacra
Via d. Mantellate
Mazzini
Via dei Farnesi
P.za Farnese
Via di Grotta Pinta
Palazzo Falconieri
Via dei Giubbonari
Vic. di S. Francesco di Sales
Fiume Tevere
Lungotevere dei Tebaldi
P.za d. Quercia
P.za Cairoli
Via dei Falegnami
Arenula/Cairoli
Vicolo d. Polverone
Via di S. Paolo a. Reg.
Via del Portico
Via Catalana
Via della Lungara
Villa Farnesina
Lungotevere della Farnesina
Via dei Riari
Via dei Pettinari
Via d. Conservatori
Arenula/Ministero Giustizia
Orto Botanico
Ponte Sisto
Lgt. dei Vallati
Zoccolette
Lgt. dei Cenci
Lungotevere del R. Sanzio
Via Garibaldi
Via d. Scala
Details s. S. 82
Jüdisches Viertel
Isola Tiberina
Belli
Lgt. d. Anguillara
P.za G. G. Belli
0
200
400 m

Die Altstadt im Tiberknie

Ansehen

1. Pantheon
2. Santa Maria sopra Minerva
3. San Luigi dei Francesi
4. Palazzo Madama
5. Alte Universität/Palazzo della Sapienza
6. Sant'Agostino
7. Via Sant'Agnese in Agone
8. Palazzo Pamphilj
9. Pasquino
10. Fontana dei Fiumi
11. Sant'Agnese in Agone
12. Santa Maria della Pace
13. Il Gesù
14. Sant'Andrea della Valle
15. Palazzo della Cancelleria
16. Campo de' Fiori
17. Teatro di Pompeio und Cappella Orsini
18. Arco degli Acetari
19. Palazzo Farnese
20. Palazzo Sacchetti
21. Fontana del Mascherone
22. Palazzo Spada
23. Fontana delle Tartarughe
24. Palazzo Mattei di Giove
25. Santa Caterina dei Funari
26. Tempio Maggiore/Museo Ebraico
27. San Gregorio della Divina Pietà
28. Palazzo Altemps – Museo Nazionale Romano
29. – 33. s. Tour S. 82

Essen

1. Armando al Pantheon
2. Giulio passami l'olio
3. Bottega Tredici
4. Rimessa Roscioli
5. Norcineria Viola
6. Forno Campo de' Fiori
7. Pierluigi
8. La Fiaschetta
9. Gelateria del Teatro
10. Giolitti
11. Gelateria della Palma
12. Tazza D'Oro
13. Sant'Eustachio
14. – 18. s. Tour S. 82

Einkaufen

1. Regola71
2. Monica Coscioni Design
3. – 4. s. Tour S. 82

Bewegen

1. Bikeology Roma

Ausgehen

1. Teatro Argentina
2. Oratorio del Gonfalone
3. Etablì

AUCH DER KLERUS IST MODEBEWUSST **K**

Weniger Seide und Wolle, mehr Synthetik von der Stange. Der Paradigmenwechsel unter Papst Franziskus und die Krise haben viele geistliche Schneidereien hinter dem Pantheon schließen lassen. Der elegante, teure Gammarelli (Via Santa Chiara 34), seit 1798 in Familienhand und offizieller Hofschneider des Vatikans, versucht mit Onlinehandel zu überleben. Er fertigte bisher das weiße Gewand an, das der frisch gewählte Papst in der Tränenkammer anlegt, vorsorglich in Small, Medium und Large.

---

wuchs für seine 180 Vertretungen auf der ganzen Welt aus.

Die Gotik war nicht ihr Ding

An der himmelstrebenden Gotik fanden die Römer keinen Gefallen. Sie beließen es bei einem einzigen Versuch: **Santa Maria sopra Minerva** ❷ (13. Jh.). Eine schlichte Frührenaissance-Fassade kaschiert den gotischen Innenraum der Dominikanerkirche. Ihr Beiname ›sopra Minerva‹ – ›über dem Minerva-Tempel‹ – beruht auf einem Irrtum. Die antiken Reste unter dem Konvent gehören zu dem Isis-Heiligtum, aus dem auch der Obelisk auf der Piazza stammt.

Unter dem Hauptaltar der dreischiffigen Pfeilerbasilika ruhen die Gebeine der hl. Katharina von Siena. Die Dominikanerin und Schutzpatronin Europas hatte sich mit Briefappellen um die Rückkehr von Gregor XI. 1376 aus Avignon verdient gemacht.

Die Kirche birgt zahlreiche Kunstwerke des 15. und 16. Jh. Links der Apsis steht die Statue des Auferstandenen Christus mit dem Kreuz von Michelangelo (1519/22). Der nackte Heiland ist spiralförmig gedreht und ähnelt einem klassischen Athleten. Während der Gegenreformation verstümmelte ein hitziger Mönch das Glied, daher das Lendentuch. Dahinter, auf dem Boden, wurde Fra Angelico 1455 in einem schlichten Sarg beigesetzt. Auf dem Deckel ist der selige Mönch und Maler der vatikanischen Nikolauskapelle in Relief abbildet.

Herausragend sind die Fresken von Filippino Lippi in der Carafa-Kapelle (1489/93). Lippi verewigte im »Triumph des hl. Thomas von Aquin über die Häretiker« mit den beiden Jünglingen in der rechten Bildecke die späteren Medici-Päpste Leo X. und Clemens VII. Ihre Wandgräber sind in der Apsis zu sehen. Die Kapelle selbst birgt die Gebeine des verhassten Carafa-Papstes Paul IV., der die Juden ins Ghetto sperrte (s. S. 80).

Piazza della Minerva 42, tgl. 11–13, 15–19 Uhr

Am Corso del Rinascimento

📍 Karte 3, H/J 8/9

Meisterwerke von Caravaggio

Ihren Besucherstrom verdankt die düstere französische Nationalkirche **San Luigi dei Francesi** ❸ dem epochalen Matthäus-Zyklus von Caravaggio. Mit dem Auftrag von Kardinal Contarelli (um 1600) bekam die Karriere des lombardischen Künstlers Schwung. Die »Berufung des hl. Matthäus« ist in eine dunkle Schenke verlegt. Petrus hat die Gestalt eines alten Bettlers. Die kraftlose Geste, mit der Jesus auf den Zöllner Matthäus zeigt, ist der Geste Adams in der Sixtina nachgebildet – als Hommage an Michelangelo.

Umstritten ist, welcher der Zöllner den berufenen Matthäus darstellt: der frontale Bärtige oder der Jüngling am Kopfende des Tischs. Im »Martyrium« hat sich Caravaggio in der Figur links hinter dem Henker porträtiert.

Piazza di San Luigi de' Francesi 5, tgl. 10–12.30, 15–19 Uhr, Do geschl.

Wo Renzi scheiterte

Im **Palazzo Madama** ❹, dem schönsten Renaissancepalast am Corso del Rinascimento, tagt der Senat. Der kleineren Kammer des Parlaments gehören 200 Senatoren an, die auf regionaler Basis gewählt werden und mindestens 40 Jahre alt sind. Der Staatspräsident darf ferner fünf Senatoren auf Lebenszeit ernennen, die er aufgrund ihrer gesellschaftlichen Verdienste für besonders würdig hält. Unter ihnen ist Renzo Piano, der seit 2013 ein Team von 30 jungen Architekten anführt, die zukunftsweisende Lösungen für Stadtperipherien entwickeln. Matteo Renzi wollte eine Reform des Senats nach deutschem Vorbild, um Gesetzesreformen zu beschleunigen. Nach dem gescheiterten Referendum Ende 2016 trat er vom Amt des Premierministers zurück.

Der Palast wurde im 16. Jh. für die Familie Medici erbaut. Den Namen erhielt er von der Tochter Karls V., Margarethe von Parma. Sie wurde respektvoll ›Madame‹ genannt, obwohl sie erst 14 Jahre alt war. Der Habsburger verkuppelte sie mit Alessandro de' Medici, vermutlich ein illegitimer Sohn von Papst Clemens VII. Mit der Heirat suchte der Kaiser Versöhnung mit dem Papst. Dem hatten seine rabiaten Landsknechte neun Jahre zuvor im Sacco di Roma (s. auch S. 159) die Stadt verwüstet. Bei einer Führung können Sie das berühmte Fresko von Cesare Maccari »Cicero klagt Catilina an« (1888) sehen.

Zugang: Piazza Madama 11, 1. Sa im Monat (außer Aug.) 10–18 Uhr, nur mit Führung, Gratisticket ab 8.30 Uhr abzuholen; angemessene Kleidung, für Herren Jackett und Krawatte

Zum Rasten oder Lauschen

Klösterliche Stille herrscht im wunderbaren doppelstöckigen Arkadenhof des **Palazzo della Sapienza** ❺ (1577), bis 1935 Sitz der ältesten Universität Roms, der »Sapienza« (›Weisheit‹). In dem Spätrenaissancebau ist heute das Staatsarchiv untergebracht. Die Universität, die aus dem von Bonifatius VIII. 1303 gegründeten Studium Urbis hervorgegangen war, erlebte ab 1431 einen Aufschwung, nachdem der Papst die feste Besoldung der Dozenten eingeführt hatte – finanziert mit dem Erlös aus der Weinsteuer.

Die Stirnseite des Hofs nimmt das originellste Werk von Barockgenie Borromini ein: **Sant'Ivo della Sapienza** (1642–60), ein Kirchlein aus konvexen und konkaven Formen, hat den Grundriss einer Biene, Wappentier des Auftraggebers Urban VIII. Barberini und Symbol der Weisheit. Noch eigenartiger ist die spiralförmige, dreifach gewundene Laterne über der Kuppel. Stellt sie den Turm von Babel dar oder die Tiara des Papstes?

Corso del Rinascimento 40, Hof tgl. ca. 9–18, Kirche nur So 9–12 Uhr

Kindersegen garantiert

Eingeklemmt zwischen Tiber und Piazza Navona liegt **Sant'Agostino** ❻. In die zweite Ordenskirche der Augustiner aus der Frührenaissance (1476–83) verirren sich zwei Kategorien von Besuchern: Caravaggio-Liebhaber und Römerinnen mit Kinderwunsch. Letztere gehen schnurstracks zur Madonna von Jacobo Sansovino, einer überlebensgroßen Sitzstatue an der Eingangswand (um 1521). Eine silberne Kappe schützt ihren Fuß vor gänzlicher Abnutzung, so oft wurde er geküsst. Ursprünglich war die Madonna zuständig für eine sichere Geburt, vor allem bei Steißlage des Kindes. Dieses Problem hat die Medizin inzwischen gelöst, nicht jedoch das der Unfruchtbarkeit. Dass die Gottesmutter auch hier großzügig hilft, zeigen die vielen rosafarbenen und hellblauen Tüllschleifen an der Rückwand. Ein Album auf der Gebetsbank (oder in der Sakristei) enthält Fürbitten und Danksagungen, Fotos von verknautschten Neugeborenen und sogar Ultraschallbilder.

Das Fresko des Propheten Jesaja (über dem 3. Pfeiler links) schuf Raffael in den Monaten, als der junge Luther in Rom weilte (1511/12). Vermutlich wohnte er in dem anliegenden Konvent bei seinen Ordensbrüdern, während der Meister aus Urbino ein paar Meter weiter auf der Leiter stand. Aber die italienische Renaissance war dem sächsischen Mönch ohnehin ein Graus. Zu viel Prunk, zu viel Antike. Ein Sündenbabel. 1512 starb die berühmteste Kurtisane Roms, Fiammetta Michaelis. Die Geliebte von Purpurträgern und von Cesare Borgia wurde in Sant'Agostino beigesetzt – wie einige ihrer Kolleginnen. Die Basilika war Treffpunkt der gebildeten Lebedamen, zu denen auch Michelangelo Kontakt pflegte. Nach dem Konzil von Trient (1545–63) löschte man verschämt ihre Spuren. Geblieben ist nur das Grab einer vorbildlichen Frau: das der hl. Monika, Mutter des Kirchenlehrers Augustinus.

Ach ja – für Caravaggio-Fans: Das Ölgemälde »Madonna dei Pellegrini« hängt in der ersten Kapelle des linken Seitenschiffs. Die Madonna ist eine schöne Frau aus dem Volk, sie steht im Portal der Kirche in Loreto, das dem eines schäbigen römischen Wohnhauses ähnelt. Die schmutzigen, geschwollenen Füße des vor ihr demütig knienden Pilgers erregten damals Anstoß.

Piazza di Sant'Agostino 80, tgl. 7.30–12.30, 16–18.30 Uhr

Um die Piazza Navona 📍 Karte 3, H 8/9

Piazza Navona ⭐

Im Salon der Pamphilj

Die barocke Lebenslust der **Piazza Navona** wirkt ansteckend. Bis tief in die Nacht ist sie von Jung und Alt bevölkert, die die Wasserspiele bestaunen, zwischen den Gauklern und Straßenmusikern flanieren oder das Spektakel von den Cafés aus genießen. Eine Art Bühne war die 275 m lange, u-förmige Anlage bereits in der Kaiserzeit. Hier turnten Athleten (Pentathlon), während bis zu 30 000 Zuschauer auf der Steintribüne saßen, dort, wo sich heute die Häuser erheben. Das griechische Stadion gehörte mit dem Odeion, einem Musiktheater, zum philhellenischen Bauprogramm des Domitian (81–96). Nur die Oberschicht konnte sich jedoch dafür erwärmen. Die *plebs* bevorzugte die blutigen Gladiatorenkämpfe. Im Mittelalter wurden in den Resten des Stadions Ritterspiele ausgetragen und im Barock erfand Innozenz X. für heiße Augusttage ein besonderes Wasservergnügen: Die Abläufe der Brunnen wurden verschlossen, sodass sich das Wasser über den Platz ergoss. Darin fuhren die Kutschen der Prälaten um die Wette und bespritzten die Umstehenden. Eine Mordsgaudi in einer Epoche ohne Pool und Klimaanlage. Erst Mitte des 19. Jh. verbot man die Spiele aus Angst vor Malaria. Heute geht es vergleichsweise gesitteter zu. Die schönen Cafés und Restaurants rund um den Platz lassen sich die traumhafte Kulisse bezahlen. Günstiger essen Sie in der **Via Sant'Agnese in Agone** ❼. Die **Piazza del Fico**, nur wenige Meter weiter, hat sich zu einem Hotspot des

Nachtlebens mit Pubs und urigen Pizzerien gemausert.

Die Verwandlung in eine der schönsten barocken Platzanlagen geht auf den Pamphilj-Papst Innozenz X. (1644–55) zurück. Die Familie wollte dem Barberini-Clan in Baupracht nicht nachstehen. Zugleich galt es, die politischen Einbußen nach dem Dreißigjährigen Krieg zu kompensieren. Das Jubeljahr 1650, zu dem auch Christina von Schweden anreiste, bot Anlass, die Familienresidenz **Palazzo Pamphilj** ❽ (heute brasilianische Botschaft) zu erweitern, die Kirche Sant'Agnese neu zu bauen und den Platz vor der Haustür herauszuputzen. Mit der Gestaltung der drei Brunnen wurde er zum Privatsalon der Pamphilj. Die **Fontana di Nettuno** (Neptunsbrunnen) an der Nordseite stammt aus dem 19. Jh. Die **Fontana del Moro** auf der Südseite hat Bernini mit dem ›Mohr‹ neu gestaltet (1652).

Meinungsbekundungen

Ein kurzer Abstecher führt zu einer von Roms sechs ›sprechenden Statuen‹: **Pasquino** ❾. Was die Römer nicht öffentlich kundtun durften, ließen sie den antiken Torso sagen. Seit dem 16. Jh. ist er ›Litfaßsäule‹ für anonyme Schmäh- und Spottgedichte, die ›Pasquinate‹. Deftig waren die Kommentare aus dem Volk, als der Borgia-Papst während seiner Abwesenheit die Amtsgeschäfte auf Tochter Lucrezia übertrug. Eine Frau in der Kurie! (Warum eigentlich nicht?) Ein Comeback erlebte Pasquino in der Berlusconi-Ära.

Fontana dei Fiumi

Die Welt verneigt sich

Mit einer List entriss Bernini seinem Konkurrenten Borromini den Auftrag für die **Fontana dei Fiumi** ❿ (1651).

Für viele Besucher ist die barocke Piazza Navona der schönste Platz von Rom. Im Winter findet hier der traditionelle Weihnachtsmarkt statt.

Mit dem ›Vier-Ströme-Brunnen‹ brachte er sich wieder ins Spiel, nachdem er nach dem Tod von Barberini-Papst Urban VIII. in Ungnade gefallen war.

Die vier bärtigen Männerfiguren verkörpern die Ströme der vier damals bekannten Kontinente Europa (Donau), Afrika (Nil), Asien (Ganges) und Amerika (Río de la Plata). Erstmals türmte man einen Obelisken auf einen Brunnen, der hier nicht das Kreuz, sondern das Wappentier des Auftraggebers emporreckt, die Taube mit dem Olivenzweig. Warum ist der Kopf des Nils verhüllt? Weil damals seine zweite Quelle noch nicht bekannt war. Zeitbedingt auch das: Die negroiden Züge des Río de la Plata bedienen ein falsches Klischee von den Ureinwohnern Amerikas. Die abwehrende Handhaltung der Brunnenfigur deutete der Volksmund scherzend als Furcht vor einem Einsturz der gegenüberliegenden Kirche Sant'Agnese. Die nämlich entwarf Berninis Erzrivale Borromini. In Wahrheit entstand sie aber erst nach dem Brunnen. Wichtigste Figur ist die Donau. Sie stützt das Papstwappen – eine Geste, die als Protest gegen den Westfälischen Frieden zu verstehen ist: »Europa gehört dem Papst und der rechtgläubigen katholischen Kirche!«

Sant'Agnese in Agone

Meisterwerk der Konkurrenz

Borrominis Vorliebe für schwingende Formen können Sie schon an der Fassade und der Kuppel von **Sant'Agnese in Agone** ⓫ ablesen. Die Kirche entstand 1652–72 über einem Oratorium der hl. Agnes, das an das Martyrium der jungen Christin im Stadion erinnerte. Seit 2014 ist Sant'Agnese die Titelkirche von Gerhard Müller, dem vom Papst ›entlassenen‹ Dogmatik-Chef. Häufig finden kostenlose Chorkonzerte statt. Die bei Touristen beliebten Barockmusikabende mit historischen Kostümen in der Borromini-Sakristei hingegen kosten Eintritt.
www.santagneseinagone.org, tgl. 9–13, 15–19/20 Uhr

Santa Maria della Pace

Kleinod inmitten der Movida

Ihr Lieblingskind, den überkuppelten Zentralbau, konnte die Renaissance endlich mit **Santa Maria della Pace** ⓬ verwirklichen. Von Bacio Pontelli, Architekt der Sixtina, entworfen und von Peruzzi und Raffael ausgemalt, erhielt das Kirchlein im Barock eine originelle Fassade, die nicht mehr als Fläche gestaltet ist. Pietro da Cortona fügte eine Vorhalle in Form eines halbierten Tempietto an. Raffael brachten seine ›Sibyllen und Propheten‹ in der Chigi-Kapelle beinah eine Plagiatsklage von Michelangelo ein. Zur Kirche gehört das Kloster, heute ein Kulturzentrum, das Ausstellungen zeigt – häufig zeitgenössische Kunst. Der zweigeschossige Kreuzgang, **Chiostro del Bramante,** das erste Werk des Mailänders in Rom, hat eine einzigartige Atmosphäre (1499; s. S. 73).
Arco della Pace 5, www.chiostrodelbramante.it, tgl. 9.30–18 Uhr

Via dei Coronari

Die pittoreske Via dei Coronari ist zwar schon lange kein Geheimtipp mehr, aber ihrem Flair kann sich kaum einer entziehen. Noch bis vor zehn Jahren gab es hier ausschließlich exklusive Antiquitäten und Kunst. Aber Marmorbüsten und Louis-Quatorze-Sekretäre sind nicht mehr gefragt. Also passt man sich an mit einfachem Kunstgewerbe, schöner Mode und Bars. Niedergang? Nicht unbedingt. Eher ein Auf und Ab. Einst wurden hier Rosenkränze an Pilger auf dem Weg

Lieblingsort

Auf Augenhöhe mit Imperia

Nur Raffael-Liebhaber kennen das versteckte Fenster in der verwunschenen **Caffetteria del Chiostro del Bramante.** Es erlaubt einen Blick von oben in die Kirche **Santa Maria della Pace** ⑫ – in Augenhöhe mit dem berühmten Sibyllen-Fresko, das Raffael auf dem Bogen über der Chigi-Kapelle malte. Gerätselt wird darüber, welche der Sibyllen die berühmte Kurtisane Imperia Cognati darstellt. Die ›Göttliche‹ hatte sich zwei Jahre zuvor das Leben genommen – angeblich, weil sich ihr Gönner Agostino Chigi einer jüngeren Frau zugewandt hatte. Imperia war die erste kultivierte Edelprostituierte, die es in der Renaissance zu Ruhm brachte. Die Gesellschaft akzeptierte erstaunlicherweise die Kurtisanen als Begleiterinnen von Kardinälen, die zur Ehelosigkeit verdammt waren.

zum Petersdom verkauft. Werfen Sie einen Blick auf die uralten Haustüren und Ladenportale! Man liebt das Alte, die verblichenen Fassaden, das wurmstichige Holz. In den Läden setzt man mit modernem Design Kontraste. Durch das Fenster der **Gelateria del Teatro** 9 kann man den *gelatai* beim Hacken der Schokolade und der Pistazien zuschauen. Um die Ecke ein Puppenstubenhof mit ein paar Tischchen.

Corso Vittorio Emanuele II

♀ Karte 3, G–J8/9

Busse rattern über die enge Via del Plebiscito, die in den Corso Vittorio Emanuele II übergeht. Viel grauer Stein, parkendes Blech. Die Ecke, an der die Jesuiten ihre Mutterkirche Il Gesù errichteten, ist nicht sehr schmeichelhaft für eines der wichtigsten Bauwerke der Architekturgeschichte. Doch hier liegt nun mal das Wohn- und Sterbehaus von Ordensgründer Ignatius von Loyola (1491–1556).

Il Gesù

Gold statt Reformation
Hat man die Schwelle von **Il Gesù** 13 (1584) passiert, taucht man in eine himmlische Welt aus Gold und Stuck ein. So wollten es die Jesuiten, Speerspitze der Gegenreformation: Die Strahlkraft des »richtigen Glaubens«, d. h. der Katholischen Kirche, sollte visuell und emotional überzeugen. Das Deckenfresko »Verherrlichung im Namen Jesu« von Baciccia (17. Jh.) schafft die Illusion eines aufgerissenen Gewölbes, durch das das ›Licht des Glaubens‹ eindringt. In den Querschiffen prunken rechts der Reliquienschrein des hl. Franz Xaver, links Andrea Pozzos Grabaltar des hl. Ignatius mit einer bombastischen Statue aus Silber und Gold, die täglich um 17.30 Uhr hinter einem Gemälde enthüllt wird.

Die manieristischen Architekten Giacomo Barozzi da Vignola und Giacomo della Porta schufen mit dem tonnengewölbten Langhaus, bekrönt von einer lichtdurchfluteten Vierungskuppel, ein kanonisches Werk des Barocks. Der Gläubige verliert sich nicht in Seitenschiffen, sondern richtet seine Aufmerksamkeit auf den Altar und den Priester, der im Rampenlicht unter der Kuppel steht.

Sollten Sie übrigens einen schwarzen Ford Focus mit dem Kennzeichen SCV 00919 in der Nähe von Il Gesù herumkurven sehen, ist das Papst Franziskus. Dem jesuitischen Flüchtlingszentrum Centro Astalli hinter der Kirche stattet er häufig einen Besuch ab.

Piazza del Gesù, www.chiesadelgesu.org, Mo–Sa 7.30–12.30, 16–19, So 7.45–13.30, 16–20 Uhr, Casa Professa mit Zimmer des hl. Ignatius: Mo–Sa 16–18, So 10–12 Uhr

Sant'Andrea della Valle

Ah, finalmente!
Opernliebhabern ist die prächtige Theatinerkirche **Sant'Andrea della Valle** 14 natürlich gut bekannt: In der Barockkirche spielt der erste Akt von »Tosca«. Die Cappella Attavanti, wo sich der politische Gefangene Cesare Angelotti versteckt, ist allerdings eine Erfindung Puccinis. Die nach dem Vorbild von Il Gesù erbaute Basilika (1591–1622) trägt die zweitgrößte Kuppel nach dem Petersdom. Mithilfe von groben Pinseln,

die er an langen Stangen befestigte, schuf Giovanni Lanfranco das illusionistische Paradiesfresko (1628).
Piazza Vidoni 6, Mo–Sa 15–19.30, So 8.30–19.30 Uhr

Spielsüchtige Brut
Der zweite Frührenaissance-Palast in Rom, **Palazzo della Cancelleria** ⑮ (1485–1513), ist ein mächtiger Travertinbau am Corso. Auf dem Weg von der Piazza Navona zum Campo fällt der Blick in den eleganten Säuleninnenhof. Bramante soll ihn entworfen haben. Solche *cortili* waren das neue Markenzeichen der Wohnhäuser des Adels. Seine klassische Fassade, in der Steinmaterial aus dem Colosseo verbaut wurde, folgt im Aufbau den Regeln des Goldenen Schnitts. Kardinal Raffaele Riario, Großneffe und Protegé von Papst Sixtus IV., leistete sich diese anmaßende Residenz mit dem Gewinn aus dem Glücksspiel. In einer einzigen Nacht hatte er den spielsüchtigen Sohn von Innozenz VIII. beim Würfeln um 14 000 Dukaten erleichtert. Im Piano Nobile befindet sich die Sala dei Cento Giorni, ein von Vasari in nur 100 Tagen ausgemalter Saal. »Man sieht's!«, kommentierte Michelangelo das Werk seines späteren Biografen.

Riario konnte den Luxus nur zwei Jahre genießen. Die Verwicklung in die Pazzi-Verschwörung gegen die Medici zwang ihn, den Palast an die Päpstliche Kammer abzutreten. Die Kanzlei zog ein, der die Ausfertigung und Versendung der päpstlichen Verlautbarungen oblag. Daher der Name Cancelleria. Heute ist der Palast exterritorialer Sitz der drei Kuriengerichte. Vor der Sacra Rota landen Anträge zur Eheannullierung aus der ganzen Welt, die in den Diözesangerichten abgelehnt wurden. Unter dem Palast geht die Geschichte weiter. Man entdeckte einen unterirdischen See. Er hat sich nach Schließung des Kanals gebildet, der den Wasserstand im Stagnum des Agrippa (19 v. Chr.) regulierte.
Piazza della Cancelleria 1, Mo–Sa 7.30–14, 16–20 Uhr, nur nach Voranmeldung (T 06 69 89 34 05, economato@apsa.va), Di nachm., Sa vorm., 7 €. Führungen in den Ausgrabungen unter dem Palast (See, Grab von Aulus Hirtius, 43 v. Chr.): romaelazioxte@gmail.com

Campo de' Fiori
⭐ ♀ Karte 3, H 9/10

Bedrohtes Original
Volkstümlichste und urigste Piazza der Altstadt ist der **Campo de' Fiori** ⑯. Hier wird noch *romanesco* gesprochen und die Bewohner sind stolz darauf, dass den Platz weder ein Adelspalast noch Kirchen veredeln. Lassen Sie sich nicht von den teils ärmlichen Fassaden der verschachtelten Häuser täuschen. Die Wohnungen sind oft tiptop renoviert und mit Dachterrasse gar unbezahlbar. Mario Adorf hatte hier eine Wohnung, wie seit den 1960er-Jahren auch andere Stars.

Lebensquell ist seit 1869 der **Mercato di Campo de' Fiori** am Vormittag. Nur mit der Authentizität hapert es in letzter Zeit. Der Fischstand, der *salumiere* und die meisten Gemüsehändler sind verschwunden. Die Anwohner kaufen Frisches billiger im Supermarkt ein, der noch auf hat, wenn sie aus dem Büro kommen. Stände mit Billigklamotten, getrockneten Gewürzmischungen – Römer kochen mit frischen Kräutern – und geschmackloser Pasta in Italien-Farben rücken nach. Alles auf Touristen zugeschnitten. Ein paar Händler widerstehen dem Trend. Die zahnlose Signora Franca präsentiert seit 50 Jahren ihr teures Bilderbuchgemüse und -obst kunstvoll in Körben und lässt Schimpftiraden los, wenn man nur fotografiert ohne etwas zu kaufen.

In der Bottega **Norcineria Viola** [5] gegenüber (Nr. 43, www.norcineriaviola.it, Mo-Sa 8-20, So 10-18 Uhr) hängen seit 1890 die Schinkenkeulen und Wildschweinwürste von der Decke wie im Schlaraffenland. Empfehlenswert sind die erfrischenden Obstbecher auf die Hand. Auswärtige lieben die pittoresken Lokale rund um den Platz, die vor allem Spritz und Pizza bieten. Wenn Sie unverfälschte Gaumenfreude erleben wollen, holen Sie sich ein Stück ofenfrische *pizza rossa* in dem historischen **Forno Campo de' Fiori** [6] (Nr. 22, www.fornocampodefiori.com, Mo-Sa 7.30-14.30, 16.30-19.30 Uhr) und setzen sich an den Brunnenrand. Es ist die beste Pizza im Viertel, dünn und knusprig.

Am Nachmittag putzen Kehrmaschinen den Campo für den Abend, wenn er sich in den Szenetreff der Stadtjugend verwandelt, vermischt mit angelsächsischen Hipstern. Man steht mit einem Glas Bier oder Wein aus den Bars locker zusammen. Übrigens: Trinken über den Durst ist verpönt.

Symbol der Meinungsfreiheit

Mittags laden die Marktleute ihre Müllsäcke unter der **Giordano-Bruno-Statue** ab. Aber nicht deshalb blickt der Dominikanermönch grimmig zu Boden. Am 17. Februar 1600 loderten hier Flammen um seinen Körper. Noch auf dem Scheiterhaufen, war er geknebelt. So groß war die Angst vor der Wortgewalt des Philosophen, der in Oxford, Paris und Wittenberg gelehrt hatte. Eine vollständige Widerrufung seiner Lehren lehnte er ab. Zum Inquisitor sagte er: »Ihr, die ihr meine Verurteilung verkündet, habt mehr Angst als ich, der sie entgegennimmt.« Bruno postulierte die Unendlichkeit des Weltraums, die Möglichkeit mehrerer Universen. Schwerer

Müde Füße? In Bars am Campo de' Fiori kann man bei einem Drink bequem in den Kissen versinken.

wog jedoch seine pantheistische Anschauung: Gott sei nicht personifiziert, sondern identisch mit der Natur. Daher wurde Bruno im Gegensatz zu Galilei nie rehabilitiert. Aber im Jahr 2000 erklärte eine vatikanische Kommission seine Hinrichtung für Unrecht.

Noch 1889 sorgte die von Ettore Ferrari geschaffene Bronzeskulptur für einen Eklat mit dem Papst: Leo XIII. drohte sogar ins Exil zu gehen. Doch der neue laizistische Staat wollte Lehre und Forschung vom Einfluss des Klerus befreien. Die Einweihung erfolgte unter Straßenschlachten zwischen laizistischen Studenten und Papsttreuen.

Um den Campo de' Fiori ♀ Karte 3, G–J 9/10

Alles im Wandel
Nicht die Blumenhändler, sondern ein Blumenfeld gab dem Campo seinen Namen. Es gehörte zum Komplex des ersten steinernen Theaters von Rom. Pompeius ließ es 55 v. Chr. für ca. 18 000 Zuschauer errichten. Vom **Teatro di Pompeio** ⓱ und seiner 95 m breiten Bühne steht fast nichts mehr. Doch ist seine Form anhand der Häuserführung klar zu erkennen. So begleitet die gebogene **Via di Grotta Pinta** den Verlauf der inneren Ränge. Zwischen Resten der Stützgewölbe kann man in den alten Restaurants Pancrazio und Costanza speisen, recht gut sogar.

Der Campo de' Fiori wurde im 15. Jh. Durchgangsstation der Pilger, die seit der Verlegung des Papsthofs an den Vatikan wieder reichlich nach Rom strömten. Ein reger Pendelverkehr ging über die **Via del Pellegrino** (Pilgerstraße) nordwestlich des Platzes. Zahlreiche Herbergen und Gasthäuser öffneten ihre Pforten in der Gegend. Für das Jahr 1450 sind 1050 Weinstuben in Rom registriert – bei einer Einwohnerzahl von ca. 60 000! Nach dem Zweiten Weltkrieg galt das Viertel als arm und von Diebesbanden bewohnt. Der neorealistische Film »Fahrraddiebe« von Vittorio De Sica zeichnet ein getreues Bild der Bewohner. Noch bis 1995 konnte man sein Auto nicht über Nacht stehen lassen. Der Wandel zum trendigen Wohn- und Ausgehviertel kam um das Jahr 2000. Viele Häuser wurden saniert, erhielten erstmals Bäder und Heizungen.

Und der Wandel hält an. Bis vor wenigen Jahren war die Via del Pellegrino noch eine Fundgrube für alte Möbel, aus der auch ich meine schönsten Stücke habe. Es gab Tischler, Rahmenbauer und Polsterer. Aus den staubigen Werkstätten wurden Kunstgalerien, Boutiquen und Bars, die sich im Design gegenseitig übertreffen. Eine Ikone der

---

CLUB IN DER CAPPELLA **C**

Eine Gruppe kreativer junger Leute hat aus der verlassenen Marienkirche **Cappella Orsini** in den Resten des **Pompeius-Theaters** ⓱ einen originellen Club gezaubert: Wohnhaus, Labor, Restaurant und Theater zugleich. In den gemütlichen Räumen voller barockem und modernem Plunder finden Buchpräsentationen, Koch- und Keramikkurse, Abendessen etc. statt. Ein beliebtes Event ist das **Renaissance-Bankett** »La lettera nascosta di Lucrezia Borgia« (auch auf Engl.), auf dem eine als Lucrezia Borgia verkleidete Schauspielerin aus dem turbulenten Leben der Papsttochter erzählt. Im Parterre gibt es eine Bar mit Bücherecke (Via di Grotta Pinta 21, T 34 79 02 52 48, www.cappellaorsini.net).

Italienromantik ist übrigens der **Arco degli Acetari** ⑱ (Via del Pellegrino 19).

Palazzo Farnese

Die ehrgeizigen Farnese
Nur wenige Schritte vom plebejischen Campo offenbart sich auf der **Piazza Farnese** eine ganz andere Welt: die der Aristokratie. Noch heute wohnen hier viele Politiker der alten Garde. Rom verdankt seinen schönsten und größten Renaissancepalast, den **Palazzo Farnese** ⑲, dem ungebremsten Ehrgeiz der Familie Farnese. Mit Papst Paul III. (1534–49) stieg der Provinzadel aus Viterbo zur wichtigsten Dynastie im Rom des 16. Jh. auf. An der Residenz für sich und seinen 360-köpfigen Hofstaat arbeiteten von 1517 bis 1549 Antonio Sangallo und Michelangelo. Die dreigeschossige Fassade mit der klassischen Fensterordnung und dem zierlichen Lilien-Fries, das Familienwappen, wurden zum Kanon der Palastarchitektur. Leider sind die Steinbänke vor der Fassade seit der Attentatswelle in Frankreich *off limits*. Sie waren sehr beliebt für das Mittagspicknick – *pizza a taglio*, versteht sich. Der Palast ist seit 1935 Sitz der französischen Botschaft. Sie zahlt eine symbolische Miete und hält als Gegenleistung Gebäude und Kunstwerke instand. Der Vertrag läuft noch bis 2034.

Sehenswert sind die Innenräume. Die Fresken der Carracci-Brüder in der **Galleria Farnese** markieren den Beginn der römischen Barockmalerei (1596–1603). Ein Großteil der wertvollen Kunstsammlung landete nach dem Aussterben der männlichen Linie in Museen in Neapel. Bei einer Führung sieht man auch den wunderschönen Garten.

Piazza Farnese, nur mit ital./fr./engl. Führung, Reservierung auf https://visite-palazzofarnese.it, 12 €, mit der wertvollen Bibliothek der École Française 19 €

Via Giulia

Beste und letzte Wohnstatt
Die Via Giulia ist Synonym für stille Eleganz und Vornehmheit. Zwischen Palästen und Kirchen sind hier und da Antiquitäten- und Kunstläden eingestreut. Die entdeckt man aber nur, wenn man frontal davor steht, denn das Denkmalamt verbietet in der von Bramante gebauten Prachtstraße ›störende‹ Ladenschilder. Auftraggeber Papst Julius II. gab der Straße ihren Namen. Fast 1 km parallel zum Tiber geführt, verbindet sie den Ponte Sisto mit dem Corso Vittorio Emanuele. Ohne Bürgersteige, aber auch ohne Autos, hat sie ihren ursprünglichen Charakter bewahrt. Im **Palazzo Sacchetti** ⑳ (Nr. 66) verbrachte die österreichische Lyrikerin und Journalistin Ingeborg Bachmann (1926–73) ihre letzten zwei Lebensjahre, bevor sie an den Folgen ihrer Tablettensucht starb. Die Autorin von »Mein erstgeborenes Land« zeichnet ein zart-kritisches, feminines Rombild, weit entfernt vom Enthusiasmus eines Goethe. In der **Fontana del Mascherone** ㉑ (Maskenbrunnen) ließen die Farnese bei Festen auch schon mal Wein statt Wasser sprudeln.

Palazzo Spada

Nichts als Illusion
Der **Palazzo Spada** ㉒ ist ein Kleinod in der quirligen Altstadt. Wie ein steinernes Bilderbuch präsentiert sich die mit Stuckdekorationen überzogene Fassade, von der illustre Herrscher der Antike wie Augustus, Caesar und Pompeius herab grüßen. Hier durfte der Manierismus aus dem Formenschatz antiker Skulptur und Bauplastik schöpfen, während der Barock seine Lust am Il-

lusionismus auslebte. Besonders fein ist die Stuckfassade des Innenhofs, die sich in Friese mit mythologischen Szenen und Elemente der dorischen Ordnung gliedert. Der 1540 im Auftrag von Kardinal Capodiferro errichtete Palast ging 1632 an Kardinal Bernadino Spada über, Liebhaber der Künste und betuchter Sammler. Ein Meisterwerk der Perspektive ist die **Galleria di Borromini**, die scheinbar 35 m lang ist – in Wirklichkeit lediglich 9 m. Wie das? Die seitlichen Kolonnaden rücken zusammen, der Boden steigt an, während sich das Gewölbe neigt. Zu guter Letzt entpuppt sich die lebensgroße Statue eines Kriegers im Fluchtpunkt als nur 60 cm hoch. Die moralische Botschaft: Das Große ist oft nur Illusion!
Mo, Mi–So 8.30–19.30 Uhr, 5/2 €

Largo di Torre Argentina

Das Katzen-Forum
Einer der ältesten Tempelbezirke Roms liegt einige Meter unterhalb des heutigen Straßenniveaus inmitten des verkehrsumtosten Largo di Torre Argentina. Unter Mussolini wurden vier Tempel (4.–1. Jh. v. Chr.) freigelegt. Hier lag auch die *porticus Minucia* (107 v. Chr.), in der Getreide an arme Bürger verteilt wurde. In den Resten des Tempio D hat sich ein Katzenverein (www.gattidiroma.net) mit ambulanter Station häuslich eingerichtet, der die wachsende Katzenkolonie versorgt und Anlaufstelle für ›Findlinge‹ geworden ist – zum Ärger des Gesundheitsamtes und der Archäologen. Aber der Verein genießt hohes Ansehen – einschließlich der hoffnungslos überfütterten kleinen Löwen, die es sich in den Ruinen gut gehen lassen. Das renommierte **Teatro Argentina** 🔴 an der Westecke ist das älteste nachantike Theater Roms (1730).

AUCH DU MEIN SOHN ... S

An der Westseite des Largo Argentina lag die Kurie des Pompeius, der Schauplatz des berühmtesten aller politischen Morde. Brutus organisierte die Beseitigung seines Ziehvaters während einer Senatssitzung am 15. März 44 v. Chr. Caesar brach unter 23 Dolchstößen seiner Verschwörer zu Füßen der Statue des Pompeius zusammen. Welch Ironie der Geschichte! Keine vier Jahre zuvor hatte Caesar das abgeschlagene Haupt des Pompeius in den Händen gehalten. Archäologen vermuten den Sockel der Pompeius-Statue hinter dem Rundtempel unter der alten Tramhaltestelle Via di Torre Argentina.

Vor den Toren des Ghettos
📍 Karte 3, J 9/10

Roms verspieltester Brunnen
Obwohl ein paar gute Weinlokale locken, verirren sich nur wenige Touristen auf die verwunschene **Piazza Mattei** mit der von den Römern innig geliebten **Fontana delle Tartarughe** ㉓. Der Brunnen entstand 1585 nach einem Entwurf von Giacomo della Porta. Die Schildkröten (ital. *tartarughe*), die von vier bizarr gedrehten Bronzeknaben in die obere Brunnenschale gehievt werden, sind jedoch spätere Zutaten von Bernini. Nach dem Diebstahl einer Schildkröte hat man alle vier durch Kopien ersetzt.

Recyceln ist schön

Eigentlich hätte der Brunnen auf der Piazza Giudia im Ghetto installiert werden sollen, um auch die Juden an das neue Trinkwassernetz anzuschließen. Doch der mächtige Herzog Mattei wollte ihn vor der Tür seines Hauses haben, dem Palazzo Mattei. Die Mattei verwalteten den Schlüssel eines der beiden Ghettotore (Via della Reginella), die bei Morgengrauen geöffnet und bei Sonnenuntergang geschlossen wurden.

Der Innenhof des **Palazzo Mattei di Giove** ㉔ (1598–1617; Via Michelangelo Caetani 32, Mo–Sa 8.30–20 Uhr) ist ein Geheimtipp für Antikenliebhaber. Frühbarock-Baumeister Carlo Maderno tapezierte die Fassade mit den schönsten Stücken aus dem Skulpturenfundus der Villa Celimontana, einer der vielen Besitzungen der Familie. Büsten, Statuen, zersägte Sarkophagreliefs und die sogenannten Fensterguckerreliefs von Freigelassenen formen ein fantastisches antikes Fassadenmuseum. Nicht weniger reich geschmückt ist das marmorne Treppenhaus, das zu einer Bibliothek und zu Kulturinstituten im Obergeschoss führt. Herzog Asdrubale Mattei nahm 1601 den jungen Caravaggio in seiner Residenz auf.

Wo man seinen Leichnam fand

In der Via M. Caetani fand man 1978 das Auto mit der Leiche des von den Brigate Rosse (Rote Brigaden) ermordeten Politikers Aldo Moro (DC). Eine Gedenktafel am Konvent von **Santa Caterina dei Funari** ㉕ erinnert daran. In dem ehemaligen Frauenhaus und Kinderheim fanden misshandelte Ehefrauen Zuflucht und Töchter von Prostituierten wurden hier erzogen. Einmal im Jahr führte man die Mädchen in einer Prozession durch die Stadt und pries sie zur Heirat an – ihre einzige Chance, nicht wie ihre Mütter zu enden.

Jüdisches Viertel

📍 Karte 3, J 10

Eine Welt für sich

Die breite **Via del Portico d'Ottavia** mit ihren hübschen Lokalen und Geschäften ist wochentags voller Leben. Aus der jüdischen Schule strömen mittags lärmend Kinder. Alte Frauen halten ein Schwätzchen auf Bänken. Man kennt sich untereinander. Die neugierig durch die Straße ziehenden Touristen werden höflich ignoriert. Dass man sich im jüdischen Ghetto befindet, merkt man erst auf den zweiten Blick. Denn die Mauern und Tore wurden längst eingerissen und das alte Elendsquartier am schlammigen Flussufer durch Neubauten ersetzt. Die nördliche Hausreihe in der Via del Portico d'Ottavia, die einst die Grenze bildete, ist noch original. Die Palazzi wirken ärmlicher, die Fenster sind winzig, die Türen geduckt. Hier und da ein Mann mit der Kippa, im Schaufenster die Menora, sonst keine religiösen Symbole. Nur die Ladenschilder der neuen kosheren Restaurants geben Hinweise. Auch sieht man öfters die israelische Flagge.

KLEZMER UND JAZZ **K**

Für eine gelungene Mischung aus Klezmer und Jazz ist der exzellente Komponist, Saxofonist und Klarinettist **Gabriele Coen** bekannt. Er tritt als Solist und mit römischen Bands wie KlezRoym oder dem Gabriele Coen Sextet auf. Live können Sie seine Musik u. a. bei Konzerten im Auditorium Parco della Musica kennenlernen (Infos/Termine: http://gabrielecoen.com und auf Facebook).

Im Ghetto wohnen heute noch etwa hundert orthodoxe Familien. Sie lehnen Mischehen ab und leben nach der Kaschrut. Dennoch ist das Ghetto mit der jüdischen Schule, dem Kulturzentrum und dem Buchladen vitales Zentrum und Bezugspunkt für die rund 12000 Mitglieder zählende Gemeinde.

Symbol jüdischer Emanzipation
Im prächtigen **Tempio Maggiore** ㉖ trifft man sich an den Festtagen und zu Trauerfeiern. Die sandfarbene Jugendstilsynagoge (1904) mit wunderschönen Glasfenstern ist die größte Synagoge in Europa. Ihre quadratische Kuppel durchbricht die Stadtsilhouette. Die Lage am Tiber wurde bewusst gewählt, »damit der Papst sie sehen konnte«. Der damals umstrittene Baustil vereint eklektische, säkulare Stilelemente als Ausdruck des neuen Bürgerstolzes. Angeschlossen ist das **Museo Ebraico** (s. u.).
Via Catalana, Details s. Museen

Missionsversuche
San Gregorio della Divina Pietà ㉗ gegenüber der Synagoge ist eine der vier römischen Kirchen, in denen sich die Juden Zwangspredigten der Franziskaner anhören mussten. Über dem Portal steht in Latein und Hebräisch ein Bibelspruch (Jesaja 65,2), mit dem die Kirche die Diskriminierung rechtfertigte: »Ich recke meine Hand aus den ganzen Tag zu einem ungehorsamen Volk, das seinen Gedanken nachwandelt auf einem Wege, der nicht gut ist.«

Museen

Alltag im Ghetto
㉖ **Museo Ebraico:** Das Museum im Untergeschoss der Synagoge Tempio Maggiore dokumentiert die Geschichte der jüdischen Gemeinde Roms mit einer 3-D-Rekonstruktion des Ghettos. Die liturgischen Geräte und Gewänder aus den fünf alten *scole* zeigen die trotz Armut hohe Handwerkskunst.
Via Catalana, www.museoebraico.roma.it, So–Do 10–16.30 (im Sommer bis 18), Fr 9–14 Uhr, an jüd. Feiertagen geschl., 11/8/6 €

Antike Akzente in Palastoase
㉘ **Palazzo Altemps – Museo Nazionale Romano:** Hier finden Sie die schlichte Eleganz der Renaissance-Palastkultur mit einer übersichtlichen Anzahl von antiken Meisterwerken vereint. Der österreichische Kardinal Marco Sittico Altemps (dt.: Hohenems) ließ das Stadthaus aus dem 15. Jh. umbauen und ab 1568 mit einem der schönsten Höfe Italiens erweitern. Wie zufällig aufgestellt erscheinen die Skulpturen der Sammlung Ludovisi, die einst die Gärten des gleichnamigen Kardinals auf dem Pincio schmückten. Wichtigstes Werk ist der »Ludovisische Thron« mit der schaumgeborenen Aphrodite (460 v. Chr.). Der Kolossalkopf der ›Hera Ludovisi‹ stellt vermutlich die Mutter von Kaiser Claudius dar. Er galt als Inbegriff der griechischen Idealität und inspirierte Wilhelm von Humboldt zu einem Sonett. Der lässig auf einem Felsen sitzende Ares Ludovisi, eigentlich ein Apoll, wurde von Bernini falsch ergänzt. Im Kaminzimmer berührt die dramatische Statuengruppe eines Gallierpaares: Um nicht in Gefangenschaft zu geraten, tötete der Gallier seine Frau und richtete das Schwert gegen sich selbst. Es gehörte mit dem »Sterbenden Gallier« im Kapitol zu dem Siegesmal in Pergamon aus dem 3. Jh. v. Chr. Beeindruckend ist auch das Schlachtengewimmel auf dem »Ludovisischen Sarkophag«. Die berittenen Römer zermalmen die unterlegenen Barbaren regelrecht.
Via di Sant'Apollinare 46, Di–So 11–18 Uhr, 8/2 €, 3 Tage gültiges Kombiticket mit Cripta Balbi, Palazzo Massimo und Museo delle Terme 12 €, Ausstellungszuschlag 5 €

TOUR
Zwischen gestern und heute

Bummel durch das jüdische Viertel

Der Eingang zum Ghetto ist ein Nadelöhr. Man windet sich um die versetzt eingepflockten Metallstangen herum. Roller müssen draußen bleiben. In der Via di S. Maria del Pianto Nr. 9 befindet sich eine uralte **Maglieria** 3, so groß wie drei Telefonzellen. Eine Signora weit über dem Pensionsalter sitzt auf einem Schemel vor dem Eingang. Bis unter die Decke stapeln sich im Laden Schachteln mit altmodischen BHs, Miedern und Strümpfen. Die Kundschaft ist mit der Besitzerin gealtert. Im und ums Ghetto gab es früher Dutzende Kurzwaren-, Stoff- und Wäschegeschäfte. Sie waren aus der Tradition des Lumpenhandels hervorgegangen – neben dem Kesselflicken das einzige Gewerbe, das den Juden gestattet war.

Lebensader des Ghettos ist die sonnige breite **Via del Portico d'Ottavia**. Bunt eingedeckte Tische mit Klappstühlen unter Sonnenschirmen reihen sich aneinander. Die volkstümliche, entspannte Atmosphäre lockt viele Römer und Auswärtige an. Billig isst man hier allerdings schon lange nicht mehr. Süßer Duft von frischen Backwaren weht aus der Bäckerei **Boccione** 14. Vilma backt mit drei Frauen in fünfter Generation nach jüdischen Hausrezepten. Köstlich ist die nach gerösteten Mandeln duftende *pizza ebraica*, eine Art kleiner, süßer Stollen, oder auch die *torta alla ricotta*, ein cremiger Käsekuchen mit Sauerkirschen oder Schokolade. Gleich daneben im **Su'Ghetto** 15 könnten Sie mittags oder abends den mit Pacchino, Pinienkernen und Rosinen gedünsteten *baccalà* probieren.

An der **Piazza delle Cinque Scole** befanden sich einst, vereint in einem Gebäude, fünf verschiedene Synagogen. Sie fielen dem Ghettoabriss zum Opfer. Hier ver-

Die besten *fritti*, beispielsweise *carciofi alla giudia* (fritierte Artischockenblüten) machen **Giggetto** 16 und die **Taverna del Ghetto** 17. Vor allem die jüngeren Leute tummeln sich in **La Polleria** 18 (Via S. Maria del Pianto 68/69) zu Falafel und Pastrami.

Infos

♥ J9/10

Start: Via di S. Maria del Pianto, erreichbar mit Tram 8 oder Bus 63 bis Via Arenula oder Bus 64, 40 u. a. bis Largo Argentina

Dauer: ca. 30 Min.

Adressen in der Via del Portico d'Ottavia: **Casina dei Vallati** ❸❸, Nr. 29, www.museo dellashoah.it, So–Fr 10–17 Uhr; **Boccione** ⓱❹, Nr. 1, So–Do 7–19, Fr 7–15, So 7–18 Uhr; **Su'Ghetto** ⓱❺, Nr. 1c, T 06 68 80 56 05, www.sughet to.it, So–Do 12–23, Fr 12–15, Sa 18– 23 Uhr; **Giggetto** ⓱❻, Nr. 21a, www.giggetto.it, T 06 686 11 05, Di–So 12.30–15, 19.30–23 Uhr; **Taverna del Ghetto** ⓱❼, Nr. 8, www.lata vernadelghetto.com, Mi–Mo 12–23, Di 12–18 Uhr; **Limentani** ❹, Nr. 47, www.limen tani.com, Mo–Sa 10–19.30 Uhr

Wichtig: Von Freitagabend bis Samstagmittag sind die koscheren Lokale geschlossen – Shabbat!

lief auch die Mauer runter zum Tiber. In die kleinen koscheren Fast-Food-Läden stürmen hungrige Schüler aus der **jüdischen Schule** ❷❾. Heute schicken wieder mehr Familien ihre Kinder auf diese Privatschule, die alle Altersstufen umfasst. Die Söhne sollen Hebräisch lernen und eine stärkere jüdische Identität entwickeln.

Am Ende der Straße ragt das Eingangsportal des **Portico d'Ottavia** ❸⓿ heraus, das Kaiser Augustus seiner geliebten Schwester widmete. Bildtafeln in der Ausgrabung zeigen, wie man sich den von Säulen umgebenen Platz mit den beiden Tempeln vorzustellen hat. Sein Material ist in den Häusern verbaut. Unter den Propyläen fand der Fischmarkt statt. Man sieht noch die Steinbänke, auf die der Fang gekippt wurde. Eine Marmortafel am rechten Pfeiler erinnert an das Vorrecht der Konservatoren, die Fischköpfe von großen Exemplaren als Tribut zu erhalten. Die bettelarmen Jüdinnen hingegen sammelten die Fischabfälle ein, um daraus eine Suppe zu kochen – die *zuppa di pesce* gilt heute als Delikatesse.

Einen Eindruck von den einstigen Wohnverhältnissen vermittelt das Haus hinter dem Torbogen des Portikus, der **Torre Soricara** ❸❶. Im Hinterhof führt eine primitive Stiege in den fensterlosen Wohnraum im ersten Stock. Unten befand sich eine Werkstatt oder ein Stall. Das häufige Tiberhochwasser machte das Parterre unbrauchbar zum Wohnen. Nun wirkt es fast pittoresk neben den Tischen des Restaurants **Giggetto** ⓱❻ (s. S. 82). Roms bester Haushaltswarenladen, **Limentani** ❹, wird in siebter Generation von derselben Familie geführt. Von Leone, einem armen Scherbensammler 1820 gegründet, kann es auf illustre Kunden verweisen wie Evita Peron und mehrere Päpste.

Der **Largo 16 ottobre 1943** war Zeuge der Ghettorazzia. Erst kurz zuvor hatten die Juden SS-Kommandant Herbert Kappler 50 kg Gold als Preis für ihre Unversehrtheit bezahlt. Aus **Haus Nr. 13** ❸❷ zerrte die SS nachts 13 Frauen und 19 Kinder und lud sie auf Lastwagen. Portonaccio, verhängnisvolle Tür, hat man es getauft. Schon lange ist der Bau des Shoah-Museums im Park der Villa Torlonia geplant. Bis zur Realisierung des Projekts hat die Museumsstiftung ihren Sitz in der mittelalterlichen **Casina dei Vallati** ❸❸, wo kleine Ausstellungen stattfinden.

Essen, Ausgehen

Bewährte Tradition
1 Armando al Pantheon: Preisgekrönte Trattoria der Familie Gargioli, die seit drei Generationen mit römischen Spezialitäten nach alten Familienrezepten beglückt. Tochter Fabiana, gelernte Sommelière, wählt die Weine aus. Die Qualität lockt auch Prominenz in das altmodische Lokal. Unbedingt reservieren.
Salita de' Crescenzi 31, T 06 68 80 30 34, www.armandoalpantheon.it/, Bus: Argentina, Mo–Sa 12.30–15, 19–23 Uhr

Romantische Ecke
2 Giulio passami l'olio: Enoteca mit reicher Weinkarte und kleiner Auswahl an italienischen Spezialitäten (z. B. *Risotto al pistacchio e gamberi, lasagne rustica*) in einer besonders romantischen Ecke, Tische im Freien.
Via di Monte Giordano 28, T 06 68 80 32 88, www.giuliopassamilolio.it/, Bus: Chiesa Nuova, Mo–Sa 12.30–2 Uhr

Nouvelle Cuisine
3 Bottega Tredici: Moderne kleine Osteria mit großer Küche. Die Fisch-, Fleisch- und Pasta-Kreationen sind ausgezeichnet, erlesen die Weine. Menü ca. 30 €.
Via dei Falegnami 14, T 06 92 11 85 04 14, http://bottegatredici.it, Tram: Arenula/Cairoli, tgl. 12–15.30, 19–24 Uhr

Werkstatt für Feinschmecker
4 Rimessa Roscioli: Enoteca der stadtbekannten Gourmetfamilie in einer ehemaligen Autowerkstatt, wo man an langen Holztischen im Izakaya-Stil neben Italienern sitzt. Serviert wird alles, was zum Wein und dem hausgebackenen Brot passt, wie *burrata* (sahniger Mozzarella), *ricotta con pomodorini*, *prosciutto* und *capuliato* (Pesto von getrockneten Tomaten) oder mit Kürbis gefüllte Tortellini oder Schweinebauch mit Birnensoufflé usw. Wichtig ist nicht allein, was man bestellt, sondern mit welchem Wein man es kombiniert. Der Sommelier berät gern.
Via del Conservatorio 58, T 06 68 80 39 14, 33 37 78 00 24, www.roscioli.com, Bus: Lungotevere Vallati/Pettinari, tgl. 18.30–0.30 Uhr

Auf dem Campo de' Fiori
Norcineria Viola 5 (s. S. 76) und **Forno Campo de' Fiori 6** (s. S. 76).

Intimes Dinner
7 Pierluigi: Gediegenes Fischlokal (1939) auf einem der romantischsten Altstadtplätze, abseits vom Trubel. Fisch und Vegetarisches, alles mit Klasse. Exzellenter Weinkeller, Cocktailbar, gehobene Preisklasse, aber absolut sein Geld wert.
Piazza de' Ricci 144, T 066 86 87 17, www.pierluigi.it, Bus: Chiesa Nuova, tgl. 12–15, 19–24 Uhr

Urig rustikal
8 La Fiaschetta: Kleine Osteria (Holzdecke!) mit viel Flair und familiärer Stimmung. Römische Spezialitäten, die aus der Pfanne direkt auf den Teller kommen.
Via dei Cappellari 64, T 06 68 21 05 99, Bus: Chiesa Nuova, Di–So 12.30–15, 19–23 Uhr

Eis und oft noch mehr …
Das Ehepaar Silvia und Stefano stellt in der **Gelateria del Teatro 9** Eis nach alten Rezepten her. Im efeuumrankten Hof um die Ecke wird Pizza serviert (Via dei Coronari 65/66, T 06 45 47 48 80, www.gelateriadelteatro.it, tgl. 11–22.30 Uhr). In historischen Räumen ist **Giolitti 10**, ältestes Altstadt-Eiscafé/Pasticceria, zu Hause, mit adretten Tischchen vor der Tür. Die Kellner sind etwas versnobt, aber das Eis verdient seinen Ruf: delikat und nicht zu süß. Probieren Sie *Crema al Cognac* (Via degli Uffici del Vicario 40, T 06 699 12 43, www.giolitti.it, tgl. 7–1.30 Uhr). **Gelateria della Palma 11** s. S. 63 (Via della Maddalena 19–23, T 06 68 80 67 52, www.dellapalma.it, tgl. 11–22.30 Uhr).

Historische Kaffee-Konkurrenten

In der Bar und Rösterei **Tazza D'Oro** 12 stehen die Römer für die beste *granita di caffè* an. Sie wird im Becher mit Sahne geschichtet. Die bunt verpackten Kaffeemischungen eignen sich gut als Mitbringsel (Via degli Orfani 84, T 06 678 97 92, www.tazzadorocoffeeshop.com, Mo–Sa 7–20, So 10.30–19.30 Uhr). **Sant'Eustachio** 13, 1938 gegründet, ist nur ein Viertel so groß, hat dafür aber ein paar Tische draußen. Der Espresso wird schon gezuckert gebraut. Wenn Sie ihn ohne Zucker wünschen, sagen Sie »senza zucchero« (Piazza di S. Eustachio 82, T 06 68 80 20 48, https://santeustachioilcaffe.it, tgl So–Do 7.30–1, Fr 7.30–1.30, Sa 7.30–2 Uhr).

Im jüdischen Viertel
14 – 18: s. Tour S. 82.

Einkaufen

Via di Campo Marzio (Strickwaren), Via della Maddalena (Schuhe, Herrenmode, Sonnenbrillen), Via del Governo Vecchio (Vintage, individuelle Mode, Schmuck), Via dei Coronari (Schmuck, Stoffe, Antiquitäten), Via di Monserrato/Via del Pellegrino (Design, Möbel, Mode, Galerien), Via dei Giubbonari (junge Mode, Schuhe).

Ausgesuchte Designermode
1 **Regola71:** Schlichte Schnitte, die Besitzerin berät, wie man sie mit Tüchern oder Schmuck kombiniert, Markenqualität. Allerdings nicht ganz billig. Am besten zum Schlussverkauf kommen (50 %)!
Via dei Cappellari 71, Bus: Chiesa Nuova, Mo 15.45–19.30, Di–Sa 10.15–19.30 Uhr

Blickfänger
2 **Monica Coscioni Design:** Für Monica ist ihr großformatiger Silberschmuck nicht nur Dekor, er betont den Charakter und gibt Selbstvertrauen. Einzelstücke für jedes Alter.
Via di Campo Marzio 10/B, https://monicacoscioni.it, Bus: Fontanella Borghese, tgl. 11–14, 15–19.30 Uhr

Im jüdischen Viertel
3 – 4: s. Tour S. 82.

Bewegen

Fahrradverleih
1 **Bikeology Roma:** von Citybikes im Vintage-Stil bis zu E- und Mountainbikes.
Via del Cancello 16, T 06 45 50 35 76, www.bikeology.com, tgl. 9–19 Uhr, ab 15 €/Tag

Ausgehen

Bühnenflaggschiff Roms
1 **Teatro Argentina:** Im zweitältesten Theater von Rom (1732) feierte 1814 der »Barbiere di Sevilla« von Rossini Premiere, heute ist es das Stammhaus des Teatro di Roma, in dem die bekanntesten Ensembles Italiens auftreten.
Largo di Torre Argentina 52, T 06 68 80 46 01/2, Tickets: T 06 684 00 03 45, in Italien: T 800 01 33 90, www.teatrodiroma.net, Bus: Via Torre Argentina

Barockabende
2 **Oratorio del Gonfalone:** Barockkonzerte, Kammer- und Chormusik mit teils alten Instrumenten (meist Do) im komplett ausgemalten Renaissance-Oratorium.
Via del Gonfalone 32, T 066 87 59 52, www.oratoriogonfalone.eu, Bus: Lungotevere Sangallo/Perosi

Charmant
3 **Etablì:** Gemütliches Lokal mit Bücherregalen und Vintagemöbeln zum Hinfläzen, Tea-, Wine- und Aperitifbar sowie Restaurant. Do mit Live-Jazzmusik.
Vicolo delle Vacche 9, T 06 97 61 66 94, www.etabli.it, Bus Senato/Via Rinasimento, Mo–Sa 7–3, So 9–3 Uhr

Zugabe
Die Lebenskünstler der Hutmachergasse

Via dei Cappellari

Meiner Mutter war vom Vater streng verboten, die Abkürzung durch die Via dei Cappellari zu nehmen«. Carla Campea zeigt auf ein Klingelschild mit vielen kleinen Knöpfen. »Schau, das war eines der Bordelle!« Die ›Hutmachergasse‹ ist eng und krumm. Sie verläuft vom Campo de' Fiori aus parallel zur Via del Pellegrino. Das Nadelöhr zieht auch heute noch nur wenige Passanten an, obwohl es schon lange keine Kaschemmengegend mehr ist. Im Gegenteil. Die Häuser sind saniert, Galerien, Schmuckläden und außergewöhnliche Ateliers zieren die Untergeschosse. Knapp 20 B & Bs zähle ich.

»Noch bis in die 1980er-Jahre stellten die Marktleute hier Karren ab, wohnten oben zwielichtige Gestalten. Die meisten Häuser hatten nicht einmal ein Klo.« Carla klappt eine schöne alte Bottega-Tür aus dunkel gebeizter Eiche auf. Die Kanten sind abgefressen. »Sie ist aus dem 17. Jh., als das hier ein Kutschstall war. Die Arbeiter wollten sie wegschmeißen und eine Glastür einsetzen. Aber für mich ist Holz ein Zeitzeuge.« Aha. Daher also der große Eingang und die hohe Balkendecke. In dem modern restaurierten Raum hängen grelle Bilder in Lack-Acryl-Technik an den Wänden, in der Mitte ein Arbeitstisch. Carla, Ende 30, ist Malerin und Schmuckdesignerin. Regola in Arte heißt ihre Galerie, die sie seit zehn Jahren betreibt. »Ich biete Coworking an und mache Gruppenausstellungen. Moderne Kunst läuft nicht gut zurzeit, wir sind alle in der Krise. Zum Glück haben mir meine Eltern den Laden gekauft.« Das Antiquariat nebenan wird wohl schließen. In dieser Ecke gab es viele Schreinereien und Trödelläden, die der Reihe nach dicht gemacht haben. Ikea sei schuld daran, schimpfen sie. Geblieben sind der Familienbetrieb der Tür-Restauratoren Fores Domus (Nr. 12) und der bekannte Schweizer Geigenbauer Michel Eggimann in der Quergasse Via Montoro.

Es erstaunt, dass Künstler nachrücken, Vertreter einer nicht gerade lukrativen Branche. Es braucht zündende Ideen, um in diesem Winkel überleben zu kön-

Es erstaunt, dass Künstler nachrücken, Vertreter einer nicht gerade lukrativen Branche. Es braucht zündende Ideen, um in diesem Winkel überleben zu können.

nen. Schräg gegenüber behauptet sich seit 2002 das Atelier des Arte-Povera-Künstlers Andrea Bottai, 78 Jahre. Innen sind Bilder und Holzobjekte ausgestellt, ein hübsches Fischmobile, naive Kunst. Vor dem Eingang lockt eine aus Brettern genagelte Pferdeskulptur neben Pflanzenkübeln Passanten an. Manche machen Fotos. Das Set wird ständig modifiziert und neu beschriftet. Auf einem Schild steht: »Wir sind gegen geniale Erfindungen«. Seine Werkbank oder Staffelei stellt er häufig in der Gasse auf – zum Ärger der *vigili*. Bottai hat sich mit dem jungen ›Poeten‹ Mario dal Mare zusammengetan, der wie er Straße und Passanten in seine Kunst einbezieht. Mario hat sie ›Via della Poesia‹ getauft. »Mir schwebt die Wiederbelebung der sprechenden Statuen vor, an die das Volk seine Verse heftete.« Über die Gasse verteilt er kleine Installationen und Pinnwände, an denen jeder, der sich berufen fühlt, ein Gedicht hinterlassen kann. Mehrmals im Jahr veranstaltet er Poesie-Happenings in Dialekt. Von was er eigentlich lebt, habe ich nicht verstanden. Aber in Rom trifft man oft idealistische Menschen.

Übrigens hat die Straße schon einmal einen erfolgreichen Poeten ›zur Welt gebracht‹: Metastasio, Librettist und Hofdichter in Wien, wurde 1698 beim Arco dei Cappellari als Sohn eines Gemüsehändlers geboren. Nichts ist unmöglich.

Zündend ist sicher der »Brand Hair Art Sound«, die vierte Filiale von Gianluca Villani. Der Salon ist eine Mischung aus Club und Wohnzimmer – mit einem Klavier. Warum in langweiligen Modemagazinen blättern? Die Angestellten, vier schnieke Typen in schwarzen T-Shirts, schneiden, waschen und färben. Das Klientel ist jung. Donnerstag und Freitagabend gibt es zur neuen Frisur einen Aperitif und Livemusik. Sie sind immer ausgebucht. ■

Schon seit drei Generationen werden in der Werkstatt Fores Domus in der Via dei Cappellari Türen restauriert.

Das antike Zentrum

Steinerne Zeugen — Vom Dorf zur Schaltzentrale des tausendjährigen römischen Weltreichs. Die antiken Römer bauten gigantomanisch und für die Ewigkeit. Hier wird Geschichte wieder lebendig.

Seite 91
Forum Romanum ⭐

Das Forumstal war die politische Bühne der Republik. Die Ruinen erzählen von Triumphen Caesars und dem tragischen Ende Ciceros, von namenlosen Bauarbeitern und megalomanen Kaisern.

Seite 100
Palatin

Die Ziegelreste des Kaiserpalastes dominieren noch heute den grünen Hügel. Die restaurierten Renaissancegärten der Farnese am Abhang sind ein neuer Blickfang und eine begehrte Aussichtsterrasse, um das Panorama zu genießen.

Legionär-Darsteller sind vor dem Colosseo mittlerweile verboten.

Eintauchen

Seite 105
Mercati di Traiano

Malls wurden nicht von den Amerikanern, sondern von den römischen Kaisern erfunden. Die sechsstöckige Markthalle von Trajan beeindruckt noch heute. Sie zählte einst über 150 Gaststätten, Läden und Büros.

Seite 107
Kolosseum ⭐

Der Wunderbau der Antike ist der Archetyp aller modernen Stadien und die Schauspiele sind erste Beispiele für Massenunterhaltung. Der Einlass der Zuschauer verlief vor 1900 Jahren sicherlich zügiger als heute.

Das antike Zentrum **89**

Seite 108
Tour in die Tiefen des Colosseo
Der Besuch des Kellergeschosses der Arena ist die neueste Attraktion. Hier sorgten einst Sklaven für Spezialeffekte.

Seite 110
Kapitol
Michelangelo schenkte Rom seinen elegantesten Platz auf der ehemaligen Akropolis. Hier regiert der Bürgermeister die Stadt, werden Staatsgäste empfangen und Brautpaare getraut.

Seite 114
Bio- und Regionalmarkt
Junge Kleinproduzenten aus der Region bringen ihre 0-km-Erzeugnisse am Wochenende auf den sympathischen Mercato di Campagna Amica del Circo Massimo. Mittags wird im Garten hinter der Markthalle gekocht und gegessen.

&

Seite 115
Musei Capitolini
Das älteste Museum Roms enthält eine fantastische Antikensammlung in noch ursprünglicher Aufstellung, darunter die originale vergoldete Reiterbronze des Mark Aurel und der »Sterbende Gallier«.

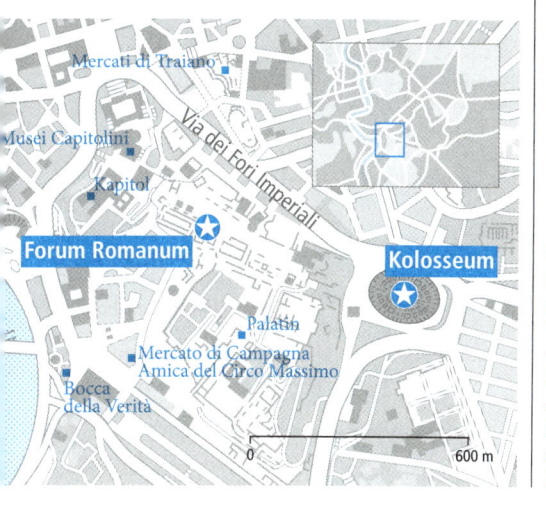

Scharenweise stehen kichernde Japanerinnen an der Bocca della Verità an, um den Partner auf eheliche Treue zu prüfen – Foto inklusive.

»Städter, sperrt die Frauen ein! / Wir bringen einen kahlköpfigen Lustmolch. / In Gallien hat er Geld verhurt, das er vorher hier gepumpt hat.« (Spottlied der Soldaten auf Caesar)

erleben

Rückeroberung einer Oase

> **ORIENTIERUNG**
>
> **Reisekarte:** 📍 J–L 9–11
> **Cityplan:** S. 93, Detailplan S. 96
> **Das Viertel entdecken:** zu Fuß
> – **Kolosseum/Forum:** Metro B Colosseo; Bus 87, 51, 85, 75
> – **Kapitol und Marcellustheater:** Bus 40, 61, 64, 628
> – **Circus Maximus und Forum Boarium:** Metro C Circo Massimo, Bus 30, 175

Bürgermeister Roberto Gualtieri hat von seinem Büro auf dem Kapitol einen beneidenswerten Blick auf die erhabene Kulisse der großen Vergangenheit Roms. Aber nirgends mischen sich Stolz und Bürde mehr als hier, im Zentrum der Metropole, wo der Verkehr fließen muss, aber nicht fließen kann. Schuld sind die antiken Ruinen, vor allem die unter der Erde. Ihretwegen dauert der Bau der dringend benötigten dritten Metrolinie schon eine Ewigkeit, quält sich der Verkehr immer noch über die engen Straßen. Und ob jemals die Altstadt, das an Funden reiche Marsfeld, untertunnelt werden wird, wissen nur die Götter. Denkmäler retten, Lungen retten, Mobilität garantieren – die Quadratur des Kreises!

Wenn große Schritte nicht möglich sind, muss man eben kleine tun. Gegen lautstarken Protest der Gewerbetreibenden wurde 2014 die breite Via dei Fori Imperiali etappenweise für den Autoverkehr gesperrt. Und siehe da, endlich kann man durchatmen und in Ruhe die Antiken studieren, das romantische Panorama würdigen. Der Kontrast zur lauten Piazza Venezia ist frappierend: Plötzlich tut sich gen Kolosseum eine Oase auf. Von den Südabhängen des Quirinals bis zum Circus Maximus, vom Kapitol bis zum Esquilin erstreckt sich ein riesiger archäologischer Park. Das schon von den Ausgräbern gepflanzte Grün liefert CO_2 und ist eine Wohltat auch für die Augen. Das Zentrum wird nun selbst für Familien mit Kindern wieder attraktiv. Am Wochenende wimmelt die Flaniermeile von Bikern, Skatern und Straßenmusikern.

Noch trennt eine Autoschneise den Palatin vom verschlafenen Celio und über das steinerne Forum Boarium donnern nach wie vor vierspurige Blechlawinen. Aber irgendwann werden auch hier zumindest die privaten Pkws verbannt sein. Und wenn die Fußgängerzone erst die Caracalla-Thermen erreicht, werden die Römer die Stadt zur Erholung nicht mehr verlassen müssen.

Forum Romanum

⭐ 📍 Karte 3, K/L 10

Die sumpfige Ebene zwischen Palatin, Kapitol und Quirinal diente zunächst nur als Bestattungsplatz. Erst ihre Trockenlegung durch die etruskischen Könige um 600 v. Chr. machte eine Bebauung möglich. Die Blütezeit des **Forum Romanum** ❶ war die Epoche der Römischen Republik, als Straßen, Tempel, Kurie, Rednertribüne und Basiliken für alle politischen und juristischen Funktionen entstanden. Das Forum wurde Schauplatz von glorreichen Triumphen, aber auch der Konflikte unter Sulla, Pompeius und Caesar. Als das Imperium wuchs, reichte das enge Tal nicht mehr aus. Die Kaiser, angefangen mit Caesar, erweiterten es nach Norden mit neuen Plätzen, Basiliken und Denkmälern für ihre Selbstdarstellung. Als Augustus den Regierungssitz auf den Palatin, den vornehmen Wohnhügel der Patrizier, verlegte, wurde das Forum zum pathetischen Erinnerungsort, wo man keine Geschäfte mehr duldete und in rascher Folge Prachtbauten und Ehrenstatuen errichtete. Es mutierte zur Kulisse prächtiger Zeremonien, in der die elegante, aber unbequeme Toga zum Dresscode wurde.

Mit dem Ende Westroms 476 verlor auch das Forum langsam seine Bedeutung. Einige Gebäude wurden zu Kirchen umfunktioniert, der Rest diente der Stadt als Steinbruch, zwischen den Ruinen graste nun Vieh. Michelangelo und Zeitgenossen studierten die Körperformen der verbliebenen antiken Statuen und die Grand-Tour-Reisenden verliebten sich in die Ruinen. Wissenschaftliche Ausgrabungen und Denkmalschutz begannen erst im 19. Jh. Die heutige Gestalt geht auf den Eingriff Mussolinis zurück, der mit dem

Seit die ehemalige Paradestraße Mussolinis vom Verkehr befreit ist, kann man endlich in Ruhe die Kaiserforen besichtigen – oder telefonieren.

Streets and Places

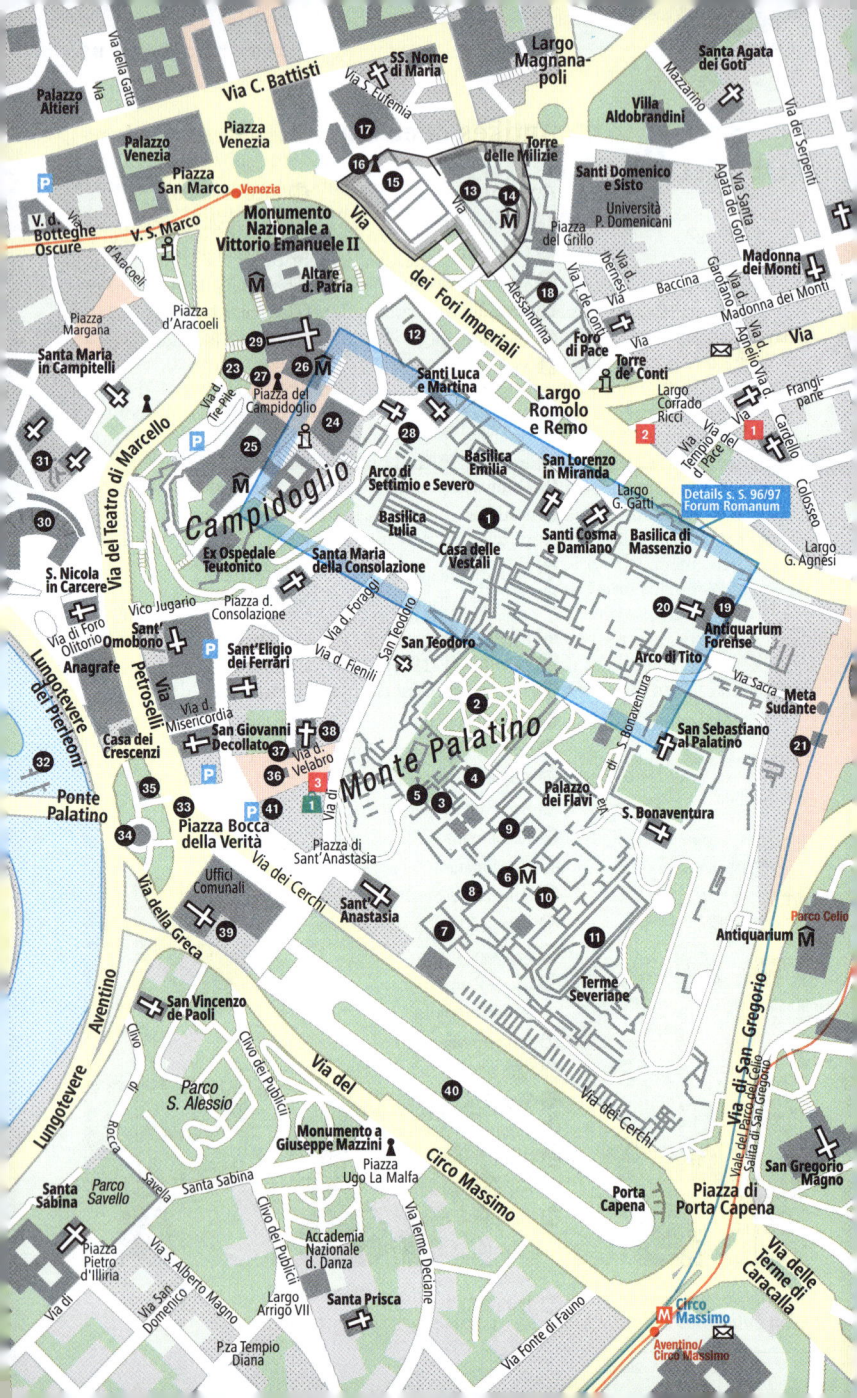

- Via della Gatta
- Palazzo Altieri
- Via C. Battisti
- Via d'Aracoeli
- Via Eufemia
- SS. Nome di Maria
- Largo Magnanapoli
- Santa Agata dei Goti
- Palazzo Venezia
- Piazza Venezia
- Piazza San Marco
- Venezia
- V. d. Botteghe Oscure
- V. S. Marco
- Monumento Nazionale a Vittorio Emanuele II
- Torre delle Milizie
- Villa Aldobrandini
- Via Mazzarino
- Via dei Serpenti
- Santi Domenico e Sisto
- Via Santa Agata dei Goti
- Università P. Domenicani
- Piazza del Grillo
- Via d. Ibernesi
- Madonna dei Monti
- Via Baccina
- Via di Tor de' Conti
- Via Madonna dei Monti
- Via d. Agnello
- Altare d. Patria
- Via dei Fori Imperiali
- Alessandrina
- Piazza Margana
- Piazza d'Aracoeli
- Santa Maria in Campitelli
- Foro di Pace
- Torre de' Conti
- Largo Corrado Ricci
- Via del Tempio di Pace
- Frangipane
- Via Cardello
- Santi Luca e Martina
- Largo Romolo e Remo
- Piazza del Campidoglio
- Campidoglio
- Arco di Settimio e Severo
- Basilica Emilia
- San Lorenzo in Miranda
- Largo G. Gatti
- Santi Cosma e Damiano
- Basilica di Massenzio
- Details s. S. 96/97 Forum Romanum
- Colosseo
- Largo G. Agnesi
- Via del Teatro di Marcello
- Basilica Iulia
- Casa delle Vestali
- Ex Ospedale Teutonico
- S. Nicola in Carcere
- Santa Maria della Consolazione
- Vico Jugario
- Piazza d. Consolazione
- Via di Foraggi
- Sant'Omobono
- Via Petroselli
- Anagrafe
- Sant'Eligio dei Ferrari
- Via di Misericordia
- Via d. Fienili
- San Teodoro
- Antiquarium Forense
- Arco di Tito
- Via Sacra
- Meta Sudante
- San Sebastiano al Palatino
- Lungotevere dei Pierleoni
- Casa dei Crescenzi
- San Giovanni Decollato
- Via di Velabro
- Monte Palatino
- Palazzo dei Flavi
- S. Bonaventura
- Via di San Gregorio
- Ponte Palatino
- Piazza Bocca della Verità
- Via dei Cerchi
- Piazza di Sant'Anastasia
- Sant'Anastasia
- Terme Severiane
- Parco Celio
- Antiquarium
- Via della Greca
- Uffici Comunali
- Aventino
- Clivo di Rocca Savella
- San Vincenzo de Paoli
- Parco S. Alessio
- Via del Circo Massimo
- Via dei Cerchi
- Viale del Parco del Celio
- Salita di San Gregorio
- San Gregorio Magno
- Via delle Terme di Caracalla
- Lungotevere Aventino
- Via di Santa Sabina
- Santa Sabina
- Parco Savello
- Monumento a Giuseppe Mazzini
- Piazza Ugo La Malfa
- Accademia Nazionale d. Danza
- Clivo dei Pubblici
- Via S. Alberto Magno
- Largo Arrigo VII
- Santa Prisca
- Via Terme Deciane
- Porta Capena
- Piazza di Porta Capena
- Piazza Pietro d'Illiria
- P.za Tempio Diana
- Via S. Domenico
- Via Fonte di Fauno
- Circo Massimo
- Aventino/Circo Massimo

Antikes Zentrum

Ansehen

1. Forum Romanum
2. Orti Farnesiani
3. Casa di Augusto
4. Casa di Livia
5. Casa Romuli
6. Museo Palatino
7. Paedagogium
8. Domus Transitoria
9. Domus Flavia
10. Domus Augustana
11. Stadion
12. Foro di Cesare
13. Foro di Traiano
14. Mercati di Traiano
15. Basilica Ulpia
16. Colonna di Traiano
17. Palazzo Valentini
18. Foro di Augusto
19. Tempio di Venere e Roma
20. Santa Francesca Romana
21. Arco di Costantino
22. Kolosseum
23. Cordonata
24. Palazzo dei Senatori
25. Palazzo dei Conservatori
26. Palazzo Nuovo
27. Mark-Aurel-Reiterstandbild
28. Carcere Mamertino
29. Santa Maria in Aracoeli
30. Teatro di Marcello
31. Tempio di Apollo Sosiano
32. Ponte Rotto
33. Forum Boarium
34. Tempio di Ercole Vincitore (Tempio di Vesta)
35. Tempio di Portunus
36. Arco di Giano
37. Arco degli Argentari
38. San Giorgio in Velabro
39. Santa Maria in Cosmedin
40. Circus Maximus
41. Palazzo Rhinoceros

Essen

1. Iari The Vino Bar
2. Pizzeria Imperiale
3. Anima Mundi
4. Contrario

Einkaufen

1. Mercato di Campagna Amica del Circo Massimo

Ausgehen

1. Coming Out

Bau der vierspurigen Paradestraße das alte Forumstal von den Kaiserforen trennte.

Forum und Palatin bilden zusammen einen Park mit drei Eingängen: Largo della Salara Vecchia 5/6, Via Sacra gegenüber dem Titusbogen, Via di San Gregorio 30; tgl. 8.30–15.30/19.15 Uhr je nach Jahreszeit (Kassenschluss 1 Std. vorher), 16/2 € zzgl. 2 € Reservierung, 24-Std.-Kombiticket für Kolosseum (mit Zeitfenster), Forum und Palatin. Besichtigungsdauer mind. 4 Std., mit Forum Pass SUPER (s.u.) 4–6 Std. Unbedingt 30 Tage vorher online buchen. Verkauf von Restposten an der Kasse am Venustempel, aktuelle Infos: www.coopculture.it.

Rundgang

Unser Rundgang beginnt am **Largo della Salara Vecchia**. Ein Blick auf das tiefer gelegene Ruinenmeer genügt, um festzustellen, dass die Römer auffallend monumental und dicht bauten. Die zwei Straßen, die das Tal längs durchziehen, wirken wie dünne Rinnsale. Von dem in der Kaiserzeit erlassenen Wagenfahrverbot waren nur die staatlichen Bauhütten ausgenommen.

Wahlgeschenke

Gleich rechts von der Eingangsrampe sehen Sie die Säulenstümpfe der ältesten erhaltenen Basilika auf dem Forum, der **Basilica Emilia**. Gesponsert wurde sie 179 v. Chr. von den reichen Steuerbeamten Aemilius Lepidus. In der Republik erkauften sich die Beamten die Gunst der Wähler mit dem Bau von Straßen und öffentlichen Gebäuden. Vor der Einführung der aus Athen bekannten polyfunktionalen Versammlungshalle *(stoa basilike)* mussten Bankgeschäfte und vor allem Gerichtsverhandlungen im Freien abgehalten werden.

Die purpurne Kaste

Über die enge Straße *(argiletum)* hinter der Basilika strömten morgens Klienten und Bittsteller auf das Forum. Sie umlagerten die Senatoren, die vor der **Curia Iulia** (Sa–Mo) aus ihren Sänften kletterten. Julius Caesar erneuerte den Bau nach einem Brand, daher der Name Iulia. Erhalten geblieben ist die Kurie dank ihrer Umwandlung in eine Kirche (Sant'Adriano). Die Originalbronzetür des rechteckigen Ziegelbaus schmückt heute die Lateranbasilika. Der Senat (Ältestenrat, lat. *senex* = Greis) setzte

---

EXKLUSIV UND OHNE MASSEN

Mit dem **Forum Pass SUPER** (16/2 €) taucht man in die Lebenswelt der Kaiser ein und sieht neben den Fori Imperiali gut erhaltene Gebäude auf dem Palatin und Forum auch von innen, die beim Standardticket ausgenommen sind. Forum: Tempio di Romolo, S. Maria Antiqua, Curia Iulia, Rampa di Diocleziano u. a.; Palatin: Casa di Livia, Casa di Augusto, Museo Palatino, Criptoportico, Aula Isiaca, Loggia Mattei, Domus Transitoria. Die Besucher werden mit Lightmapping geführt, Videoprojektionen und eine Erzählstimme lassen die Ruinen wieder lebendig werden (Achtung: Die SUPER-Ticket-Monumente haben unterschiedliche Öffnungszeiten). Mit dem **Full Experience Ticket** (22/2 €) darf man zusätzlich die Arena des Kolosseums betreten, also: Forum, Palatin, Fori Imperiali und Kolosseum mit Arena (mit Zeitfenster). Wer auch das Kellergeschoss (Hypogäum) der Arena besichtigen will, nimmt an einer Führung teil: Full Experience + Visita Didattica (75 Min.) 32/12 €. Alles nur mit Online-Reservierung, zzgl. 2 € Gebühr. Tickets/Info: www.coopculture.it. Große Nachfrage, 30 Tage vorher buchbar.

sich aus ehemaligen Beamten zusammen. Sie kontrollierten und berieten die Konsuln und Magistrate, verabschiedeten Gesetze und entschieden über Fragen der Kriegsführung. Die 300 Senatoren (unter Augustus 600) nahmen auf den drei flachen Stufen an den Längswänden Platz. Von dem Sockel an der Stirnseite aus leitete der *princeps senatus* die Abstimmungen. Die außergewöhnliche Höhe des Baus garantierte eine gute Akustik. Auf die Spätantike geht der dekorative Fußboden aus geschnittenem Serpentin und Porphyr zurück. Die reliefverzierten Marmorschranken, **Plutei Traiani,** waren einst an der Rostra angebracht.

Oje, Lateinstunde

Der **Lapis Niger** (›schwarzer Stein‹) ist ein eingefriedeter sakraler Platz für Vulcanus, den Gott des Feuers und der Schmiede, und nicht das Grab des Romulus, wie Horaz schrieb. Bevor die Römer Tempel bauen konnten, verehrten sie die Naturmächte auf Sakralplätzen und Altären. Archäologen entdeckten darunter 2014 eine Tuffmauer und Keramik aus dem 9. Jh. v. Chr. Das würde eine Nutzung des Forums schon vor der Stadtgründung belegen.

Geschichtsrevison mal anders

Kurz vor dem Kapitol überspannt der prächtige **Arco di Settimio Severo,** der Triumphbogen des Septimius Severus (203), die Via Sacra. Er feiert den Sieg über die Parther, ein iranisches Reitervolk in Mesopotamien. Beim Heer genoss der Kaiser größeres Ansehen als am römischen Hof, der über seinen punischen Akzent spottete. In der Weihinschrift auf der Attika sind auch die beiden Söhne des Septimius Severus erwähnt. Der Traum von einer geeinten Familiendynastie währte nicht lange. Nach dem Tod des Vaters (211) schlug die alte Rivalität unter den Brüdern in blinden Hass um. Caracalla ermordete Geta und ließ sein Andenken mit einer *Damnatio memoriae* offiziell verdammen. Statuen und Inschriften Getas wurden entfernt, so auch sein Name in der vierten Zeile.

Die Bildfriese zeigen Phalangen von Soldaten bei der Einnahme von Städten. Der saure Regen hat die Figuren zu einem konturlosen Brei verwaschen. Was die 1800 Jahre nicht zerstörten, schafften die letzten 40 Jahre Autoabgase.

Es wird archaisch

Links hinter dem Bogen steht der **Umbilicus Urbis,** der Nabel der Welt, ein konischer Ziegelbau. Die Römer glaubten, dass sich an dieser hochheiligen Stelle Ober- und Unterwelt *(mundus)* berühren. Damit auch der letzte Bürger erfuhr, wie riesig das Imperium war, ließ Augustus daneben das *milliarium aureum* aufstellen. Auf dem ›goldenen Meilenstein‹ waren die Entfernungen von Rom zu den wichtigsten Hauptstädten der Provinzen wie Korinth, Alexandrien und Karthago eingetragen. Alle Distanzen addiert ergeben ca. 76 000 km. Das entspricht fast zwei Weltumrundungen. Das geflügelte Wort »Alle Wege führen nach Rom« entsprach also der Realität. Von der Bronzesäule ist nur noch der Marmorsockel mit einem Palmettenfries erhalten.

Speakers' Corner

Die 24 m breite **Rostra,** die Rednertribüne der Volkstribune und Beamten, nimmt den Platz vor dem Kapitol ein. Benannt ist sie nach den figürlichen Rammspornen *(rostrum)* der gekaperten Schiffe, die als Trophäen an der Frontseite angedübelt wurden, wovon noch Löcher zeugen. In der späten Republik wurde das Podium immer mehr zur Speakers' Corner von Regimekritikern. Cicero hielt hier Pamphlete gegen die neuen Oligarchen Caesar und Marc Antonius. Sein Kommentar zum Caesar-Mord – die Tat sei mit dem Mut von Männern, aber dem Verstand von Kindern durchgeführt worden – kostete ihn schließlich den Kopf. Antonius ließ

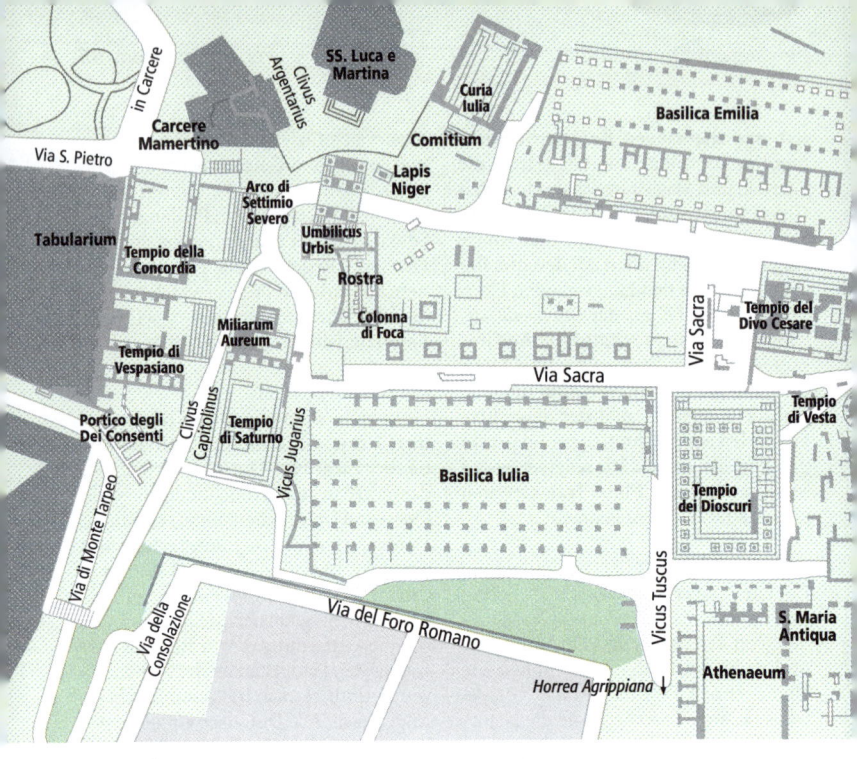

Forum Romanum

ihn töten und sein abgetrenntes Haupt zusammen mit der rechten Hand, die die Reden geschrieben hatte, auf der Tribüne aufspießen. Antonius' rachsüchtige Frau Fulvia soll sogar seine Zunge mit einer Haarnadel durchbohrt haben.

Auf dem gepflasterten Platz davor gedeihen Feigenbaum, Weinstock und Olivenbaum, die eine symbolische Rolle in Roms Gründungsgeschichte spielen.

Verkatert

Die acht Granitsäulen auf dem hohen Podium gehören zum **Tempio di Saturno**, dem ältesten Tempel auf dem Forum. Er wurde um 500 v. Chr. dem Gott des Ackerbaus gestiftet. Mit Saturn verband man ein goldenes Zeitalter ohne Standesunterschiede. Die mehrtägigen Saturnalien am 17. Dezember waren eine Art ausgelassener Karneval, auf dem viel getrunken wurde. Höhepunkt war der Rollentausch: Der Patron beschenkte und bediente sein Hauspersonal bei einem Gelage. Aber offenbar wurde den Sklaven nicht immer der beste Tropfen gereicht: Nach den Feiern gab es viele Opfer von Bleivergiftungen, da der (gekippte) Rotwein in Bleitöpfen gepantscht wurde. Im Vorbau des Tempels befanden sich der Staatsschatz *(aearium)* und das Büro des Quästors, des Schatzmeisters. Mit diesem Amt begann der *cursus honorum*, die politische Karriere. An der Ostseite des Podiums wurden die *acta diurna*, die öffentlichen Bekanntmachungen, eine Art Tageszeitung, angeschlagen.

Claqueure

Von der dreigeschossigen **Basilica Iulia**, einer 100 x 49 m großen Gerichtshalle aus der Zeit Caesars, ist heute nur noch der Unterbau mit den Säulenbasen erhalten. Plinius d. J. begann in dem Zivilgericht für Erbschaftsangelegenheiten als Anwalt. Nicht selten mussten die Emporen von lauten Claqueuren geräumt werden.

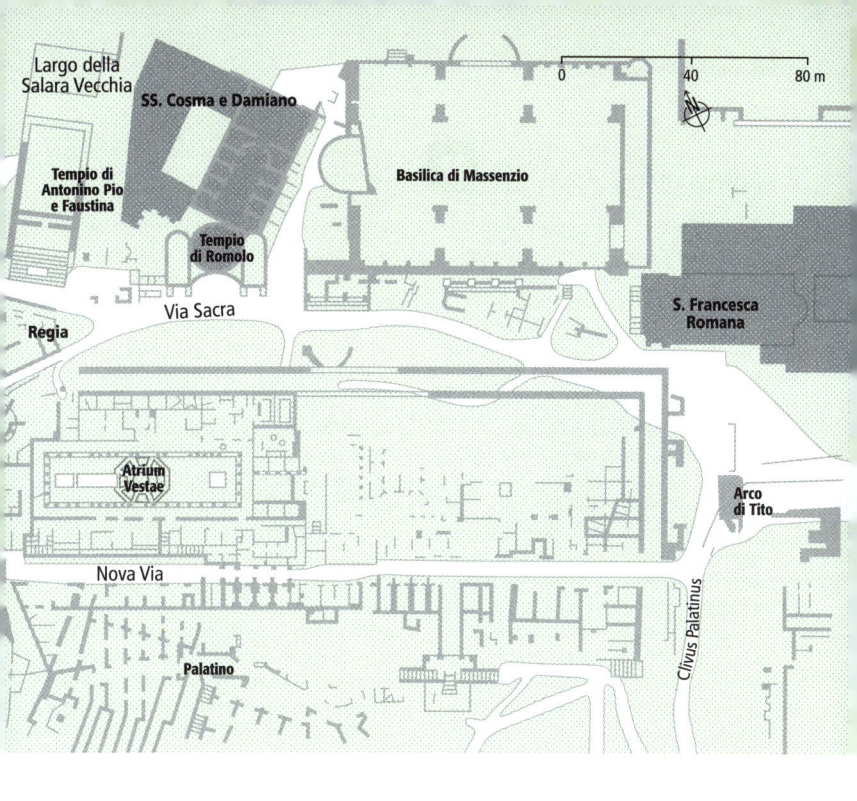

Die Schutzheiligen der Banker

Eines der Wahrzeichen des Forums sind die drei korinthischen Säulen des **Tempio dei Dioscuri.** Der griechische Kult der Zwillinge des Zeus, Kastor und Pollux, wurde bereits zu Beginn der Republik eingeführt. Sie wurden später zu den Schutzpatronen der Ritter, die auch ihre Bank im Tempel hatten. In dem von Augustus erneuerten Bau versammelte sich mehrmals der Senat. Von der Vorhalle verkündete Caesar seine Agrargesetze. Der monumentale Ziegelkomplex südlich des Dioskuren-tempels diente vielleicht als Vestibül des Kaiserpalasts auf dem Palatin oder als Sitz der Palastwache. Der *Vicus Tuscus,* Verbindungsweg zum Forum Boarium, war bekannt für seine Kosmetikläden – und als Knabenstrich.

Christianisierung

Die byzantinische Kirche **Santa Maria Antiqua** (Ticket s. S. 94) wurde im 6. Jh. in einen Raum des Tiberius-Palastes eingebaut. Sie war die Privatkapelle der byzantinischen Palastbeamten. Die Fresken im Inneren zeigen die älteste Darstellung der thronenden Gottesmutter und eine Kreuzigung mit Christus im langen Gewand. Aus dem Krankenzimmer für Pilger des Quellheiligtums der Iuturna, dessen Wasser man heilende Wirkung zusprach, wurde das Oratorium der Vierzig Märtyrer. Brunnenbecken, Altar und

POWERFRAU VOM NIL

Rom 46 v. Chr. Der Besuch von Kleopatra schlägt wie eine Bombe ein. Als *Regina amica* logiert sie in Caesars Gartenpalast auf der anderen Tiberseite, während er seine Dienstwohnung im Stadtzentrum mit Ehefrau Calpurnia bewohnt. Kleopatra hat den Ruf einer Femme fatale – weil sie regiert wie ein Pharao, Kriegsschiffe baut, neun Sprachen spricht und der mächtigste Feldherr Roms ihren Reizen erlegen ist. Sittenwächter Senat verfolgt mit Argwohn die Gelage am Tiber und die neue Begeisterung des römischen Jetset für orientalische Schmink- und Kleidermoden. Damit nicht genug: Caesar weiht auf seinem Forum eine Venusstatue mit ihren Gesichtszügen. Und dann gibt es da noch den ›kleinen Caesar‹, Frucht ihrer Liaison und Siegel des politischen Paktes. Doch mit den Iden des Mars kommt alles anders.

---

der Tempel der Nymphe sind mit antiken Bauteilen rekonstruiert.

Dahinter gelangt man zur überdachten **Rampa di Domiziano.** In sechs Serpentinen windet sich der einst reich stuckierte Lieferantenweg hinauf zum Palatin. Der gleichmäßige Anstieg erleichterte den Warentransport mit Handkarren oder Mauleseln. Ein Stück weiter sieht man die Reste der **Horrea Agrippiana,** der Speicherstadt des Agrippa.

Vergötterter Caesar

Stets von Schulklassen umlagert ist die Ruine des **Tempio del Divo Iulio,** des Caesar-Tempels. Es braucht etwas Fantasie, um sich auf dem rohen Unterbau aus *caementitium* (s. S. 99) eine prächtige marmorne Cella mit Säulenvorhalle vorzustellen. Im Inneren stand die Kultstatue Caesars. Die Verehrung als Divus erzwang sein Neffe Oktavian im Senat. Der Tempel stellt den ersten Fall von Personenkult auf dem Forum dar. Allein die Position vis-à-vis der Curia, wo die Gegner Caesars saßen, war eine Provokation.

Caesar wurde auf dem Marsfeld ermordet, sein Leichnam aber auf dem Forum verbrannt. Der rechteckige Altar, im Sockel der Frontseite des Tempels integriert, markiert diese Stelle. Nostalgiker hinterlegen hier Blumen. Alljährlich am 15. März wird der berühmte Mord in historischen Kostümen an den Schauplätzen nachgespielt. Vor dem Altar verliest ›Oktavian‹ das Testament Caesars und legt einen Kranz nieder. Dem Staatsmann verdankt die Nachwelt so einiges: Der Monat Juli trägt seinen Gentilnamen; sein Cognomen Caesar lebt im Herrschertitel Kaiser bzw. Zar fort und die iulische Kalenderreform ist noch heute die Grundlage der Zeitrechnung, des Gregorianischen Kalenders.

Goldener Käfig

Die Vestalinnen, die Priesterinnen der Vesta, bewohnten ein luxuriöses Gartenhaus am Fuße des Palatins, das **Atrium Vestae.** Der brunnengeschmückte Hof war von zweigeschossigen Räumen umgeben. Noch heute hat dieser mit Rosen bepflanzte Garten seinen Zauber. Die Statuen im Hof porträtieren die Dienstältesten des Kollegiums *(virgines maximae)*. Fanatische Christen köpften die Figuren im Mittelalter.

Kinderpriesterinnen

Die Vestalinnen waren als einziges weibliches Priesterkollegium hoch angesehen und privilegiert. Sie hatten Ehrensitze im Theater und durften mit dem Wagen durch die Stadt fahren. Dafür mussten die im Alter von sechs bis zehn Jahren auserwählten Patrizierinnen wie Nonnen 30 Jahre in strenger ›Klausur‹ und Keuschheit leben. Sie hatten das Feuer, Symbol der staatlichen Wohlfahrt, im benachbarten **Tempio di Vesta** zu bewachen. Der griechische Rundbau (Tholos) erinnert an die ersten Hütten. Die Strafe bei bloßem Verdacht von *incestus*, Unkeuschheit, war grausam: Die Angeklagte wurde wie Antigone lebend eingemauert und der erzürnten Göttin ›zur Bestrafung überlassen‹. Aus der fast tausendjährigen Kultgeschichte sind jedoch nur zehn solcher Urteile bekannt.

Oberster Brückenbauer
In dem fünfeckigen Haus hinter dem Caesar-Tempel, der **Regia,** wohnte zunächst der König. Später wurde es Amtslokal des Pontifex Maximus und seines Kollegiums. Als ranghöchstem Priester fielen ihm alle sakralen Aufgaben des staatlichen Gottesdienstes zu. Der Titel ›Oberster Brückenbauer‹ entstammte den Anfängen Roms, meinte inzwischen aber nicht mehr den, »der die erste Brücke über den Tiber baute«, sondern im übertragenden Sinn einen ›Brückenbauer‹, d. h. den Vermittler zwischen den Göttern und den Menschen. Der Bischof von Rom trägt bis heute diesen Titel.

Trotzendes Heidentum
Gehen Sie zurück auf die Via Sacra. Links der Eingangsrampe erhebt sich der riesige Tempel des vergöttlichten Kaiserehepaars Antoninus Pius und Faustina, der **Tempio di Antonino Pio e Faustina.** Im Mittelalter standen Hunderte Tempel leer. Der Umbau in die Kirche San Lorenzo in Miranda wirkt etwas unglücklich. Die Cella bekam zwar eine Barockfassade verpasst, aber diese kaschiert kaum das heidnische Antlitz des Urbaus mit seiner Säulenvorhalle und dem steilen Podium. Die Rillen in den Säulenschäften verraten, dass vergeblich versucht wurde, diese mit Seilen umzustürzen. Die milde Regierung des frommen (*pius*) Antoninus genoss den Beifall des Senats.

Antike Wertarbeit
Durch die Umwandlung in das Vestibül der Kirche Santi Cosma e Damiano wurde der spätantike Ziegelrundbau des **Tempio di Romolo** gerettet. Seine Seitenflügel beherbergten einst Bibliotheken. Sie gehörten zu dem Komplex des Templum Pacis der Flavier. Seit 1700 Jahren wird das Portal von derselben Bronzetür verschlossen. Die Löcher stammen von den herausgerissenen Sternnieten aus Zinn. Der Tempel war wohl nicht Romulus, dem vergöttlichten Sohn des Maxentius geweiht, sondern Jupiter Stator.

Mit dem Forum Pass SUPER und dem Full Experience Ticket (s. S. 94) können Sie das gut erhaltene Innere besichtigen.

Beneidenswerte Amtsstube
Eines der eindrucksvollsten Gebäude der Antike ist die Ruine der **Basilica di Massenzio.** Die 25 m hohen Tonnengewölbe des aufgerissenen Seitenschiffs,

RÖMISCHER BETON B

Bereits im 3. Jh. v. Chr. entwickelten die Römer ein Gussmauerwerk (*opus caementitium*), das das Bauen fast bis in beliebige Höhe und das Formen von Kuppeln, Gewölben etc. ermöglichte. Ein Gemisch aus gebranntem weißem Kalk, versetzt mit Zuschlägen aus Tuff- oder Ziegelbruchstücken, härtete durch Beigabe von Puzzolanen in Verbindung mit Wasser zu einem wasser- und druckfesten Stein aus. Das Material wurde in ein Schalenmauerwerk eingefüllt, das aus Tuffromben oder gebrannten Ziegeln bestand. Der stützende Holzrahmen wurde nach dem Aushärten wieder entfernt. Nicht angenehm war die Arbeit für die Bauarbeiter, die durch die ätzenden Dämpfe erblinden konnten.

Embleme des Forums, haben die Architektur seit der Renaissance beflügelt, angefangen beim Petersdom bis hin zu den Bahnhofshallen des 19. Jh.

Die 70 x 100 m große Basilika wurde 308 von Kaiser Maxentius begonnen. Sein Nachfolger Konstantin verlegte den Haupteingang an die Langseite und drehte die Schiffe. Erstmals kamen Tonnengewölbe aus der Thermenarchitektur zum Einsatz. In der Westapsis thronte eine 12 m hohe Konstantin-Figur (Akrolith, s. S. 115). Laut seinem Biograf Eusebius ließ Konstantin später das Szepter durch eine Fahne mit dem Christusmonogramm ersetzen. Dennoch hatte die Basilika, anders als die kurz darauf gestiftete Lateransbasilika, keine christliche Bestimmung. Sie war der Amtssitz des Oberbürgermeisters *(praefectus urbi)*. In der Spätantike wurden Amtsstuben bombastisch gestaltet und der Kaiser in ihnen fast gottgleich verehrt. Die Kassetten der Tonnengewölbe waren aus vergoldeter Bronze, Boden und Wände mit schönsten Marmor- und Porphyrplatten verkleidet.

Das hässliche Stahlkorsett auf der Rückseite dient als Schutz während der Tunnelarbeiten für die Metro C.

Zerstörung Jerusalems

Im Auftrag seines Vaters Vespasian schlug der 28-jährige Titus 70 n. Chr. die Rebellion in Judäa nieder. Der eintorige **Arco di Tito** aus attischem Marmor feiert diesen Sieg. Ausgelöst wurde der Aufstand mit der Konfiszierung des Tempelschatzes durch die Römer. Der Protest kostete 1 Mio. Juden das Leben, Jerusalem wurde zerstört, einschließlich der Tempel, von denen heute nur noch die Westmauer (Klagemauer) steht. Der Triumph des Titus ist auf den Reliefs des Bogens abgebildet. Rechts tragen Soldaten die Menorah, die silbernen Trompeten und den Brottisch aus dem Salomontempel herbei – als Symbol der Unterwerfung. Der Raub der Sakralgeräte, die im Mittelalter verloren gingen, war für die Juden eine große Schmach. Der erbeutete Tempelschatz war so reich, dass über Jahrzehnte Bauten wie das Kolosseum sowie Spiele damit finanziert werden konnten.

> **WIE SAH DAS ALLES AUS?**
>
> Wie hat man sich die Basilica Iulia oder die Rostra vorzustellen? Archäologen der Berliner Humboldt-Universität helfen der Fantasie mit 3-D-Rekonstruktionen auf die Sprünge. Veranschaulicht werden einzelne Bauten, aber auch der Wandel des Forums über die Jahrhunderte. Es sah zu Caesars Zeit ganz anders aus als zu der von Konstantin (www.digitales-forum-romanum.de; auch auf Facebook; weniger wissenschaftlich, dafür eindrucksvoller: www.capitolium.org/eng/virtuale/virtuale.htm).

> Wenn Sie weiter zum Kolosseum wollen, verlassen Sie das Forum über den Ausgang in der Maxentiusbasilika. Der Ausgang am Largo della Salara Vecchia hingegen führt zu den Kaiserforen und dem Kapitol. Vor dem Titusbogen geht es auf den Palatin.

Palatin ♥ K/L 10/11

Rom entstand nicht an einem Tag. Bereits um 1000 v. Chr. ließen sich Bauern und Hirten vom Stamm der Latiner auf dem Palatin nieder. Laut Varro wurde Rom am 21. April 753 gegründet, als Romulus das Hüttendorf mit einer viereckigen Befestigung umgab, *Roma quadrata*. Die eigentliche Stadt ist jedoch erst durch das spätere Zusammenrücken der latinischen und sabinischen Stämme auf den umliegenden Hügeln entstanden. Der Reihe nach wurden Kapitol, Esquilin, Quirinal,

Viminal, schließlich noch Aventin und Celio in die geheiligten Stadtgrenzen aufgenommen. Den Städtebau übernahmen die Römer von den griechischen Kolonien und den Etruskern. Die Latiner verehrten den Kriegsgott Mars, ihre patriarchische und kriegerische Natur ließ sie bald zu Imperialisten werden. In der Republik mutierte der Palatin zum bevorzugten Wohnsitz der reichen Patrizier. Volkstribun Gaius Gracchus, Marc Antonius sowie Cicero wohnten hier. Augustus machte den Hügel zur Residenz und zum Machtzentrum der Kaiser. Zu seiner Zeit kannte man jedoch nur das republikanische ›Einfamilienhaus‹, die *domus*. Erst Domitian errichtete Ende des 1. Jh. eine Palaststadt nach hellenistischem Vorbild, deren eindrucksvolle Reste noch heute den Parkhügel prägen.

Hängende Gärten

Zwei Aufstiege führen vom Forum zum Palatin: der antike *Clivus Palatinus* mit originalem Basalt und die **Orti Farnesiani** ❷, die frisch restaurierten Renaissancegärten von Kardinal Alessandro Farnese. Die bühnenartige Architektur ist Blickfang in der Ruinenlandschaft. Über Treppen geht es hoch, vorbei an statuengeschmückten Grotten und plätschernden Brunnen, während die Terrassen zum Verweilen einladen. Die Idee, Steilhänge durch bepflanzte Terrassen begehbar zu machen, kam in der Renaissance auf. In Babylon kannte man bereits im 9. Jh. v. Chr. die hängenden Gärten der Semiramis.

Der 22-jährige Kardinal erwarb um 1542 das gesamte Gelände der alten Domus Tiberiana. Girolamo Rainaldi entwarf die Terrassen, Balustraden und Volieren, die damals die gesamte Nordflanke des Abhangs einnahmen. Goethe hat den botanischen Garten noch mit den ursprünglichen aus der Levante eingeführten Pflanzen erlebt. Der berühmte Dichterzirkel der Christina von Schweden, die Arcadia, hielt hier seine Sitzungen ab. Die oberste Terrasse wurde mit Pomeranzen, Buchsbaum, Rosen und Lorbeersträuchern wieder neu bepflanzt. Die große Aussichtsplattform belohnt mit einem unvergesslichen Panorama auf Forum und Kolosseum.

Der junge Farnese hatte übrigens einen mächtigen Sponsor im Rücken. Großvater Papst Paul III., Initiator der Gegenreformation (s. S. 300).

Bescheidenheit als Propaganda

Das Haus des Augustus befindet sich am Südwestrand des Palatins. Auf den ersten Blick will man der von Sueton gelobten Bescheidenheit des jungen Prinzeps recht geben: weder Marmor noch Mosaiken, 40 Jahre dasselbe Schlafzimmer. Die wenigen erhaltenen Räumen der zweistöckigen **Casa di Augusto** ❸ sind in der Tat klein. Man hätte für den Gründer des Imperiums andere Dimensionen erwartet. Dafür ist die Innenausstattung mit Wandmalerei im Zweiten Pompejanischen Stil und Stuckdecken durchaus elegant (30 v. Chr.). Illusionistische Fassaden mit perspektivischen Ausblicken in leuchtendem Zinnober und Ocker dekorieren die hohen Wände. Bildmotive aus der Theaterwelt zeigen Augustus' Vorliebe für das griechische Drama. Im ganzen Reich hat er Theater bauen lassen.

Ein Peristyl teilt das Haus in einen privaten und einen repräsentativen Bereich. Nach der Erhebung Oktavians zum Augustus 27 v. Chr. wird der Regierungssitz mit Empfangsräumen, Tempeln und einer Kopie der Bibliothek von Alexandrien kräftig ausgebaut. Augustus steigt nicht mehr zum Forum hinunter, sondern beruft den Senat in seinem ›Haus‹ ein. Der Palatin wird zum Regierungssitz.

Nur mit Forum Pass SUPER und Full Experience Ticket (s. S. 94), Mo, Mi, Fr 9–18.30, So 9–14, im Winter (ab 28. Okt.) Mo, Mi, Fr 9–15.30, So 9–13 Uhr

VORZEIGE-EHEPAAR V

»Odysseus im Weiberrock« nannte Urenkel Caligula Livia. Ihr Auftreten als tugendhafte Ehefrau im Schatten des Prinzeps war eine geschickte Inszenierung, um ihren Einfluss zu kaschieren. Eine Mitregentin hätte die Republik nicht geduldet. Mit ihren selbst gewebten, altbackenen Gewändern war sie das Gegenmodell zur raffinierten Kleopatra, die Augustus' Gegner Antonius den Kopf verdreht hatte. Augustus hatte großen Respekt vor der klugen Livia, ließ sich von ihr beraten. Es gelang, ihren unbeliebten Sohn aus erster Ehe, Tiberius, zum Nachfolger zu machen. Cassius Dio verriet Livias Erfolgsrezept: Sie habe selbst stets peinlich genau auf sittliche Reinheit geachtet, mit Freude Augustus' Wünsche erfüllt, sich niemals in dessen Angelegenheiten eingemischt und vor allem bei seinen Liebschaften weggesehen!

Getrennte Ehebetten

Die Namensinschrift auf einem Wasserrohr schreibt die unspektakuläre **Casa di Livia** ❹ der dritten Ehefrau von Augustus zu. Getrennte Wohnbereiche für das Kaiserpaar passen zu Überlieferungen über ihre Ehe: Augustus hätte sich, so heißt es darin, schriftlich auf Gespräche mit Livia vorbereitet. Drei Räume öffnen sich zum Atrium, heute geschützt durch ein Dach. Schöne, inzwischen verblasste Szenen aus der griechischen Mythologie, Girlanden und Fabelwesen zieren die Wände (2. Stil). Im Atrium stand vielleicht der in Quellen beschriebene Webstuhl.

Nur mit Forum Pass SUPER und Full Experience Ticket (s. S. 94), Öffnungszeiten wie Casa di Augusto, s. S. 101

Wo Romulus wohnte

Nahe dem Augustus-Haus lag die schilfgedeckte Hütte des Stadtgründers Romulus, die als Gedenkstätte verehrt wurde. Von der **Casa Romuli** ❺ sind nur die Pfostenlöcher im blanken Tuff erhalten. In dem überdachten Ausgrabungsgelände wurden eisenzeitliche Hütten und Zisternen, Reste des ersten Hirtendorfes, freigelegt. Ob es sich bei dem 2007 in 15 m Tiefe entdeckten Raum um den Lupercal – die Höhle, wo Romulus und Remus von der Wölfin gesäugt worden sein sollen – handelt, ist in der Forschung umstritten. Namhafte Archäologen halten den muschelverzierten, unterirdischen Saal für ein Nymphäum oder Triclinium aus neronischer Zeit.

Ein Fall von Mobbing

Bankplätze unter schattigen Zypressen und Granatapfelbäumen vor dem **Museo Palatino** ❻ laden zu einer Rast ein. Die wenigen, aber außergewöhnlichen Funde des **Antiquariums** vermitteln eine gute Vorstellung von der prächtigen Ausstattung der Patrizierhäuser und der Kaiserresidenz. Im Parterre illustrieren Modelle der ersten Hüttendörfer die Siedlungsgeschichte des Hügels (I–III). Verblüffend, wie sich aus dem primitiven Hirtenstaat eine imperialistische Nation entwickeln konnte. Im ersten Geschoss sind Skulpturen und Wanddekorationen zu sehen. Winzige, tanzende Mänaden aus dünn geschnittenem Marmor *(opus sectile)* wirbelten über das Gewölbe, das aus der Domus Transitoria stammt (s. S. 103). Im archaistischen Stil sind die Terrakottareliefs mit dem Dreifußraub des Apollon aus der Residenz des Augustus (Danäiden-Peristyl) gehalten.

Aus dem **Paedagogium** ❼, der Ausbildungsstätte für kaiserliche Sklaven, stammt die Christus-Karikatur (VII). Die mit einem Nagel in den Putz geritzte Zeichnung zeigt einen Gekreuzigten mit Eselskopf, links davon ein Knabe mit zum Gebet erhobenen Händen. Darunter

steht auf Griechisch: »Alexamenos betet seinen Gott an.« Offenbar verspottet ein Schüler seinen christlichen Kameraden.
Nur mit Forum Pass SUPER und Full Experience Ticket (s. S. 94), Okt.–März 9–15.30, April–Sept. 9–18.30 Uhr

Neros erste Residenz
Die **Domus Transitoria** ❽ hat nach zehnjähriger Restaurierung ihre Pforten geöffnet. Hier verbrachte der junge Nero die ersten Regierungsjahre, sein Lehrer Seneca ging hier ein und aus. Der prächtige Palastkomplex mit seinen 50 Latrinen wird per Video und Lightmapping rekonstruiert (30 Min.).
Eingang rechts vom Antiquarium; nur mit SUPER/Full Experience Ticket, Fr–Mo 9– 18 Uhr, kontingentierter Einlass (reservieren!)

Palast von Domitian

Hellenistischer Wohnluxus
Der gigantische Palast von Domitian, letzter Sprössling aus dem Geschlecht der Flavia, wird die Residenz der Kaiser bis Konstantin. Das Prinzipat hatte sich konsolidiert und hellenistischer Wohnluxus war nicht mehr verpönt. Die Anlage ist der Prototyp des Herrscherbaus im Westen. Von ihrem Namen Palatium leiten sich die Begriffe ›Palast‹ und ›Pfalz‹ ab. Noch heute nehmen die gewaltigen Ziegelmauern die Kuppe des Palatins ein, die Stützgewölbe rund um den Abhang sind majestätisch. Goten und Vandalen plünderten im 5. Jh. Wagenladungen mit Statuen, Marmorverkleidungen, Goldgeschirr und Möbeln. Den Rest des Kahlschlags erledigten die Menschen im Mittelalter und in der Renaissance. Nur die ziegelverkleideten Gussbetonmauern hielten der Spitzhacke stand. Seine Symbolkraft behielt der Palast jedoch noch lange bei. Karl d. Gr. bezog dort anlässlich der Kaiserkrönung Quartier sowie Otto III. im 10. Jh.

Der von dem griechischen Architekten Rabirius (81–92) errichtete Komplex besteht aus einem öffentlichen Bereich, der **Domus Flavia**, und einem privaten, der **Domus Augustana**.

Verhaltensgestörter Herrscher
Ein großer Peristylhof mit achteckigem Brunnen bildete den Kern der **Domus Flavia** ❾, die der Repräsentation und den Amtsgeschäften diente. Hier ging Domitian gern spazieren und fing Fliegen, die er anschließend mit einem Federkiel durchbohrte, einer seiner vielen Ticks. Um zu sehen, was hinter seinem Rücken vorging, ließ der paranoide Herrscher die Marmorwände der Säulenhalle spiegelblank polieren. Am Ende sollten sich seine Befürchtungen, er könne Palastintrigen zum Opfer fallen, bewahrheiten: Sein Diener erdolchte ihn im Jahr 96.

Von einem erhöhten Speisebett in der *Cenatio Iovis,* dem Triclinium, hatte der Kaiser die Wasserspiele und Gartenanlagen des Hofes im Blick. Auf dessen Nordseite liegt die **Aula Regia,** der ›Thronsaal‹, wo der Herrscher die Senatoren empfing *(salutatio).*

Gärten und Thermen
Die **Domus Augustana** ❿ mit den Privaträumen und Thermen schließt sich östlich an. Zum Südabhang des Palatins wird die Anlage zweistöckig. Unter den vielen Brunnen in Höfen fällt der in Form von Amazonenschilden auf. Unglaubliche Mengen Wasser waren nötig, um die Gärten zu bewässern und die Brunnen und Thermen zu speisen. Dazu diente ein eigens gebauter Zweig der Aqua Claudia.

Privatlogen mit Ausblick
Vom Geländer des Südrandes bietet sich ein atemraubender Blick auf den Circus Maximus und die Caracalla-Thermen. Der Kaiser konnte die fast täglichen Wagenrennen von seiner Palastloge aus verfolgen. Noch beeindruckender

Auf der verkehrsberuhigten Via dei Fori Imperiali stehlen nachmittags Straßenkünstler den gewaltigen Ruinen frecherweise die Show.

ist der Blick von unten, vom Circus, auf die Südflanke des Palatins mit ihren gewaltigen Substruktionen, Terrassen und Palastresten.

Bevor Sie den Treppenweg in Richtung Ausgang (Via Gregorio) hinuntersteigen, streifen Sie das 160 m lange **Stadion ⓫**. Es ist von einem zweigeschossigen Portikus mit riesiger Kaiserloge eingefasst und könnte für die Pferdedressur und als Garten gedient haben.

Kaiserforen

 Karte 3, K 9

Ego-Bühne der Kaiser
Gegen Ende der Republik genügte das alte Forumstal dem gewachsenen Staatsapparat nicht mehr. Fünf Kaiser fügten neue Foren an, die ihren jeweiligen Namen tragen. Zwischen 46 v. Chr. und 113 n. Chr. wurde dafür der Sattel zwischen Quirinal und Kapitol abgetragen und das Gelände zum Esquilin geebnet. Caesar, Augustus, Vespasian, Nerva und Trajan versuchten sich in der Prachtentfaltung der Basiliken, Portiken und Tempel zu überbieten. Heute teilt die Via dei Fori Imperiali das einst zusammenhängende Areal in zwei Teile. Von der Straße aus kann man links und rechts die aneinandergereihten **Fori Imperiali** betrachten. Wer mehr Zeit hat, sollte das Trajansforum besuchen. Im Caesar- und im Augustusforum finden Lasershows statt. Auf der authentischen Zeitreise werden Rekonstruktionen der Wechselstuben, *tabernae* und Tempel auf die Ruinen projiziert.

Mussolinis Paradestraße
Die für faschistische Paraden angelegte vierspurige **Via dei Fori Imperiali** (1924–32) hieß ursprünglich Via dell'Impero. Sie führt vom Amtssitz des Duce, dem Palazzo Venezia, zum Colosseo, Sinnbild der großen Vergangenheit. Tausende Fa-

schisten standen hier im Mai 1938 mit Fähnchen Spalier, um Mussolinis Verbündeten Hitler zu begrüßen. Nach der fehlgeschlagenen Welteroberung wurden geschwind die Straßenname geändert und alle faschistischen Gewaltsymbole entfernt. Geblieben sind die Bronzestatuen der Kaiser am Straßenrand und die Ausgrabungen. Im Faschismus wurde archäologische Forschung aus ideologischen Gründen stark gefördert. Heutigen Archäologen ist der Straßendamm jedoch ein Dorn im Auge, denn darunter liegt u. a. das Forum des Vespasian (Templum Pacis) begraben. Seit die Autos verbannt wurden, boomen die Flaniermeile und die antiken Ruinen. Im Zuge des Metrobaus soll das gesamte Areal noch fußgängerfreundlicher gestaltet werden.

Ein Klo für die Plebs

Caesar zahlte eine horrende Summe für das Gelände hinter der Kurie, das er mit dem Tempel der Venus Genetrix versah. Das **Foro di Cesare** ⓬ war eine Art Familienheiligtum, denn Venus galt als Stammmutter der *gens Iulia*. Im Tempel stand laut Cassius Dio die skandalöse Statue der Kleopatra. Wieder aufgerichtet wurden die drei Säulen. Erhalten sind ferner Teile des Portikus und der *tabernae*, die als Wechselstuben und Unterrichtsräume dienten. Kuriosum: Caesar fügte eine öffentliche Latrine hinzu, verkleidet mit feinstem Marmor. Daran sollten sich heutige Stadtväter ein Beispiel nehmen!

Eintritt mit SUPER/Full Experience Ticket, spannende 50-Min.-Videoshow (u. a. dt.) von Piero Angela, April–Nov., Termine/Tickets: www.viaggioneifori.it, 15/10 €, mit Augustusforum 25/17 €; Eingang bei der Trajanssäule

Das Alphatier unter den Kaisern

Unter Trajan, Lieblingskaiser der antiken Historiker, erreichte das römische Reich seine größte Ausdehnung. Und so sollte auch das **Foro di Traiano** ⓭ (107–113) die Dimensionen aller Vorgängerbauten übertreffen. Finanziert wurde es mit dem Gold der Daker, der besiegten Vorfahren der Rumänen. Architekt Apollodorus überlebte sein Mammutwerk (300 x 185 m) nur wenige Jahre: Hadrian ließ den Griechen aus Damaskus umbringen, nachdem dieser sich abwertend über seine artistischen Entwürfe geäußert hatte.

Die sich an den Quirinal lehnende riesige Exedra aus Ziegeln, die **Mercati di Traiano** ⓮, war eine Mischung aus Shoppingcenter und Bürohaus. Die 150 teils noch erhaltenen *tabernae*, Geschäfte, Werkstätten und Büros für Handelsrecht verteilen sich auf mehrere Geschosse. Im Mittelalter wurden die verlassenen Märkte von einem Kloster und einem Kastell überbaut. Aus der Zeit stammt der Geschlechterturm **Torre delle Milizie.** Ja, er ist schief – Folge des Erdbebens von 1349.

Vor der Exedra liegen als Querriegel die Granitsäulenstümpfe der **Basilica Ulpia** ⓯, bis zum Neubau des Petersdoms die größte Basilika (170 x 60 m). In der fünfschiffigen Gerichtshalle fand u. a. die *manumissio* statt, die Freilassung der Sklaven durch Freikauf oder die Willenserklärung des Patrons. Danach konnte der *libertus* heiraten und erhielt das aktive Wahlrecht. Die Plebs bestand größtenteils aus ehemaligen Sklaven.

Mercati di Traiano – Museo dei Fori Imperiali: Via IV Novembre 94, www.mercatiditraiano.it, tgl. 9.30–19.30, 11,50/9,50 €, mit Ausstellung 15/13 €

Kriegsbericht in Marmor

Im Westen vor den Zwillingskirchen ragt die **Colonna di Traiano** ⓰ gen Himmel. Die marmorne Siegessäule markiert mit ihren knapp 40 m die Höhe des Sattels zwischen Quirinal und Kapitol, der abgetragen wurde, eine Sisyphosarbeit. Der Sockel barg die Urne des Trajan (53–117 n. Chr.). Das 200 m langes Reliefband mit den Daker-Feldzügen (105/106 n. Chr.) windet sich wie eine Buchrolle um den hohlen Säulenschaft. Die Reliefs gelten als

WOHNKULTUR

Sehenswert sind die zwei kaiserzeitlichen Patrizierhäuser *(domus)* unter dem **Palazzo Valentini** ⓱. Ausgrabungen legten prächtige Mosaike, Marmorintarsien und ein privates Thermalbad frei. Besucher können die Überreste unter einem Glasboden bestaunen. Eine professionelle Multimediarekonstruktion von Piero Angela lässt die Räume samt ihren Bewohnern wieder auferstehen (Via Foro Traiano 85, www.palazzovalentini.it, Mi–Mo 10–19 Uhr, 12/8 €, Reservierung ratsam, s. Website).

Illustrationen des verlorenen Kriegsberichts des Kaisers. Der antike Betrachter konnte von den zwei seitlichen Bibliotheksflügeln die Brandschatzung dakischer Städte, die Überquerung der Donau oder enthaupteten Barbaren aus der Nähe studieren. Goethe stieg die 185 Stufen in der Hohlsäule empor (heute geschlossen). Papst Sixtus V. ›befriedete‹ das Kriegsdenkmal mit der Statue des hl. Petrus.

Lohnender Rachefeldzug

Das **Foro di Augusto** ⓲ wurde von Oktavian mit dem konfiszierten Vermögen der Caesarmörder bezahlt. In dem einst prächtigen Tempel aus Carraramarmor für Mars Ultor, den rächenden Kriegsgott, beriet der Senat über Krieg und Frieden oder Triumphe. Die Cella verwahrte das Schwert Caesars und die Feldzeichen der Legionen. Von dem Forum sind nur das Tempelpodium sowie Reste der seitlichen Portiken erhalten. Sie lehnen an einer grauen Brandschutzmauer. In der angrenzenden plebejischen Suburra brannte es häufig.

Über dem antiken Mauerwerk entstand im 15. Jh. eine elegante Loggia, auf der die Fahne des Malteserordens flatterte. Sie war Sitz des Priorats vor dem Umzug auf den Aventin 1566.

Via Alessandrina, Seite Largo Corrado Ricci, Lichtshow siehe Foro di Cesare

Zwischen Forum und Kolosseum

Immer noch nützlich

Die größte Tempelanlage, die Kaiser Hadrian je bauen ließ, ist der **Tempio di Venere e Roma** ⓳ (121). In seine zum Forum weisende Cella wurde die hübsche Hochzeitskirche **Santa Francesca Romana** ⓴ eingebaut. Ihr romanischer Campanile ist mit ›Smarties‹ gespickt, farbigen Majolika. Vom Venustempel stehen nur noch die Apsis und ein paar Säulen. Von der Tempelterrasse betet der Papst am Karfreitag den Kreuzweg.

Konstantinische Wende

Einsam steht der **Arco di Costantino** ㉑, der größte und jüngste Triumphbogen in Rom, vor dem Kolosseum. Der Senat weihte ihn 315 n. Chr., drei Jahre nach der Schlacht an der Milvischen Brücke. Er feiert sowohl jenen Sieg als auch das zehnjährige Regierungsjubiläum Konstantins als Kaiser. Ungeklärt ist, warum er mit Zierrat, Reliefs und Statuen von älteren Kaiserdenkmälern geschmückt ist. Möglicherweise wollte der Usurpator Konstantin an die beliebten Vorgänger anknüpfen. Besonders imposant sind die Statuen der gefangenen Daker vom Trajansforum, die mit zotteligen Bärten und langen Hosen als wilde Barbaren dargestellt sind. Die Widmungsinschrift lautet übersetzt: »durch göttliche Eingebung und Größe«. Die geläufige Formel kann sich auf jede Schutzgottheit beziehen und muss nicht mit dem ›Christengott‹ gleichgesetzt werden, denn Konstantin gab die heidnischen Kulte erst nach 325 auf.

Kolosseum ⭐ 📍 L 10

Faszination Gewalt

Schön ist das **Kolosseum** ㉒, das Wahrzeichen Roms, eigentlich nicht. Die Fassade fehlt zu zwei Dritteln, das Innere der Ellipse präsentiert sich wie ein ausgebombter Krater. Dennoch lockt die Vorstellung, dass in dem Amphitheater blutrünstige Schauspiele zur Unterhaltung der Massen ausgetragen wurden, jährlich 7 Mio. Besucher an. Es entstand zwischen 72 und 80 unter den flavischen Kaisern, mit denen eine populistische Sozial- und Unterhaltungspolitik einsetzte. Das politisch entmündigte Volk sei nur noch mit *panem et circensis* in Bann zu halten, spottete der Satiriker Juvenal. Als Bauplatz musste der Luxusgarten der Domus Aurea des Nero herhalten, um das »Volk für dessen schlechte Herrschaft zu versöhnen«.

Ein Bau der Superlative

Die 50 m hohe Ellipse (188 x 156 m) für ca. 70 000 Zuschauer wird von 11 m starken Fundamenten getragen. Mit Ochsenkarren schleppte man 100 000 m³ Travertin aus Tivoli herbei, Millionen Ziegel wurden gebrannt. Im Mittelalter wurden die 300 t Eisendübel für die Verklammerungen fast alle aus dem Stein gepult. Die über Leergerüsten gemauerten Travertinbögen bilden die dreistöckige Fassade, die Umgänge und die Substruktion für die Cavea. Im zweiten und dritten Arkadengeschoss standen Statuen, während das Attikageschoss mit Bronzeschilden geschmückt war. Konsolensteine trugen die 240 Masten eines riesigen Sonnensegels *(velarium)*, das von Matrosen aufgespannt wurde. In der Nordostecke stehen noch die Pfosten zur Verankerung der Seile.

Das kann kein Fußballstadion

Die 80 nummerierten Zugänge garantierten ein gleichmäßiges Füllen der Anlage bei Morgengrauen. Vier Zugänge waren dem Kaiser, Senatoren, Priestern und Vestalinnen vorbehalten, 76 der Plebs. Am Eingang boten Händler Kissen und Speisen feil, aber es wurde auch heimlich Proviant von zu Hause mitgebracht und auf den Stufen gekocht. Über manchen Eingängen sind noch die römischen Ziffern zu lesen. Die Zuschauer hasteten über die 15 Treppen in die oberen Ränge. Die extrem steilen Stufen raubten Dränglern und Hooligans die Puste – atemraubend sind sie heute noch. Für Personen mit Gehproblemen steht ein Glasaufzug zur Verfügung.

Die Sitzordnung in fünf Rängen glich einer auf den Kopf gestellten Gesellschaftspyramide: unten die Elite, oben die armen Massen. Der erste Rang *(podium)* gehörte den Senatoren, der zweite *(primum maenianum)* den Rittern. Der breite

Für Mark Twain war das Kolosseum »eine mit Schießscharten versehene Hutschachtel, deren eine Seite herausgebissen ist«.

TOUR
Wo die Löwen Fahrstuhl fuhren

Ein Gang durch den Maschinenraum des Amphitheaters

Infos

📍 L 10

Anfahrt: Metro B Colosseo

Start: Sperone Stern

Dauer: 75 Min.

Planung: Geführte Tour »Sotterranei«, 9 € zusätzlich zum Eintritt für das Kolosseum, nur mit Reservierung unter T 06 39 96 77 00, www.coopculture.it. Die beschriebene Tour ist nur ein Ausschnitt der Führung.

Es fängt gut an. Wir dürfen an den Touristenschlangen vorbei zu einem gesonderten Eingang. Hier holt uns unser Guide ab. Durch die hohe **Porta Libitinaria** geht es ins **Kolosseum** ㉒. Wie viele Tote oder Verletzte Libitina, die Göttin der Bestattungsriten, gesehen haben mag? Ein Sklave trug sie durch diese Pforte, der als Charon, der Fährmann des Hades, verkleidet war.

Grelles Sonnenlicht empfängt uns. Der **Holzboden** unter unseren Füßen ist neu. Nur ein Segment des Arenabodens wurde rekonstruiert. Der Blick wandert um den trichterartigen Zuschauerraum. Man fühlt sich ganz klein. In den Nischen der Umfassungsmauer waren Bogenschützen positioniert. Vom Geländer blickt man in die 7 m tiefe Unterkellerung, **Hypogäum** genannt: ein System aus Korridoren, Aufzugschächten und Kammern für Gladiatoren, Verurteilte, Tiere und Kulissen. Über jedem Schacht befand sich eine Falltür. Die Mauern sind heute nackt. Seile, Walzen, Kontergewichte, Holzböden und Metallkäfige fehlen. Der jetzige Zustand ist der des 5. Jh. Das Aufzugsystem musste nach dem Brand 217 n. Chr. erneuert werden. Ein breiter **Korridor** teilt die Arena längs in zwei Hälften. Wir steigen in die Unterwelt hinab. Die Gladiatoren gelangten über einen 50 m langen Verbindungsgang direkt vom **Ludus Magnus** in das Kolosseum. Die Übungsarena der staatlichen Gladiatorenschule wurde südlich der Via Labicana freigelegt.

Die Spezialeffekte erschienen dem antiken Zuschauer wie Gotteszauber. In Wirklichkeit beruhten sie auf dem Schweiß von Hunderten Sklaven. Hier unten in den Gängen war es schummrig, die Luft feuchtheiß, durchdrungen von beißendem Raubtiergestank. Auf das

Die Arena wird demnächst mit einem Hightechboden rekonstruiert, damit man sie für Aufführungen nutzen kann.

Gewimmel von halbnackten Männern rieselte feiner Sand durch die Ritzen der Holzplanken herab (lat. *arena* = Sand). Von oben das Getrampel der Gefechte, unten das Knarren der hölzernen Lastenaufzüge. Geschriene Befehle, hier und da übertönt von Löwengebrüll. Kein angenehmer Arbeitsort.

Bauforscher Dr. Heinz Jürgen Beste hat mit italienischen Ingenieuren am Südrand einen **Holzaufzug** nachgebaut. Es gab 28 davon. Allein für ihre Bedienung war die Muskelkraft von 224 Sklaven nötig: Acht Mann pro Seilwinde, deren Dreharme sich auf zwei Etagen verteilten, also vier unten, vier oben. Die Etagen waren nur 1,60 m hoch. Große Sklaven mussten sich krümmen, um den Baum zu bewegen. Mit 15 Drehungen waren eine Raubkatze oder Bären im Käfig nach oben befördert. Der Effekt war vorprogrammiert. Plötzlich ging eine Falltür auf und ein fauchender Löwe erschien in der Arena. Großformatige Kulissen, Palmenkübel und Beduinenzelte wurden mithilfe von 16 Hebetribünen und Gegengewichten in die Arena gehoben. Savannen- und Wüstenlandschaften gestalteten die morgendlichen Jagdaufführungen noch authentischer. Der Durchschnittsrömer hat die Stadt nie verlassen. Hier wurde ihm ein Stück Afrika und Orient geboten.

Bauforscher Beste beschäftigt sich auch mit der Frage, wie die von Martial beschriebenen Schiffsschlachten durchgeführt wurden. Das Fluten des ausgehobenen Kellers war nur vor der Fertigstellung der Mauerzüge möglich. Nachgewiesen wurde die Vorrichtung für ein hölzernes Stützensystem, das den Bretterboden trug. Dieser konnte bei Bedarf entfernt werden. Bei einem Wasserstand von nur 1–1,5 m Tiefe darf man sich die Naumachien jedoch nicht allzu gigantisch vorstellen.

Endlich geht es wieder ans Tageslicht. Ganz hoch in den letzten Rang auf den sogenannten **Belvedere**. Er ist erstmals nach 40 Jahren wieder begehbar. Hier oben saß die Unterschicht, die sicherlich einen Platz näher zur Arena bevorzugt hätte. Wir nicht. Denn das Panorama reicht vom Monte Mario bis zum EUR. Grandios.

Der Name Colosseo geht wahrscheinlich auf den Koloss des Nero zurück, eine 35 m hohe vergoldete Bronzestatue westlich der Arena. In der Antike hieß es *Amphitheatrum novum*.

für die Plebs *(maenianum secundum)* war nach Vermögen in drei Sektoren gestaffelt. Wie Parkiturplätze mutet das hölzerne Baldachingeschoss für die Frauen an. Die *cavea* (Zuschauerraum) studiert man am besten vom ersten Geschoss aus. Die Sitzstufen wurden in einem kleinen Abschnitt rekonstruiert.

Unterhaltungsmenü

Die Spiele wurden morgens mit Tierhatzen *(venationes)* eröffnet, mittags kämpften zum Tode Verurteilte mit bloßen Händen gegen Bären und Löwen *(ad bestiam)*. Zirkusdressuren mit Pferden und Bären sorgten für Auflockerung. Höhepunkt war der Nachmittag, wenn die Gladiatoren die Arena betraten (s. S. 302). Anfangs führten sie nur Griffe vor. Am dritten Tag wurde es ernst. Mit 100 Nonstop-Spieltagen und 5000 wilden Tieren feierte Titus die Einweihung im Jahr 80. Das größte Gemetzel veranstaltete Trajan mit 10 000 gefangenen Dakern. Längst nicht alle Herrscher hatten ein Faible für die teuren und blutigen Schauspiele *(munera)*, so lehnten die Antoninen sie ab.

Symbol gegen die Todesstrafe

Der Papst wetterte gegen die Spielhölle. Konstantin verbot die Gladiatur. Aber erst der massive Bevölkerungsrückgang in der Spätantike führte zur Aufgabe der Arena um 500. In die Arkaden zogen Handwerker und Schmiede ein. Die Fassade inspirierte zur Gestaltung der Palasthöfe und versorgte die Stadt mit Baumaterial. Der Papst weihte das Kolosseum 1744 den christlichen Märtyrern. Ob Christen hier tatsächlich das Martyrium erlitten, ist umstritten. Zeugnisse der Hinrichtung von Christen *ad bestiam* existieren zwar für Arenen in der Provinz, nicht aber für das Kolosseum. Dafür verdanken wir den Päpsten seine Erhaltung. Sie ließen es nach den Erdbeben reparieren. Das große Kreuz unter der Kaiserloge ist die letzte Kreuzwegstation am Karfreitag. 1999 wird es zum Symbol gegen die Todesstrafe erklärt. Immer wenn eine Todesstrafe auf der Welt ausgesetzt wird, erstrahlt es für 48 Stunden in rotem Licht.

www.coopculture.it, tgl. 8.30–16.30/19.15 Uhr je nach Jahreszeit, 24-Std.-Ticket mit Forum und Palatin 16/2 € zzgl. 2 € Reservierung; Ticketinfos zu Arena und Hypogäum s. S. 94; unbedingt 30 Tage vorher online reservieren. Resttickverkauf an der Kasse vor dem Venustempel.

Kapitol ♀ J/K 9/10

Auf dem ca. 50 m hohen Tuffsteinhügel waren zur Zeit der Republik mit Fluchtburg, Staatsarchiv und Jupitertempel die militärische, zivile und religiöse Macht konzentriert. Es war Roms allerheiligster Bezirk, Schauplatz wichtiger Staatszeremonien. Hier endeten die Triumphzüge und deuteten die Auguren den göttlichen Willen. Die Amerikaner adoptieren im 19. Jh. den Hügelnamen für den Sitz des Kongresses in Washington, um die republikanische Tradition zu betonen.

Der Kapitolshügel bestand aus zwei Kuppen, getrennt durch eine Senke. Auf der nördlichen Kuppe erhob sich die Burg mit dem Tempel der Juno Moneta, heute komplett überbaut von Santa Maria in Aracoeli. 387 v. Chr. weckten die heiligen Gänse der Juno die schlafenden Römer und verhinderten, dass die Gallier die Burg erklommen. Auf der anderen, südlichen Kuppe, dem eigentlichen *Capitolium*, thronte der mächtige Jupitertempel mit seiner vergoldeten Säulenfront hoch über dem Forum. Im Tempel trat der Senat zu den feierlichen Eröffnungssitzungen zusammen, und vor dem Altar legte der siegreiche Feldherr seinen Mantel ab. Reste der Tempelfundamente sind im Konservatorenpalast zu sehen.

Akropolis von Rom

Die **Piazza del Campidoglio** (Kapitolsplatz) hat diesen gewissen Aha-Effekt: Blitzeblank und strahlend wie ein Schmuckkästchen reckt sich das elegante Ensemble von Michelangelo aus dem Baustilmix der Umgebung. Blickfang ist die Reiterbronze auf dem symmetrischen weißen Sternteppich im Pflaster, gesäumt von Palästen und Freitreppen. Es verwundert nicht, dass das Motiv auf den italienischen 50-Cent-Münzen landete und die beliebteste Kulisse für Hochzeitsfotos ist.

Michelangelo erhielt 1537 von Paul III. den Auftrag, den zur Ziegenweide verkommenen Hügel wieder zu einem repräsentativen Ort für Staatsempfänge und Bankette zu machen. Es wurde das erste Bauprojekt des Florentiners in Rom, der zuvor in der Stadt der Päpste nur gemeißelt und gemalt hatte.

Die Wirkung ist am stärksten, wenn man vom Forum hochsteigt. Die Schaufront liegt jedoch auf der gegenüberliegenden Seite. Der Platz sollte zum Vatikan orientiert sein. Die **Cordonata** ㉓, eine breite Stufenrampe, bildet den festlichen Zugang. Man erreicht sie, indem man das Vittoriano umwandert, vorbei an den Resten einer sechsstöckigen Mietskaserne *(insula)* aus dem 2. Jh.

Die flachen Stufen erleichterten den hohen Magistraten den Aufstieg mit dem Pferd. Der obere Absatz wird von den antiken Rossbändigern Kastor und Pollux bewacht. Ganz im Sinne der ›Wiedergeburt der Antike‹ ist die Balustrade mit weiteren antiken Versatzstücken geschmückt.

Die Stirnseite des trapezförmigen Platzes nimmt der **Palazzo dei Senatori** ㉔ ein, die Flanken zwei Palastflügel mit spiegelbildlicher Fassade: rechts

Über den von Michelangelo entworfenen Kapitolsplatz trabt Kaiser Marc Aurel – das Reiterstandbild gilt als Muster für alle weiteren Denkmäler dieser Art.

FESSELNDE GESCHICHTE G

Vom Hirtendorf zur marmornen Millionenmetropole, die entvölkerte Stadt im Mittelalter – wie hat man sich das vorzustellen? Ein 3-D-Film illustriert in 30 Min. die wichtigsten Phasen der Stadt. Der Zuschauer wandelt durch antike Säulenhallen, erlebt den Stadtbrand unter Nero und verfolgt den Bau des Petersdoms aus der Nähe. Die virtuelle Zeitreise fand sogar das Lob von Archäologie-Koryphäe Filippo Coarelli (Corso Vittorio Emanuele II 203, http://welcometo-rome.it, Mo–Do 9–19, Fr–So 10–20, alle 30 Min, 14,50/12 €).

der **Palazzo dei Conservatori** ㉕, links der **Palazzo Nuovo** ㉖. Sie beherbergen die weltberühmten **Kapitolinischen Museen** (s. S. 115). Nach dem Tod von Michelangelo 1564 vollendete Carlo Rainaldi die Arbeiten. Dem schmucklosen Senatorenpalast aus dem 12. Jh. wurde eine neue Fassade mit doppelter Freitreppe angefügt. Er erhebt sich über den Tuffarkaden des antiken Staatsarchivs (1. Jh. v. Chr.) und ist seit 1871 Amtssitz des Bürgermeisters und der Stadtregierung.

Von wegen Stoiker

Das **Reiterstandbild des Mark Aurel** ㉗ überlebte das metallhungrige Mittelalter, weil es fälschlicherweise für eine Darstellung des christlichen Kaisers Konstantin gehalten wurde. Es ist das Muster für alle späteren Reiterdenkmäler. Mark Aurel (161–180) trabt an imaginären Truppen vorbei. Mantel und Militärsandalen zeichnen ihn als Feldherrn aus. Die rechte Hand ist zum Gestus der *adlocutio,* der Ansprache an seine Soldaten, erhoben. Der Kaiser bezeichnete sich als Stoiker. In seinen Schriften verkörpert er das Ideal des friedlichen, pflichtbewussten und humanen Herrschers. Im Alltag war er Realpolitiker. Von 19 Regierungsjahren verbrachte er fast 18 im Feld. Er verfolgte die Christen und feierte Militärsiege. Die Bronze stand seit dem Mittelalter vor dem Lateran, der antike Standort ist unbekannt. Das goldüberzogene Original musste vor der Luftverschmutzung in den Konservatorenpalast fliehen. Eine Kopie ziert den Sockel.

Mussolini stilisierte die ›römischer Gruß‹ genannte Geste zum Faschistengruß, der Arm wird allerdings stärker gestreckt. Und Adolf, der dem älteren Geistesbruder nacheiferte, kopierte ihn für die nationalsozialistische Propaganda.

Staatsgefängnis

Illustre Gefangene schmachteten im **Carcere Mamertino** ㉘, dem Staatsgefängnis. So war der Gallierkönig Vercingetorix hier über zwei Jahre angekettet, bevor er nach dem Triumphzug erdrosselt wurde. Die christliche Überlieferung erwähnt auch die Apostel Petrus und Paulus als Gefangene, daher wurden die Zellen im Mittelalter mit der Kirche San Giuseppe dei Falegnami überbaut.

Clivo Argentario 1, tgl. 9–17, im Sommer bis 19 Uhr, 10 €

Stufen zum Glück

Die exponierte Stelle des Hügels Arx okkupiert heute die Franziskanerkirche **Santa Maria in Aracoeli** ㉙ mit ihrer strengen Backsteinfassade. Sie zu erklimmen kommt einem Bußweg gleich: 124 Stufen! Die Überlebenden der schrecklichen Pest von 1348 stifteten die Kirche der Gottesmutter. Die Einheimischen schwören, dass das Hinaufknien nicht nur vor Epidemien schützt, sondern auch Glück im Lotto bringe. Für ›Gottlose‹ gibt es eine niedrigere Treppe vom Kapitolsplatz aus. *Ara coeli* heißt Himmelsaltar. Laut der »Mirabilia« stiftete Kaiser Augustus aufgrund eines sibyllinischen Orakels dort einen Altar für eine unbekannte Gottheit, die die Welt retten würde.

Schmucklos ist die Basilika aus dem 13. Jh. nur von außen – gemäß den Regeln des Bettelordens. Die Pracht im Inneren erklärt sich mit ihrer Bedeutung im Mittelalter als Stadtparlament und Gerichtsstätte. Wichtige Adelsgeschlechter haben hier ihre Grablege, die Seitenkapellen enthalten bedeutende Werke der Gotik und Renaissance, so die Fresken von Pinturicchio in der Cappella Bufalini (1484–86). Das hochverehrte ›Santo Bambino‹, ein wundertätiges Christuskind aus Holz, ist eine Kopie des 1994 gestohlenen Originals. Seit der Pandemie ›reist‹ es wieder auf Wunsch zu anderen Gemeinden, um »Kranke zu heilen«.

Scala dell'Arce Capitolina 12, tgl. Mai–Sept. 9–18.30, Okt.–April 9–17.30 Uhr

Zwischen Kapitol und Tiber ♀ J/K 10/11

Entlang der abschüssigen Via di Teatro di Marcello sieht man antike Reste zwischen monumentalen Gebäuden aus der Zeit des Faschismus. Hier befanden sich in der Antike zwei Märkte: das Forum Holitorium, der Gemüsemarkt, und dahinter das Forum Boarium, der Rindermarkt. Auf halbem Weg rechts liegt das am besten erhaltene der drei antiken Theater in Rom.

Wohnen in einem alten Theater

Die Umwandlung in eine mittelalterliche Festung hat das **Teatro di Marcello** ㉚ vor Zerstörung bewahrt. Kuriosum: Es ist seitdem bewohnt. Der jetzige Palast mit den schönen Fenstern ist ein Aufbau von Baldassare Peruzzi aus dem 15. Jh. Darunter haben sich zweigeschossige Travertinarkaden erhalten. Nein, die Bewohner müssen sich nicht abseilen. Das Treppenhaus befindet sich in der Orchestra. Lassen Sie sich nicht täuschen, die Wohnungen gehören zu den teuersten in der Metropole. Das von Caesar geplante Theater sollte dem von Pompeius, seinem Rivalen, Konkurrenz machen. Das Schicksal aber wollte es, dass Caesar ausgerechnet in dessen Theater erdolcht wurde. Eingeweiht hat den Bau erst Augustus 13 v. Chr. zu Ehren seines früh verstorbenen Neffen und designierten Nachfolgers Marcellus. Die *cavea* fasste rund 15 000 Zuschauer.

Im Sommer werden in den romantischen Ruinen des benachbarten **Tempio di Apollo Sosiano** ㉛ Konzerte gegeben. Den Giebel schmückten einst griechische Skulpturen – Kriegsbeute (s. S. 136).

Zwei Eingänge: Via del Teatro di Marcello und Via di Portico d'Ottavia 29, tgl. 9–18, im Sommer bis 19 Uhr, Eintritt frei, nur Außenbesichtigung; Durchgang bis zum Ghetto (s. S. 80)

Im Bauch des antiken Rom

In der Antike waren die Niederungen zwischen Kapitol, Aventin und Tiber Handelsknotenpunkt und Speicherstadt. Am **Portus Tiberinus** beim **Ponte Rotto** ㉜ legten die Schiffe an, befrachtet mit Olivenöl, Fischsoße oder Wein. Es wurden Säcke mit ägyptischem Weizen ausgeladen und in Horrea (Speichern) gelagert, um die Plebs durch den Winter zu bringen, wenn die Schifffahrt eingestellt war. Das befestigte Flussufer säumten Lagerhallen. Hier strandete der Legende nach auch das Körbchen mit Romulus und Remus und hier wurden die ältesten griechischen Siedlungsspuren nachgewiesen. Weiter südlich erlaubte eine Furt den Hirten das Durchwaten des Flusses mit ihren Herden. Daher entstand hier das **Forum Boarium** ㉝, der Rindermarkt. Das Areal entspricht der modernen Piazza di Bocca della Verità, die von einer lauten Autoschneise durchzogen ist. Dennoch ist sie sehenswert wegen der gut erhaltenen Tempel und Bögen. Den Rundtempel **Tempio di Ercole Vincitore** ㉞, im Volksmund **Tempio di Vesta**, weihten reiche Ölhändler ihrem Schutzgott Hercules Victor 120 v. Chr. Das älteste erhaltene Heiligtum aus Marmor wurde von griechischen Bauleuten ausgeführt. Der rechteckige **Tempio di Portunus** ㉟ hingegen ist dem Schutzgott der Seeleute gewidmet (80 v. Chr.).

Auf der Nordseite des Forums befinden sich der viertorige **Arco di Giano** ㊱, eine überdachte Straßenkreuzung und Regenschutz für Marktleute, und der **Arco degli Argentari** ㊲, 204 n. Chr. von Geldwechslern und Ochsenhändlern dem Kaiser Septimius Severus gestiftet. Der Architravbau diente als Vorbild für das Triumphtor in Potsdam. Die reizvolle Hochzeitskirche **San Giorgio in Velabro** ㊳ (Via del Velabro 19, tgl. 10–12.30, 16–18.30 Uhr) wurde krumm und schief über einer griechischen Diakonie des 5. Jh. errichtet. Die Vorhalle ist jüngeres Flickwerk. 1993 sprengte Cosa Nostra sie in die Luft, um Staat und Vatikan einzuschüchtern und laufende Mafiaprozesse zu beeinflussen.

Lügendetektor

Einer der Publikumsmagnete Roms ist **Santa Maria in Cosmedin** ㊴. Wie schon der Beiname verspricht (*cosmedin* = griech. Schmuck), ist die romanische Kirche eine Schmuckschatulle. Dennoch wird sie nur von wenigen Touristen besichtigt. Die meisten zieht es ausschließlich zum ›Mund der Wahrheit‹ in der Vorhalle. Die antike Marmorscheibe mit dem Gesicht eines bärtigen Flussgottes verschloss einst als Kanaldeckel die Cloaca Maxima. In den geöffneten Mund mussten Vereidigte ihre Hand stecken, welche im Falle von Meineid abgebissen wurde. Heute herrscht an der **Bocca della Verità** Fotoalarm.

Die aus Spolien komponierte Kirche hat in ihrem Inneren den Zauber der schlichten Romanik bewahrt, eine wahre Erholung nach der Barockfülle Roms. Griechen, die vor dem im Osten tobenden Bilderstreit flohen, gründeten sie zwischen dem 6. und 8. Jh. Seitdem wird der römisch-byzantinische (melkitische) Ritus gepflegt. Am Valentinstag beten Verliebte vor den Reliquien ihres Heiligen, die in der zweiten Kapelle links aufbewahrt werden.

Piazza della Bocca della Verità 18, tgl. 9.30–18, im Winter bis 17 Uhr

Nürburgring des alten Rom

Wettbüros, Schnellimbisse, Latrinen, Bordelle. In den Arkaden der größten Wagenrennbahn Roms (600 x 140 m), dem **Circus Maximus** ㊵, fehlte es an nichts. Mit bis zu 240 Renntagen im Jahr entwickelten sich die ursprünglich sakralen *ludi circensis* zum beliebtesten Zeitvertreib der Massen, wo so mancher Sohn das Familienvermögen verspielte. 250 000 Zuschauer konnte die steinerne Tribüne fassen. Es gab vier Rennställe: grün, rot, blau und weiß. Fans skan-

---

BIO- UND ›0 KM‹-MARKT **B**

Falls Sie den Duft von frittiertem Fisch in der Nase haben: Der kommt vom Bio-Markt **Campagna Amica del Circo Massimo** 1. Die Römer sind ganz wild auf das frische ›0 km‹-Obst und -Gemüse von jungen Kleinproduzenten (Coldiretti) aus der Region. Hier gibt es Apfel- und Pfirsichsorten aus Großmutters Zeiten. Reich ist die Auswahl auch an Oliven, Käse und Fisch. Anschließend kostet man Spezialitäten bei einem Glas Wein im Garten hinter der Markthalle, wo gekocht und gegrillt wird (Via di S. Teodoro 74, oberhalb der Treppe der Via del Velabro, www.campagnamica.it, Sa, So 8–15 Uhr).

dierten den Namen des Favoriten. Aus 24 Rennen bestand ein tagesfüllendes Programm. Auf Signal stürzten 12 Quadrigen aus den Startboxen, sieben Runden mussten sie um die *spina*, einen mit Obelisken und Wendemarken geschmückten Mauerdamm drehen. In den Kurven kam es oft zu gefährlichen Stürzen. Aber entscheidend war nur, welches Gespann zuerst über die Ziellinie fuhr, auch ohne Lenker. No comment.

Heute drehen in der grasbewachsenen Mulde nur noch Jogger und Hundehalter ihre Runden, im Sommer füllt sie sich bei Konzerten und politischen Veranstaltungen. **Reste der Tribüne** sind in der Ostkurve zu besichtigen (Di–So 10–16 Uhr, 5 €). Mit dem Zusatzticket Circo Maximo Experience mieten Sie eine VR-Brille und unternehmen einen virtuellen Spaziergang durch die Baugeschichte: Sie wandern zwischen den römischen Geschäften und erleben ein Wagenrennen.
Circo Maximo Experience: 40 Min., 12/10 €, Familien 22 €, nicht bei Regen

Museen

Wo Winckelmann studierte
Musei Capitolini: Die Kapitolinischen Museen sind die ältesten öffentlichen Sammlungen. Sie gehen auf Sixtus IV. 1471 zurück. Die Antiken zogen im 18. Jh. Kunstreisende aus dem Norden an, die sich tagelang mit ihren Skizzenbüchern in den Sälen aufhielten.

Die Sammlung verteilt sich auf zwei Paläste, die durch einen unterirdischen Korridor miteinander verbunden sind. Im Hof des älteren, **Palazzo dei Conservatori** ㉕, stolpert man über Teile eines zerlegten steinernen Riesen. Es sind die Überreste der 12 m hohen Sitzstatue von Konstantin aus der Maxentiusbasilika (s. S. 99). Wie die kolossale Zeusstatue in Olympia, eines der sieben Weltwunder, war sie ein Akrolith: Ihre Körperteile bestanden aus Marmor, die Gewandteile aus Bronze. Die Statue muss wegen ihrer Monumentalität einen furchterregenden Eindruck gemacht haben. Für das vergoldete Reiterstandbild des Mark Aurel wurde ein spezieller Glasanbau konzipiert.

Die ›Lupa Capitolina‹ ist die Ikone der Stadtgründung. Die Gußtechnik verweist die Wölfin ins Mittelalter und nicht in etruskische Zeit. Im festlichen Saal der Horatier und Curatier wurde die EU aus der Taufe gehoben: Am 25. März 1957 unterzeichneten die sechs Gründungsmitglieder die Römischen Verträge.

Die zierliche Statue der ›Venus vom Esquilin‹ (1. Jh. v. Chr.) wird von manchen Forschern für Kleopatra gehalten – wegen der Kobra auf der Vase, Symbol des ägyptischen Königtums. Die nackte Dame wurde anlässlich des Staatsbesuchs von Hassan Rohani 2016 verhüllt, um auf den muslimischen Gast Rücksicht zu nehmen. Die Geste löste eine heftige Debatte um kulturelle Identität in Italien aus.

In der Pinakothek überrascht »Die Wahrsagerin« von Caravaggio (1594): Eine hübsche Zigeunerin liest einem jungen Edelmann aus der Hand – und zieht ihm kaum merklich den Ring vom Finger.

Der jüngere Palast, **Palazzo Nuovo** ㉖ (1654), besitzt als schönstes Stück die ›Sterbenden Galater‹, die Marmorstatue eines keltischen Söldners, der tödlich verletzt zu Boden sinkt. Der typisch keltische Schnurrbart und die mit Schlamm »gegelten« Haare verleihen ihm ein verblüffend modernes Antlitz. Die Statue gehört zu einem Siegesdenkmal in Pergamon (3. Jh. v. Chr.), das von den Römern erbeutet und kopiert wurde. Unterhaltsam sind die expressiven Kaiser- und Philosophenbildnisse: u. a. Cicero als reifer Staatsmann mit schütterem Haar, kritisch in die Ferne blickend, als hätte er sein übles Ende geahnt.

Die Dachterrasse des Caffè Capitolino lockt mit ihrem schönen Blick auf das Ghetto. Sie ist vom Piazzale Caffarelli frei zugänglich (Toiletten!).

Piazza del Campidoglio, www.museicapitolini.org, tgl. 9.30–19.30 Uhr, 15/13/2 €

Essen

Die Lokale in der Umgebung des Forum Romanum sind mehr oder weniger touristisch. Entlang der Via Cavour, gegenüber dem Forum, gibt es eine große Auswahl an Cafés, Pizzerien und Panini-Bars. Picknicken kann man im Park des Colle Oppio. Mehr Ruhe, Qualität und Vielfalt bietet das angrenzende Monti-Viertel (s. S. 212). Ein Konzentrat an einfachen Restaurants finden Sie hinter dem Kolosseum. Aber Augen auf bei den Preisen für Bier.

Schnell, gut und echt
1 Iari The Vino Bar: Schönes Straßenlokal mit weiß eingedeckten Tischen. Die Besitzer bemühen sich noch mit guter römischer Küche um die einheimische Klientel, auch Fisch, Pizza und vegetarische Optionen.
Via Frangipane 27, T 06 69 19 10 69, Metro: Colosseo, Fr–Mi 12–23 Uhr

Wenn die Füße versagen
2 Pizzeria Imperiale: Eine der alten Trattorien gleich am Anfang der Via Cavour unter Sonnenschirmen, solide, römische Küche, hausgemachte Lasagne, Auswahl auch an Suppen und Salaten, freundlicher Service.
Largo C. Ricci 37, T 06 678 68 71, www.ristorantepizzeriaimperiale.it, Metro: Colosseo, Bus: 85, 87 118 (Fiori Imperiali), tgl. 12–2 Uhr

Szenig mit Blick auf Ruinen
3 Anima Mundi: Chillige Bar mit Tischchen in einer romantischen, autofreien Ecke, kleine Gerichte, ideal für den Aperitif, Cocktail ab 8 €.
Via del Velabro 1, Bus: Cerchi/Bocca della Verità, Mo–Fr 18–2, Sa, So 11–2 Uhr

Versteckte Qualität
4 Contrario: Charmante kleine Vineria mit ausgewählten traditionellen und kreativen Gerichten.
Via Ostilia 22, T 067 09 06 06, https://ristorantecontrario.com/, Metro/Tram 3: Colosseo, Mo–Sa 12.15–14.30, 19–22.30 Uhr

Einkaufen

Alles bio und regional
i Mercato di Campagna Amica del Circo Massimo: s. S. 114.

Ausgehen

Die Via San Giovanni beim Kolosseum heißt wegen der vielen LGBT-Clubs und Bars ›Gay Street‹ (www.gaystreetroma.com). In Wirklichkeit lebt die Community recht zurückgezogen in dieser touristischen Ecke. Als erste Schwulenbar des Viertels wurde **Coming Out** ein wichtiger Bezugspunkt für Gays (Via di S. Giovanni in Laterano 8, www.comingout.it, tgl. 7–5.30 Uhr, Cocktails, Snacks, oft Livemusik). Die Bar steht aber allen offen.

Bewegen

Rad- oder Segway-Touren
Am Sonntag ist die Via dei Fori Imperiali für den Busverkehr gesperrt, ein idealer Tag für Rad- oder Segwaytouren. Bei den geführten Touren (meist engl.) steht der Fahrspaß im Vordergrund, die Infos zu den Monumenten sind eher knapp gehalten. Veranstalter: www.italysegwaytours.com/rome-tours.html (klassische Sightseeing-Touren, ab 50 €, kleine Gruppen); www.bicibaci.com/de (Via Cavour 302, Nähe Forum, T 06 94 53 924 00, 9–19 Uhr, Touren und Verleih von Rollern, E-Rollern, Vespas, Bikes und E-Bikes).

Zugabe
Nashorn im Haus

Der Kultur-Hub von Alda Fendi

K unst muss für jeden erschwinglich sein«, antwortet Alda Fendi, die jüngste der fünf Fendi-Schwestern, auf die Frage, warum der Besuch ihres Kultur-Hubs **Rhinoceros** kostenlos ist. Einzelne Kunstwerke von Meistern wie Bellini, Michelangelo und Picasso, alles Leihgaben, konnten seit der Eröffnung 2018 neben wechselnden Performances und Installationen von Kurator Raffaele Curi gratis bewundert werden. Die über 80-jährige Römerin, die mit Karl Lagerfeld gearbeitet hat, liebt es zu experimentieren.

Rhinoceros ist das jüngste Projekt ihres 2001 begonnenen Mäzenatentums in Rom, Ergebnis einer Entscheidung, die sie nach dem Verkauf des Familienunternehmens an LVMH traf. Den behutsamen Umbau des verfallenen Palastkomplexes auf dem steinigen, menschenleeren Forum Boarium vertraute sie Jean Nouvel an. Der Stararchitekt des Louvre in Abu Dhabi ließ sich dabei von Walter Benjamins Passagen-Werk inspirieren, das Kunst als Erlebnis- und Wohnraum theoretisiert. Während die unteren beiden Etagen Ausstellungen dienen, können die 24 Luxusapartments in den vier Etagen darüber bewohnt

Nonkonformistisch und stark wie ein Nashorn – so sieht sich Alda Fendi. Das in den Kulissenwerkstätten der Cinecittà angefertigte Maskottchen stand anfangs vor dem Haus.

»Man nennt mich die Rebellin unter den Mäzenen«

werden, das jedoch keineswegs kostenlos (s. S. 29). Jede Suite ist individuell eingerichtet, Materialien wie Putz, Glas und Edelstahl kontrastieren mit den Resten alter Fliesen und Wandmalereien.

Derselbe Minimalismus kennzeichnet die Bar und das Edelrestaurant Rhinoceros Entr'acte auf der Dachterrasse, als wollte man der atemraubenden schönen Aussicht auf den grünen Palatin nicht die Show stehlen. Ob es gelingen wird, die barockfreudigen Römer für die Architektur zu gewinnen und eine Interaktion mit dem Publikum herzustellen, ist fraglich. Aber Alda Fendi bleibt zuversichtlich wie das riesige Nashorn-Maskottchen im Erdgeschoss: Symbol von Stärke und Nonkonformismus (Palazzo Rhinoceros ❹❶, Via del Velabro 9A, https://rhinocerosroma.com).

Im Süden von Rom

Kontraste — Wer eben noch im Sog der Ruinenromantik des Aventins oder der Via Appia war, den katapultiert Ostiense ins raue, kreative Rom der Gegenwart. Im EUR aus Mussolinis Zeit fühlt man sich wie auf einem anderen Planeten.

Seite 121
Terme di Caracalla
Ob bei Sonnenschein oder einer abendlichen Opernaufführung unter Sternenhimmel, die größten erhaltenen Thermen der Antike beeindrucken immer.

Seite 124
Segway-Tour auf den Aventin
Der ehemalige Wohnhügel der Plebejer ist von zauberhaften Klöstern und Villen überzogen. In der Kirche Santa Sabina befindet sich die älteste Holztür Roms. Auf dem Segway geht es laut- und mühelos durch das idyllische Gartenviertel.

Auch Kater Romeo erhielt ein Grab auf dem Cimitero Acattolico.

Eintauchen

Seite 126
Testaccio
Das authentisch gebliebene ehemalige Arbeiterviertel ist nachts Dancefloor und tagsüber Labor der linken Kunstszene – und der urrömischen Küche. Hier werden Innereien in Delikatessen verwandelt.

Seite 128
Cimitero Acattolico
Wer Seelenfrieden schon zu Lebzeiten sucht, der findet sie an diesem magischen Ort zu Füßen der Cestius-Pyramide. Besuchen Sie August von Goethe oder den englischen Nationaldichter John Keats.

Im Süden von Rom **119**

Seite 129
San Paolo fuori le Mura

Die monumentale Grabeskirche des Apostels Paulus vermittelt eine Vorstellung von antiken Gerichtshallen. Der Kosmaten-Kreuzgang ist der wertvollste in Rom.

Seite 131
La Nuvola

Stararchitekt Massimiliano Fuksas entwarf die neue Sensation in EUR: Ein gläsernes Kongresszentrum in Form einer schwebenden Wolke.

Seite 133
Centrale Montemartini

Die Installation von antiken Marmorskulpturen neben den Dampfturbinen und Generatoren im stillgelegten Elektrizitätswerk ist ein Beispiel dafür, dass aus Industriebauten interessante neue Kunstorte entstehen können.

&

Seite 134
Radtour auf der Via Appia Antica

Nicht nur wegen der christlichen Katakomben beeindruckt die älteste gepflasterte Straße. Der autofreie Sonntag lädt zu Erkundungen der schönen Campagna Romana mit dem Rad ein.

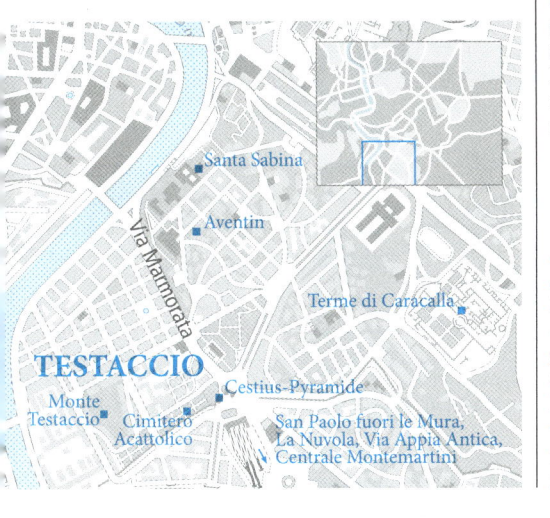

Aus Scherben von Amphoren besteht der Monte Testaccio (lat. *testae* = Scherben). Der gleichnamige Stadtteil ist ein Lieblingsviertel vieler Journalisten.

»Rom ist ein Beispiel dafür, was passiert, wenn die Monumente einer Stadt zu lange bestehen.« (Andy Warhol)

erleben

Ruinen, Tanz und moderne Architektur

V

Villen und mittelalterliche Klöster überziehen den stillen Aventin, den südlichsten der sieben Hügel. Zu Füßen des exklusiven Wohnviertels liegen unter Schirmpinien die gewaltigen Ruinen der kaiserlichen Caracalla-Thermen, nicht weit davon beginnt die von Katakomben gesäumte Via Appia Antica. Die Gräberstraße erkundet man am besten mit dem Fahrrad.

Im Schatten der Cestius-Pyramide fanden ausländische Dichter und Künstler wie August von Goethe ihre letzte Ruhestätte. Der Cimitero Acattolico mit seiner Katzenkolonie ist einer der romantischsten Fleckchen in Rom. Nur wenige Meter weiter dröhnt ab Mitternacht Techno oder Salsa aus den Boxen der Disco-Höhlen des trendigen Testaccio. Tagsüber bietet das sympathische ehemalige Arbeiterviertel am Schlachthof einen schönen Lebensmittelmarkt mit Essensständen, wo man sich durch römische Spezialitäten arbeiten kann.

Hinter der Stadtmauer tut sich ein anderes Rom auf. Die Verwandlung von Ostiense in eine avantgardistische Kultur- und Studentenstadt zieht sich etwas hin. Derweil toben sich Streetart-Künstler in der verbauten Industrie- und Wohnlandschaft des 20. Jh. aus und eröffnen alternative Studentenlokale. Als Edel-Banlieue der Linksintellektuellen gilt die alte Gartenstadt Garbatella weiter südöstlich. Die Enklave ist noch unberührt von *movida* und Tourismus.

Die Trabantenstadt des Faschismus EUR versetzt in die Welt von de Chirico. Wie auf einem Schachbrett stehen die monumentalen Bauten des Rationalismus aus hellem Travertin da, so geordnet, wie man es sonst kaum von italienischen Städten kennt. Dazwischen schimmert nun die gläserne ›Wolke‹ (La Nuvola) des italienischen Architekten und Designers Massimiliano Fuksas. Das schwebende Kongresszentrum, Emblem der neuen Kommunikations- und Arbeitswelt, scheint seiner Zeit voraus.

> **ORIENTIERUNG**
>
> **Reisekarte:** 📍 Karte 1 und 2, F–K 11–23; Karte 5, D 2/3
> **Cityplan:** S. 123
> **Ankommen:** Metro B durchquert alle Viertel, Ausnahme: Via Appia
> – **Aventin:** Metro B (Circo Massimo), Bus 30, 75, 280
> – **Testaccio und Ostiense:** Metro B (Ostiense, S. Paolo), Tram 3
> – **Garbatella:** Metro B (Garbatella)
> – **EUR:** Metro B (Fermi, Palasport)

Aventin 📍 J–M 11–13

Auf dem grünen, verschlafenen Aventin würde jeder Römer gern wohnen. Doch nur die *alta borghesia* und Botschaften können sich eine Adresse hier leisten. Die Mutation vom Plebejer-Hügel, Nährboden für soziale Unruhen, zur vornehmen Residenz von Patriziern fand bereits in der frühen Kaiserzeit statt. Trajan und Hadrian lebten zeitweise auf dem Aventin. Über dem Diana-Tempel, Symbol und Versammlungsort der Plebs, den Thermen des Decius und den reich ausgestatteten Domus entstanden ab dem 4. Jh. christliche Kirchen und Klöster. Bedeutende Orden wie die Dominikaner und die Malteser ließen sich hier nieder.

Wellness gratis

Auf antike Reisende, die sich der Stadt auf der Via Appia näherten, müssen die **Terme di Caracalla** ❶ einen gewaltigen Eindruck gemacht haben. Noch heute faszinieren die majestätischen Ziegelruinen des 337 x 328 m großen Badepalastes, die sich mit den Schirmpinien um die Wette recken. Auf dem gepflegten Rasengelände drehen morgens Jogger ihre Runden. Militärkaiser Caracalla (188–217) genoss beim Stadtadel kein hohes Ansehen. Daher suchte er die Gunst der Plebs. Und so pflanzte er in den verwahrlosten Stadtrand das größten Bade- und Kulturzentrum, das Rom bis dahin gesehen hatte. Die Thermen konnten bis zu 2000 Badegäste gleichzeitig aufnehmen.

Obwohl die kostbare Ausstattung weitgehend geplündert wurde – Papst Paul III. Farnese füllte mit den Statuen seine Sammlungen –, ist ein Spaziergang durch die Ruinen der Badesäle, des 50-m-Schwimmbeckens *(natatio)*, der Massage- und Umkleideräume, der Bibliotheken und der Palästra sehr eindrucksvoll. Die Wände und Fußbö-

Der Giardino degli Aranci auf dem Aventin ist ein lauschiges Plätzchen. Von der Aussichtsterrasse blickt man auf den Gianicolo.

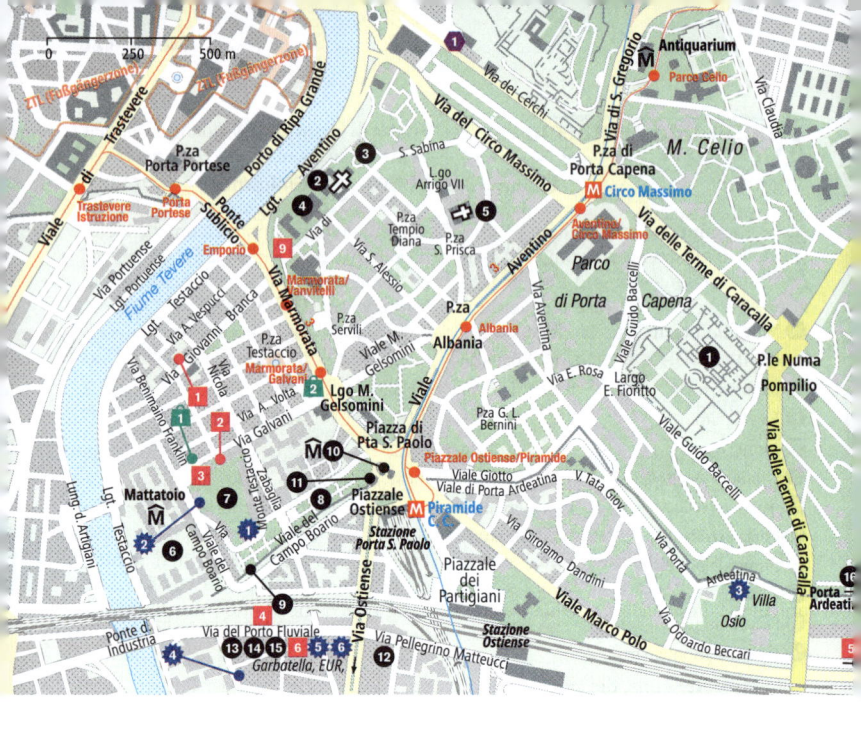

den des *calidarium* wurden über eine unterirdische Heizanlage *(praefurnia)* beheizt. Bis zu 10 000 t Holz mussten täglich für die 49 Öfen herbeigeschafft werden. Den Wasserbedarf deckte die Aqua Antoniniana, ein Abzweig der älteren Aqua Marcia, mit einem Wasservolumen von 190 000 Kubikmetern pro Tag. Nachmittags konnte der arme Tagelöhner sein bitteres Los vergessen und wie ein Patrizier den Marmorluxus genießen, sich waschen und entspannen. Den Gebildeten stand eine Bibliothek zur Verfügung, die Jugend trainierte in der Palästra mit Hanteln und gab sich dem Ballspiel und Ringkämpfen hin.

Mithilfe von Videoprojektionen werden die Ruinen für die Sommeraufführungen des Teatro dell'Opera (s. S. 219) in farbige Kulissen verwandelt. Das visuelle Erlebnis während der Opernnächte ist unvergesslich.

Terme di Caracalla: Viale delle Terme di Caracalla 52, Mo 9–14, Di–So 9 Uhr bis 1 Std. vor Sonnenuntergang, April–Aug. bis 19.15, im Winter bis 16.30 Uhr, Online-Ticketkauf: www.coopculture.it/en, 10/4 €

Die älteste Holztür der Stadt

Die schönste Kirche auf dem Aventin ist **Santa Sabina** ❷. Der dreischiffige Bau wurde 422 über dem Titulus der Matrone Sabina gestiftet. Neben der originalen Wandverkleidung und den Gitterfenstern aus Selenit, besitzt er auch die älteste Holztür Roms (5. Jh.). Auf den geschnitzten Reliefplatten aus Zypressenholz ist links oben die erste bekannte Kreuzigungsdarstellung zu sehen: Christus mit ausgebreiteten Armen, jedoch ohne Kreuz. Die frühen Christen mochten keine Martyriumsszenen. Der Pharao auf dem Streitwagen wurde durch ein Napoleonporträt ersetzt – die Rache eines Restaurators für die französische

Aventin und Testaccio

Ansehen
❶ Terme di Caracalla
❷ Santa Sabina
❸ Giardino degli Aranci
❹ Villa del Priorato di Malta
❺ Santa Prisca
❻ Ex Mattatoio
❼ Monte dei Cocci
❽ Cimitero Acattolico
❾ Aurelianische Mauer
❿ Porta San Paolo
⓫ Piramide di Cestio
⓬ Città dei Giovani
⓭ San Paolo fuori le Mura
⓮ Centrale Montemartini
⓯ Museo della Civiltà Romana
⓰ Museo delle Mura
⓱ – ㉖ s. Tour S. 134

Essen
1 Trapizzino
2 Ristorante Angelina
3 Checchino dal 1887
4 Porto Fluviale
5 Giardino di Giulia e fratelli
6 Al Biondo Tevere
7 s. Tour S. 124
8 s. Tour S. 134
9 Eos

Einkaufen
1 Mercato Testaccio
2 Volpetti

Bewegen
❶ Easy Bike Rent Rome

Ausgehen
❶ Radio Londra
❷ Caruso Café
❸ Casa del Jazz
❹ Planet Rome Disco Club
❺ Vinile
❻ Spazio Novecento

Okkupation (1809–14). 1219 übertrug Papst Honorius III. dem späteren Heiligen Dominikus das anliegende Kloster. Er machte es zum Hauptsitz seines Ordens. Seine Mönchszelle ist noch erhalten wie auch das legendäre Orangenbäumchen im Kreuzgang. Aus dem einstigen Gemüsegarten der Dominikaner wurde der öffentliche **Giardino degli Aranci** ❸, ein von Pinien und Orangenbäumchen bewachsener kleiner Park. Von der Aussichtsterrasse haben Sie einen schönen Blick auf den Petersdom und den Gianicolo (s. auch Tour S. 124).

Piazza Pietro d'Illiria, Di–Sa 8–19.30, So–Mo 12.30–19.30 Uhr

Schlüsselloch zum Paradies
Einer der romantischsten Orte Roms ist die **Villa del Priorato di Malta** ❹, entworfen von Kupferstecher Piranesi. Die von einer hohen Mauer umgebene Residenz des Großmeisters des Malteserordens kann nur im Rahmen einer Führung besichtigt werden. Die meisten Besucher begnügen sich mit dem Blick durch das **Schlüsselloch** des Portals. Es zeigt einen winzigen Ausschnitt des Gartens – samt einer Überraschung. Völkerrechtlich ist der uralte Kreuzritterorden, der von der Insel Malta vertrieben wurde, mit seinen etwa 13 500 Mitgliedern ein Kuriosum. Er gilt als Staat, obwohl er kein Territorium besitzt. Der angesehene Orden, dem sich der europäische Adel verpflichtet sieht, leistet heute in 120 Ländern medizinische und humanitäre Arbeit.

Piazza dei Cavalieri di Malta 4, Besichtigung nach Voranmeldung: Ufficio Economato, T 06 67 58 12 34, economato@orderofmalta.int

Mithraskultstätte
Unter der unscheinbaren Kirche **Santa Prisca** ❺ verbergen sich anschauliche Reste eines der ältesten Mithräen von

TOUR
Mit dem ›Streitwagen‹ auf den Hügel

Segway-Tour auf den Aventin, Roms südlichsten Hügel

Erinnern Sie sich an Träume, in denen Sie das Gefühl hatten, schwerelos dahinzugleiten? Der Boden bewegte sich unter Ihnen, während Sie still standen, und die Landschaft zog langsam an Ihnen vorbei? So in etwa können Sie sich eine Fahrt mit dem Segway vorstellen. Das idyllische Wohnviertel Aventin, gespickt mit wenig Kunst und viel Grün, ist ein ideales Ziel für Touren mit diesem modernen ›Streitwagen‹.

Hinweis: Von der Piazza del Popolo zum Colosseo über die Via del Corso (Fußgängerzone bis auf den Abschnitt Via del Parlamento bis Piazza Venezia), eventuell in Nebenstraßen ausweichen.

Los geht es in der **Via di San Gregorio,** der Schneise zwischen Palatin und Celio. Der linke Bürgersteig ist weniger frequentiert. Weich hüpfen die dicken Gummireifen über die Asphalthubbel, die die ausladenden Pinienwurzeln ›ausgebeult‹ haben. Wir passieren die Ziegelbögen der **Aqua Claudia,** die Quellwasser aus 70 km Entfernung auf den Palatin leitete. Links über unseren Köpfen erhebt sich der ländlich wirkende **Celio** mit seinen Kuppeln und Zypressen. Vor dem **Circus Maximus** überqueren wir die Straße. In der Ostkurve ist die Zuschauertribüne der 600 m langen Rennbahn recht gut erhalten. Die Versuchung ist groß, mit den Joggern unten in der Mulde eine ›historische Runde‹ zu drehen, doch der ›Berg ruft‹.

Vor dem protzigen weißen Risorgimento-Denkmal **Monumento a Giuseppe Mazzini** wenden wir uns noch einmal um: Das Panorama mit den Ruinen des Kaiserpalastes ist einfach umwerfend. Dann geht es hoch, mitten durch den **Roseto Comunale,** den wunderschönen kommunalen Rosengarten. Seine Anlage in Form einer Menorah erinnert daran, dass hier bis 1934 der jüdische Friedhof lag. Ist man links eingebogen in den **Clivo**

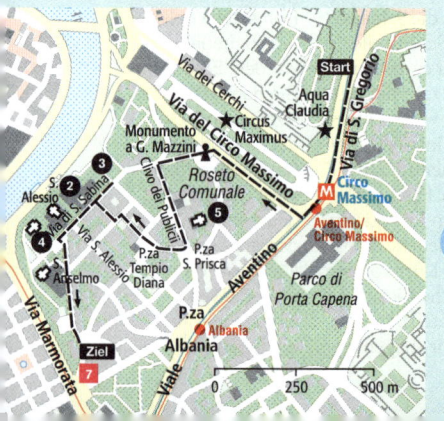

Infos

📍 J–L 11–13

Start: Via S. Gregorio/Kolosseum

Dauer: mind. 1 Std.

Segway-Verleih: Centro moto Colosseo, Via SS. Quattro 46, 8.30–13, 14.30–20 Uhr, T 06 70 45 10 69; Segway Roma, Piazza del Popolo, T 32 92 45 47 80, info@segwayroma.net (1 Std./15 €, günstiger als Centro moto, verhandeln)

Variante: Die Tour kann auch zu Fuß unternommen werden.

Tram Depot 7, Via Marmorata 13, tgl. 8–2 Uhr

---

dei Publicii, wird es plötzlich mittelalterlich verwunschen. Die schmale Gasse aus dem 3. Jh. v. Chr. ist von den Stützmauern des Savelli-Kastells eingefasst.

Bei der Kirche **Santa Prisca** 5 (s. S. 123) biegen wir rechts ab. Fast menschenleer ist das Viertel, ohne Autos und ohne Geschäfte. Links und rechts reihen sich alte *villini* und Paläste aneinander, alle mit reich bepflanzten Vorgärten. Zwei Nonnen tragen Müllsäcke aus einem gepflegten Haus. Die Kirche besitzt hier oben noch viele Immobilien. Auf der Via di Santa Sabina laufen ein paar Passanten schnurstracks zum **Schlüsselloch** (s. S. 123) mit seiner klerikalen Peepshow – mehr sei nicht verraten –, vor dem sich trotz der Einsamkeit des Hügels immer eine Schlange bildet.

Wir machen vorher Halt im **Giardino degli Aranci** 3 mit seiner fantastischen Aussichtsterrasse. Wo heute Orangen wachsen, zogen die Dominikaner von **Santa Sabina** 2 (s. S. 122) jahrhundertelang Gemüse. Ehrwürdiger Boden. Lang kann man die Segways nicht unbeaufsichtigt parken, daher nur ein kurzer Blick. Dann surren wir weiter auf unseren Zauberbrettern. Blühender Oleander zwischen schattenspendenden Pinien, ein Kindergarten, in dem man unbesehen sein Kind anmelden würde. Auf der rechten Seite der reizvolle Innenhof von **Sant'Alessio.** Hier wird im Mai gern geheiratet.

Den höchsten Punkt nimmt das Großpriorat des Malteserordens ein. Die Pracht der von Piranesi entworfenen **Villa del Priorato di Malta** 4 (s. S. 123) ist nur zu erahnen, die Mauern sind zu hoch. Ach ja, die Schlange vor dem Tor. Das Handy wird gegen das Schlüsselloch gepresst für einen Schnappschuss. Einst war es das Auge. Wir drehen lieber Pirouetten auf dem Platz. Er hat eine heitere Atmosphäre. Gegenüber ist das Tor weit geöffnet zu **Sant'Anselmo,** einem großen Komplex im neoromanischen Stil zwischen Palmen. Junge Männer mit sauber gezogenem Scheitel betreten die päpstliche Hochschule der Benediktiner. Kein schlechter Ort, um Liturgie zu studieren. Wir rollen nun links über verschiedene Sträßchen den Hügel auf der Südseite hinunter. Kurz vor der **Via Marmorata** versteckt sich die altmodische Kiosk-Bar **Tram Depot** 7 mit kleinen Tischchen unter Bäumen. Sie passt zu der Stimmung des Hügels. Wir steigen ab.

Der Ausflug in den grünen Süden Roms kann beliebig ausgedehnt werden. Erkunden Sie den Ostteil des Aventin über die Via Icilio oder fahren Sie über den Viale dell'Aventino (Bürgersteig) zu den imposanten Caracalla-Thermen, die von einem Pinienhain umgeben sind.

Rom, es stammt aus dem 2. Jh. Den Mysterienkult für den Sonnengott Mithras, eine Art Erlöserreligion, brachten römische Soldaten aus dem Osten mit. Unter ihnen und auch in der Stadtbevölkerung hatte er zahlreiche Anhänger. Die Kultstätten nahmen 12 bis 15 Eingeweihte auf, ausschließlich Männer. Das Weihnachtsfest wurde später auf den Tag des Mithras und der Wintersonnenwende gelegt, was den Einfluss des Kults noch in der Spätantike beweist.

Via di Santa Prisca 11, Kirche: 8.30–12, 17–18.30 Uhr, Mithräum nur mit Reservierung: www.coopculture.it/en

Testaccio G–K 12/13

Der Testaccio hat trotz wachsender Beliebtheit und einer dynamischen Kulturszene seinen Charakter nicht eingebüßt. Tagsüber lockt der authentische Stadtteilmarkt in den überdachten Hallen, für Abendunterhaltung sorgen kleine Theater, Musikclubs und Diskotheken.

Die Arbeitersiedlung entstand Ende des 19. Jh. zusammen mit dem Schlachthof rings um den Monte dei Cocci, einen aus zerbrochenen antiken Einweg-Amphoren aufgeschichteten Hügel. Es ist das erste Industrie- und Arbeiterviertel der Stadt, das den Sprung zum Kultur- und Nightlife-Spot geschafft hat. Der Quadratmeterpreis hat mittlerweile fast den der bürgerlichen Wohnviertel erreicht. Bis in die 1970er-Jahre setzte kein Römer freiwillig den Fuß in das verrufene Armenviertel. Die ›Jeunesse dorée‹ drängte damals in die Nachtclubs der Via Veneto. Dann machte es Elsa Morante mit ihrem preisgekrönten Zweiter-Weltkrieg-Epos »La Storia« (1974) bekannt, Pflichtlektüre der italienischen Schüler.

Der eigentliche Umbruch kam nach 2000 in der Ära des kulturwütigen Bür-

Aus dem alten Schlachthof hat sich ein Kulturzentrum der linken Szene und avantgardistischer Kunst entwickelt.

germeisters Walter Veltroni, der stillgelegte Industriegebäude restaurieren ließ. Aus dem Schlachthof *(mattatoio)* wurde ein Kulturzentrum der linken Szene. »Gay Village« war dort die erste LGBT-Veranstaltung unter der Schirmherrschaft der katholisch geprägten Stadt. In die schönen Gründerzeit-Pavillons zog das Museum für zeitgenössische Kunst **Mattatoio** ein. Auch wenn in letzter Zeit das Kulturangebot mangels Förderung etwas eingeschlafen ist, lohnt sich ein Besuch im Ex Mattatoio wegen der Architektur.

Schönster Markt von Rom

Tagsüber wirkt das schachbrettartig angelegte Viertel mit den hübschen Backsteinpalazzi kleinstädtisch. Ein echter Tipp ist der überdachte **Mercato Testaccio** 1, in dem man nur Einheimische sieht. Von außen eher unansehnlich, überrascht die helle Halle mit ihren appetitlichen Käse-, Obst- und Gemüseständen. Manche bieten fertige Gerichte wie *trippa* oder *caponata siciliana*, die bei einem Glas Wein auf Hockern gekostet werden können. Ideal zum Mittagessen.
Via Galvani/Via Franklin, www.mercatoditestaccio.it, Mo–Sa 7–15.30 Uhr

Neue Kulturszene

Die Umwandlung des ehemaligen Schlachthofgeländes **Ex Mattatoio** 6 in die Città delle Arti ist noch nicht abgeschlossen. Im **Mattatoio** finden kleinere Ausstellungen von Nachwuchskünstlern sowie Musik- und Tanzworkshops (Pelanda) statt. Auf dem riesigen Gelände, auf dem sich früher die Schlachttiere drängten, entstand die **Città dell'Altra Economia,** die ›Stadt der anderen Ökonomie‹ (www.cittadellaltraeconomia. org). Die beiden Cafés mit Tischen draußen in der Sonne sind in der Szene sehr beliebt. Die Initiativen für Nachhaltigkeit beschränken sich zurzeit auf ein paar Stände mit Bio-Produkten am Wochenende.
www.mattatoioroma.it, Di–Sa 10–20, So bis 19 Uhr

> **FOOD-TOUREN** F
>
> Die urrömische Küche lernt man am besten dort kennen, wo sie entstanden ist. Food-Touren auf dem Testaccio führen Sie in die Gaumenfreuden und Geheimnisse alter Hausrezepte ein wie *coda alla vaccinara* oder *pasta alla pajata*. Sie kosten verschiedene regionale Spezialitäten, lernen das italienische Craftbier kennen, genießen würzigen Pecorino oder frittierte Reisbällchen, während Sie amüsanten Anekdoten zu dem alten Arbeiterviertel am Schlachthof lauschen.
> **Eating Europe** (www.eatingeurope. com, kleine Gruppen, professionelle 4-Std.-Führung). Die Touren sind etwas auf ein angelsächsisches Publikum zugeschnitten. Persönlicher: **Casa Mia Italy Food & Wine** (www.italyfoodandwinetours.com).

Beispielhafte Müllentsorgung

Der **Monte dei Cocci** 7 besteht aus mindestens 53 Mio. Amphoren, die über einen Zeitraum von 300 Jahren am Tiberhafen (Emporium) ausgeladen wurden. Die bis zu 50 Liter fassenden Tongefäße enthielten Öl, Wein oder Fischsoße. Da sie wegen der Rückstände nicht wiederverwendet werden konnten, zerschlug man sie und schichtete sie sorgfältig aufeinander, anstatt sie in den Fluss zu werfen. Der heute von Gras und Bäumen bewachsene Hügel hat einen Umfang von rund 1,5 km und ragt ca. 36 m in die Höhe, insgesamt misst die Scherbenschicht sogar 45 m. Sie ist in manchen Pubs noch sichtbar.

Cimitero Acattolico

Paradies der Nichtkatholiken

Auf dem verwunschenen **Cimitero Acattolico** ❽ atmet die Stadt plötzlich Stille. Bewacht von einer Katzenkolonie liegen die Gräber unter hundertjährigen Zypressen und Lorbeerbäumen teils in Reihen angeordnet, teils über eine Wiese verteilt. Die etwa 5000 Toten, die hier friedlich schlummern, verband eines: Sie waren nicht katholisch. Bevor das Fleckchen Erde den Nichtkatholiken 1821 von der Kirche offiziell zugewiesen wurde, stellte die Bestattung von Protestanten oder Orthodoxen ein Problem dar. Noch Wilhelm von Humboldt, Preußens Gesandter beim Heiligen Stuhl, musste seine beiden 1803 und 1807 verstorbenen Kinder nachts zu Grabe tragen. Nicht mal ein Kreuz durfte er aufstellen. August von Goethe wurde immerhin mit einem Grabstein geehrt, wenngleich nur »Goethe filius« statt seines Namens eingemeißelt ist – die Zurücksetzung durch den übermächtigen Vater hielt posthum noch an. Die Romreise des alkoholkranken August endete 1830 abrupt mit einer Hirnhautentzündung. Im selben Jahr wurde Wilhelm Waiblinger, ein Freund Hölderlins, hier beigesetzt. Britische Touristen pilgern zu den Gräbern ihrer Nationaldichter John Keats und Percy Shelley im alten Teil des Friedhofs vor der Cestius-Pyramide. Dem sizilianischen Kultautor Andrea Camilleri (1925–2019), der leidenschaftlich rauchte, bringen Verehrer Zigaretten ans Grab.

Via Caio Cestio 6, www.cemeteryrome.it, Mo-Sa 9–17, So, Fei 9–13 Uhr, 5 € freiwillige Spende

Für den Maler Erwin Speckter war der Cimitero Acattolico der zum Sterben verführerischste …

Ostiense

📍 Karte 2, G–K 13–19

Bahnschienen und leere Gewerbehallen prägen das Arbeiterviertel südlich der Porta San Paolo. Mit viel Enthusiasmus begann die Stadt vor 30 Jahren Industriebauten in Kulturzentren umzuwandeln. Den Anfang machte die Gründung der **Università Roma Tre** (ca. 35 000 Studierende). Es entstand die Diskothekenmeile in der Via Libetta, auf der der **Vinile** ⓯ und der **Planet Rome Disco Club** ❹ überlebt haben. Gefeierte Vorzeigeprojekte sind das Antikenmuseum im alten Kraftwerk **Montemartini** ⓮ (s. S. 133), das experimentelle **Teatro India** (www.teatrodiroma.net) in der ehemaligen Seifenfabrik Mira Lanza und Privatinitiativen wie die von Oscar Farinetti: Er hat das Gastro-Paradies Eataly im Air Terminal Ostiense aus der Taufe gehoben.

Seit dem Homo-Kultfilm »Die Ahnungslosen« von Ferzan Özpetek (2001)

zieht Ostiense die alternative Künstlerszene an. Sie findet hier im Vergleich zu Testaccio und San Lorenzo noch günstige Mieten und Experimentierflächen. Obgleich es kaum als schön bezeichnet werden kann, ist es aktuell wohl die spannendste Ecke von Rom. Einen entscheidenden Kick wird die Eröffnung der Città dei Giovani (›Stadt der Jugend‹) bringen.

Aurelianische Mauer

Lästige Stadtmauern
In Rekordzeit ließ Kaiser Aurelian die ca. 19 km lange **Aurelianische Mauer** ❾ (*Mura Aureliane*, 270–282) hochziehen, um dem drohenden Germanenangriff vorzubeugen. Bis zur Einigung Italiens 1870 bildete sie die Grenze der Stadt. In der ersten Hälfte des 20. Jh. fielen 7 km der modernen Verkehrsführung und Stadtplanung zum Opfer. Warum das Denkmalamt die verbliebenen 12 km vernachlässigt, lässt sich nicht allein mit Finanzknappheit erklären. Die Mauer ist zum Teil ein Biotop, Kapern gedeihen büschelweise und sprengen mit ihren harten Wurzeln – gemeinsam mit Regen und Frost – die Mauern. So geschehen bei der Porta Ardeatina, wo ein 20 m langer Abschnitt nachts plötzlich pulverisierte.

Durch die gut erhaltene turmbewehrte **Porta San Paolo** ❿ führte die antike Via Ostiensis zur Hafenstadt Ostia. Der heutige Straßenverlauf entspricht in etwa der alten Trasse. Das im Stadttor untergebrachte **Museo della Via Ostiense** (Via Raffaele Persichetti 3, Di–So 9–13.30 Uhr) zeigt ein anschauliches Modell von Ostia und den Kaiserhäfen am Meer.

Im Ägypten-Fieber
Die von der Stadtmauer eingeschnürte **Piramide di Cestio** ⓫ (Piazzale Ostiense, Grabkammer zzt. geschl., www.coopculture.it) ist Zeugnis der Ägyptomanie unter Augustus, die nach der Eroberung der Region nach Rom schwappte. Orientalischer Kleider- und Speiseluxus etablierten sich. Volkstribun und Prätor Caius Cestius, ein Freund von Agrippa, wollte Trendsetter sein und ließ die 36 m hohe Pyramide in nur 330 Tagen mit ausgemalter Urnenkammer an der Via Ostiense errichten (vor 12 v. Chr.). Die Marmorverkleidung und die goldene Spitze wurden später geplündert. Erhalten ist der Travertinkörper nur, weil er auf der Trasse der späteren Stadtmauer lag. Im Mittelalter hielt man ihn für das Grab des Romulus.

Città dei Giovani

Kulturzentrum für die Jugend
Alle warten auf die Einweihung der **Città dei Giovani** ⓬, das neue Kultur-, Sport- und Musikzentrum für die unter 30-Jährigen auf dem Gelände des früheren Großmarktes an der Via Ostiense. Wie so häufig in Rom wurde das 2010 begonnene Großbauprojekt Opfer der Politik. Weil jede neue Stadtregierung Modifikationen einforderte, zog sich Stararchitekt Rem Koolhaas zurück. Ursprünglich war mehr kostenloser Nutzraum für Sport- und Kulturaktivitäten geplant, an dem es in der Metropole so sehr mangelt. Zumindest sollen dort nun zur Entlastung der stark gewachsenen Università Roma Tre Hörsäle, ein Studentenwohnheim und eine Bibliothek entstehen.

San Paolo fuori le Mura
📍 Karte 2, H/J 16/17

266 Papstbildnisse
Allein schon wegen des Kreuzgangs aus dem 13. Jh. lohnt die Metrofahrt hinaus zu **San Paolo fuori le Mura** ⓭, der mo-

numentalen Grabeskirche des Apostels Paulus. Die mit Intarsien verzierten, gedrechselten Säulen der Kosmaten (Pietro Vassalletto) gehören zu den kunstvollsten des Abendlandes. Eine schreckliche Feuersbrunst legte die Kirche aus dem 4. Jh. in Schutt und Asche. Nur die Abtei blieb verschont. Man spürt sofort, dass die fünfschiffige Basilika ein Neubau (nach antiken Plänen) ist. Dem Fassadenmosaik, den polierten Granitsäulen und dem Marmorboden fehlt es an Patina. Dennoch vermittelt das Gotteshaus mit seinem unendlichen Säulenwald eine Vorstellung von den lichtdurchfluteten antiken Gerichtshallen. Kaiser Theodosius I. errichtete es 391 nach dem Vorbild der Basilica Ulpia auf dem Trajansforum.

Ein Magnet ist der Fries mit 266 Papstbildnissen über den Arkaden. Endlich sieht man sie mal alle aufgereiht! Franziskus lächelt auch schon herab, es fehlt nur noch die Angabe der Pontifikatsdauer. Laut einer Legende kommt Christus wieder, wenn kein Platz ist mehr für ein weiteres Porträt. Haben Sie gezählt, wie viele Medaillons noch zur Verfügung stehen?

Aus der alten Kirche erhalten sind die Bronzetüren (1070), der romanische Osterleuchter von Vassalletto (1170) und das gotische Altarziborium von Arnolfo di Cambio (1285). Durch ein Fenster in der Confessio blickt man auf die Reste der ersten Basilika von Konstantin sowie auf das vermutete Grab des hl. Paulus. Wie das Petrusgrab wurde es schnell zum Wallfahrtsort der frühen Christen. Paulus aus Tarsus hatte die Heidentaufe verfochten, unter Nichtjuden missioniert und dem Christentum den Weg zur Weltreligion geebnet. Vom Kaisergericht um 67 zum Tode verurteilt, wurde er an der Via Laurentina enthauptet, eine milde Todesart verglichen mit der Kreuzigung.

Piazzale di San Paolo 1, www.basilicasanpaolo.org, tgl. 7–19, im Winter 7–18.30, Kreuzgang: 8.30–17.30 Uhr, 4/3 €; Eingang mit Securitycheck zzt. an der Nordflanke

Garbatella   ♀ Karte 2, K 15

Gartenstadt

Den schlechten Ruf der Peripherie widerlegt das pittoreske Viertel Garbatella, das sich zwischen der Via Ostiense und Via Cristoforo Colombo erstreckt. Es ist das vom Tourismus noch unentdeckte In-Viertel von Rom. Die Gartenstadt aus den 1920er-Jahren nach englischem Vorbild besteht aus Palastkomplexen im sogenannten Barocchetto-Stil, die große bepflanzte Höfe mit Waschhäusern und Sitzbänken umschließen. Eine Pilgerstätte ist die **Bar dei Cesaroni** (Piazza Giovanni da Triora 6), wo die populäre Familienserie »I Cesaroni« spielt. Ein vielfältiges Kulturprogramm bietet das **Teatro Palladium** (Piazza Bartolomeo Romano, 8, http://teatropalladium.uniroma3.it), ein ehemaliges Kino.

Da es kaum Häuser mit Gärten in der Stadt gibt, sind die Wohnungen in Garbatella bei Familien mit Kindern heiß begehrt.

EUR-Viertel

♀ Karte 2, F–K 20–23

Der Besuch des EUR-Viertels im Süden der Stadt versetzt zurück in die Welt der späten 1930er-Jahre – die Zeit des Faschismus. Mit der Errichtung der ersten Trabantenstadt Europas wollte Mussolini den Blick der Welt auf Rom ziehen. Anlass war die Weltausstellung von 1942 (Esposizione universale di Roma, kurz EUR). Unter der Ägide von Marcello Piacentini sollten die namhaftesten Architekten die ›Grandezza‹ des Faschismus in monumentalen Gebäuden darstellen. Der antiakademische, ornamentlose Stil des Rationalismus wurde von Mailänder Architekten um Giuseppe Terragni 1926 entwickelt. Als revolutionäre Architektur wurde sie schnell mit dem ›revolutionären‹ Faschismus verknüpft. Der Rückgriff auf antike Archetypen wie die Säulenhalle diente auch der ideologischen Bezugnahme auf die römischen Kaiser.

Auf streng rechtwinkligem Straßengrundriss errichtete man monumentale, travertinverkleidete Gebäude mit Portiken und großen Plätzen. Sie waren für die öffentliche Verwaltung sowie Kunst und Kultur bestimmt. Hauptachse des Viertels ist bis heute die sechsspurige **Via Cristoforo Colombo,** die die ›Hauptstadt des Imperiums‹ mit dem Meer verbindet.

Der Kriegsausbruch vereitelte letztlich die Eröffnung der Weltausstellung. Doch wurde das gigantische Ausstellungsgelände nach 1950 zu einem modernen Stadtviertel mit Metroanbindung ausgebaut. Hochhäuser für Banken und Konzerne sowie Ministerien entstanden, mehrere Wohnviertel kamen hinzu. Vitales Zentrum ist heute die Gegend um den **Viale Europa** mit vielen schönen Geschäften und Eisdielen. Ein Revier für Paddler, Biker und Spaziergänger ist der für die Olympischen Spiele 1960 angelegte Seenpark mit seinen japanischen Kirschbäumen. Die ehemalige Sporthalle am See, ein Rundbau von Luigi Nervi, wird heute als **PalaLottomatica** für Rock- und Popkonzerte genutzt.

Die lichte Weite des modernen Quartiers, die vielen Grünflächen und Parkmöglichkeiten haben es zu einem attraktiven Wohnort für Familien gemacht.

Spaziergang zu einer Wolke

Wahrzeichen von EUR ist der 68 m hohe **Palazzo della Civiltà del Lavoro** (G. Guerrini, B. La Padula und M. Romano, 1938–43). Er war der italienischen Zivilisation, einem Volk von »Dichtern, Künstlern, Helden, Heiligen, Denkern, Wissenschaftlern, Seefahrern, Auswanderern« gewidmet. Berühmt wurde er auch als Kulisse für Modeaufnahmen und Filme. Die Maison Fendi hat ihren Hauptsitz 2015 in das Gebäude verlegt. Das Erdgeschoss ist als Ausstellungsraum allgemein zugänglich (s. auch »Retter des römischen Kulturerbes« S. 296).

Auf einer Anhöhe steht die Kirche **Santi Pietro e Paolo** (Arnaldo Foschini 1937–41). Der Zentralbau mit Kuppel war als Pendant zum Petersdom gedacht. Im Gegensatz zum Nationalsozialismus war der italienische Faschismus durchaus kirchenfreundlich und spannte den Katholizismus für seine politischen Ziele ein.

Der von einer Kuppel bekrönte Kubus des **Palazzo dei Congressi,** 1938–54 nach Plänen von Adalberto Libera errichtet, hat nur wenige hundert Meter weiter ein modernes Gegenstück bekommen: **La Nuvola** (Roma Convention Center, Viale Asia 40, www.romaconventiongroup.it, keine Innenbesichtigung). Das gläserne Kongresszentrum des italienischen Stararchitekten Massimiliano Fuksas wurde nach 18 Jahren Planungs- und Bauzeit nebst Finanzierungsengpässen 2016 endlich eingeweiht. Die ›Wolke‹ ist ein biomorphes, schwebendes Gehäuse aus silikonbeschichtetem Glasgewebe, das in einem 175 x 70 x 39 m großen Schrein aus Stahl und Glas vertäut ist. Fuksas erklärte, er wolle »alte Raumkonzepte durchbrechen und mit fließenden Formen neue Perspektiven eröffnen«. In der luftigen Blase mit einem Auditorium für rund 1800 Personen, Sitzungssälen und einem Café finden Konferenzen, Tagungen und Messen statt, wie die überaus beliebte jährliche Buchmesse der kleinen Verlage. Besonders beeindruckend ist die rund 400 Mio. teure Glasskulptur nachts, wenn sie beleuchtet wird. Dann gleicht sie einer schwimmenden Qualle in einem Aquarium.

Via Appia Antica

📍 Karte 5, D/E 2/3

Dank der vielen christlichen Katakomben wurde die 312 v. Chr. vom Censor Appius Claudius angelegte Fernstraße Via Appia nicht überbaut. Die ursprüngliche Atmosphäre entlang der ›Königin‹ der zehn Konsularstraßen lernt man wenige Kilometer hinter der Stadtmauer kennen. Unvermittelt hört die Besiedlung auf. Der Blick verliert sich in der weiten römischen Campagna mit ihren Ruinen, begrenzt nur von den Albaner Bergen. Erst seit 1997 ist die Appia ein geschützter Landschaftspark (www.parcoappiaantica.it). Bis in die 1980er-Jahren baute sich die Prominenz Villen im Gräberfeld. Hinter dem Rundgrab **Tomba di Cecilia Metella** ist das holprige Pflaster mit den seitlichen Bürgersteigen aus gestampftem Lehm in weiten Abschnitten erhalten.

Der gesamte Verkehr mit Süditalien lief über die schnurgerade Schnellstraße. Etwa 13 Tage war ein Reisender zu Fuß bis Brindisi (480 km) unterwegs, wo Schiffe nach Griechenland ablegten. Alle 15 km gab es eine Pferdewechselstation *(mutationes)* und etwa alle 40 km große Rasthäuser *(mansiones)*, dazwischen jede Menge *cauponae*, private Gaststuben, in denen man essen und schlafen konnte.

Berühmt als Gräberstraße

Aus Hygienegründen durfte nur außerhalb der Stadtmauern bestattet werden (Zwölftafelgesetz 450 v. Chr.). So entstanden ringartig um die Stadt Nekropolen. Am Saum befanden sich die teuren Grabplätze der Oberschicht, deren Angehörige ihren sozialen Status mit entsprechenden Grabbauten auch über den Tod hinaus demonstrieren wollten. Die ärmere Bevölkerung *(liberti)* setzte ihre Verstorbenen in Kolumbarien oder kleinen Grabhäusern bei. Diese waren mit Reliefs geschmückt, auf denen sich die Sippe stolz den Reisenden zeigte (›Fensterguckern‹).

Die christlichen Katakomben haben sich aus den Hypogäen entwickelt, unterirdischen Grabkammern. Neuerdings hält man jüdische Katakomben als direkte Vorläufer für möglich. Für Christen war der billige Grabtyp auch deshalb interessant, weil er eine Bestattung in großen Gemeinschaften erlaubte. Das Edikt von Valerian verbot ab 257 Christen das Betreten von Nekropolen. Sie mussten ihre Friedhöfe also unterirdisch anlegen. Das Graben von Stollen in den weichen Tuff war kein Problem und so entstanden bis zu fünfstöckige und 20 km lange Korridore. Dass sich dort Christen versteckt hielten, ist ein Märchen. Der Leichengeruch, der aus den mit Platten verschlossenen Nischengräbern wehte, war unerträglich. Wohl aber gab es Andachtsräume. Die Beisetzung von Bischöfen und Märtyrern machte viele Katakomben berühmt wie die von Calixtus oder Domitilla. Von den 60 bisher bekannten Katakomben in Rom liegen die größten und wichtigsten an der Via Appia. Der Begriff *catacombe* rührt übrigens von der alten Flurbezeichnung *ad catacumbas* her (›in der Talsenke‹).

Christliche Katakomben

Die nach Papst Kalixtus (222) benannte **Catacombe di San Callisto** (Via Appia Antica 110, www.catacombe.roma.it, Do–Di 9–12, 14–17 Uhr, Febr. geschl., 10/7 € inkl. Führung auf Deutsch) ist die erste offizielle Begräbnisstätte der Bischöfe. Mit Galerien von 20 km Länge und 370 000 Gräbern ist sie die größte der Katakomben Roms. Ohne Lagepläne fanden einst selbst die *fossores,* die Verwalter, nicht aus dem fünfstöckigen Labyrinth. Im Rahmen der obligatorischen Führung sehen Sie die Krypta mit den Papstgräbern und die Gänge mit den verschiedenen Bestattungstypen sowie ein wenig Wandmalerei mit ersten christlichen Symbolen.

Die **Catacombe di Domitilla** (Via delle Sette Chiese 282, www.catacombe domitilla.it, Mi–Mo 9–12, 14–17 Uhr, 10/7 € inkl. Führung) ist nicht so grün eingebettet. Dafür sind ihre Wandmalereien reicher und besser erhalten. Sie zeigen die Entwicklung der frühchristlichen Bildsprache. Hier fand man die früheste Darstellung Christi als guter Hirte sowie Abendmahlszenen. Die Märtyrerin Flavia Domitilla war eine Tochter des flavischen Kaiserhauses, die zum Christentum übertrat. Das Gelände war ursprünglich den Freigelassenen der Flavia zugewiesen. Ende des 2. Jh. wurde daraus die zweitgrößte christliche Katakombenanlage (15 km) von Rom.

Die barockisierte Pilgerkirche **San Sebastiano fuori le mura** (4. Jh.) ist dem hl. Sebastian geweiht, ursprünglich Soldat der kaiserlichen Garde. Seine Gebeine werden in der Seitenkapelle aufbewahrt. Eine Marmorfigur zeigt den Diakon von Pfeilen durchbohrt.

Die **Catacombe di San Sebastiano** (Via Appia Antica 136, www.catacombe. org, tgl. 10–17 Uhr, 10/7 €) veranschaulichen anhand der Arcosolgräber den Übergang von heidnischen zu christlichen Bestattungen. Für Pilger haben sie eine besondere Bedeutung: Zeitweise waren hier die Schädel der Apostel Petrus und Paulus versteckt.

VERKEHRSCHAOS

Schon in der Antike litten Fußgänger unter rücksichtslosen Wagenlenkern. Ein Ärgernis waren die schnellen einachsigen Taxi-Kutschen *(cisia),* die Furchen im harten Basalt hinterließen. Die genormte Breite von ca. 4,15 m erlaubte das Passieren zweier Gespanne. Die Römer waren perfekte Straßenbauer. Die nahtlos aneinander gefügten Basaltblöcke der Via Appia liegen auf einem bis zu 1 m starken Bett aus Lehm-, Kalkstein- und Kieselschichten. Damit das Regenwasser ablaufen konnte, legte man die Fahrbahn leicht abgerundet an.

Museen

Gelungene Kontraste

❶ **Centrale Montemartini:** Mit der Umwandlung des Elektrizitätswerks Centrale Montemartini (1912) in ein Museum wurde ein Industriedenkmal gerettet und zugleich ein neues Kunstwerk erschaffen. Neben Dampfturbinen und Generatoren schimmern heute Marmorkörper griechischer Heroen und Athleten, schmücken Malerei und Mosaiken den Boden und die Wände – insgesamt sind es 400 Werke aus den überquellenden Kapitolinischen Museen. Das Experiment wurde zu einem ungeahnten Erfolg.

Ein wichtiges Werk der römischen Porträtkunst ist der »Togatus Barberini« (1. Jh. v. Chr.): Ein älterer Römer in Toga präsentiert sich mit den Büsten seiner Vorfahren in den Händen. Der Hinweis auf Ahnen, die Verdienste für die *res publica* in Form von öffentlichen Ämtern vorweisen

TOUR
Auf antiken Wegen

Radtour entlang der Via Appia und in die Campagna Romana

Infos

Start: Piazzale Numa Pompilio (♥ M 12)

Länge: ca. 7 km

Zeit: am besten So (autofrei)

Radverleih: Easy Bike Rent Rome, s. S. 138; Ecobike, Via Appia Antica 58–60, www.ecobikeroma.it; Appia Antica Caffè, Via Appia Antica 175, www.appiaanticacaffe.it, Di–So 9–18 Uhr

Die schmale, stille **Via di Porta San Sebastiano** ❶⓻ mit ihren von Efeu bewucherten hohen Mauern lässt das chaotische Zentrum vergessen, man fühlt sich Jahrhunderte zurückversetzt. Über holpriges Kopfsteinpflaster gelangt man am Ende der Straßenschlucht zum unversehrten turmbewehrten Stadttor **Porta San Sebastiano** ❶⓼, eine antike Wasserleitung überquert davor die Straßenschlucht, der Drususbogen. Es lohnt sich abzusteigen und vom Wehrgang, den man über das **Museo delle Mura** ❶⓺ (s. S. 136) erreicht, einen Blick über Pinienwipfel in die grandiose Campagna zu werfen. Die Urbanisierung hat zum Glück die alte Landschaft verschont.

Hinter dem verkehrsumtosten Stadttor beginnt die alte Via Appia. Gleich rechts steht eine **Kopie des ersten Meilensteins** ❶⓽. Alle 1481,50 m wurde ein solcher Meilenstein gepflanzt. 800 m weiter erinnert das hochverehrte Barockkirchlein **Quo Vadis** ❷⓪ an die Legende, nach der Petrus auf seiner Flucht vor der neronischen Christenrazzia Jesus in Gestalt eines Wanderers begegnete. Auf der Gabelung rechts der Kirche liegt das Eingangstor zu den **Catacombe di San Callisto** ❷⓵ (s. S. 133). Der leicht ansteigende Weg durch den Park, an Olivenbäumen, Oleander und Zypressen vorbei ist eine erholsame Variante zur Appia, die weitere 1,5 km ein Steinkorridor ist. Wer eine Katakombe besichtigen möchte, dem empfehle ich diese oder die **Catacombe di Domitilla** ❷⓶ (s. S. 133).

Man verlässt den wunderschönen Park stadtauswärts und landet erneut auf der Via Appia. Hinter den **Catacombe di San Sebastiano** ❷⓷ (s. S. 133) beginnt der definitiv autofreie Abschnitt

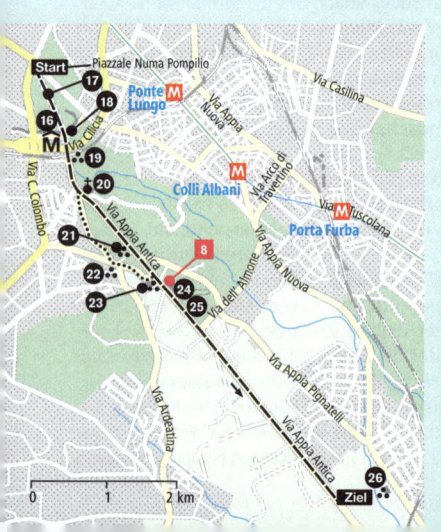

Das holprige antike Pflaster ist in Abschnitten noch erhalten. Radfahrer weichen besser auf den seitlichen Pfad aus.

mit Resten des originalen Pflasters. Langsam öffnet sich der Blick in die Campagna. Im romantischen Innenhof des Ristorante **L'Archeologia** 8 (Via Appia Antica 139, T 06-788 04 94, www.larcheologia.it, tgl. geöffnet, Küche: 12.30–15, 20–23 Uhr) blüht seit 300 Jahren die älteste Glyzinie Europas. In der ehemaligen Poststation speist man gediegen. Linker Hand fallen die Ruinen der **Villa di Massenzio** 24 ins Auge. Der Usurpator Maxentius hatte Großes im Sinn, als er seinem Sohn Romulus ein Rundgrab im Stil des Pantheons stiftete. Dem Andenken des jungen Divus galten auch Wagenrennen im Circus dahinter. Die Rennbahn ist besser erhalten als der Circus Maximus. 1959 drehte hier Charlton Heston seine Runden für den Monumentalfilm »Ben Hur« von Willi Wyler. 8000 Komparsen mussten in der Cinecittà geschminkt und kostümiert werden. Ganz Rom war damals im Hollywoodfieber.

Ein Stück weiter erhebt sich aus der Landschaft das zinnenbekrönte **Mausoleo di Cecilia Metella** 25. Mit den Albaner Bergen bildet es den Hintergrund von Tischbeins berühmtem Porträt Goethes als weltmännischer Reisender. Von Cecilia wissen wir nicht viel, außer dass sie einen grausamen Schwiegervater hatte: Crassus, Triumvir mit Caesar und Pompeius, ließ nach dem Spartakusaufstand 6000 Sklaven entlang der Appia kreuzigen. Hinter der nächsten Kreuzung, wo eine schattige Bar einlädt, beginnt der landschaftlich schönste Teil, der sich bis Ciampino erstreckt. Über 4 km geht es unter Zypressen an versteckten privaten Villen und Überresten antiker Gräber vorbei. Schafe und Ziegen weiden auf den hügeligen Wiesen.

Die mächtigen Ziegelmauern der **Villa dei Quintili** 26 kündigen sich schon von Weitem an. Reichtum und Ansehen der beiden Konsul-Brüder erregten den Neid des megalomanen Kaisers Commodus, der die Villa kurzerhand beschlagnahmte und sie mit Hippodrom, Thermen und Nymphäum zu einer Palaststadt ausbaute. Irgendwo steht ein einzelner, schattiger Olivenbaum, ein idealer Platz für ein Picknick.

Wählen Sie ein Mountain- oder E-Bike, kein Citybike. Die ersten 3 km der Tour sind selbst sonntags wenig entspannend, da der Verkehr auch dann nicht ganz verebbt. **Alternative:** Fahren Sie mit Bus 118 bis zu den Sebastianskatakomben und mieten Sie erst dort ein Rad.

konnten, mehrte das eigene Ansehen. Die Stirnseite des Maschinenraums schmückt eine Giebelrekonstruktion des Apollo-Sosianus-Tempels (s. S. 113). Die Gruppe stellt den Kampf von Theseus und Herakles gegen die Amazonen dar – spätklassisches Diebesgut aus dem griechischen Eretria. Im Kesselraum sind Statuen und Mosaiken aus römischen Villengärten ausgestellt. Aus den Horti Liciniani stammt ein großes Mosaik, das das Einfangen von Wildschweinen, Bären und Raubkatzen für die Tierhatzen in den Amphitheatern darstellt. Im Erdgeschoss stehen die prächtigen Zugwagons, in denen Pius IX. nach Castel Gandolfo fuhr (1859). Es gibt auch Wechselausstellungen.

Viale Ostiense 106, www.centralemontemartini.org, Metro: Garbatella, Di–So 9–19 Uhr, 10/9, mit Kapitolinischen Museen 18/16 €

Eine eigene Ästhetik: antike Statuen zwischen Dampfturbinen

Der Traum vom Imperium

❶ Museo della Civiltà Romana: Im ›Museum der römischen Zivilisation‹ veranschaulichen Modelle und Abgüsse die römische Architektur. Glanzstück ist das 400 m² große Modell von Rom zur Zeit Kaiser Konstantins, das man von Postern in Souvenirshops kennt. Das Stadtmodell wurde zusammen mit den Rekonstruktionen bedeutender Bauten und militärischer Anlagen (Caesars Belagerung von Alesia in Gallien) für die große Augustus-Ausstellung 1937 angefertigt. Mussolini führte Hitler bei dessen Besuch 1938 persönlich durch die Ausstellung. Die älteren Abgüsse des Reliefbands der Trajanssäule geben einen besseren Zustand wieder als das Original heute. Auf dem neuesten Stand der Technik ist das **Planetario e Museo Astronomico** im selben Gebäude.

Piazza Giovanni Agnelli 10, www.museocivilta romana.it, www.planetarioroma.it, Metro: EUR Palasport, EUR Fermi, partielle Wiedereröffnung 2023

Auf der Mauer spazieren

❶ Museo delle Mura: Das kleine Museum in der Stadtmauer dokumentiert die einstige Befestigungsanlage (s. S. 134).

Via di Porta San Sebastiano 18, www.museo dellemuraroma.it, Bus: Porta S. Sebastiano, Di–So 9–14 Uhr

Essen

Kult-Streetfood

1 Trapizzino: Geburtsstätte der Kreation von Stefano Gallegari: knusprigen dreieckigen Pizzataschen, die mit allerlei römischen Spezialitäten gefüllt werden, wie z. B. *coda alla vaccinara* oder *parmigiana* (veggie). Dazu passt Bier, gegessen wird am Tresen.

Testaccio, Via Giovanni Branca 88, T 06 43 41 96 24, www.trapizzino.it/, Bus: Galvani/Zabaglia, So–Do 12–24, Sa, So 12–1 Uhr

Angesagt

2 Ristorante Angelina: Dem jungen Publikum gefallen der Designmix, die romantische Dachterrasse und die Veranda. Gut sind auch die Pizza und die innovative römische Küche. Preise leicht über dem Durchschnitt.
Testaccio, Via Galvani 24a, T 06 57 28 38 40, www.ristoranteangelina.com, Bus: Galvani/Zabaglia, Di 18–2, Mi–Mo 12.30–15, 18–2 Uhr

Klassiker im Klassiker

3 Checchino dal 1887: Oft prämiertes Lokal mit weißen Tischdecken, in dem die Bestseller der römischen Küche – in gehobener Ausführung – serviert werden. Nirgendwo sonst ist der geröstete Wangenspeck so knusprig. Exklusive Weine. Auch Vegetarisches und glutenfreie Pasta.
Testaccio, Via di Monte Testaccio 30, T 06 574 38 16, www.checchino-dal-1887.com, Bus: Galvani/Zabaglia, Di–Sa 12.30–15, 20–23.45 Uhr, So nur mittags

Bio in einer Industriehalle

4 Porto Fluviale: Trendiges Restaurant in einer ehemaligen Lagerhalle, spezialisiert auf Pizzen aus biologischen Zutaten, antiken Getreidesorten, gebacken im Holzofen. Auch gut zum Aperitif und Brunch.
Via del Porto Fluviale 22, T 06 574 31 99, www.portofluviale.com/, Bus: Ostiense/Matteucci, tgl. 10.30–2 Uhr

Familiär

5 Giardino di Giulia e fratelli: Hier geht es unkonventionell und kinderfreundlich zu. Das familiengeführte Landlokal mit Gärtchen bietet echte und solide Hausmannskost zu angemessenen Preisen.
Via Appia Antica 176, T 34 75 09 27 72, tgl. 9.30–23 Uhr, Mo geschl.

Altmodische Kiosk-Bar

7 Tram Depot: s. Tour S. 124.

Romantisch

8 L'Archeologica: s. Tour S. 134.

MIT TIBERBLICK

In der Trattoria (1914) **Al Biondo Tevere** 6 essen Sie mit Blick über die schilfbewachsene Uferböschung hinweg auf den Tiber. Das Lokal war Set von Lucchino Viscontis »Bellissima« mit Anna Magnani. Auch aß Pasolini hier öfter. Einrichtung und Kellner scheinen noch dieselben zu sein. Genießen Sie die hausgemachte Pasta oder gegrillten Fisch, während der Fluss träge dahinzieht (Via Ostiense 178, T 06 574 11 72, www.albiondotevere.it, Metro: Garbatella, Di–So 11–16, 19–24 Uhr).

Sushi-Tempel

9 Eos: Das geräumige, moderne Lokal am Abhang des Aventin, wo der Altar der Göttin Eos lag, ist die neueste Entdeckung für Liebhaber von Sushi und Fusion.
Piazza dell'Emporio 22, https://eossushi.it/, T 33 43 66 67 16, Bus: Emporio, tgl. 19.30–24, Do–So auch 12.30–15.30 Uhr

Einkaufen

1 Mercato Testaccio: s. S. 127.
Via Aldo Manuzio 66C, www.mercaditestaccio.it, Bus: Franklin und Galvani/Zabaglia, Mo–Sa 6–15 Uhr

Delikatessen

2 Volpetti: Kaum jemand verlässt den Laden der Volpetti-Brüder aus Norcia ohne Kostprobe. Beste Auswahl an italienischem Schinken und Käse, z. B. Formaggio di fossa di Sogliano, ein in Steingruben gereifter Schafskäse. Olivenöl und Pistaziencreme. In der benachbarten Tavola Calda können Sie die Kochkünste der Brüder testen.
Via Marmorata 47, www.volpetti.com, Tram/Bus: Marmorata/Galvani, Mo–Sa 10–14, 16–20 Uhr

Bewegen

Murals und ihre Geschichten
Streetart-Touren: In jedem Wandbild stecken die Ideen und Emotionen von Künstlerpersönlichkeiten. Bei einer Führung erfährt man Interessantes über die alternative Kunstszene und ihre sozialkritischen Anliegen, beispielsweise im südöstlichen Viertel Quadraro, wo ein einzigartiges Open-Air-Streetart-Museum entstanden ist, das **Museo di Urban Art di Roma – MURo.**
Info: http://muromuseum.blogspot.com/p/t-o-u-r.html; Tram: Giardinetti/Alessi

Rad- und Vespaverleih
❶ **Easy Bike Rent Rome:** Auch E-Bikes, Tandems und Lastenräder.
Via dei Cerchi 59, T 06 83 95 82 50, https://easybikerent.it, Bus: Cerchi/Bocca della Verita, Whatsapp/Viber: 37 55 67 81 74, info@easybikerent.it

Ausgehen

Aus den ehemaligen Wein- und Warenlagern, die in den Scherbenberg gegraben wurden, schallt ab 23 Uhr live oder aus Boxen alles, was das Musikgenre bietet – von House und Hip-Hop über Techno bis hin zu Salsa. Die urigen Clubs und Diskotheken-Höhlen in der gewundenen Via di Monte Testaccio sind seit Jahren der Treffpunkt des jüngeren Partypublikums, das am Wochenende bis zum Morgengrauen auf engstem Raum abtanzt.

Mekka des House
✹ **Radio Londra:** Seit 25 Jahren die Seele des Testaccio, klein, aber mit Stimmung, gayfriendly.
Testaccio, Via di Monte Testaccio 67, www.radiolondradiscobar.com/, Bus: Galvini/Zabaglia, Do–Sa 23.30–6 Uhr

Merengue und Salsa
✹ **Caruso Café:** Ein Eldorado für Latinos und Liebhaber lateinamerikanischer Rhythmen, gute Mojitos und tropische Cocktails.
Testaccio, Via di Monte Testaccio 36, www.carusocafe.com, Bus: Galvani/Zabaglia, Di–So 23–4 Uhr

Klingt gut
✹ **Casa del Jazz:** In der konfiszierten Villa eines Mafiabosses geben sich die Großen der italienischen Jazzszene die Ehre. Alle Stile von Dixieland über Cool Jazz bis Avantgarde sind zu hören; mit Barbetrieb während der Konzerte.
Ostiense, Viale di Porta Ardeatina 55, www.casajazz.it, Bus: Columbo (Marco Polo)

Under 30
✹ **Planet Rome Disco Club:** Das modernisierte Ex-Alpheus ist stets gut besucht von Römerinnen und Römern unter 30, kommerzielle Musik, mit regelmäßigen Live-Konzerten.
Ostiense, Via del Commercio 36, www.planetroma.com, Bus: Ostiense/Mercati Generali

Old is cool
❺ **Vinile:** In der ›Schallplatte‹, einem geräumigen, weißen Nachtclub legt der DJ gern mal Stücke für 80er-Jahre-Nostalgiker auf, wenn nicht live Jazz, Swing oder Rock'n'Roll gespielt wird. Das reiche Buffet zieht wie immer die Jugend an.
Ostiense, Via Giuseppe Libetta 19, www.vinileroma.it, Bus: Ostiense/Lungotevere

Bester Techno-Tempel
❻ **Spazio Novecento:** Die geräumige Terrassen-Diskothek in eleganter 1930er-Jahre-Architektur ist aktuell ein trendiger Treffpunkt für Techno-Nächte und Themenabende mit den besten DJs der internationalen Szene.
Piazza Guglielmo Marconi 26b, www.spazionovecento.it (Menüpunkt »Evente«), Metro B: EUR Palasport

Zugabe
Kunst als Smogfresser

Das Mural »Hunting Polution« in Ostiense

Lange hinkte das denkmalgeschützte Rom in Sachen Streetart anderen Metropolen hinterher. Doch am Stadtrand boomt Fassadenkunst inzwischen. An der Durchgangsstraße Via del Porto Fluviale in Ostiense atmet man dank eines Murals sogar bessere Luft: »Hunting Polution« ist das größte smogfressende Mural Europas. Auf der Eckfassade der Mietskaserne Nr. 3 prangt ein riesiger Reiher mit einem Fisch im Schnabel. Das Bild des in New York lebenden Mailänders Iena Cruz hat eine klare Botschaft. Aus dem Fass unter dem Reiher spritzt bedrohlich Erdöl in tentakelartigen Strömen. Der Fisch im Schnabel des Vogels ist verseucht. Rund um das Gebäude zieht sich ein grünblaues Wellenmotiv, während sich große Tropfen aus einem speziellen phosphoreszierenden Lack nachts ›entzünden‹. Die Farbe Airlite eines italienischen Startups verwandelt Schwermetalle in unschädliche Salze, wirkt antiseptisch und verhindert die Ablagerung von Staub. 1000 m² Farbfläche reinigen in einem der Photosynthese ähnlichen Prozess so viel Luft wie ca. 30 Bäume. Finanziert wurde das Projekt vom Verein Yourban2030. Er fördert Kunst, die sich für Klimaschutz im Sinne der UN-Agenda Global 2030 einsetzt. ■

Vatikan und Prati

Ehrfurcht erweckend — Auf dem kleinen Fleckchen Erde flossen alle Kräfte und das Know-how der Zeit zusammen. Die Bauhütte des Petersdoms war das Silicon Valley für Design und Technologie.

Seite 143
Castel Sant' Angelo

Erst Kaisergrab, dann Trutzburg der Päpste, heute begehrte Aussichtsterrasse. Besuchen Sie auch die Gemächer, in denen das Kirchenoberhaupt während der Belagerungen ausharrte.

Seite 148
Petersdom ✪

An der Grabeskirche des Apostels Petrus, sakrales Zentrum für ca. 1,3 Mrd. Katholiken, arbeiteten 120 Jahre lang die berühmtesten Künstler der Renaissance und des Barocks. 320 Stufen geht es in der Kuppelschale hoch. Oben wartet ein grandioses Panorama.

300 Schlüssel sind zum Öffnen der Musei Vaticani nötig.

Eintauchen

Seite 152
Musei Vaticani ✪

Die Kunstschätze der Päpste gehören zu den bedeutendsten und größten Sammlungen der Welt. Hier ballen sich auf engstem Raum Werke von der Antike bis zur Moderne.

Seite 157
Cappella Sistina

Die Fresken von Michelangelo sind das Nonplusultra der abendländischen Kunst. Je besser Sie sich auf den Besuch vorbereiten, desto mehr werden Sie in der komplett bebilderten Kapelle sehen.

Vatikan und Prati **141**

Seite 160
Giardini Vaticani

Im botanischen Paradies der Päpste kann man wunderbar Kraft tanken. Uralte Steineichen, Zedern, Pinien und Palmen wechseln mit Rasenflächen, exotischen Gewächsen und Blumenrabatten ab. Der Garten ist ein Lieblingsort der Vögel.

Seite 161
Prati

Ein Stückchen Paris. Das ruhige Viertel aus der Zeit der Savoyer lädt mit seinen eleganten Geschäften und Cafés zum entspannenden Bummel ein.

Seite 162
Castel Gandolfo

Papst Franziskus hat die traumhafte Sommerresidenz am Albaner See für das Publikum geöffnet. Ein Zug bringt Sie direkt vom Vatikan dorthin.

&

Seite 164
Märkte unweit des Vatikans

Mercato dell'Unità und Mercato Trionfale, zwei alte Lebensmittelmärkte in Hallen, stimulieren Auge und Gaumen. Hier finden Sie frisches Obst, Käse und Olivenöl.

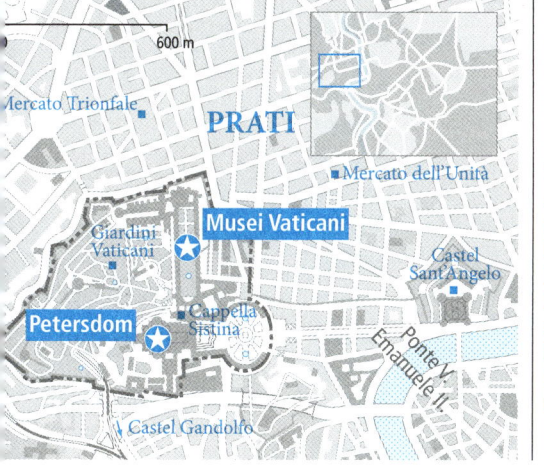

Einen Kardinal erkennen Sie am scharlachroten Scheitelkäppchen. Die Farbe symbolisiert das Blut, das er bereit ist für seinen Glauben zu opfern.

»Gott vergibt immer, wir Menschen vergeben manchmal, die Natur nie. Wir müssen uns um die Natur kümmern, damit sie nicht mit Zerstörung antwortet.« (Papst Franziskus)

erleben

Zu Besuch beim Papst

> **ORIENTIERUNG**
>
> **Reisekarte:** E–H 6–8
> **Cityplan:** S. 146
> **Hinkommen:** Metro A bis Ottaviano, Tram 19 bis Piazza Risorgimento oder Bus 40 bis Borgo Sant'Angelo/Engelsburg, 64 bis Cavalleggeri/S. Pietro

Oltretevere, ›die andere Tiberseite‹, nennen die Römer den Vatikanstaat respektvoll. Seit 90 Jahren ist er eine von Rom getrennte Macht, die mal Argwohn, mal Verehrung erntet – nie jedoch Gleichgültigkeit. Schließlich ist die Kuppel des Petersdoms das unverkennbare Symbol der Stadt. Sie gilt als ›Krone‹ des Petrusgrabes, das unter dem Dom verehrt wird.

Der Stato della Città del Vaticano verschanzt sich noch wie zu Zeiten des Kirchenstaates hinter hohen Mauern. Doch der Petersplatz gleicht einem offenen Tor zum Herzen des Katholizismus, durch das Zigtausende von Besuchern aus aller Herren Länder strömen. Kein anderes religiöses Oberhaupt zieht so viele Menschen an wie der Papst. Jeden Mittwoch zur Generalaudienz kann man auf Tuchfühlung mit ihm gehen. Vom offenen Jeep aus segnet und berührt er einzelne Pilger auf dem Petersplatz. Die Anziehungskraft der sagenhaften Kunstschätze in den Vatikanischen Museen, die mit 6 Mio. Besuchern zu den meistbesuchten Monumenten Italiens zählen, ist kaum geringer. Die stille Seite des kleinsten Staates der Welt erfährt man in seinen herrlichen Gärten. Ein besonderes Erlebnis ist der Ausflug mit dem Zug direkt vom Vatikan nach Castel Gandolfo in den Albaner Bergen. Der Papst hat seinen Sommersitz mit dem endlosen Parkgelände erstmals geöffnet.

Die Engelsburg hat einen erstaunlichen Werdegang: vom prächtigen Kaisergrab zur mehrfach umkämpften Festung der Päpste und nun zum friedlichen Museum, belagert nur noch von Touristenheeren, die das Dach für ein Panoramafoto erklimmen wollen. Die Aussicht wird nur von der 115 m hohen Kuppellaterne des Doms übertroffen. Im mittelalterlichen Borgo versorgen sich die Vatikanbesucher mit Devotionalien und Imbissen.

Wer nach dem Kunst- und Menschenrausch ruhigere Gefilde nötig hat, der kann in das lässige ›Gründerzeitviertel‹ Prati mit seinen breiten Trottoirs ausweichen. In der Via Cola di Rienzo warten schöne Cafés und Modegeschäfte.

Im Schatten des Vatikans ♀ F–H 7/8

Castel Sant'Angelo

Als der Papst Heere befehligte

Friedlich liegt das mächtige **Castel Sant'Angelo** ❶ (Engelsburg) am Tiber. Einst war die von einem Wassergraben umgebene Trutzburg der Päpste nur über eine Zugbrücke zu erreichen. Sie war Tresor und finsteres Staatsgefängnis, hinter dessen modrigen Mauern der Philosoph Giordano Bruno schmachtete. Heute ist sie ein Museum und wird vor allem wegen des sagenhaften 360-Grad-Panoramas von der Dachterrasse aufgesucht.

Der bekrönende Bronzeengel (18. Jh.) erinnert an die Vision von Gregor d. Gr. während einer Pestepidemie im Jahr 590. Er sah den Erzengel Michael auf dem Dach des Kaisergrabes als Zeichen des Endes der Pest. Hadrian legte das prächtige Mausoleum für sich und seine Nachfolger an (125–139).

Im Mittelalter wollte der Papst wie andere Landesfürsten eine Wehrburg. Dem quadratischen Unterbau wurden kurzerhand Eckbastionen verpasst und auf dem Zylinder ein Palast mit Loggia und Höfen errichtet. Erhalten hat sich die Spiralrampe zum Dach. Aus dem reichen Statuenschmuck schlug man Kugelgeschosse für Katapulte, die noch heute im Hof aufgetürmt liegen. Der von Heinrich IV. 1084 belagerte Gregor VII. begnügte sich noch mit einer zugigen Kammer. Nicht so die Renaissancepäpste. Klemens VII. baute sich ein Luxusbad (s. S. 144) und Paul III. ließ den Bankettsaal und das Schlafgemach von Raffaelschülern mit herrlichen Grotesken und mythologischen Szenen ausmalen. Nach der traumatischen Plünderung Roms 1527 (s. S. 300) wollten sich die Kirchenfürsten für die Zukunft komfortabler gerüstet wissen.

Bei einem Rundgang sehen Sie den antiken Dromos (Gang) und die Urnenkammer, die mit Grotesken verzierten päpstlichen Gemächer, die Schatzkammer sowie das Waffenarsenal. Papstbad, Vorratskammern und Gefängnis werden nur im Rahmen von Führungen gezeigt. In der nicht ganz billigen Bar der Loggia dürfen Sie den Aussichtswinkel wählen, vor dem Sie Ihren *caffè* genießen wollen. Übertroffen wird der Blick nur von dem auf der Dachterrasse. Aber kein Grund sich wie Tosca über die Reling zu stürzen!

Lungotevere Castello 50, http://castelsant angelo.beniculturali.it, Di–So 9–19.30 Uhr, 12/2 €, Gratis-App in 7 Sprachen; Passetto, Bad, Gefängnis und Speicher öffnen voraussichtlich Ende 2023

Fluchthilfe

Am 6. Mai 1527 sah der **Passetto del Borgo,** der enge Fluchtgang, Klemens VII. um sein Leben rennen. 187 Schweizergardisten stellten sich den tollwütigen Landsknechten von Karl V. in den Weg, damit der Pontifex noch rechtzeitig die rettende Engelsburg erreichen konnte. Hinter ihm wurde die Zugbrücke hochgezogen, während die Gardisten einer nach dem anderen fielen. Der 1277 angelegte Gang verläuft oberirdisch und ist in eine alte Mauer integriert. Über eine Länge von 800 m verbindet er Papstpalast und Engelsburg.

Besichtigung nur im Rahmen der Führung »Castello segreto« (s.o.)

Ponte Sant'Angelo

Nicht von Engeln gebaut

Der fünfbogige Pons Aelius, heute **Ponte Sant'Angelo** ❷ (Engelsbrücke) genannt,

Lieblingsort

Allzumenschliches in der Engelsburg

Das kleine Bad des Medici-Papstes im **Castel Sant'Angelo** ❶ – **Stuffetta di Clemente VII** – scheint einem modernen Design-Magazin entsprungen. Man sieht Klemens VII. förmlich vor sich, mit angezogenen Knien und Leinenhemd in der halben Wanne hockend und sich den Rücken schrubbend. Heißes und kaltes Wasser konnte er selbst regulieren. Die goldenen Wasserhähne wurden während der Revolution 1799 aus der Wand gerissen. Tja, vor 500 Jahren waren die Päpste offen für Moden. Baden wie die antiken Kaiser, das konnte sich nur die Elite der Kurie leisten.

entstand zeitgleich mit dem Kaisergrab. Bis zum Bau des Ponte Sisto 1475 bot sie den einzigen Übergang zum Petersdom. Während der Pilgerjubiläen gab es regelmäßig Unfälle vor dem Nadelöhr, Menschen wurden zerquetscht. Nicht weniger grauslich: Bis Ende des 19. Jh. lag vor der Engelsburg die Hinrichtungsstätte. Manchmal wurden zur Abschreckung die Köpfe von Verbrechern und Feinden des Papstes auf der Brücke ausgestellt. Unter dem autoritären Sixtus V. (1585–90) waren mehr Banditenköpfe zu sehen als Melonen auf dem Markt, berichten Chronisten. Die bewegten Engelsfiguren, mit denen Bernini 1669 die Balustrade veredelte, lassen diese Episode vergessen.

Via della Conciliazione

Straße der Versöhnung

Schon vom Tiber her kommend erblickt man die Peterskirche in all ihrer Pracht. Mussolini-Architekt Piacentini schlug eine breite Schneise in das alte Häusermeer und tilgte die Spina del Borgo (›Rückrat des Borgo‹) von der Stadtkarte, die die Sicht versperrte. Mit dem Bau der Via della Conciliazione wurde die Versöhnung zwischen Italien und dem 1929 neu gegründeten Kirchenstaat gefeiert. Der damals umstrittene Eingriff stellt sich heute angesichts der wachsenden Besuchermassen als weise heraus. Einige alte Paläste wie der Palazzo Giraud-Torlonia von Bramante oder der Palazzo dei Penitenzieri (Hotel Columbus) haben sich erhalten. Andere fielen der Abrissbirne zum Opfer und wurden neu gebaut wie das Auditorium Santa Cecilia. Wahre Schmuckstücke sind die obeliskenförmigen Straßenlaternen. Die teuren Bars entlang der Achse sind eher eine Falle für fußlahme, durstige Vatikanbesucher. In der benachbarten **Via del Borgo Pio** finden Sie günstigere Lokale.

Campo Santo Teutonico

In ›deutscher Erde‹ begraben

Hinter den linken Kolonnaden liegt der von Schweizergardisten bewachte Eingang zum **Campo Santo Teutonico** ❸. Der ›deutsche Friedhof‹, eine ummauerte Mini-Oase, bot seit Karl d. Gr. Pilgern und Geistlichen aus dem deutsch-flämischen Sprachraum eine Bestattungsmöglichkeit in Gemeinschaft, denn nicht alle schafften den Weg zurück über die Alpen. Später wurden hier auch Prominente wie der Maler Anton Joseph Koch begraben. Unter dem Gelände liegen die Reste des **Circus des Nero**, in dem Petrus 65 oder 67 gekreuzigt worden sein soll.

www.vatican.va/various/teutonico/index.htm, Do–Di tgl. 7–12 Uhr für deutschsprachige Besucher geöffnet, Archäologie-Vorträge: www.goerres-gesellschaft-rom.de

Vatikan ♀ E/F 7/8

In dem bunten Gewimmel von Kardinälen, Bischöfen, Priestern und Ordensleuten rund um den Vatikan gibt es keine Hautfarbe, keine Nationalität, die nicht vertreten wäre. Die Globalisierung ist in der 2000 Jahre alten Zentrale des Katholizismus schon lange gelebte Realität. Nachwuchs kommt fast nur noch von den anderen Kontinenten. Die **Città del Vaticano** ist der einzige Staat, der von einem Religionsoberhaupt regiert wird. Hinter seinen Mauern arbeiten etwa 1930 Personen als Journalisten, Wachpersonal, Restauratoren, Gärtner usw. Seit 1984 gehört der gesamte Vatikan zum UNESCO-Weltkulturerbe.

Der Zwergstaat auf dem Vatikanischen Hügel umfasst den Petersdom samt Petersplatz, den Apostolischen Palast, die Museen und die Gärten. Betreten kann

Vatikan und Prati

Ansehen
1. Castel Sant'Angelo
2. Ponte Sant'Angelo
3. Campo Santo Teutonico
4. Piazza San Pietro
5. Basilica di San Pietro
6. Musei Vaticani
7. Giardini Vaticani
8. Palazzo della Giustizia

Essen
1. Trattoria La Vittoria
2. Borghiciana Pastificio Artigianale
3. Trattoria Marcantonio
4. Pinsa 'Mpò
5. MiVà
6. Il Ciociaro
7. La Francescana
8. L'Officina

Einkaufen
1. Antica Manifattura Cappelli
2. Mercato dell'Unità
3. Mercato Trionfale

Ausgehen
- Alexanderplatz
- The Magick Bar

---

man den Staat ohne Passkontrolle über den Platz und die Vatikanischen Museen.

Die heutige Vatikanstadt wurde erst am 11. Februar 1929 neu gegründet, nachdem der neben Rom einen großen Teil Mittelitaliens einnehmende Kirchenstaat 1870 aufgelöst worden war. Ursprünglich residierte der Papst im Lateran. Mit dem Umzug Ende des 14. Jh. an das Petrusgrab, über dem Kaiser Konstantin eine erste Basilika errichtet hatte, wollte er auf seinen rechtmäßigen Führungsanspruch als Petrusnachfolger hinweisen. In der Renaissance wurde die Kirche durch einen gewaltigen Neubau ersetzt und die Papstwohnung zu einer Palaststadt mit Kunstsammlungen ausgebaut.

Petersplatz

In den Armen des Katholizismus

Als Besucher fühlt man sich von den vierreihigen Kolonnaden auf der **Piazza San Pietro** ❹ mütterlich umarmt. Bernini hatte mit dieser bühnenartigen, auf Fernwirkung konzipierten Architektur (1656–67) einen genialen Einfall. Die Gläubigen sollten nach dem Ende des Dreißigjährigen Krieges in Staunen versetzt, die Abtrünnigen in den Schoß der einzig wahren Kirche gezogen werden. Den Pilgern im 17. Jh. muss der ellipsenförmige Petersplatz, der das schlichte rechteckige Atrium aus der Zeit Konstantins ersetzte, sehr ›modern‹ erschienen sein. Der Grundriss ist inspiriert von dem des Kolosseums, Symbol des christlichen Martyriums. Der **Obelisk** in der Platzmitte wurde bereits unter Sixtus V. 1586 vom Circus des Nero mithilfe von 150 Pferden, 900 Männern und 47 Seilwinden versetzt. Nach der Überlieferung stand das Kreuz Petri bei der Granitnadel.

Zwei Travertinringe im Boden markieren die Brennpunkte der Ellipse. Von den Markierungen sieht der Betrachter jeweils nur die erste der vier Säulenreihen. Vom Dach der 284 Säulen winken 140 Heilige als gute Vorbilder der Kirche. Dort oben waren beim letzten Konklave (2013) an die 3000 Fernsehjournalisten stationiert, die Kameras auf den gusseisernen Schornstein gerichtet. Der ragte wie ein Zigarillo vom Dach der Sixtina rechts der Domfassade auf. Nach der Wahl wurde er wieder abmontiert.

Ein trapezförmiger Platz verbindet die Ellipse mit der Basilika und lässt die etwas breit geratene Fassade schlanker erscheinen. Hier sitzt der Papst bei den

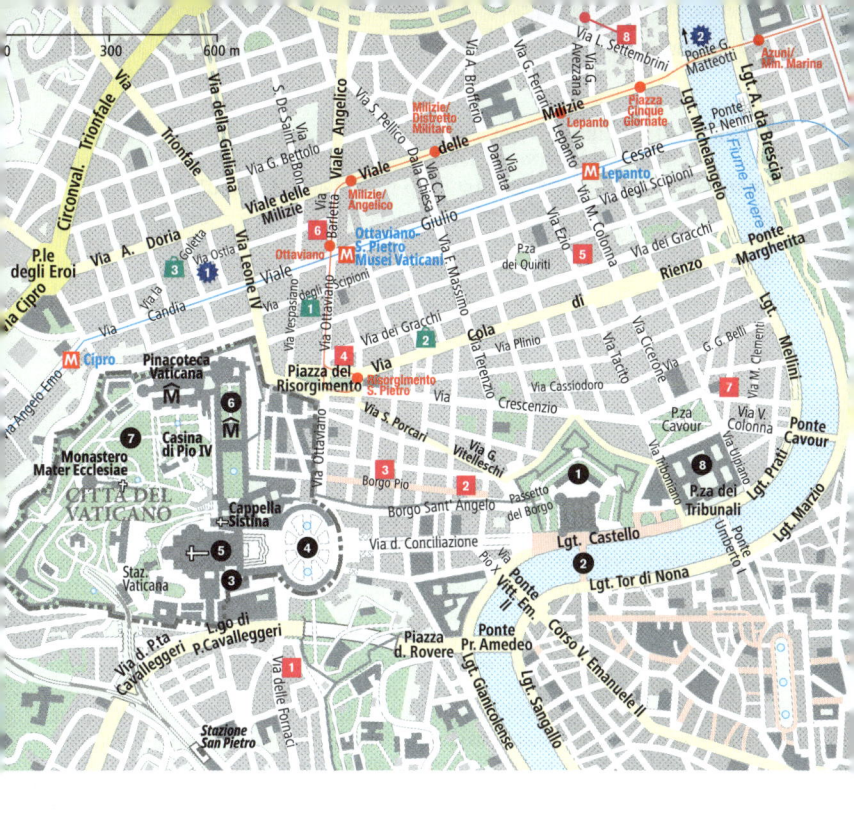

Audienzen und Heiligsprechungen unter einem weißen Baldachin. Von der **Benediktionsloggia** in der Fassade hingegen spendet er den universellen Segen »Urbi et Orbi«. In dem Balkon zeigt sich auch der frisch gewählte Pontifex. Zum kurzen »Angelus« am Sonntagmittag versammeln sich Pilger und Römer unter dem **Apostolischen Palast** hinter der rechten Kolonnade. Der Papst erscheint im vorletzten Fenster rechts oben, dem Arbeitszimmer der alten Papstwohnung. Ein nettes Szenario ist die Tiersegnung am 17. Januar, wenn die Kinder ihre Hunde und Hasen, die Bauern ihre Pferde und Ziegen auf den Platz bringen.

Der lästige Securitycheck für den Dom erfolgt unter der rechten Kolonnade. Es gab auch mal andere Zeiten: Meine alte Nachbarin schwört, dass sie einst mit ihrem Fiat 500 zum Autowaschen vor die Brunnen fuhr. Und bis ›Nine-Eleven‹ pflegte ich mit dem Fahrrad über den Platz zu radeln. Nun wird er abends durch einen Zaun abgeriegelt, der gleichzeitig die Grenzlinie markiert. Freundliche Aufnahme finden Obdachlose, für die Papst Franziskus Duschen, eine Sanitätsstation und einen Friseursalon eingerichtet hat.

Nachwuchsprobleme

Seit 1506 bewachen Schweizergardisten den Papst und seinen Palast. Julius II. misstraute der spanischen Hofgarde seines Vorgängers und verpflichtete stattdessen die als treu geltenden Söldner aus der Schweiz. Die Uniform in den Medici-Farben und die brutalen Hellebarden sind Imitate der Renaissancerüstung. Verteidigt wird sich heute mit Pfefferspray und Schusswaffen. In den letzten Jahren mangelte es an Nachwuchs. Doch mithilfe von Schnupperreisen und einer Social-Media-Offensive konnte das Korps 2018 auf 135 Mann erhöht werden. Heute sind verstärkt sportliche und sprachliche Fähigkeiten gefragt.

Petersdom ⭐

Weltwunder der Renaissance

Papst Julius II. befand die Basilika, die Konstantin 324 über dem Grab Petri gestiftet hatte, für nicht mehr zeitgemäß. Ein Neubau sollte das Zentrum des Katholizismus betonen und nebenbei den Glanz des Renaissance-Papsttums widerspiegeln. Daher investierte man in Größe und Ausstattung, verwendete nur edelste Materialien wie Marmor, Gold und Bronze.

Mit 211 m Länge und 23 000 m² Fläche ist die **Basilica di San Pietro** ❺ die größte katholische Kirche – nicht jedoch die höchste. Die Finanzierung des Mammutprojekts durch den Ablasshandel löste jenseits der Alpen Unmut und schließlich einen Flächenbrand aus: die Reformation. Der 1506 begonnene Bau wurde erst 1626 vollendet. Daher sind die Fassade und der Innenraum ganz vom Barockstil geprägt. Unter den vielen Architekten während der 120 Jahre Bauzeit sind Bramante, Michelangelo, Carlo Maderno und vor allem Bernini hervorzuheben. Der erste Entwurf von Bramante sah einen kuppelbekrönten Zentralbau über dem Grundriss eines griechischen Kreuzes vor. Maderno fügte später ein dreischiffiges Langhaus an, damit der Bau möglichst große Menschenmengen aufnehmen konnte. Nach den liturgischen Vorgaben des Konzils von Trient sollten die Gläubigen vor dem Altar und nicht um ihn herum stehen.

Die Kirche ist mit 44 Altären und unzähligen Marmorkunstwerken, Mosaiken und Gemälden eine wahre Schatztruhe. Einige Gemälde wurden durch unvergängliche Mosaikkopien ersetzt.

April–Sept. tgl. 7–19, Okt.–März tgl. 7–18.30 Uhr, Mi vorm. geschl. Von 9 bis 16 Uhr ist die Schlange vor den Detektoren am längsten. Bedeckende Kleidung ist unerlässlich. Kuppel: Aufgang links im Portikus, April–Sept. 8–18, sonst bis 17 Uhr, 10 €, erm. 8/5 €

Überwältigender Raumeindruck

Man betritt die Kirche über die 114 m lange Vorhalle. Rechts führt die prächtige Königstreppe, die **Scala Regia,** in den Papstpalast und zur Sixtina. Davor platzierte Bernini die **Reiterstatue Konstantins,** mit dem das Christentum über das Heidentum triumphierte.

Fünf Portale führen ins Innere. Aus Alt-St.-Peter stammt das bronzene Frührenaissance-**Portal von Filarete,** einem Schüler Ghibertis (1433–45). Die vermauerte **Porta Sancta** ganz rechts wird nur im Heiligen Jahr geöffnet, d. h. alle 25 Jahre, und zu Sonderjubiläen wie dem im Jahr 2016. Das Überschreiten der Schwelle und der Empfang der Bußsakramente sind die Voraussetzungen für einen Generalablass der Zeitsünden. Während heute das reinigende Fegefeuer als ein Zustand begriffen wird, war er einst als realer Ort gefürchtet.

Die lichtdurchflutete, golden schimmernde Basilika strahlt eine ungewöhnliche barocke Lebensfreude und Weltoffenheit aus. Hätte Luther den fertigen Bau gesehen, wäre er über eine derartige Prachtentfaltung empört gewesen. Tatsächlich ähnelt der Innenraum einem

---

PETRUS ... **P**

... wurde um 65/67 im Circus des Nero gekreuzigt und auf dem benachbarten Mons Vaticanus bestattet. Ausgrabungen unter dem Dom bestätigten Circusreste und eine antike Nekropole.

Schloss, einer weltlichen Residenz. Dies ist mit den politischen Machteinbußen des Papsttums im 17. Jh. zu erklären, die man mit einer säkularen Formensprache und Baupolitik kompensierte.

Auf der **Porphyrscheibe** vor dem Mittelportal ließ sich Karl d. Gr. an Weihnachten 800 von Leo III. zum Kaiser des Heiligen Römischen Reiches krönen. Im letzten Moment riss Karl dem Papst angeblich die Krone aus der Hand und drückte sie sich selbst aufs Haupt. Die Platte lag vor dem Hochaltar in Alt-St.-Peter.

Michelangelos Madonna

Der Rundgang beginnt im rechten Seitenschiff. Die weltberühmte **Pietà von Michelangelo** (1498/99) steht hinter Panzerglas in der ersten Kapelle. Mit der signierten Marmorskulptur etablierte sich der junge Florentiner als Bildhauer in Rom. Die jugendlichen Züge der Gottesmutter, die nicht wie üblich als Dolorosa dargestellt ist, erregten Anstoß. Christus läge wie ein Schlafender auf ihrem Schoß gebettet. Er habe nur ihre Jungfräulichkeit herausstreichen wollen, verteidigte sich der Künstler. Schön ist der Kontrast zwischen dem aufgewühlten Gewand der Madonna und dem glatten Körper Christi.

Vorbildliche Frauen

Frauen werden im Petersdom nur wenig gewürdigt. Doch es gibt zwei Ausnahmen – zu sehen im **rechten Seitenschiff.** Am ersten Pfeiler hängt das **Brustbild der Christina von Schweden.** Die Tochter von Gustav II. Adolf, Anführer der Protestanten im Dreißigjährigen Krieg, verzichtete auf die Krone und trat 1655 zum Katholizismus über, was der Papst natürlich propagandistisch ausschlachtete. Die ›Pallas des Nordens‹ wurde mit Pomp in Rom empfangen, wo sie sich bis zum Tod 1689 ihren wahren Interessen – Kunst und Dichtung – widmete. Sie ist in den Grotten beigesetzt. Vor dem zweiten Pfeiler erhielt auch **Mathilde von Tuszien**

Die Peterskirche ist eine der vier Patriarchalbasiliken, nicht jedoch Bischofssitz von Rom. Dennoch finden hier und nicht im Lateran die Papstmessen statt.

ein **Grabdenkmal.** Die Markgräfin stellte sich im Investiturstreit auf die Seite des Papstes. Bernini verewigte auf ihrem Sarkophag den sprichwörtlich gewordenen ›Gang nach Canossa‹ von Heinrich IV. Am 1. Januar 1077 musste der Salierkönig im Büßergewand bei Papst Gregor VII. Abbitte leisten, um seine Exkommunikation rückgängig zu machen.

Papst im Glassarg

Besondere Verehrung genießt **Johannes XXIII.** (1958–63), dessen einbalsamierter Körper seit der Seligsprechung in einem klimatisierten Glassarg unter dem Altar des hl. Hieronymus ausgestellt ist – ein skurriler Anblick. Der charismatische Kirchenreformer, der 1962

> **FAKTENCHECK VATIKAN** F
>
> **Fläche:** Fläche: 44 ha
> **Bevölkerung:** 618 Einw. (2022)
> **Staat und Politik:** Der Vatikan ist eine absolutistische Wahlmonarchie; der Heilige Stuhl als Leitungsorgan ein souveränes, nichtstaatliches Völkerrechtssubjekt. In der UN und in der EU ist er kein Mitglied, hat aber einen ständigen Beobachterstatus. Er unterhält mit 180 Staaten diplomatische Beziehungen, besitzt eine eigene Polizei, Bank und Währung (jährlich werden Münzen mit einem Nennwert von 2,3 Mio. Euro geprägt) sowie eine eigene Post. Die rund 4600 Mitarbeiter (davon ca. 1000 Frauen) dürfen im Vatikan steuer- und zollfrei einkaufen und tanken.

Kennedy und Chruschtschow von einem Atomkrieg abbrachte, wollte eigentlich im Lateran beigesetzt werden.

Streicheleinheiten im Mittelschiff

Gehen Sie nun zurück ins Mittelschiff, in dem die Länge von anderen Kathedralen wie dem Kölner Dom im Boden angezeigt sind. Der Führungsanspruch des römischen Bischofs sollte mit dem Längenrekord des Petersdoms von 211 m auch dem einfachen Gläubigen einleuchten.

Vor der bronzenen **Petrusfigur** von Arnolfo di Cambio (1300) stehen die Besucher Schlange, um ihr über den Fuß zu streichen. Die Geste soll Glück bringen. Dem Bronze brachte sie eine Abnutzung des Fußes – nach 700 Jahren ist er zu einer dünnen Platte geschrumpft. Am 29. Juni wird die Statue in päpstliche Gewänder gehüllt und mit der Tiara bekrönt.

Neu war damals die übermächtige Betonung des Papstaltars durch den 28 m hohen **Bronzebaldachin** mit gedrechselten Säulen, den Bernini aus der Bronzedecke des Pantheons goss (1624–33). Mit den allgegenwärtigen Bienen signierte Papst Urban VIII. als Auftraggeber. Prächtige Leuchter geleiten den Gläubigen zur **Palliennische** in der unterirdischen Confessio. Die mit einem Christus-Mosaik verzierte Nische aus dem 2. Jh. befindet sich unmittelbar über dem Petrusgrab, das ausschließlich im Rahmen einer Führung durch die Nekropole besichtigt werden kann.

Mit der **Kathedra Petri** in der Apsis hinterließ Bernini ein weiteres Monumentalwerk (1666) aus vergoldetem Stuck und Bronze. Eine riesige Engelsglorie umgibt die Alabasterscheibe mit der Taube des Heiligen Geistes. Darunter schwebt ein bronzener Reliquienschrein in Form eines Thrones, der einst den ›Richterstuhl des Apostels‹ verwahrte. Holzanalysen datieren diesen jedoch in die Zeit Karls des Kahlen (9. Jh.). Um den Thron-Schrein versammeln sich die vier Kirchenlehrer. Augustinus und Ambrosius stehen für die lateinische Tradition der Liturgie, Athanasius und Johannes Chrysostomos für die griechische.

Die Krone der Stadt

Die zweischalige **Kuppel** *(cupola)* ist das weltweit größte freitragende Bauwerk aus Ziegeln. Sie wurde vom 72-jährigen Michelangelo entworfen, der die Arbeiten aber nur bis zum Tambour dirigierte. Nach seinem Tod 1564 ruhte die Bauhütte für 24 Jahre. Erst unter dem energischen Sixtus V. vollendeten seine Schüler Giacomo della Porta und Domenico Fontana die Kuppel mithilfe von 800 Maurern in nur 22 Monaten (1588–90). Ihr Durchmesser von 42,34 m ist 80 cm kleiner als der des Pantheons. Mit 133,30 m Höhe (Boden bis Laterne) überragt sie den antiken Tempel jedoch fast um ein Dreifaches. Als allsichtbare Bekrönung des Petrusgrabes musste sie steiler werden als im Entwurf vorgesehen. Die tragende Schale ist die innere, die äußere fungiert als Wetterschutz und wird von 16 Rippen gehalten.

Die umlaufende Inschrift zitiert in lateinischer Sprache einen Vers aus dem Matthäus-Evangelium, auf dem das Primat des römischen Bischofs gegründet ist: »Du bist Petrus und auf diesem Felsen will ich meine Kirche errichten und ich gebe dir die Schlüssel für das Himmelreich«. Die Kuppel stützen vier massive Pfeiler, in deren Nischen Kolossalstatuen der hll. Andreas, Veronika, Helena und Longinus stehen. In den Ädikulen darüber wähnt man bedeutende Reliquien.

Die gewaltigen Ausmaße der Kuppel können Sie nur vom Umgang des Tambours aus erfahren. Aus 65 m Höhe wirken die Menschen unten winzig. Der Aufstieg auf das Dach und die Kuppel gehört zu den schönsten Rom-Erlebnissen. Ein Lift (oder die Treppe) führt zur Dachterrasse, die mit Bar und Souvenirshop zum Verweilen einlädt. Vom Dach sehen Sie den deutschen Friedhof, die Audienzhalle und die herrlichen Gärten. Bis zur Laterne sind es noch 320 bequeme Stufen. Nur im letzten Abschnitt kann es für Menschen mit Platzangst etwas kritisch werden. Über ein enges Wendeltreppchen kommt man an die frische Luft. Der Ausblick – bei klarer Sicht bis zum Meer – ist einmalig.

Papstgräber

In den Seitenschiffen haben sich die Kirchenfürsten mit kunstvollen Gräbern selbst Denkmäler gesetzt. Besonders pathetisch gerieten sie im Barock, als sich die Päpste mit Tugenden (weibliche Figuren) darstellen ließen. Den Höhepunkt bildet das **Grabmal** von Bernini für **Alexander VII.** am Ende des linken Seitenschiffs. Der Spross der Bankiersfamilie Chigi mit modischem Spitzbart kniet demütig vor seiner Tiara. Unter ihm räkeln sich an den Zipfeln des marmornen Grabtuchs vier Allegorien, während ein Sensemann mit ›memento mori‹ an die Vergänglichkeit des irdischen Glücks gemahnt.

Statischer wird es im Klassizismus unter dem dänischen Bildhauer Bertel Thorwaldsen. **Pius VII.** blickt ernst vom Thron herab, von dem ihn Napoleon einst verstieß. An eine antike Grabpyramide erinnert das Denkmal der letzten **Stuarts** von Canova am ersten Pfeiler des linken Seitenschiffs.

Unter der Kirche

Die schmucklosen **Grotten** dienen als Grablege von 23 Päpsten. Die geräumige Krypta liegt auf dem Niveau der alten Basilika und ist über eine Treppe beim Vierungspfeiler des hl. Andreas zugänglich. Der Grabplatz von Johannes Paul II. ist frei, seit sein Sarg in den Dom überführt wurde (2. Kapelle rechts). Zu sehen sind u. a. der Sarkophag des 33-Tage-Papstes **Johannes Paul I.** (1978), dessen überraschender Tod durch Herzinfarkt Anlass zu wilden Spekulationen gab, und die Grabplatte des jüngst kanonisierten **Paul VI.** (1963–78), der das Reformwerk des Zweiten Vatikanums gegen die Traditionalisten um Kardinal Lefebvre voranbrachte. Die Öffentlichkeit erinnert ihn

---

FINANZ-EXOT

Der Vatikan hat keine Steuereinnahmen, sondern finanziert sich aus den Einnahmen der Vatikanischen Museen sowie durch Geldanlagen und Erträge aus Immobilienbesitz. Hinzu kommen Spenden (Peterspfennig) und Abgaben der reichsten Bistümer (24 Mio. €). Im Jahresabschluss werden nur schwarze bzw. rote Zahlen für die Vatikanstadt (Plus) und den Heiligen Stuhl (Minus) ausgewiesen, nicht die Gesamteinnahmen. Im Pandemiejahr 2020 gab der Vatikan 66 Mio. € Defizit an, für 2021 – u. a. dank Einsparungen – nur noch 3,3 Mio €.

eher als ›Pillen-Paul‹, weil er die künstliche Verhütung bannte. Meisterwerke sind die Sarkophage von **Paul II.** (1464–71) und **Bonifaz VIII.** (1294–1303), die die Päpste liegend abbilden.

Spannend ist eine Führung durch die **Necropoli Vaticana.** Außer dem **Petrusgrab** sehen Sie christliche und heidnische Mausoleen der frühen Kaiserzeit, Zeugnis der ursprünglich friedlichen Koexistenz der verschiedenen Religionen. Petrus wurde nach jüdischem Brauch in ein Erdgrab gelegt. Zwar sind seine Gebeine nie gefunden worden, aber die Stelle wurde seit spätestens dem 2. Jh. als Grabplatz verehrt, wo Pilger einen Schrein (Tropaion) darüber stifteten.

Konstantin musste Teile des Gräberfeldes auf dem Mons Vaticanus abtragen lassen, um seine Basilika über dem Grab errichten zu können. Ihre Apsis ist wegen des unebenen Geländes gewestet und nicht geostet.

Necropoli Vaticana: Mo–Sa 9–17/18 Uhr, Fei geschl., max. 12 Pers., ab 15 J., 13 €; bedeckende Kleidung unerlässlich; 1,5 Std. Führung u. a. auf Deutsch, nur mit Reservierung: www.scavi.va/content/scavi/en/ufficio-scavi.html

Musei Vaticani ⭐

📍 E/F 7/8

Die **Musei Vaticani** ❻ nehmen den Großteil des vatikanischen Palastkomplexes (55 000 m²) ein. Von seinen Kunstschätzen hat der Papst heute allerdings nicht mehr viel – er muss bis Sonntag warten, dem Ruhetag, um die Sammlung betreten zu können. Diese ist in 15 einzelne Museen und 30 Galerien unterteilt, benannt nach dem jeweiligen Gründer oder dem Genre. Den Anfang machte Julius II. 1506 mit einer Handvoll griechischer Statuen im Belvedere-Hof.

Die Sammlung boomte ab dem Ende des 18. Jh., begünstigt durch das Vorkaufsrecht des Papstes auf Auktionen. Zudem ließ der Papst im gesamten Kirchenstaat Ausgrabungen durchführen. »Skandalös diese Reichtümer!«, moniert so mancher Besucher. Aber die italienischen Bestände wurden auf diese Weise vor Zerstückelung und Verkauf außer Landes gerettet und vorbildlich gepflegt. Das Pacca-Edikt von 1820 legte die Basis für den modernen Kulturgüterschutz. Anfangs galt die Vorliebe der humanistischen Päpste der klassischen Antike und Malerei. Später kamen die ägyptische, die orientalische und die asiatische Kunstabteilung, ein Volkskundemuseum, eine Sammlung der Moderne und das Kutschenmuseum hinzu. Die Lateranverträge (1929) zwangen den Papst, die Türen seiner Schätze zu öffnen. Dafür wurde das heute als Ausgang benutzte Portal und die berühmte doppelte Spiralrampe geschaffen.

Planung

Wo bleibt der Kunstgenuss?
Der Kunst und gleichzeitig dem eigenen Stehvermögen gerecht zu werden, ist nicht einfach. Über 7 km ziehen sich die Sammlungen hin. Nur mal kurz durchhuschen geht nicht. Die Museumsdirektion hat eine **Mindestroute** festgeschrieben, auf der Einbahnverkehr und in der Regel Hochbetrieb herrscht. Sie endet in der Sixtina – wohin es 80 Prozent der Besucher ohnehin ausschließlich zieht. Durch die kleine Kapelle wird also der gesamte Besucherstrom geschleust. Aber es gibt seitliche Bänke für eine Verschnaufpause und um die Deckenfresken zu studieren – im Stehen bekommt man eine Nackenstarre.

Eine **Reservierung** erspart einem das Anstehen vor dem Eingang, nicht aber die Massen in den Sälen. Im Mai und im Oktober werden bis zu 30 000 Besucher

SIXTINA OHNE RUMMEL

Die Vatikanischen Museen mit nur einer Handvoll Besucher erleben – wie geht das? Entweder lassen Sie sich um 6 Uhr morgens vom *clavigero* die Säle aufschließen, ein geheimnisvolles Zeremoniell. Oder Sie kommen um 18 Uhr nach der offiziellen Schließung. Mit Frühstück oder Aperitif und Kurzführung (2 Std., engl./it.), Tickets ab 68/78 €, nur online: www.museivaticani.va.

täglich gezählt. Vormittags sind viele Reise- und Schülergruppen unterwegs, nachmittags ist es erträglicher. Falls Sie nur für ein Wochenende in Rom weilen, sind Sie mit einem Bildband über die Sixtina eventuell besser bedient. Mut zur Lücke. Finger weg von ›Skip-the-Line-Tickets‹, die von fliegenden Händlern feilgeboten werden. Für nur 5 € zusätzlich zur Eintrittsgebühr können Sie selbst online reservieren, theoretisch auch für den laufenden Tag.

Viale Vaticano, Mo–Sa 9–18 (Kasse 16), letzter So im Monat freier Eintritt 9–14 Uhr; an kirchlichen Feiertagen geschl., Infos/Onlineverkauf s. www.museivaticani.va, **Reservierung** empfohlen, 17/8 € (zzgl. 5 € Vorverkaufsgebühr), Restaurant und Bistro La Pigna (relativ teuer). **Rollstuhl** kostenlos zu buchen: accoglienza. musei@scv.va; **Fotografieren** ohne Blitzlicht und Stativ ist in den Museen mit Ausnahme der Sixtina erlaubt. Der Direktzugang von der Sixtina in den Dom ist für Gruppen reserviert.

Verborgene Schätze
Besondere Werke und Fundstätten, die keine Besuchermassen vertragen, sind nur im Rahmen von Sonderführungen zu sehen. Dazu gehören die von Fra Angelico ausgemalte **Cappella Niccolina**, die **Scala del Bramante** (Wendeltreppe), die **Logge di Raffaello** und die **Nekropole an der Via Triumphalis**. Auf Wunsch werden individuelle Führungen kredenzt, inklusive Aperitif und Essen. Eine ›außerplanmäßige‹ Führung morgens um 6 Uhr klingt mit einem stärkenden Frühstück aus.
www.museivaticani.va/content/museivaticani/ de.html, tours.musei@scv.va

Orientierung

Kuppel und Sixtina im Blick
Auf dem knapp dreistündigen Rundgang durch die Vatikanischen Museen sehen Sie die wichtigsten Werke aus dem Klassischen Altertum und der Renaissance.

Eine Rolltreppe bringt Sie ins obere Geschoss, wo **Audioguides** vermietet werden und ein großes **Holzmodell** des Vatikans steht. Von der großen Terrasse haben Sie einen tollen Blick auf die nahe Kuppel und die Sixtina. Auf den Schautafeln im tiefer gelegenen **Giardino Quadrato**, gleich hinter der **Pinakothek,** kann man die Fresken der Sixtina aus der Nähe studieren. Gehen Sie zurück und durchqueren Sie den riesigen **Cortile della Pigna**. Er ist der erste von drei Höfen, um den sich die Museumsflügel gruppieren. Der mächtige Pinienzapfen (ital. *pigna*) aus Bronze schmückte einst den alten Petersplatz. Die drehbare **Bronzekugel** im Zentrum ist ein Geschenk des Künstlers Arnaldo Pomodoro (1985).

Antikensammlungen

Höhepunkte der Antike
Insbesondere die Antikensammlungen genießen Weltruf. Hinter dem Bistro La Pigna betreten Sie das **Museo Chiaramonti** (1807). Wie Bücher in einem Regal sind die Marmorporträts von Philosophen, Rednern und Kaisern aufgereiht. Es zählte weniger das einzelne Kunstobjekt als die Gesamtheit aller Genres im Sinne einer Enzyklopädie. Feigenblätter

Im klassizistischen Braccio Nuovo sind antike Meisterwerke ausgestellt, die Napoleon einst nach Frankreich entführte.

verhüllen die nackten Götterfiguren. Der Umgang mit Nacktheit, in der Antike Zeichen von göttlicher Erhöhung, änderte sich in der Gegenreformation radikal.

Still ist es im zartgrauen klassizistischen **Braccio Nuovo**, der zur Aufnahme ausgewählter Highlights als Querriegel des Hofes angefügt wurde. Die einst bemalte Statue »Augustus von Primaporta« markiert den Höhepunkt augusteischer Kunst. Der Reliefschmuck auf dem Panzer zeigt die Rückgabe der verlorenen Feldzeichen an Tiberius, ein außenpolitischer Erfolg.

Beeindruckend ist die riesige **Statue des Nils**. Die schelmischen 16 Putten, die auf dem liegenden Flussgott herumturnen, symbolisieren die Ellen, um die der Nil ansteigt. Das **Caesar-Porträt** gegenüber zeigt einen reifen, hellwachen Mann – keine Spur von der in den Quellen überlieferten Kahlköpfigkeit.

Gehen Sie zurück und nehmen die Treppe zum **Palazzo del Belvedere,** dem alten Teil des Museums. Während die meisten Touristen für ein Panoramafoto zum Fenster stürzen, betrachten Sie zunächst den »**Apoxyomenos**« des Lysipp, des berühmten Hofkünstlers von Alexander d. Gr. (4. Jh. v. Chr.). Der marmorne Athlet schabt sich den Sand vom Körper. Die Römer erbeuteten die griechischen Originale und fertigten Repliken für ihre Plätze und Villen an. Auf diese Weise haben sich griechische Werke überhaupt erhalten. Dass sie nur Kopien waren, ahnte der Bibliothekar und Altertumskenner Joachim Winckelmann noch nicht, als er zum Direktor der Antiken erhoben wurde (1717–68).

Die Begeisterung Winckelmanns und der Generationen nach ihm für den androgynen, gelockten »**Apoll vom Belvedere**« im benachbarten **Cortile Ottagono**, dem er »edle Einfalt, stille Größe« attestierte, ist heute schwer nachzuvollziehen. Der sonnige achteckige Innenhof ist die Keimzelle des Museums.

Hier stellte Papst Julius II. erste Werke aus. Die berühmte »**Laokoon-Gruppe**« wurde 1506 auf dem Esquilin von einem Weinbauern gefunden. Voller Pathos und Dramatik zeigt sie den Todeskampf des trojanischen Priesters Laokoon und seiner Söhne, Sinnbild des Untergangs von Troja. Athena schickte ihnen zwei Schlangen zur Strafe dafür, dass Laokoon die Trojaner vor dem hölzernen Pferd der Griechen gewarnt hatte. Da sich die Römer auf den Trojaner Äneas zurückführten, war das homerische Epos damals ein beliebtes Kunstthema.

Der »**Torso vom Belvedere**« (1. Jh. v. Chr.) ist in der **Sala delle Muse** stets von Besuchern umlagert. Das signierte Werk des Griechen Apollonius stellt einen nackten sitzenden Mann dar, vermutlich Ajax oder Dionysos. Obwohl nur der Rumpf erhalten ist, verliebte sich Michelangelo in die spiralförmig gedrehte Körperhaltung und kopierte sie vielfach in Malerei (Christus in der Sixtina) und Plastik (Moses). Auch inspirierte sie Rodin zu seinem »Denker«.

Die **Sala Rotonda** nimmt eine kolossale antike Porphyrschale aus der Domus Aurea Neros auf. Von der Schönheit römischer Pavimente zeugt das polychrome Mosaik mit dem heiteren Reigen der Meereswesen. Die reitenden Nymphen (Nereiden) zeigen ihre hübsch gerundeten Pobacken. Die Wasserperlen auf der dunklen Haut der Tritonen werden durch die weißen Steine lebendig. In der zweiten Nische links steht die überlebensgroße Statue des gelockten Antinoos, der mit 18 Jahren im Nil ertrunkenen Geliebten des Hadrian. Zum Trost erhob dieser ihn unter die Götter.

Die kleine **Sala a Croce Greca** schmücken Sphingen und Karyatiden aus der Hadrians-Villa in Tivoli. Blickfang sind jedoch zwei riesige Porphyrsarkophage der hll. Helena und Constantia, Mutter und Tochter von Kaiser Konstantin. Der von Constantia stammt aus ihrem Mausoleum an der Via Nomentana und zeigt eine Eroten-Weinlese, ein heidnisches wie auch christliches Motiv. Die Schlachtendarstellung auf dem Sarg der Helena lässt an eine ursprüngliche Bestimmung für einen Mann, vielleicht den Vater Constantinus, denken.

Der Weg führt ein Geschoss höher. Am Treppenabsatz links lohnt der Abstecher zum **Museo Gregoriano Etrusco** wegen der schwarzfigurigen »**Amphora des Exekias**« (530 v. Chr.). Die Darstellung von Achill und Ajax beim Würfelspiel gehört zu den schönsten Werken attischer Vasenmalerei (Saal XIX). Die »**Statue des Mars von Todi**« (5. Jh. v. Chr.) ist eine der wenigen erhaltenen etruskischen Bronzeplastiken.

Die Galerien

Kunst am Kilometer

Anschließend durchqueren Sie eine unendliche Reihe von Galerien, die verschiedene Päpste anlegten. Die **Galleria dei Candelabri** birgt eine Sammlung von römischen Marmorkandelabern, Urnen und Kleinkunst. Am Eingang sticht das eigenartige Kultbild der »**Artemis von Ephesus**« heraus. Es zeigt die Jagd- und Fruchtbarkeitsgöttin mit angehefteten Stierhoden, Opfergaben.

In der **Galleria degli Arazzi** hängen an der linken Wand kostbare Bildteppiche, die nach den Kartons von Raffael in der Brüsseler Werkstatt des Pieter van Aelst gefertigt wurde. Dort gingen Aufträge aus ganz Europa ein. Die Teppiche mit Szenen aus dem Leben Jesu wurden noch nach der alten Technik in einzelnen Abschnitten aus Wolle und Seide gewirkt und dann aneinandergefügt. Die Teppiche an der Fensterseite hingegen sind aus der vatikanischen Manufaktur, die im 17. Jh. gegründet wurde und heute noch besteht. Sie stellen den Aufstieg von Urban VIII. dar.

Beim Betreten der 130 m langen **Galleria delle Carte Geografiche** fühlt man sich geblendet von der Farbenpracht des manieristischen Deckengewölbes. An den Wänden sind die Regionen Italiens auf 40 gemalten Landkarten zu sehen – links die an der Mittelmeerküste, rechts die an der Adria. Man läuft sozusagen von Süden nach Norden über den Apennin. Dieses ›Google Maps‹ des 16. Jh. geht auf die Initiative des Kalenderreformers Gregor XIII. (1581–83) zurück. Die Vorlagen für die Karten lieferte der Kosmograf Ignazio Danti. Venedig, in Vogelperspektive vor dem Ausgang rechts, hatte damals mehr Einwohner als heute. Von der Galerie blickt man auf die idyllischen vatikanischen Gärten.

Nach einem weiteren Gang mit flämischen Wandteppichen (15. Jh.) gelangt man über eine enge Treppe ein Stockwerk tiefer in die Sixtinische Kapelle. Wenn Sie die Raffael-Stanzen sehen möchten (mind. 40 Min.), müssen Sie vor der Treppe links abbiegen. Bei starkem Besucheraufkommen wird der Direktzugang zur Sixtina geschlossen, der Umweg über die Stanzen ist dann obligatorisch.

Stanze di Raffaello

PR-Aktion des ›Papa terribile‹

Bei den **Raffael-Stanzen** handelt es sich um die Gemächer für Julius II., die der junge Raffael mit seinen Gehilfen von 1509 bis 1524 ausmalte. Die Fresken sind sein berühmtestes Werk. Sie ließen ihn – neben Michelangelo – zum ersten Maler der Stadt aufsteigen. Seinem neu definierten klassischen Schönheitsideal wurde noch bis ins 19. Jh. nachgeeifert.

Die Bildprogramme lesen sich wie ein politisches Manifest des ›Papa terribile‹, wie Julius II. wegen seines cholerischen Charakters genannt wurde. Sie propagieren die Überlegenheit des Papsttums über die weltliche Herrschaft. Julius' Behauptung, er könne in der Wohnung des verruchten Vorgängers Alexander VI. Borgia kein Auge zumachen, war nur ein Vorwand. Er selbst, der mehr Zeit auf Schlachtfeldern als vor dem Altar verbrachte, war kein Ausbund christlicher Tugend.

In der **Stanza di Costantino,** dem Empfangssaal, wurde den Gästen der epochale Sieg des Christentums durch Konstantin und die Gründung des Kirchenstaates vor Augen geführt.

Das Eingreifen Gottes zum Schutz der Kirche ist das Thema in der **Stanza di Eliodoro,** die Privataudienzen diente. Der syrische Feldherr Heliodor wird von zwei Engeln am Raub des Tempelschatzes in Jerusalem gehindert. Einen aktuellen Bezug erhielt die Szene durch die Darstellung von Julius II. auf einer Sänfte – eine Warnung an seine Feinde.

Die »Schule von Athen« in der **Stanza della Segnatura,** Bibliothek und Siegelzimmer, ist das bedeutendste Werk des Zyklus. Sie feiert die antike Geisteswelt als Wiege der europäischen Kultur und Wissenschaften. In einem dem Petersdom ähnlichen Gebäude versammeln sich – in Zentralperspektive – die wichtigsten Denker der Vergangenheit. Platon im roten Gewand verweist mit der Hand gen Himmel auf das Reich der Ideen, während sich Aristoteles mit der ausgestreckten Hand auf die Empirie als Grundlage des Wissens bezieht. Um das Paar gruppieren sich lässig Philosophen und Mathematiker wie der stupsnasige Sokrates, Pythagoras vor der Schiefertafel, dem der Araber Averroës über die Schulter blickt. Michelangelos Gesichtszüge sind in dem nachdenklichen, dunkelbärtigen Heraklit auf den Stufen zu erkennen, eine Hommage an den Kollegen.

Die **Stanza dell'Incendio,** das Speisezimmer, wurde unter Leo X. ausgemalt. Als neuer Papst wollte er mit dem Hinweis auf berühmte Namensvorgän-

In der »Schule von Athen« hat Raffael auch sich selbst verewigt: mit schwarzer Mütze neben Sodoma ganz rechts.

ger eigene Akzente setzen. So krönte Leo III. Karl d. Gr. und Leo IV. besiegte die Sarazenen in der Seeschlacht von Ostia 847. Theaterkulissen standen Pate bei der Komposition der dramatischen Szene »Brand im Borgo«.

Appartamento Borgia

Intrigenschmiede
Meistens jagt der müde Besucher im Stechschritt durch den Appartamento Borgia, um schnell die ersehnte Sixtina samt Sitzplatz zu erreichen. Dabei gibt es durchaus Interessantes zu sehen. Die von Pinturicchio (1492–94) ausgemalten Privatgemächer von Alexander VI. und seinem Clan wurden nach dessen Tod nicht mehr benutzt. Sie verfielen oder wurden übermalt. Erhalten sind die fantastischen Decken mit der Darstellung von Sibyllen, Propheten und astrologischen Symbolen. In der **Sala delle Sibille** hat Cesare Borgia seinen Schwager Alfonso von Aragon töten lassen. In der **Sala delle Arti Libere** pflegte Alexander zu speisen und hier wurde sein Leichnam 1503 aufgebahrt. Auf dem Wandfresko »Disputation der hl. Katharina von Alexandrien« in der **Sala dei Santi** ist fast die gesamte Borgia-Familie porträtiert. Die blonde Lucrezia, Augapfel des Vaters, will man in der Heiligen erkennen.

In einem Teil der Borgia-Gemächer und in der Etage darunter richtete Paul VI. 1973 eine wenig beachtete Sammlung mit zeitgenössischen Werken ein, die **Collezione d'Arte Religiosa Moderna.** Unter den 800 Exponaten, die spirituelle Themen behandeln, sind bedeutende Künstler wie Bacon, Manzù, Dix, Chagall, Klee und Kandinsky vertreten.

Cappella Sistina

Was ein Mensch vermag
Papst Sixtus IV. gab der 1475–83 gebauten Hofkapelle seinen Namen. Mit einer Fläche von 41 x 13,4 m – wie der Salomontempel – sollte sie groß genug für das Konklave sein, das damals aus knapp 30 Kardinälen bestand. Der Bildhauer Michelangelo schuf von 1508 bis 1512 mit dem Deckenfresko der Genesis sein erstes und berühmtestes Malereiwerk und eine Generation später das Jüngste Gericht an der Altarwand (s. Abb. S. 290). Goethe notierte zu Recht: »... ohne die Sixtinische Kapelle gesehen zu haben, kann man sich keinen anschauenden Begriff machen, was ein Mensch vermag.«

In 20 m Höhe auf einem wackligen Gerüst stehend – und nicht liegend, wie Vasari schreibt –, 520 m^2 Deckengewölbe unter Zeitdruck auszumalen, grenzte an Plackerei. Michelangelo klagte über enorme Rücken- und Sehprobleme. Aber Julius II. wollte die Kapelle noch vor seinem nahenden Tod einweihen.

Besucher betreten die Kapelle von der Altarseite. Die vom Boden bis zur Decke komplett bebilderte Schmuckschatulle erschlägt einen förmlich. Mit dem neuen LED-Beleuchtungssystem erstrahlt sie taghell ohne Schatten zu werfen. Das Auge tastet nach Bezugspunkten. Aber wo anfangen?

Schlüsselszene

Wenden Sie sich den **Seitenwänden** zu, die zuerst freskiert wurden. Die namhaftesten Künstler des Florentiner Medici-Hofes, Botticelli, Perugino, Rosselli, Signorelli und Ghirlandaio, brachten zwischen 1481 und 1483 **Szenen aus dem Leben Christi** (links) und **aus dem Leben Moses** (rechts) an. Die beiden Vertreter des Neuen und des Alten Testaments stehen sich antithetisch gegenüber. Herausragend ist das Bild der **Schlüsselübergabe** von Perugino mit dem Dom von Florenz als Fluchtpunkt, flankiert von dem zweifachen Konstantinsbogen. Die beiden Schlüssel symbolisieren hier geistliche und weltliche Macht. Christus überreicht diese Petrus und damit indirekt dem Papst.

Der Bildhauer wird zum Maler

Die Schöpfungsgeschichte im **Gewölbe** geht auf die Idee Michelangelos zurück, der damit die schon bestehenden Bilder zur Bibelgeschichte in einen Zyklus einband: vom Anfang der Menschheit bis zum Ende der Welt. 1508 entriss ihm der launische Julius II. die Arbeiten an dem großen Grabprojekt und drückte ihm einen Pinsel in die Hand. Zunächst sträubte sich der Bildhauer gegen den Malauftrag. Nach anfänglichen Pannen – er gab den Farben zu viel Wasser bei – eignete er sich die Freskotechnik schnell an und perfektionierte die ›Tagwerke‹ sogar.

Eine riesige Scheinarchitektur dient zur Trennung der einzelnen Bildszenen und Figuren. Das biblische Epos der Erschaffung der Welt und des Menschen, des Sündenfalls bis zur Sintflut und zur Trunkenheit Noahs ist im Mittelfeld dargestellt. Es wird gerahmt von sieben Propheten und fünf Sibyllen. Letztere wurden in der Renaissance als Vorboten der heidnischen, noch zu bekehrenden Welt interpretiert. Die nackten Jünglinge mit der Eichengirlande personifizieren das ›Goldene Zeitalter‹ von Julius II. Tausendfach in Souvenirs reproduziert ist die Szene der **Erweckung Adams** – ein lässiger Adonis – durch den Lebensfunken der ausgestreckten Hand Gottes. Eva dankt, weniger lässig, mit einem Kniefall für ihre Erschaffung. In der ersten Szene über dem Altar, der Schaffung der Gestirne und Stiftung der Vegetation erscheint Gott mit entblößten Glutäen, eine erotische Anspielung Michelangelos. In Wirklichkeit strafft sich das Gewand nur um die Pobacken. In den Lünetten und Stichkappen sind Vorfahren Christi dargestellt und in den Eckzwickeln heroische Szenen aus dem Alten Testament.

Die Farbgebung der kühn bewegten, kraftvollen Figuren waren bahnbrechend. Michelangelo übertrug plastische Werte aus der Bildhauerei in die Fläche.

Wimmelbild an der Altarwand

Mehr als 20 Jahre später (1536–41) vollendete Michelangelo, fast 60-jährig, den Zyklus mit dem **»Jüngsten Gericht«**. In 450 Tagwerken zauberte er ein 390-Figuren-Werk an die **Altarwand**. Der tiefblaue Hintergrund ist aus Lapislazuli, einem der teuersten Farbpigmente. Christus richtet mit unversöhnlicher Geste die Sünder, während seine Mutter um Gnade fleht. Halbkreisförmig um ihn herum sind Märtyrer, die guten Vorbilder der Kirche, angeordnet wie die hll. Petrus, Laurentius mit dem Rost oder Bartholomäus, in dessen abgezogener Haut sich Michelangelo porträtierte. Darüber tragen Engel die Symbole der Passion Christi, das Kreuz, die Geißelsäule und die Dornenkrone. Rechts stürzen die Verdammten in die Hölle. Einige versuchen sich vergeblich mit dem Boot des Fährschiffers Charon auf die andere Seite zu retten, wo die Gerechten geläutert in den Himmel aufsteigen. Aber Dämonen ziehen sie in das Höllenfeuer.

Der pessimistische Grundton des Freskos erklärt sich aus dem Trauma des Sacco di Roma 1527, bei dem 30 000 Einwohner hingemetzelt und die Stadt verwüstet wurden. Er galt als göttliche Strafe für den in weltlichem Braus lebenden Klerus. Nun wurden Papst und Kardinäle beständig am Altar an den Jüngsten Tag gemahnt.

Als Michelangelo mit der oberen Hälfte fertig war, ließ er das Fresko begutachten. Paul III. war begeistert, doch Zeremonienmeister Biagio da Cesena monierte die vielen Nackten. Michelangelo rächte sich auf seine Weise. Er gab ihm die Gestalt des Minos von Dantes ›Inferno‹. Dort richtet er über die Wollüstigen. Damit nicht genug der Veräppelung: Eine Schlange beißt ihm in sein Geschlecht, während ein Teufel aus dem Bild grinst.

Die Sache mit den Nackten wurde aber durchaus ernst, nachdem sein Beschützer, der Farnese-Papst, starb. Selbst der Dichter Pietro Aretino sah Obszönes wie bei der hl. Katherina von Alexandrien, die sich mit hängenden Brüsten über das Rad beugt. Michelangelo riskierte fast einen Häresieprozess. Auf dem Konzil von Trient wurde darüber diskutiert, welche Heilige Lendenschurze bekommen sollten. Daniele da Volterra, einem Schüler Michelangelos, fiel das Los der Übermalung zu. Er ging als ›*braghettone*‹, Hosenmaler, in die Geschichte ein. Bei den letzten Restaurierungen wurde entschieden, diese Lendenschürze zu belassen. Entfernt wurden alle späteren Übermalungen mit den dunklen Ruß- und Fettablagerungen. In jedem Fall bleiben noch genügend pral-

Besucher verlassen die Museen über die spiralförmige Rampe (Giuseppe Momo, 1932) – Vorbild für das Guggenheimmuseum in New York.

le Schenkel, Brüste und Hinterbacken übrig für die Besucher – und die Kardinäle während des Konklaves. Die Stimmzettel werden in zwei Öfen – für weißen und schwarzen Rauch – verbrannt. Nur für die Wahl werden sie hinter den schönen Chorgittern montiert. Einst wurden die Kardinäle samt Pagen und Sekretären so lange im Gebäudetrakt der Sixtina eingesperrt, bis sie sich auf einen Nachfolger geeinigt hatten. Geschlafen und gegessen wurde in den benachbarten Räumen. So sollte Einfluss von außen verhindert und Druck ausgeübt werden.

Biblioteca Apostolica Vaticana

Lesestoff für die Ewigkeit

Sixtus IV. gründete 1475 die weltberühmte **Vatikanische Apostolische Bibliothek.** Die aktuellen Lesesäle mit den 2 Mio. Büchern und Manuskripten und das Apostolische Archiv sind für Personen mit einem Forschungsvorhaben reserviert. 13 Säle und Korridore wurden jedoch in den Museumsrundgang integriert. Im bunt ausgemalten **Salone Sistino,** dem früheren Lesesaal, sind ein paar wertvolle Codices neben astronomischen Instrumenten und Navigationskarten ausgestellt. Es gibt Veduten, die Rom mit der Bauhütte des Petersdoms zeigen oder während der Obelisk auf den Petersplatz versetzt wird. Sehenswert ist das augusteische Wandbild mit Hochzeitsvorbereitungen in der **Sala delle Nozze Aldobrandine** (1. Jh. v. Chr.).

Pinacoteca

Selten überlaufen

Die gehaltvolle Gemäldesammlung bietet einen Überblick über die italienische Malerei vom Mittelalter bis zum Barock. Besondere Aufmerksamkeit verdienen das »Triptychon Stefaneschi« von Giotto (1330), Raffaels »Madonna von Foligno« (1512), der »Heilige Hieronymus« (um 1480) von Leonardo da Vinci und Caravaggios bewegende »Grablegung« (1604). Wunderschön sind zwei frühe Fresken von Melozzo da Forlì: Die »Ernennung Platinas zum Präfekten der Bibliothek« und die ›musizierenden Engel‹ (1477–80). Im größten Saal hängen die goldgewirkten Bildteppiche (Arazzi) nach den Kartons von Raffael. Sie waren für die Sockelzone der Sixtina bestimmt und stellen Apostelszenen dar. Sie waren teurer als das Deckenfresko von Michelangelo.

Padiglione delle Carrozze

Mobile Päpste

Groß und Klein begeistert der Fuhrpark der Päpste im Untergeschoss des Giardino Quadrato. Zur Sammlung zählen barocke Sänften (bis zu Paul VI. ließen sich die Päpste per Sänften zur Audienz tragen), Kutschen, Limousinen und die letzten drei Papamobile. Franziskus benutzt bisher für die Audienzen auf dem Petersplatz einen ungepanzerten Geländewagen von Mercedes-Benz.

Giardini Vaticani

9 E7/8

Botanische Schätze

Eine Spazierfahrt mit dem Open Bus durch die **Giardini Vaticani** ❼, die Vatikanischen Gärten, rundet den Museumsbesuch angenehm ab. In dem 23 ha großen, sorgsam gepflegten Vogelparadies herrscht heitere Stille. Italienische, französische und englische Landschaftsgestaltung vermischen sich. Uralte Steineichen, Zedern, Pinien und Palmen wechseln mit Rasenflächen, exotischen Gewächsen und Blumenrabatten ab. Bänke vor Grotten, Brunnen und kleinen Andachtsstätten laden zum Verweilen ein. Dazwischen wie hingewürfelt liegt die **Casina Pia**, das weiße Sommerschloss von Pius IV. mit seiner schönen manieristischen Stuckfassade von Pirro Ligorio. Die neokonservative Denkfabrik Dignitatis Humanae Institute veranstaltete in der Päpstlichen Akademie ihre Kongresse mit Steve Bannon, Ex-Chefstratege von Donald Trump. Im Osten ragt der antennenbewehrte mittelalterliche Turm auf, Sitz der Verwaltung (nicht der Redaktionen) von Radio Vatikan. In dem benachbarten Frauenkloster **Mater Ecclesiae** verbrachte der emeritierte Papst Joseph Ratzinger seine letzten Jahre.

Nur in Kombination mit den Musei Vaticani: 37/23 €; Mo, Di, Do–Sa Führung (2 Std.) durch die Gärten auf Deutsch; Reservierung obligatorisch; spez. Anfragen: tours.musei@scv.va; nicht für Rollstuhlfahrer geeignet

Prati ♀ F–H 6–8

Entspannt flanieren
Wer nach dem Kunst- und Menschenkonzentrat im Vatikan einen Tapetenwechsel braucht, ist in Prati gut aufgehoben. Das ein wenig an Paris erinnernde ›Gründerzeitviertel‹ mit schönen Cafés und Geschäften auf den – ach endlich mal breiten – Trottoirs lädt zum entspannten Flanieren ein. Beliebt ist die elegante, mit bekannten Modemarken gepflasterte **Via Cola di Rienzo,** die sich von der Piazza Risorgimento bis zur Piazza del Popolo zieht. Einst ohne Nachtleben, mausert sich Prati gerade zu einem neuen Ausgehviertel. Es entstand Ende des 19. Jh. unter den Savoyern auf den Grünflächen (ital. *prati* = Wiesen) nördlich des Vatikans. Damit auch der Papst das Symbol der neuen Staatsmacht sah, pflanzte man ihm den protzigen **Palazzo della Giustizia** ❽ (Kassationsgericht) vor die Nase. Der eklektische Bau mit den Quadrigen auf dem Dach drängt sich in der Stadtsilhouette auf. Der Eingang liegt an der mit Palmen bestandenen Piazza Cavour. Hier vernahmen 2013 Presse und Opposition jubelnd die endgültige Verurteilung von Berlusconi wegen Steuerbetrugs im Mediaset-Prozess.

Essen

Bewährt
❶ **Trattoria La Vittoria:** Bekanntermaßen weiß der Klerus, wo es schmeckt. Gemütliches Traditionslokal nahe dem Petersplatz. Viele römische Spezialitäten, beispielsweise *abbacchio, saltimbocca alla romana.*
Via delle Fornaci 15–17, T 06 63 18 58, www.ristorantelavittoria.com, Bus: Cavalleggeri/Fornaci, Mi–Mo 11.30–15, 18–23 Uhr

Pasta wie bei Mama
❷ **Borghiciana Pastificio Artigianale:** Mischung aus einfacher *tavola calda* und Trattoria mit exzellenter hausgemachter Pasta, Ravioli, Lasagne, Gnocchi, Gemüse u. v. m.
Borgo Pio 186, T 06 68 30 83 60, Bus: Vitelleschi, Mo–Sa 12–22, So 12–18 Uhr

Reell und gut
❸ **Trattoria Marcantonio:** Ideal fürs Mittagessen nach dem Vatikanbesuch, Tische draußen, ohne Aufpreis für Gedeck. Gut sind die *primi* und die Salate sowie die Fleischgerichte mit Beilagen.
Borgo Pio 146, T 06 686 14 13, Bus: Vitelleschi, tgl. 11–22 Uhr

TOUR
Die irdische Version des Paradieses

Mit dem Zug zur Sommerresidenz Castel Gandolfo

Die Barockgärten hoch über dem tiefblauen Albaner See sind das Gegenstück zum überlaufenen Vatikan. Papst Franziskus öffnete sie für das Publikum.

Ein hochmoderner E-Zug sammelt die fröhlichen Ausflügler am Gleis des Minibahnhofs **Stazione Città del Vaticano** ein. Sechs Wagons schlängeln sich durch die Vororte Roms, vorbei an Aquädukten der Via Appia, hinauf in die Albaner Berge. Nach einer Stunde landen wir am Fuße des Bergstädtchens **Castel Gandolfo,** ein auf dem Kraterrand balancierender Häusersaum. Der strohgelbe Papstpalast mit den zwei Metallkuppeln der Sternwarte thront über dem Ortseingang. Ein Shuttle kürzt den zehnminütigen Fußweg ab.

Einkehr: Pagnanelli ist ein gediegenes Terrassenlokal (1882) hoch über dem Albaner See, das lokale Speisen serviert (Via Antonio Gramsci 4, T 06 936 00 04, www.pagnanelli.it, tgl. 12–15.30, 18.30–23.45 Uhr).

Der **Palazzo Pontificio** aus dem 17. Jh. ist unerwartet schlicht. Im Hof steht ein BMW aus den 1980ern mit dem Kennzeichen SCV 1. Damit düste Johannes Paul II. durch das 55 ha große Sommerrefugium. Papa Ratzinger, der hier jeden Sommer drei Monate verbrachte, pendelte lieber mit dem Helikopter. Im ersten Stock sind päpstliche Roben, Porträts und Stühle ausgestellt. Ein Audioguide erzählt die Vitae zu den Päpsten – wenig fesselnd. Die blanken Marmorböden wirken kühl und aseptisch. Kaum etwas Persönliches ist den spärlich möblierten Wohnräumen zu entnehmen, nicht einmal dem Papst-Schlafzimmer. Dafür ist der Blick von der großen Terrasse umwerfend. Unter uns liegt der blaue **Lago Albano.** Frische spenden die Eichenwälder am Kraterabhang. Hier oben speisten die Pontifices an lauen Sommerabenden.

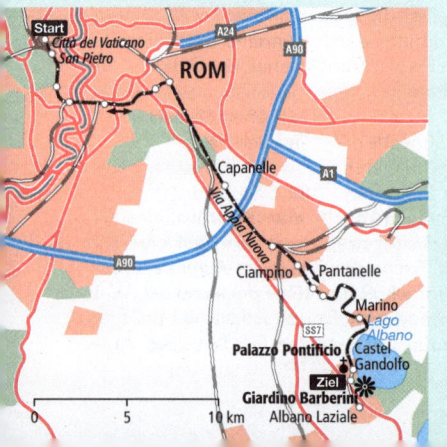

Infos

◉ Karte 5, C/D 2–F 5

Start: Stazione Città del Vaticano oder San Pietro

Planung: Diverse Optionen, z. B. »Vatikan Full Day im Zug« (Musei Vaticani und Gärten, Zugfahrt nach Castel Gandolfo H/R, Shuttle, Rundfahrt im Giardino Barberini mit Audioguide, 43 €, erm. 38 €, Familienrabatt), Info auf www.museivaticani.va. Alternativ nur Castel Gandolfo buchen (ab Stazione San Pietro) oder auf eigene Faust ab Termini mit Trenitalia nach Castel Gandolfo fahren (45 Min., 4,20 € H/R).

Giardino Barberini: nur Sa, So 8.30–18.30 Uhr

Während der US-Bombardierungen 1944 fanden 12 000 Flüchtlinge in Castel Gandolfo Zuflucht. Sie kampierten im Palast und Garten – zusammen mit Pferden, Eseln, Rindern, Ziegen und Hühnern. Im zum Kreißsaal umfunktionierten Schlafzimmer von Pius IX. kamen 40 Kinder zur Welt.

Das Ufer ist nicht bebaut. Ein paar Ruderboote gleiten lautlos über das Wasser. Der 170 m tiefe See hat gefährliche Strömungen. Am Nordufer ist eine Badezone abgetrennt. Alexander VII. ließ zur Unterhaltung Seeschlachten aufführen und riskierte, dass ihm die Belegschaft ertrank.

Die Natur bleibt der Protagonist. Alle fiebern dem sagenumwobenen **Giardino Barberini** entgegen. Wir klettern in die weiße Bimmelbahn. Sie schnurrt durch die Ländereien, vorbei an Barockgärten ›all'italiana‹, Rosenhecken und blauen Hortensien, über Zypressen- und Magnolienalleen. Besonders kunstvoll ist eine 340 m lange **Gartenterrasse** mit den Wappen der letzten Päpste aus Blumenrabatten, gerahmt von Limonen. Man will in einem fort rausspringen und die Natur umarmen. Leider ist das nicht gestattet. Ratzinger fütterte immer die Fische im Seerosenteich des Madonnen-Gartens. Vom **Piazzale Quadrato** mit seinen akkurat gestutzten Hecken blickt man auf die Ebene von Rom. Im Westen leuchtet als silberner Streifen das Meer.

Die Spaziergänger dürfen bei den Ruinen des **Kryptoportikus** oder des kleinen **Theaters** verweilen, die zur Domitian-Villa gehörten. Der Kaiser entdeckte lange vor den Päpsten den Zauber des Ortes. Irgendwo hier sollen auch die Reste von Alba Longa liegen.

Der rostrote **Bauernhof** befindet sich am Südende des Parks unter schattigen Pinien. Kühe weiden im Olivenhain, Hühner scharren in einem großen Freigehege. Alles was hier produziert wird, landet im vatikanischen Supermarkt Annona – und auf dem Tisch des Papstes. Die Vatikanangestellten schwärmen vom Bio-Jogurt und vom Käse. Ein Picknick auf dem Hof wäre die Krönung. Aber es geht wieder zurück zum Eingang. Bis zur Abfahrt bleiben zwei Stunden, genug, um die Trattorie des Städtchens zu erkunden.

Giardino Barberini: Entweder besichtigt man nur einem kleinen Teil der Gärten zu Fuß mit Guide (1,5 Std.) oder man unternimmt eine Rundfahrt durch den ganzen Park mit einem Bähnchen. Nachteil: kein Ausstieg, jedoch Fotostopps.

Gourmetpizza vom Blech
4 **Pinsa 'Mpò:** *Pinsa* ist ein pizzaähnlicher Fladen aus verschiedenen Mehlsorten, zubereitet nach antiker Rezeptur. Der Teig geht 72 Stunden und wird mit Bioprodukten (auch Gemüse) belegt. Sensationelle Auswahl an der Theke, nur wenige Tische.
Via dei Gracchi 7, http://pinsampo.it, Bus: Risorgimento, Mo–Sa 10.30–21 Uhr

Leichte Kost mit Stil
5 **MiVà:** Schicke kleine Weinbar und Restaurant mit raffinierter Küche, ausgezeichnete Fischgerichte, auch vegetarische Optionen, ausgefallene Desserts.
Via Ezio 23, T 06 320 26 82, www.mi-va.it, Bus: Marcantonio Colonna, Mo–Sa 12.30–23 Uhr

Landküche
6 **Il Ciociaro:** Typische *trattoria di quartiere*, rustikal mit Steinbögen und Marmorboden, weiße Tischdecken, Bauernküche aus der Ciociaria, auch frisches Gemüse.
Via Barletta 21, T 06 37 35 24 96, www.ilciociaro.it, Tram/Bus: Ottaviano, Mi–Mo 12–15, 19–24 Uhr

Tradition in ruhiger Ecke
7 **La Francescana:** Solide Trattoria der 1980er-Jahre in Familienbesitz, in der man sehr gut isst (Pasta, Pizza, Fleisch, Fisch), ohne zu viel auszugeben.
Prati, Via G. P. da Palestrina 11, T 06 322 57 01, Bus: Piazza Cavour, Do–Di 12.30–15.30, 19.30–23.30 Uhr

Ethnische Fusionküche
8 **L'Officina:** Das farbenfrohe In-Lokal ermöglicht eine gastronomische Weltreise. In *fusion style* kombiniert es asiatische Gewürze mit mediterranen Gerichten wie Baccalà mit Limetten, Avocado und Ingwer oder Lachs in aromatischer indischer Panko-Kruste.
Via G. Avezzana 19/21, T 06 32 11 15 83, Bus: Settembrini/Martiri Belfiore, Mo–Sa 7.30–24 Uhr

Einkaufen

Modisches und Klassisches noch und noch gibt's in der Via Cola di Rienzo.

Montecarlo lässt grüßen
1 **Antica Manifattura Cappelli:** Modistin Patrizia Fabri hat die alte Hutmacherwerkstatt von 1936 in ein modernes Labor verwandelt. Hutfetischisten können unter unzähligen Modellen wählen – auch maßgeschneidert. Tolle Auswahl an 1920er-Jahre-Hüten und Zylindern.
Via degli Scipioni 46, T 06 39 72 56 79, www.patriziafabri.com, Bus: Ottaviano, Mo–Sa 9–19 Uhr (Filiale: Via dell'Oca 34)

Stadtteilmärkte
Mercato dell'Unità **2**: Kleiner Lebensmittelmarkt in historischer Halle (Via Cola di Rienzo 245, Mo–Sa 7–19.30 Uhr). **Mercato Trionfale** **3**: Großer Lebensmittelmarkt (u. a. Olivenöl, Oliven), allerdings in einer ungemütlichen Halle (Via la Goletta 1, Mo–Sa 8–13.30 Uhr).

Ausgehen

Mekka für Jazzliebhaber
1 **Alexanderplatz:** Gehört zu den besten Jazzclubs Italiens, mehrheitlich amerikanische Interpreten, Kneipe mit Wohnzimmerflair, ethnische Küche, im Sommer finden auch Konzerte im Village Celimontana statt.
Ostiense, Via Ostia 9, www.alexanderplatzjazz.com, Bus: Doria A./L.go Trionfale, tgl. 20–1 Uhr

Unter Sternen
2 **The Magick Bar:** Erfrischende Cocktails bei Tacos, Schinken und Quinoa-Salat in lässigem Gartenlokal in der grünen Uferböschung des Tibers.
Lungotevere Guglielmo Oberdan 2, T 38 87 97 84 12, Bus: Lungotevere Armi/Monte Grappa, Juni–Sept. tgl. 18–2 Uhr

Zugabe
Himmlische Tore

Der Clericus Cup

Gekämpft wird um einen kiloschweren Don-Camillo-Hut aus Messing. Jedes Jahr von Februar bis Mai trägt der Vatikan im Schatten der Domkuppel eine WM unter seinem Klerus-Nachwuchs aus: den Clericus Cup. Das Turnier geht auf Kardinal Bertone zurück, ehemaliger Staatssekretär und eingefleischter Fußballfan. Aus 67 Ländern stammten die über 400 Priester und Seminaristen der päpstlichen Institute und Orden, die 2019 am 13. Clericus Cup teilnahmen. Auf dem Fußballfeld Petriana hinter dem Vatikan, wird das Klischee vom blassen, schmalschultrigen Geistlichen Lügen gestraft. Vielmehr fällt es schwer, sich die durchtrainierten jungen Herren im Trikot in liturgischem Gewand vorzustellen.

Die Regeln sind leicht abgewandelt. Die Spielzeit beträgt zweimal 30 Minuten. Fluchen wird mit der blauen Karte und fünfminütigem Platzverweis geahndet. Und in der dritten Halbzeit wird nicht getrunken, sondern gemeinsam gebetet. Vereinspräsident ist Papa Francesco. Er segnet auch den Pokal vor dem Finale. ■

Trastevere und Gianicolo

Einst sozialer Brennpunkt — heute pittoreskes Business. Aber es ist schwer, sich dem Charme von Trastevere und seinen Straßenlokalen zu entziehen. Außerdem verhelfen junge Nachwuchskünstler einer toten Ecke zu neuem Leben.

Seite 169
Isola Tiberina
Zwei antike Brücken verbinden die Tiberinsel mit der Altstadt und Trastevere. Mit seinen Campanili wirkt Tiberina tagsüber wie ein verschlafenes Dorf, im römischen Kultursommer wird sie zum Hotspot des Nachtlebens.

Seite 170
Santa Cecilia
Die mittelalterliche Kirche über dem Wohnhaus der Patronin der Kirchenmusik in Trastevere birgt eine der beeindruckendsten Skulpturen des Frühbarocks. Sie bildet den unversehrten Leichnam der Cäcilia nach.

Mandolinenalarm! In Trastevere ist Italienromantik angesagt.

Eintauchen

Seite 172
Um die Porta Portese
Am Rand von Trastevere entsteht neben dem ältesten Flohmarkt, dem Mercato di Porta Portese, eine Kunst- und Filmszene. Drehpunkte sind der Kultur-Hub WeGil und der Ausstellungspalast Palazzo degli Esami.

Seite 174
Radtour auf den Gianicolo
Der grüne Janushügel im Rücken von Trastevere hat eine große Aussichtsterrasse mit einem sagenhaften Blick bis in die Abruzzen. Es muss ja eine Belohnung für das Strampeln hinauf auf den Hügel winken.

Trastevere und Gianicolo **167**

Seite 176
Piazza S. Maria

Roms älteste Marienkirche mit ihrem funkelnden Fassadenmosaik gab der zentralen Piazza von Trastevere den Namen. Tagsüber wird auf den Stufen des Brunnens gechillt, abends ist sie Treffpunkt der Nachtschwärmer und Straßenkünstler.

Seite 177
Skulptur ›Homeless Jesus‹

Ein schlafender Obdachloser auf der Bank, an den Füßen Wundmale – die Skulptur im Vergnügungsviertel um die Piazza Sant'Egidio macht betroffen.

Seite 178
Villa Farnesina

Für die Ausmalung seiner Gartenvilla am Tiber engagierte der Bankier Agostino Chigi die berühmtesten Künstler seiner Zeit, u. a. Raffael.

&

Seite 180
Relaxt am Tiber entlangradeln

Den Fahrtwind um die Nase auf Flusshöhe unterwegs sein, die Schiffe im Blick – Rom aus der Froschperspektive. Oben tobt der Verkehr, unten am Fluss ist die Stille hörbar.

Kopfüber in den Tiber? Bloß nicht. Er ist nur 4 bis 6 m tief und mikrobiell belastet.

Regisseur Bernardo Bertolucci lebte in der Via della Lungara 3. Er hat von seinem Rollstuhl aus, an den er die letzten Jahre gefesselt war, eine Doku über Roms Kopfsteinpflaster gedreht.

erleben

»Er core de Roma«

Trastevere gleicht einer verblichenen Postkarte: gespannte Wäscheleinen, viel Efeu, niedrige Häuser, verschachtelt wie in einer italienischen Weihnachtskrippe. Trattorie mit schiefen Stühlen und Pfefferschotenbündeln über dem Eingang, durch die Gassen ziehende Straßenmusiker. Das seit Jahrzehnten beliebteste Ausgehviertel weiß seine Boheme-Romantik zu pflegen. Allein wegen der vielen alten Kirchen, über die man immer wieder stolpert, wirkt es keineswegs wie geleckt. Sicher, viele Römer kommen nur noch unter der Woche hierher, um eine Pizza zu essen, oder zum Sonntagsspaziergang. Freitag- und Samstagabend nehmen die Vorstadtjugend und amerikanische Studenten das Quartier in Beschlag.

Noch im 19. Jh. war keine einzige Gasse gepflastert. Waisenhaus, Hospiz und Gefängnis machten das Viertel zum sozialen Brennpunkt. Das Volk am alten Tiberhafen galt als verschlagen. Die Andersartigkeit der *trasteverini* manifestiert sich bis heute in dem uralten Juli-Volksfest Noantri – »wir anderen«.

In der Antike war es das einzige Wohnviertel jenseits des Tibers (lat. *trans tiberim*). Die Siedlung von Juden und Syrern wurde erst von Augustus ins Stadtgebiet aufgenommen und früh christianisiert. In den 1960ern entdeckten Studenten und Künstler die romantischen Mansarden mit alten Holzdecken und kleinen Dachterrassen. Kein Haus gleicht dem anderen. Man könnte hier tagelang mit dem Skizzenblock unterwegs sein. Heute zählt das Herz um Santa Maria in Trastevere fast mehr Ausländer als Einheimische. Eine neue Pubszene macht sich breit. Das enge Viertel südlich des Viale Trastevere hingegen setzt mehr auf individuelle Buchläden, Art-Cafés und Galerien. Und am weniger attraktiven Rand, zur *Ripa grande*, entsteht eine neue Kultur- und Filmszene für den Nachwuchs.

Der grüne Gianicolo rahmt das Viertel im Westen. Über Treppen beim Botanischen Garten erklimmt man die Aussichtsterrasse des beliebten Volksparks – oder über Serpentinen mit dem Rad. Die Tiberinsel verbindet mit der anderen Stadtseite. Sie wird in den Sommernächten zum Zentrum der Estate Romana.

> **ORIENTIERUNG**
> Reisekarte: F–H 8–13
> Cityplan: S. 171
> Ankommen: Tram 8, Bus H, Bus 115 zum Gianicolo
> Bis auf den Viale di Trastevere ist Trastevere eine Fußgängerzone.

Isola Tiberina 📍J10

Das römische Lourdes

Wie ein steinernes Schiff liegt die **Isola Tiberina** im Fluss vor Anker. Die Insel hat stets die Flussüberquerung erleichtert. Der **Ponte Fabricio** ❶ mit den vierköpfigen Stelen (62 v. Chr.) auf der Balustrade führt zum Ghetto, während der ebenso alte **Ponte Cestio** ❷ mit Trastevere verbindet – seit über 2000 Jahren. Original ist nur noch der Mittelbogen.

Schon die alten Römer entdeckten die Insel als Quarantänestation und machten sie zum Zentrum des Heilkults. Diese Tatsache verpackten sie in eine nette Legende. Danach entwich hier die Schlange des Heilgottes Äskulap, die während einer Seuche 292 v. Chr. aus dem griechischen Epidaurus nach Rom gebracht wurde. An der Stelle, wo heute die romanische Kirche **San Bartolomeo** ❸ steht, entstand ein Äskulap-Tempel mit Räumen für Heilschlaf. Wie ein Schiff wurde die Insel mit einem steinernen Bug und Heck verkleidet. Reste davon sind an der Südspitze zu sehen. Als Mast diente ein Obelisk.

Die medizinische Tradition setzt seit dem 16. Jh. das **Krankenhaus Fatebenefratelli** ❹ fort. Hinter den alten Mauern verbirgt sich eine hochmoderne Infrastruktur. Römerinnen dürfen hier mit Blick auf den Tiber entbinden!

Im Sommer verwandelt sich die romantische Insel in ein beleuchtetes Partyschiff. Die frische Brise lockt abends die Städter an das befestigte Inselufer. Dort warten außer einem Freilichtkino Dutzende Stände mit internationalen Spezialitäten. Letzter Trend ist das Shisha-Rauchen bei orientalischen Klängen auf Diwanen. Nachmittags sonnt sich die Jugend am Ufer.

Östlich des Viale di Trastevere

📍 H/J 10/11

Als sei die Zeit stehen geblieben

Das reizvolle Gassenviertel gegenüber der Insel bei der mittelalterlichen **Piazza Piscinula** ist noch unberührt vom Massentourismus. In den Straßen und Gassen rund um den Platz gibt es charakteristische *osterie*, z. B. **Da Enzo al 29** ❸ und **La Villetta** ❹, sowie Art-Cafés und Kunstgalerien. In der **Via dell'Arco de' Tolomei** oder der **Via della Luce** scheint die Zeit stehen geblieben zu sein. Ein alteingesessener Betrieb ist die Stuckwerkstatt der Gebrüder Baiocco (Via della Luce 16a). Falls Sie noch nach einem Mitbringsel

In Trastevere locken romantische Hausfassaden.

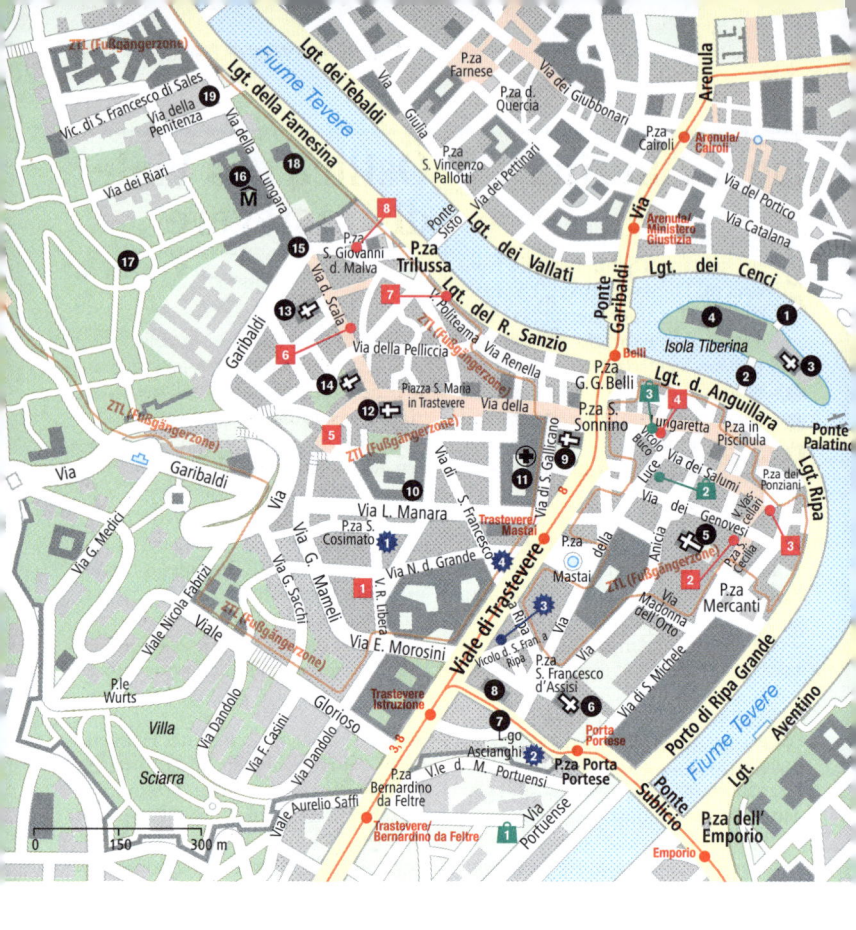

suchen: Mandelmakronen, *ciambelle al vino* oder leichtes Teegebäck können Sie in der einfachen Backstube **Innocenti** 2 direkt vom heißen Blech kaufen (Via della Luce 21). Es kostet etwas weniger als im nostalgischen **Forno Spaccio di Paste** 3 an der Via Lungaretta 28/31 und ist genauso fein.

Santa Cecilia in Trastevere

Verjüngungskur

In dem bepflanzten Vorhof von **Santa Cecilia in Trastevere** 5 herrscht angenehme Stille. Cäcilia ist eine von vielen Märtyrerinnen und Märtyrern des frühen Roms, um deren Tod sich fantasievolle Geschichten ranken. Erst die Erhebung zur Patronin der Kirchenmusik im 15. Jh. machte sie über die Stadtgrenzen hinaus populär. Die Kirche ist berühmt, weil sie über dem Haus der Heiligen errichtet wurde und mittelalterliche Kunstwerke enthält. Der Innenraum enttäuscht zunächst ein wenig. Die spätbarocke Umgestaltung hat den alten Bau von Paschalis I. (um 820) bis auf das schöne Apsismosaik zerstört. Das Mosaik zeigt in strenger Frontalität den segnenden Christus, flankiert von den Heiligen Paulus und

Trastevere

Ansehen
1. Ponte Fabricio
2. Ponte Cestio
3. San Bartolomeo
4. Krankenhaus Fatebenefratelli
5. Santa Cecilia in Trastevere
6. San Francesco a Ripa
7. WeGil
8. Palazzo degli Esami
9. San Crisogeno
10. Circolo San Pietro
11. Pilgerhospital San Gallicano
12. Santa Maria in Trastevere
13. Santa Maria della Scala
14. Ehem. Kloster Sant'Egidio
15. Porta Settimiana
16. Palazzo Corsini
17. Orto Botanico
18. Villa Farnesina
19. Casa Internazionale delle Donne
20. – 27. s. Tour S. 174
28. – 39. s. Tour S. 180

Essen
1. Rione 13
2. Roma Sparita
3. Da Enzo al 29
4. Trattoria Pizzeria da Gino alla Villetta
5. Santo
6. Cantina dei Papi
7. Freni e Frizioni
8. Zi Umberto
9. – 10. s. Tour S. 180

Einkaufen
1. Mercato di Porta Portese
2. Innocenti
3. Forno Spaccio di Paste

Ausgehen
1. Freiluftkino
2. Nuovo Sacher
3. Big Mama
4. Alcazar Live

Petrus, Cäcilia, Valerianus und Agathe. Arnolfo di Cambio schnitzte das zierliche Altarziborium (1293) gotischen Stils. Aus derselben Zeit stammt das meisterliche Fresko »Das Jüngste Gericht« von Pietro Cavallini im Nonnenchor, der zur Klausur der Benediktinerinnen gehört und nur stundenweise zugänglich ist. Die individuellen Gesichtszüge der Apostel und der erste Ansatz von Perspektive belegen, dass die römische Malschule den mittelalterlichen Kunstzentren Assisi und Florenz gleichrangig war.

Unter dem Altar liegt angestrahlt eine der faszinierendsten Marmorskulpturen des Frühbarocks. Stefano Maderno (um 1600) stellte den unversehrten Leichnam der Cäcilia dar, angeblich so wie er sich bei Öffnung des Sarges darbot. Wie eine Schlafende liegt sie auf der Seite, komplett verhüllt von einer langärmeligen Tunika. Das mit einem Tuch umwundene Haupt ist abgewandt, der tiefe Einschnitt im Nacken verweist auf den missglückten Versuch des Henkers, den Kopf abzutrennen. Man kann die Ausgrabungen des antiken Wohnkomplexes und die neue Krypta unter der Kirche besichtigen. In dem Bad *(balneum)* lokalisieren die Nonnen das erste Martyrium der Heiligen. Dort hätte man versucht, sie mit heißen Dämpfen zu ersticken.

Piazza di Santa Cecilia 22, Kirche, Ausgrabungen tgl. 10–13, 16–19 Uhr, Fresken von Cavallini Mo–Sa 10–12.30 Uhr, 5 €

San Francesco a Ripa

Glaubensekstase
Bernini-Fans pilgern zu der etwas abseits gelegenen Kirche **San Francesco a Ripa** 6. Dort schuf der hochbetagte Meister mit der Grabfigur der Seligen Ludovica Albertoni (1671–74) in der Albertoni-Kapelle ein weiteres Bild-

> **KIRCHENSTEUER** **K**
>
> Der italienische Staat hat sich zur finanziellen Unterstützung von Kirche und religiösen Körperschaften verpflichtet. Dafür zweigt er acht Promille des Steueraufkommens ab. Es ist also keine Extra-Steuer. Den Empfänger bestimmt der Steuerzahler auf seiner Steuererklärung. Er kann zwischen 12 verschiedenen Religionen und dem Staat (humanitäre und kulturelle Projekte) wählen. Der Löwenanteil von über 80 % geht gemäß dem Wunsch der Italiener an die katholische Kirche. Ein Pfarrer verdient monatlich etwa 1200 € netto, ein Bischof bis zu 3000 €.

werk weiblicher Glaubensekstase (s. S. 209), deren Ähnlichkeit mit sexuellen Freuden sich nicht leugnen lässt. Mit pathetischer Geste greift sich die Franziskanerin an die Brust, der Kopf ist nach hinten geworfen, der Mund sinnlich geöffnet. Das flauschig wirkende Grabtuch aus rotem Marmor bildet kräftige Lichtkontraste.

Piazza San Francesco d'Assisi 88, www.sanfrancescoaripa.com, tgl. 7.30–13, 14.30–19 Uhr

Um die Porta Portese

Junge Kunstszene

Trastevere galt lange als Künstlernest. Der Nachwuchs bekommt aber im pittoresken alten Teil keinen Fuß auf den Boden, denn dieser gehört ganz dem Tourismus. Dafür tut sich jetzt etwas am stiefkindlich verbauten Südrand. Vielversprechend ist der 2017 eröffnete Kultur-Hub **WeGil** ❼ (Largo Asciangi 5, tgl. 9–19 Uhr, www.wegil.it). In dem Meisterbau des Rationalismus wurde einst die faschistische Jugend gedrillt. Nach dem Krieg machten Urbanisten und Anwohner einen großen Bogen um den hochkant stehenden Bau, bis ihn die Region Lazio mit dem EU-Regionalfonds und Art-Bonus-Spenden restaurierte. Hier trifft sich nun die junge Kreativszene, vom Comiczeichner über das Kochtalent bis zum Cineasten. Kennzeichen: unter 30, experimentierfreudig, (noch) unbekannt.

Schwerpunkt aber ist die Förderung der Filmkunst. Ein Zweig der renommierten Filmkunsthochschule **Scuola d'Arte Cinematografica Gian Maria Volonté** ist eingezogen und **Cinema America** (https://piccoloamerica.it) hat endlich einen Kinosaal, die **Sala Troisi.** Gegründet wurde der Verein 2012 von einer Gruppe römischer *ragazzi*. Sie setzen sich für die alte Kinokultur ein, die seit Netflix und Sky im Niedergang ist. Die Unterstützung der Stadt und Filmprominenz haben sie sich hart erkämpft. Sie organisieren kostenlose Filmvorführungen unter freiem Himmel. Der Verein versucht gerade, die Stadtregierung für eine Fußgängerzone um den Hub zu gewinnen. Im Sommer ist das **Freiluftkino auf der Piazza San Cosimato** ❶ (500 Plätze) inzwischen ein fester Treffpunkt. Nur 100 m in Richtung Tiber liegt das von Nanni Moretti gegründete Kino **Nuovo Sacher** ❷ (www.sacherfilm.eu), Roms bestes Kino für Autorenfilme.

Gegenüber vom WeGil schimmert der schneeweiße **Palazzo degli Esami** ❽ (1912; Largo Asciangi 4, www.sacherfilm.eu). Auch dieses stillgelegte öffentliche Gebäude hat eine neue Bestimmung gefunden. Es wird für private Kunstausstellungen genutzt. Dann wäre da noch das **Big Mama** ❸ (Vicolo di S. Francesco a Ripa, 18, www.bigmama.it), die älteste und beste Blues-Bar der Stadt. Sicher ist, dass diese Ecke demnächst mehr von sich hören lassen wird.

Im Herzen von Trastevere ♀ H/J 10/11

Piazza Sonnino

Doppelkirche und Sozialstation
Die laute Piazza Sonnino mit dem Geschlechterturm Torre d'Anguillara ist Verkehrsknotenpunkt auf dem Viale Trastevere. An **San Crisogono** ❾ (Mo-Sa 7–11.30, 16–19.30, So, Fei 8–13, 16–19.30 Uhr, Ausgrabungen 3 €) rennen die meisten Besucher vorbei. Wenig bekannt ist, dass sich unter der Basilika mit dem schönen romanischen Campanile und dem Portikus eine Kirche aus dem 5. Jh. verbirgt. Das Phänomen der Doppelkirche über einem antiken Titulus kennen wir von San Clemente (s. S. 237). Die Unterkirche, die ihrerseits über einer von Christen frequentierten Domus entstand, zeigt bedeutende Fresken mit Heiligen aus dem 8.–11. Jh.

Die **Via della Lungaretta** ist von kleinen Läden und pittoresken, aber touristischen Trattorien gesäumt. Sie führt zur zentralen Piazza Santa Maria in Trastevere. Die Armentafel des **Circolo San Pietro** ❿ – des für seinen Zivileinsatz prämierten Diozesanhilfswerks – und das ehemalige **Pilgerhospital San Gallicano** ⓫ (18. Jh.) erinnern daran, dass Sozialeinrichtungen in Trastevere eine lange Tradition haben.

Piazza Santa Maria in Trastevere

Heitere Atmosphäre
Pulsierendes Zentrum des Viertels ist die Piazza Santa Maria in Trastevere. Am späten Nachmittag füllt sie sich

Volksfrömmigkeit gehört dazu: die Madonnenprozession während des Stadtviertelfestes Noantri in Trastevere.

TOUR
Raus aus der Asphaltwüste, hoch ins Grüne

Mit dem Rad auf den Gianicolo

Infos

📍 F–H9–11

Start: Viale di Trastevere

Dauer: per Rad ca. 1 Std., mit Villa Doria Pamphilj entsprechend länger

Länge: 4–18 km

Varianten: Die Tour lässt sich auch gut per E-Bike oder Vespa unternehmen. Das Wegstück hinauf wird von Pkw (schwach) befahren. Sie können den Gianicolo auch zu Fuß über die Treppen hinter dem Orto Botanico erklimmen oder Bus 115 von der Via E. Morosini zur Piazzale Garibaldi nehmen.

Fahrrad- und Vespa-Verleih:
Rome for you,
Via di S. Calisto 9,
www.romeforyou.net

Die dicken Füße loswerden? Das garantiert eine kleine Radtour über Serpentinen auf den bewaldeten Gianicolo. Belohnt werden Sie mit einem umwerfenden Blick über die gesamte Stadt. Das Abendlicht taucht die Kuppeln und Paläste in warme Ockertöne.

Den grünen Hügelrücken mit dem Garibaldi-Denkmal haben Sie sicher schon von der anderen Stadtseite gesehen. Er rahmt das in der Ebene liegende Trastevere im Westen. Von den drei Aufstiegen ist der von der **Viale di Trastevere** über die gemütliche, baumbestandene **Via G. Mameli** am wenigsten steil. Am Ende der Straße biegen Sie links in die **Via Garibaldi** ein. Nach einer Haarnadelkurve stoßen Sie auf die spanische Kirche **San Pietro in Montorio** ⓴. Gönnen Sie sich eine Verschnaufpause und blicken Sie in den benachbarten Kreuzgang, der den berühmten **Tempietto di Bramante** umschließt (1502). Nach einer Legende soll Petrus hier gekreuzigt worden sein. Der zierliche Rundtempel gilt als Leitbild für den Zentralbau der Renaissance.

Das protzige **Mausoleo Ossario Garibaldino** ㉑ aus faschistischer Zeit ein Stück weiter links ist den Gefallenen der Römischen Republik von 1849 gewidmet. An der Stelle unterlagen die Freischärler Garibaldis den französischen Auxilien. Garibaldi musste 21 Jahre warten, bis sein Traum eines vom Papst befreiten Roms wahr wurde – Roma o morte ›Rom oder den Tod‹. Strampeln Sie fleißig, Sie haben es fast geschafft. Gleich rechts erfreut sich das Auge eines riesigen Brunnens, der dem jüngeren Trevibrunnen ernsthaft Konkurrenz macht. Die **Fontana dell'Acqua Paola** ㉒ (1612–14) mit ihrer kulissenartigen Schauwand brachte dem Stifter Paul V. den Spitznamen ›Fontefice‹ (*pontefice* = Pontifex, *fonte* = Quelle) ein. Seine Instandsetzung der antiken Aqua

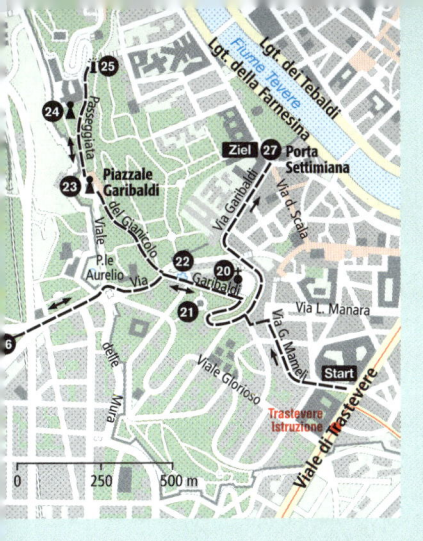

Traiana war ein Segen für die Vatikanseite. Endlich reichlich Trinkwasser, auch für die durstigen päpstlichen Gärten. In dem Film »La Grande Bellezza« (dt. Die große Schönheit, 2013) von Paolo Sorrentino wandert die Kamera 15 Minuten über die wollüstigen, barocken Formen und das Wasserspiel, Sinnbild der erotischen Schönheit und Dekadenz der Stadt.

In der platanengesäumten **Passeggiata del Gianicolo** können Sie aufatmen. Sie sind im Park und am höchsten Punkt angelangt. Hier feiert man ausgiebig den Risorgimento, die Vereinigung Italiens, mit Büsten von Patrioten und dem **Monumento a Giuseppe Garibaldi** ㉓. Der Militärführer sitzt hoch zu Ross und blickt gen Vatikan. Seine brasilianische Frau Anita musste bis 1932 auf eine Ehrung warten. Dafür zeigt das **Monumento ad Anita Garibaldi** ㉔ sie wie eine Amazone: mit Pistole in der Hand und Säugling auf dem Arm im Sattel eines sich aufbäumenden Pferdes.

Star des Hügels ist der riesige **Piazzale Garibaldi**, von dem man besonders bei Sonnenuntergang einen grandiosen Blick auf die Stadt hat. Die Sabiner, die Tiburtinischen und die Albaner Berge zeichnen sich sanft gerundet am Horizont ab. Das Panorama wird im Sommer bei stimmungsvollen Konzertabenden musikalisch untermalt. Der Park ist Treffpunkt für Verliebte. Als man noch mit dem Auto hochfahren durfte, diente der Blätterwald der Platanen als Jalousien … Um Punkt 12 Uhr mittags feuern Soldaten unterhalb der Terrasse einen Kanonenschuss ab. Bisher haben es nicht alle Kirchen geschafft, das Glockengeläut zu synchronisieren. Hinter dem schneeweißen **Leuchtturm** ㉕ können Sie zurückfahren zur Via Garibaldi. Wem nach noch mehr Grün und Bewegung zumute ist, der biegt rechts in Richtung **Villa Doria Pamphilj** ㉖ ab und kann sich dort auf den Wegen des 1,8 km² großen Barockparks nach Herzenslust austoben (Eingang Largo III Giugno 1849). Alternativ biegen Sie links in die Via Garibaldi ein und gelangen zur **Porta Settimiana**. In der **Casa Fornarina** ㉗ (Via di Santa Dorotea 20) soll Raffaels Geliebte, die Fornarina, gewohnt haben.

Das Porträt von Raffaels Geliebter Margherita Luti, ›kleine Bäckerin‹ (La Fornarina) genannt, hängt im Palazzo Barberini (s. Abb. S. 218).

mit Straßenkünstlern und Musikanten, während Jung und Alt bei einem Aperitif in den Bars die letzten Sonnenstrahlen einfangen. Auf der benachbarten **Piazza Sant'Egidio** bauen Schmuckhändler ihre Tische auf. Abends sucht man in einer der vielen rustikalen Pizzerien einen Platz draußen auf dem wackligen Straßenpflaster. Sinnbild für die vielen *osterie* in dieser Gegend ist der kuriose Brunnen mit Weinfässern an der Ecke zur Via della Cisterna.

Ursprüngliche Volksgläubigkeit

Schon von Weitem funkelt die Fassadenmosaik von **Santa Maria in Trastevere** ⑫. Frauen in reichem Ornat bieten der thronenden Gottesmutter kostbare Lampen dar. Der romanischen Basilika aus dem 12./13. Jh. ging angeblich die älteste Marienkultstätte, eine Hauskirche aus dem 3. Jh., voraus. Eine 38 v. Chr. gefundene Ölquelle *(fons olei)* deuteten die jüdisch-christlichen Bewohner des Viertels als Zeichen der Ankunft des Erlösers. Die Pforten der Kirche sind stets geöffnet. Die Bettler am Eingang werden nicht verscheucht. Die Laiengemeinschaft Sant'Egidio versorgt Bedürftige im Gemeindehaus und unterstützt Flüchtlinge. Das traditionelle Weihnachtsessen in der Kirche ist ein wichtiger sozialpolitischer Event nach dem amerikanischen Charityprinzip. Kein Bürgermeister wagt es ihn zu schwänzen.

Der Innenraum ist seit der barocken Verschönerungskur dunkel. Dennoch hat er viel Altertümliches bewahrt wie die mächtigen antiken Granitsäulen, die man aus den Caracalla-Thermen herbeischleppte. Aus der Romanik stammt der herrliche Kosmatenboden, ebenfalls aus recyceltem Material, und das Highlight, das Apsismosaik (1140). Christus thront neben seiner Mutter im Königsornat auf Goldgrund. In der Sockelzone der Apsis brachte 1291 Pietro Cavallini, ein Zeitgenosse Giottos und Hauptvertreter der römischen Schule, bewegte Szenen aus dem Leben Mariens an. Man muss die Lichtmaschine bedienen, um es in all seiner Pracht bewundern zu können. Kunsthistorisch wertlos, dafür umso geliebter ist die Statuette des hl. Antonius am Anfang des linken Seitenschiffs. Zu seinen Füßen liegt stets ein Haufen gefalteter Zettel, auf denen Schüler dem Heiligen ihre Wünsche und Nöte anvertrauen.

Um 20.30 Uhr feiert die Basisgemeinschaft Sant'Egidio die Vesper, oft mit Gründer und Karlspreisträger Andrea Riccardi.

Piazza Santa Maria in Trastevere, tgl. 7.30–21 Uhr, im August Mittagssiesta

Santa Maria della Scala

Immer Ärger mit den Modellen

Für die kleine Kirche **Santa Maria della Scala** ⑬ malte Caravaggio das Ölbild »Tod der Jungfrau Mariae«. Über das berühmte Werk freut sich heute der Louvre, denn die Auftraggeber, die Unbeschuhten Karmeliten, lehnten es wegen des aufgedunsenen Leibes und der entblößten Fußknöchel der Gottesmutter als ›unschicklich‹ ab. Einem boshaften Gerücht nach diente Caravaggio die Wasserleiche einer Hure als Modell. In medizinischen Fragen waren die Mönche aufgeschlossener. Sie unterhielten eine Apothekerschule. Seit der Renaissance kredenzten sie Arzneien aus Kräutern, die sie im Klostergarten zogen, wie Theriak, das als universelles Wundermittel gehandelt wurde. Die faszinierende **Antica Spezieria** di Santa Maria della Scala, ein freskierter Verkaufssaal mit alten Vitrinen voller Salbgefäße kann im Kreuzgang besichtigt werden.

Piazza della Scala 23, Kirche: 10–13, 16–19 Uhr; Apotheke: https://smariadellascala.it, auf Anfrage zu besichtigen: smariadellascala@gmail.com

Lieblingsort

Gestörte Aperitif-Idylle

Auf der **Piazza Sant'Egidio** wird Spritz getrunken und werden Oliven geknabbert. Man gibt sich den angenehmen Seiten des Lebens hin. Einen schlafenden Obdachlosen auf einer Parkbank erwartet man hier nicht. Umso größer das Erstaunen beim Anblick des »**Homeless Jesus**«. Nur die Wundmale auf den nackten Füßen verraten die Identität des Gesichtslosen. Der kanadische Künstler Timothy P. Schmalz installierte die Skulptur 2018 vor dem Eingang des **ehemaligen Klosters Sant'Egidio** ⓮, Sitz der gleichnamigen, weltweit tätigen Laiengemeinschaft. Anlass war der 50. Jahrestag ihrer Gründung. 23 000 Obdachlose wurden 2022 in Rom gezählt, die meisten von ihnen sind Flüchtlinge, rund ein Viertel aber Italiener. Pandemie und Krise haben die Not verstärkt. Sant'Egidio mit ihrem dichten Netz von ehrenamtlichen Mitgliedern leistet wichtige Sozial- und Integrationsarbeit, wo es an staatlicher Hilfe eklatant mangelt. Die Hauptstadt hat gerade einmal 3000 Schlafplätze und Essenstafeln fehlen. Papst Franziskus ist Sant'Egidio eng verbunden. Beim Staatsbesuch von Trump flocht der Vatikan ein Treffen von Ivana Trump mit der Gemeinschaft in das Protokoll ein – als Antwort auf das Thema Mauerbau an der Grenze zu Mexiko. Die ›UN von Trastevere‹, wie Sant'Egidio wegen ihrer politischen Friedensbemühungen genannt wird, setzt sich für Toleranz zwischen den Religionen und Kulturen ein. Die Mitglieder der Gemeinschaft fordern und organisieren humanitäre Korridore für Flüchtlinge aus Syrien und Afrika.

Via della Lungara

Die knapp 800 m lange baumlose, steinige Via della Lungara führt von der **Porta Settimiana** ⑮ zum Vatikan. Über ihr Pflaster rumpelte oft die Kutsche von Christina von Schweden, die nach ihrer Konvertierung zum Katholizismus ein gern gesehener Gast im Vatikan war. Sie bewohnte kostenlos den prächtigen **Palazzo Corsini** ⑯ (www.barberinicorsini.org) und versammelte in dem Garten zu Füßen des Gianicolo ihren Dichterzirkel. Zu dem Parkgelände gehört der nicht sehr gepflegte, aber interessante **Orto Botanico** ⑰ mit über 3000 Pflanzenarten. Er wurde Ende des 15. Jh. als erster botanischer Garten Italiens angelegt und um 19. Jh. neu bepflanzt. Ein illustrer Landsmann war hier Anfang des 17. Jh. Direktor: der Botaniker Johann Schmidt aus Bamberg, Leibarzt von Urban VIII. und von Rubens.

Orto Botanico: Largo Cristina di Svezia 9, Mo–Sa 9–18.30, Gewächshäuser bis 13.30, Mitte Okt.–März 17.30 Uhr, 8/4 €

Vergnügungssüchtiger Bankier

Für seine neue Residenz am Tiber verpflichtete Bankier Agostino Chigi die besten Künstler seiner Zeit. Baldassare Peruzzi baute 1508–11 die in Harmonie und Eleganz unübertroffene **Villa Farnesina** ⑱, während Raffael, Sebastiano del Piombo u. a. sie mit mythologischen und astrologischen Themen ausmalten. Ganz Rom sprach von den Festen, gelehrten Diskussionen und Theateraufführungen, die hier stattfanden. Medici-Papst Leo X., dessen Wahl Chigi finanziell unterstützt hatte, war häufig Ehrengast. Agostino liebte Inszenierungen. So ließ er zum Abschluss des Tauffestes für seinen Sohn das Tafelsilber in den Tiber werfen – vorsorglich hatte er aber vorher Netze auf dem Grund auslegen lassen.

Die Fresken markieren den Höhepunkt der Hochrenaissance-Malerei. In Raffaels »Triumph der Galatea« rauscht die Geliebte von Polyphem auf einer Muschel über das Meer. Erneut stand die schöne Imperia, die langjährige Mätresse von Chigi, Modell (s. S. 73). Von Raffael und seinen Schülern stammt auch das Fresko »Amor und Psyche« in der Eingangsloggia. Die Hochzeit des kindlichen Liebespaares begleiten reiche Girlanden aus Blumen und Früchten aus dem neu entdeckten Amerika. Das Liebesthema war ein ausdrücklicher Wunsch des Hausherrn, der gerade dabei war, sich mit Francesca Ordeaschi zu vermählen. Als Bild fürs Schlafzimmer wählte er die Hochzeit von Alexander d. Gr. mit der persischen Königstochter Roxane, ein Meisterwerk von Sodoma.

Im Garten, der bei der Eindeichung des Tibers größtenteils zerstört wurde,

---

KRIEG DEN FRAUEN **K**

Dass ausgerechnet Virginia Raggi, seinerzeit Roms Bürgermeisterin, die **Casa Internazionale delle Donne** ⑲ wegen Mietrückstand schließen wollte, empörte die Frauen. Die Studien- und Begegnungsstätte ist seit 1983 Symbol des Kampfes für Frauenrechte in Italien. Der Verein bietet im ehemaligen Frauengefängnis neben einem Café-Restaurant und Fremdenzimmern Selbstverteidigungskurse, Debatten zu Rassismus und Sexismus sowie psychologische Unterstützung an. Staatliche Intervention hat das Zentrum nun gerettet. Die Polemik reißt jedoch nicht ab: Der Protest des Vereins gegen Waffenlieferungen in die Ukraine und ihre Verteidigung von LGBTQ-Rechten gefällt nicht allen, insbesondere nicht den Anhängern von Giorgia Meloni (Via della Lungara 19, www.casainternazionaledelledonne.org).

Die Via della Scala im Herzen von Trastevere erwacht am frühen Abend zum Leben.

fand man die reich ausgemalte Villa von Augustus' Tochter Iulia (s. S. 43), die wie Caesar ein vornehmes Landhaus auf dieser Flussseite besaß.
Via della Lungara 230, www.villafarnesina.it, Mo–Sa 9–14 und jeden 2. So im Monat 9–17 Uhr, 12/10/5 €

Essen

Intim
1 Rione 13: Angesagte Osteria im Shabby Chic mit Sofaecken für den Aperitif, im Sommer Tische draußen, kreative römische Küche, sehr gute Pizza.
Via Roma Libera 19, T 06 581 74 18, www.rione13.it, Tram: Trastevere (Mastai), Di–So 11–23.30 Uhr

Schön zu sitzen
2 Roma Sparita: Ein schönes Straßenlokal abseits des Tourismus, innen im provenzalischen Stil, draußen sitzt man gerahmt von Lorbeerkübeln mit Blick auf Santa Cecilia, gute römische Küche, preiswert.
Piazza di Santa Cecilia 24, T 06 580 07 57, www.romasparita.com, Bus: Lungotevere Ripa, tgl. 12.30–14.30, 19.30–23 Uhr

»Beste Trattoria Roms 2019«
3 Da Enzo al 29: Auch ohne diese Auszeichnung durch Eataly wissen die Römer, dass bei Enzo alle Zutaten von ausgesuchter Qualität und oft aus biologischem Anbau sind. Urrömische Küche in einem alten Lokal im Puppenstubenformat. Renner sind die *pasta alla gricia* und *al cacio e pepe.* Nur bei den Desserts ist Enzo innovativ (unbedingt *mousse al mascarpone* mit Walderdbeeren probieren). Vorab reservieren.
Via dei Vascellari 29, T 06 581 22 60, www.daenzoal29.com, Bus: Lungotevere Ripa/Ripense, Mo–Sa 12.30–15 19.30–23 Uhr

TOUR
Rom gegen den Strom

Fahrradtour am Tiber entlang

Infos

Start/Ziel:
Ponte Sublicio
(♀ J 11/12)

Dauer: 2 Std.

Radverleih:
Rome for you, Via di
S. Calisto 9, T 06
45 43 37 89, www.
romeforyou.net

Abtauchen in eine andere Welt, ohne die Stadt zu verlassen. Den Fahrtwind um die Nase spüren. Eine gemütliche Fahrt, ohne Kopf oder Muskeln sonderlich zu strapazieren. Auf einer Radtour entlang des befestigten Tiberufers zeigt sich die verkehrsreiche Barockmetropole wie in einem Stummfilm – und aus der Froschperspektive.

Wie eine weiße Steppnaht ist der Radweg auf den grauen Sanpietrini entlang der linken Uferseite gepinselt. Er begleitet den träge vor sich hin gluckernden Fluss, auf dem sich Möwen treiben lassen.

Über die Rampe am **Ponte Sublicio** ㉘ bei der **Porta Portese** gelangt man mit dem Rad runter zum Fluss. Palazzi, weiße Marmorbrücken und Kirchenkuppeln erheben sich über unseren Köpfen wie filigran gezackte Dolomitengipfel. Die Sonne blinzelt hinter den hohen Platanen hervor, die den Lungotevere säumen. Im laublosen Winter sieht man mehr von der Stadt.

Wir radeln stromaufwärts an den Trümmern des antiken Hafens **Porto di Ripa Grande** ㉙ vorbei, passieren den plumpen eisernen **Ponte Palatino** ㉚, wegen des Linksverkehrs auch **Ponte Inglese** genannt. Auf der anderen Seite klafft ein schwarzes Loch in der Ufermauer: ein Überbleibsel der **Cloaca Maxima** ㉛, des antiken Abwasserkanals. Hier wurde der ›Mund der Wahrheit‹ (Bocca della Verità, s. S. 114) gefunden und hier irgendwo strandete das Körbchen mit den ausgesetzten Zwillingen Romulus und Remus.

Dann ein einsamer Travertinbogen inmitten des Stroms. Michelangelo erlebte die schlimme Tiberflut von 1557, die den **Pons Aemilius** ㉜ aus dem 2. Jh. v. Chr. zerstörte. Dahinter liegt die **Isola Tiberina** ㉝ (s. S. 169) wie ein gestrandeter Schiffsrumpf im Wasser, verankert mit dem Festland über zwei antike Brücken. Das Panorama gleicht einem friedlichen Dorf. Am Ufer sonnt sich ein Pärchen.

Weiter geht es zum romantischen **Ponte Sisto** ㉞, die erste Brücke der Neuzeit (1475) und Knutschecke. Der Blick von hier auf die Domkuppel lässt alle schwach werden. Hinter dem Mauerwall links liegen die Gärten der **Villa Farnesina** ⑱ (s. S. 178), in der der Bankier der Päpste, Agostino Chigi, ausgelassene Feste mit der Kurtisane Imperia feierte.

An dem *murale* »**Triumphs and Laments**« ㉟ (2016) des Südafrikaners William Kentridge fährt man eventuell vorbei, ohne es bewusst wahrzunehmen, obwohl es über 550 m lang ist. 80 riesige Figuren illustrieren die jüngere Geschichte Roms, vom Dolce Vita bis zur Ermordung Aldo Moros. Smog und auch Unkrautbüschel haben die Konturen der Gestalten vorzeitig verwischt. Der einst helle Hintergrund ist von einer grauen Patina überzogen. Kentridge gab seinem in Schablonentechnik geschaffenen Kunstwerk sieben Lebensjahre. Man betrachtet es besser aus der Distanz – von der anderen Uferseite. Also Fahrrad abschließen und kurz die Treppen hoch zum Ponte Sisto.

Wir schwingen uns wieder auf den Sattel, es geht unter dem **Ponte Sant'Angelo** ㊱ hindurch. Links von uns ragt die Engelsburg auf, dahinter die gewaltige Kuppel wie eine Krone. Wir sind im Herzen der Christenheit angelangt. Der **Ponte del Risorgimento** ㊲ bei Prati wurde 1911 als erste Eisenbetonbrücke eingeweiht. Man erkennt sie am flachen Bogen.

Nach ca. 6,5 km erreicht man den nagelneuen, flügelartigen **Ponte della Musica** ㊳, auf dem im Sommer Yogakurse abgehalten werden, und schließlich den antiken **Ponte Milvio** ㊴, auf dem die Reisenden aus dem Norden den Tiber überquerten. Er galt als Eingang ins Stadtgebiet. Die berühmte Schlacht des Konstantin gegen Maxentius 312 wurde nicht hier, sondern 7 km weiter in Saxa Rubra gefochten. Heute wird die Brücke von Liebesschlössern belagert.

Abends tummeln sich *parioloni* in den ›In‹-Lokalen um den Piazzale Ponte Milvio, z. B. im stylischen **Met Concept Restaurant** 9 (Nr. 34). Für den kleinen Hunger tut's die nette Bar-Pasticceria **Il Gianfornaio** 10 am Largo M. Diaz 16.

Charakteristisch
4 Trattoria Pizzeria da Gino alla Villetta: Seit Generationen bestehendes Familienlokal in einer pittoresken, stillen Ecke. Sehr gute römische Hausmannskost, Pizza, allerdings keine Plätze draußen.
Vicolo del Buco 2, T 06 581 89 49, Tram/Bus: Belli, Mi–Mo 12–16, 18–23 Uhr

Experimentierfreudig
5 Santo: Gut besuchtes, schickes Restaurant mit Cocktailbar mit internationalem Flair in einem umgebauten Ziegelwerk in einer versteckten, ruhigen Ecke von Trastevere, die kreative Küche rechtfertigt die leicht gehobenen Preise.
Via della Paglia 40, www.santotrastevere.it/, Bus: Lgt Farnesina/Trilussa, Di–Sa 18–2 Uhr

Asterix wäre glücklich
6 Cantina dei Papi: Sehr gemütliche Prosciutteria, wo man auf Barhockern sitzt und das Feinste vom Schwein, Schinken und Porchetta zum Wein gereicht bekommt. Herrliche kalte Platten.
Via della Scala 71, T 06 64 56 28 39, www.cantinadeipapi.com, Bus: Lungotevere Farnesina/Trilussa, tgl. 11.30–23.30 Uhr

I have a drink
7 Freni e Frizioni: ›In‹-Cocktailbar mit internationalem Publikum ›under 30‹ in einer ehemaligen Autowerkstatt – daher der Name ›Bremsen und Kupplung‹ –, wo man schnell ins Gespräch kommt. Vibrierende Atmosphäre zwischen Kronleuchtern und modernem Outfit, witzige Baristi. Wenn drinnen kein Platz mehr ist, setzt man sich draußen auf die Mauer; reichhaltiges, salzarmes vegetarisches Buffet (Hummus).
Via del Politeama 4, T 06 45 49 74 99, www.freniefrizioni.com, Bus: Lungotevere Farnesina/Trilussa, tgl. 18.30–2 Uhr

Unter Malven
8 Zi Umberto: Historische kleine Trattoria in einer romantischen Ecke unter blühenden Malvenbäumchen; auf den Tisch kommt Hausmannskost.
Piazza di S. Giovanni della Malva 14, T 06 581 66 46, Bus: Lungotevere Farnesina/Trilussa, Di–So 12.30–15, 19.30–23.30 Uhr

Ganz im Norden
9 – **10**: s. Tour 180.

Einkaufen

Nach Herzenslust stöbern
1 Mercato di Porta Portese: Roms berühmtester Flohmarkt ist aus dem Schwarzmarkt nach dem Krieg hervorgegangen. Hier gibt es alles, was das Herz begehrt: Ersatzteile für Elektrogeräte, Antiquitäten, Vintagekleidung, Schmuck, Trödel und Krimskrams jeglicher Art, außerdem Stände mit günstiger Mode und Strickwaren. Achtung: Das heitere Gedränge ist ein Eldorado für Taschendiebe!
www.portaportesemarket.it, Tram/Bus: Ippolito Nievo, So 7–14 Uhr zwischen Piazza Ippolito Nievo, Via Ettore Rolli und Porta Portese

Feines Gebäck
2 – **3**: s. S. 170.

Ausgehen

Um die Porta Portese
1 – **3**: s. S. 172.

Ungezwungene Abende
Alcazar Live: Beliebter Kultur-Hub mit Bar-Hostaria in einem ehemaligen Kinosaal mit Bühne für Livekonzerte (Do), Theater- und Filmvorführungen, man darf auch im Vintage-Kleidermarkt und den Bücherregalen stöbern. Gute Drinks, ethnische und italienische Küche zu gemäßigten Preisen.
Via Cardinale Merry Del Val 14, T 33 91 27 83 54, www.alcazarlive.it/, Tram: Mastai, Do–Sa 19–2, Hostaria 19.30–0.30 Uhr

Zugabe
Lebensader und Fluch

Der Tiber

Tevere biondo, ›blonder Tiber‹, nennen die Römer ihr mythisches Gewässer, dass durch angeschwemmten Sand und Ton trüb wirkt. Am Tiber entstand das Leben in Latium, wurde die älteste Siedlung nachgewiesen, sind Romulus und Remus gestrandet. Der Fluß war Zubringer zum Meer, Transportweg für Waren, Trinkwasserreservoir und Badewanne. Er entspringt auf dem Monte Fumaiolo im Apennin, schlängelt sich 400 km gen Süden bis nach Ostia, wo er ins Meer mündet. Er ist ein schicksalhafter Fluss. Ende des 19. Jh. zwängten ihn die Savoyer in ein 12 m hohes Travertinkorsett, um sich gegen das zyklische Hochwasser zu schützen, das oft Menschen, Häuser und Brücken mit sich riss. Aber die Eindeichung hat das Leben am Fluss, dessen Ufer einst von Weiden und Erlen, Boots- und Gesindehäusern gesäumt war, ausgelöscht. Die Flussverschmutzung zwang in den 1970er-Jahren zur Aufgabe der Badeanstalten und Fischlokale, eine kurze Nachkriegsmode. Die Uferzone verkam – bis zur kürzlichen Wiederentdeckung mit einem Radweg und dem Sommerfestival Lungo il Tevere. Doch meldet sich jüngst die Natur wieder zu Wort: Die letzten drei Rekordhitzesommer und der ausbleibende Schneefall in den Bergen haben den Wasserstand auf ein historisches Tief sinken lassen, mit Folgen für die Fauna und Schiffbarkeit. ∎

Villa Borghese und der Norden

Roms grüner Norden — Zwischen alten Parks, Museen und Botschaftsvillen lässt es sich gut leben.

Seite 190
Foro Italico

Der monumentale Sportkomplex stammt aus der Zeit des Duce. Solange das neue Fußballstadion nur auf dem Papier existiert, bleibt das Olympiastadion Heimspielstätte des A. S. Roma.

Seite 192
Galleria Borghese

Der Neffe von Borghese-Papst Paul V. legte die berühmteste aller Privatsammlungen im Casino Nobile seines Parks an. Zu den Prunkstücken gehören die Skulpturen des frühen Bernini sowie sechs Gemälde von Caravaggio, darunter sein letztes Werk.

Einwanderer aus Übersee: Roms Halsbandsittiche

Seite 193
Galleria Nazionale d'Arte Moderna

Ein prächtiger eklektischer Bau beherbergt die größte Sammlung italienischer Kunst des 19. und 20. Jh. Im Fokus stehen Futurismus, Pittura Metafisica und Neorealismus.

Seite 194
Tramfahrt mit Stopps

Um die schönsten Villen in Parioli zu sehen, muss man in der Via Aldrovandi aussteigen. Vor 100 Jahren schuf der Designer Gino Coppedè um die Piazza Mincio im alten Viertel Trieste eine Märchenarchitektur.

Eintauchen

Villa Borghese und der Norden

Seite 196
Villa Giulia

Die rätselhafte Welt der Etrusker entschlüsselt sich in einer der schönsten Renaissancevillen.

Seite 196
MAXXI

Das neue Museum für zeitgenössische Kunst entwarf die ›Königin der Kurven‹, Zaha Hadid. Neben Werken von Gerhard Richter, Anish Kapoor und Gino de Dominicis locken sehr sehenswerte Wechselausstellungen.

Seite 198
Parco della Musica

Renzo Pianos Auditorium bietet ein großes Konzertangebot von Klassik bis Folk. Am Tag kann man in der weitläufigen Anlage Kaffee trinken, lesen oder am PC arbeiten. Im Herbst wird der Musikpark zum Laufsteg für Filmstars.

&

Seite 200
Aktiv sein in der Villa Borghese

Asphaltierte Wege laden zu Fahrten mit dem Rad, dem Segway oder dem Golfcart ein. Man kann auch skaten oder auf dem Laghetto Bötchen fahren.

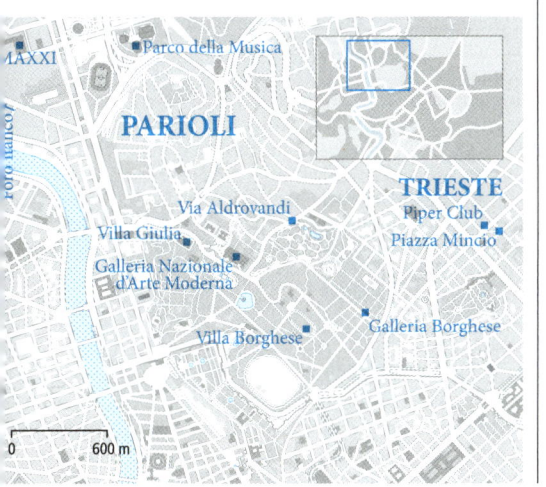

Francesco Totti gilt als 8. König von Rom. Der A. S. Roma, für den er spielte, plant seit 2011 ein neues Stadion. Bauzeit wie das Kolosseum?

Die Netflix-Serie »Baby« porträtiert die frühreife, vom Geld verdorbene Jugend aus Parioli, inspiriert vom ›Baby-Nutten-Skandal‹, in den Alessandra Mussolinis Mann verwickelt war.

erleben

Wo das gehobene Bürgertum wohnt

Viel Grün, Villen und prächtige Bürgerhäuser erwarten Sie in dem Gebiet nördlich der Altstadt zwischen dem Tiber und der Via Nomentana. Gut situierte Familien, schöne Geschäfte und Cafés prägen das Straßenbild. Oleander oder Judasbäume zieren viele Achsen. Wer hier wohnt, muss nicht ins Zentrum zum Einkaufen. Nicht einmal für die Kultur. Neben den Spitzenmuseen in und um den Park der Villa Borghese glänzen neue Architektur-Highlights wie das Museum MAXXI für zeitgenössische Kunst von Zaha Hadid oder das Auditorium von Renzo Piano, in dem Musiker von internationalem Rang auftreten.

Die Viertel Flaminio, Pinciano und Trieste entstanden in der ersten Hälfte des 20. Jh. für das aufstrebende Bürgertum. Parioli auf den Tuff-Erhebungen (Monti Parioli) oberhalb der Villa Borghese wurde der vornehme Rückzugsort der Bourgeoisie mit Reitclubs und Privatkliniken. Hier befinden sich auch die meisten Botschaften. Die Wohnungen haben oft einen gesonderten Dienstboteneingang. Für den *pariolino* sind teure Markenklamotten und Autos Rangabzeichen, er trifft sich nur mit seinesgleichen.

ORIENTIERUNG

Reisekarte: 📍 E–M 2–6
Cityplan: S. 191
Ankommen:
– **Villa Borghese:** zu Fuß von Piazza del Popolo oder Via Veneto, oder mit Bus 910 (Pinciana)
– **Flaminio:** Tram 2
– **Parioli:** Tram 19, Bus 910

Die bewaldete Villa Ada lädt zu längeren Spaziergängen oder Radtouren ein. Die stadtnahe Villa Borghese ist der reizvollste Kunst- und Freizeitpark Roms. Über den Pincio hat man die grüne Oase im Nu erreicht. Auf den Stufen der sonnigen Piazza di Siena, im Mai Schauplatz von Springturnieren, machen die Bürohengste der Via Veneto Mittagspause. Sonntags gehört der Park den *bambini*, die mit den Hunden ausgeführt werden. Wer hat in Rom schon einen Garten! Hauptattraktion für Kunstliebhaber ist die weltberühmte Galleria Borghese mit den Jugendwerken von Bernini. Intimen Kunstgenuss bieten das etruskische Museum der Villa Giulia und die Nationalgalerie für Moderne Kunst am Rande des Parks. Interessant ist ein Ausflug zum Olympiastadion aus der Zeit Mussolinis im Flaminio, wo Francesco Totti seine besten Tore schoss.

Villa Borghese

♀ K/L 5/6

Refugium der Römer
Stärker könnte der Kontrast zwischen Stadtchaos und Natur nicht sein. Wenige Meter oberhalb der Spanischen Treppe taucht man in eine 80 ha große Oase aus Magnolien, Steineichen und riesigen Pinien ein. Die Römer lieben diesen erholsamen Hausgarten, der auch im Februar nie sein Laub verliert. Auf den immergrünen Wiesen kann man Nickerchen machen, picknicken oder das fröhliche Treiben der Alexandersittiche beobachten, die die Baumwipfel bevölkern. Auf den asphaltierten Wegen kurven Inlineskater und Gokarts herum. Wer eine Spazierfahrt mit dem Rad oder dem Segway im Grünen machen will, ist in der Villa Borghese bestens aufgehoben. Das Besondere jedoch sind die großen und kleinen Museen, die neben plätschernden Brunnen, Skulpturen und kleinen Tempelchen in die Parklandschaft eingestreut sind.

Ein Landgut wird Museumspark
Rom verdankt seine grüne Lunge dem Kardinalnepoten Scipione Borghese, der Anfang des 17. Jh. auf dem Landgut der Familie eine Lustvilla und einen Musentempel für seine schon damals ansehnliche Kunstsammlung errichten ließ. Aus den Jagdgründen wurde ein Barockpark mit geometrisch geschnittenen Hecken, seltenen Pflanzen *(Giardini Segreti)* und Tieren, einem Jagdwäldchen und einem See. Die jetzige Erscheinung geht auf die Umgestaltung in einen ›natürlichen‹ Landschaftspark englischen Stils Ende des 18. Jh. zurück. Damals kamen ein weiterer See, der Asklepiostempel, Figurenbrunnen und Grotten hinzu. Später wurde der Pincio-Hügel mit der Villa verbunden.

In der Villa Borghese kann man Räder mieten, skaten oder joggen. Am Wochenende wimmelt es von Familien mit Kindern.

Lieblingsort

Ein Ort zum Chillen

Am liebsten mag ich die **Piazza di Siena** ❶ an kalten, sonnigen Wintertagen. Auf den Stufen der alten Pferderennbahn kann man unter den wärmenden Strahlen mittags sein *panino* essen oder die Zeitung lesen. Neugierige Eichhörnchen huschen von den majestätischen Pinien herunter. Man vergisst die Hektik der Stadt. Manche Büroangestellte legen sich zum Mittagsschlaf auf die Parkbank oder die Wiese. Die *vigili* drücken ein Auge zu, wenn ich meinen Hund für einen ›Run‹ auf die riesige Rasenfläche schicke. Wir beide betrachten den ovalen Platz als unsere Ecke und können es nicht abwarten, bis die Tribüne und die Buden nach dem alljährlichen Reitturnier endlich abgebaut sind und wieder Ruhe eingekehrt ist. Seit 1926 wird das internationale 5*-Springreitturnier CSIO Rom hier alljährlich im Mai ausgetragen. Für drei Wochen ist der Platz dann abgesperrt, herrscht ringsum Betrieb, hecheln Fotografen VIPs hinterher.

1901 verkauften die Borghese ihre *villa delle delizie*. Der Park ging an die Stadt, während die Sammlung unter staatlichen Schutz gestellt wurde. 1997 begann die Umwandlung in einen Museumspark. Die restaurierte **Galleria Borghese 5** im Casino Nobile (s. u. und S. 192) gilt heute als Vorzeigemuseum. In die Orangerie zog die Privatsammlung **Bilotti 6** (s. S. 193) mit Werken von de Chirico ein, in die **Casina di Raffaello 2** oberhalb der Piazza Siena, einst das Haus des Garderobiers der Borghese, ein Spielzentrum für Kinder, **Ludoteca**, (www.casinadiraffaello.it). Es entstanden Kultureinrichtungen wie das **Globe Theatre 6**, ein Holznachbau des Londoner Shakespeare-Theaters, und 2004 im Rosenhaus die kleine **Casa del Cinema 7** (Largo Marcello Mastroianni 1, www.casadelcinema.it, tgl. 8–24 Uhr). Sie war ein Wunschkind von Ex-Bürgermeister Walter Veltroni, einem großen Kinofan. Das Kino und das zwei Jahre später gegründete römische Filmfestival sollten Rom wieder zum Zentrum der Filmwelt machen. Neben einer öffentlichen Bibliothek zur Filmgeschichte und einem DVD-Filmarchiv werden in drei Sälen regelmäßig Filmvorführungen und -events mit Regisseuren geboten. Das moderne **Cinecaffè** hat eine schöne Gartenterrasse.

Lustschloss der Borghese

Staunend verharren viele Besucher vor dem blendend weißen **Casino Borghese** mit seiner verspielten Fassade, den Vogelvolieren und umrahmenden Gärten. Hinter den Mauern verbirgt sich die schönste Privatsammlung Italiens – wenn auch von Napoleon um etwa 500 Werke gelichtet: die **Galleria Borghese 5** (s. S. 192). Allein die virtuose Meißelarbeit von Berninis »Apoll und Daphne« ist den Eintrittspreis wert. Oder Antonio Canovas »Paolina Bonaparte« als nackte Liebesgöttin. Einst musste man für einen kurzen Blick die Pagen korrumpieren.

Kardinal Scipione Borghese, Lieblingsneffe und Kulturattaché von Paul V. Borghese ließ sich von Hausarchitekt Flaminio Ponzio 1607–20 auf dem Landgut der Familie eine Villa errichten, die für Feste und Staatsempfänge des Papstes gedacht war. Scipiones Passion für römische Kunst und sein untrügliches Gespür für Talente – er entdeckte den jungen Bernini – vermehrten seine Sammlung schnell. Die antiken Statuen, Büsten und Mosaiken bereicherten Weltkarten, gekrümmte Spiegel und Fossilien. Mit der Bibliothek, den exotischen Pflanzen der geheimen Gärten, der Seidenraupenzucht und dem Tierpark formten sie das ›Theater des Universums‹. Finanzeskapaden zwangen die Borghese ihre Schätze 1902 an den Staat abzutreten – für 3,6 Mio. Lire, weniger als die Rothschilds für ein einziges Bild von Tizian boten.

Exotischer Tierpark

Die Umwandlung des schönen, von Carl Hagenbeck konzipierten Zoos in den artgerechten **Bioparco 3** für ca. 1200 Tiere (150 Arten) ist nahezu abgeschlossen. 18 afrikanische Pinguine sind die neueste Attraktion. Für die Kleinen gibt es einen netten Streichelzoo.

Viale del Giardino Zoologico 20, www.bioparco.it, tgl. 8.30–17/18, April–Okt. 9.30–18, Sa, So 9.30–19 Uhr, 17/14/11 €, frei für Kinder bis 1 m Größe

Flaminio ♀F–J2–6

Polyfunktional

Aus der Luft sehen die drei mit Bleiplatten isolierten Konzerthallen des **Auditorium Parco della Musica 5** wie ein Käfer aus. 2002 eingeweiht, dient es Konzerten und Kulturveranstaltungen.

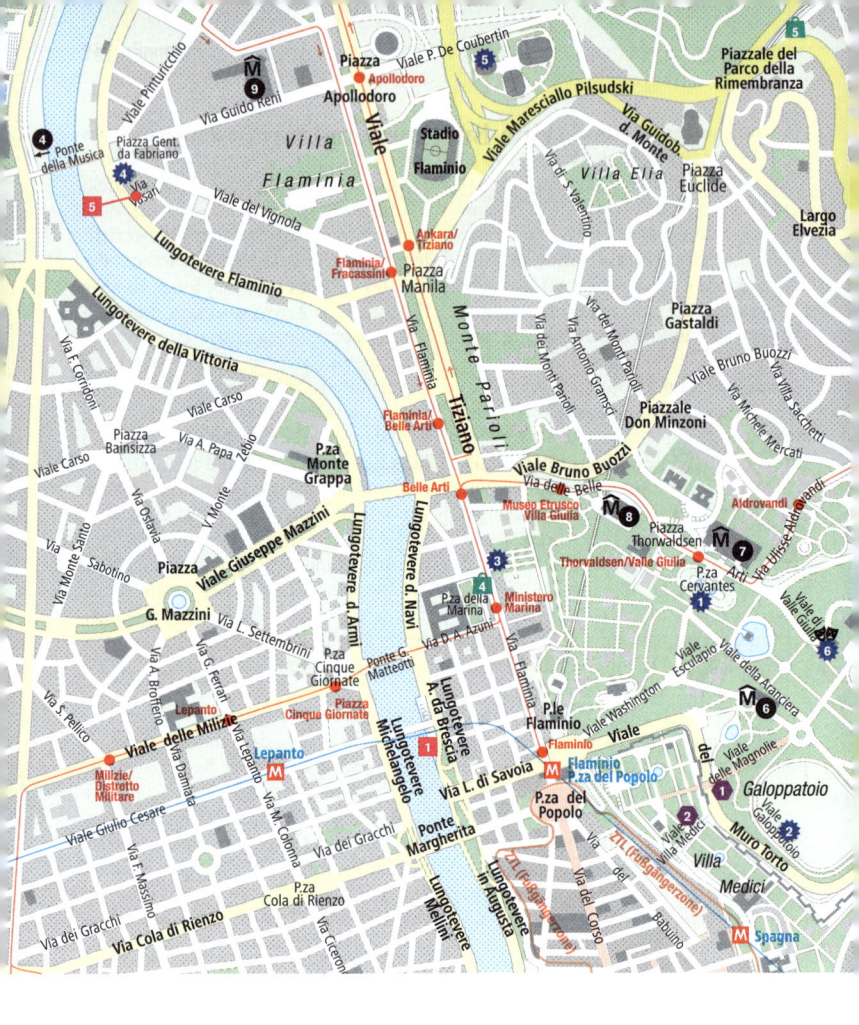

Renzo Piano ist ein Meister der Bautechnik. Gelobt wird die Akustik der komplett mit Kirschholz vertäfelten Säle. Zu dem Komplex gehören außerdem eine Bar, Restaurants und ein Buchladen. Das Auditorium rühmt sich der meistbesuchte Musikpark Europas zu sein. Er ist Sitz der **Accademia Nazionale di Santa Cecilia.** Im Oktober nimmt er seit 2006 das zehntägige **Festival del Cinema** (www.romacinemafest.it) auf, ein von der römischen Prominenz und der italienischen Filmwelt heiß erwartetes Ereignis. Der beste Film wird mit dem »Goldenen Mark Aurel« prämiert.

Abstecher zum Foro Italico

Faschistische Architektur

Noch heute wird Mussolinis monumentaler Sportstättenkomplex **Foro Italico** ❹ genutzt. 1928–38 von Enrico del Debbio

Villa Borghese und der Norden

Ansehen

1. Piazza di Siena
2. Casina di Raffaello/Ludoteca
3. Bioparco
4. Foro Italico
5. Galleria Borghese
6. Museo Carlo Bilotti
7. Galleria Nazionale d'Arte Moderna
8. Museo Nazionale Etrusco di Villa Giulia
9. MAXXI – Museo nazionale delle arti del XXI secolo
10.–15. s. Tour S. 194
16.–21. s. Tour S. 198

Essen

1. Baja
2. Fior di Zucca
3. Chopsticks Parioli
4. Tribeca Café
5. Aroma Osteria Flaminio
6.–9. s. Tour S. 194
10. s. Tour S. 198

Einkaufen

1. Blue Marlin & Co
2. Mercato Salario
3. Pisapia
4. Mercato Borghetto Flaminio
5. Mercato Parioli

Bewegen

1. Segway-Verleih
2. Bici Pincio
3. Ascol Bike

Ausgehen

1. Satyrus
2. Art Cafè
3. Accademia Filarmonica Romana
4. Teatro Olimpico
5. Auditorium Parco della Musica
6. Globe Theatre
7. Casa del Cinema

---

am Fuß des Monte Mario errichtet, diente er ursprünglich der faschistischen *Balilla,* der Hitlerjugend vergleichbar, zum körperlichen Drill. Anlässlich der Olympischen Sommerspiele 1940 wurde der Foro Italico erweitert. Er war Austragungsort der Olympiade 1960 und der Fußball-WM 1990. Der Komplex umfasst das modernisierte **Stadio Olimpico,** Heimspielstätte von A.S. Roma und Lazio, das **Stadio dei Marmi** für Leichtathletik, ein rostrotes Schwimmstadion und Tennisanlagen. Die ehemalige Parteizentrale des Regimes, ein neunstöckiger Block im Stil des Rationalismus, beherbergt heute das Außenministerium, die Farnesina. Er ist sogar vom Gianicolo aus zu sehen. Von der **Ponte Duca d'Aosta** wurde eine Blickachse auf den Mussolini-Obelisken und den Piazzale dell'Impero mit dem Sphärenbrunnen und der steinernen Weltkugel inszeniert. Ein schönes Beispiel der Instrumentalisierung des Sports für die Zwecke einer Ideologie.

Museen

Königin der Privatsammlungen

❺ Galleria Borghese: Die Sammlung gliedert sich in zwei Teile. Im Obergeschoss hängen die Gemälde aus dem Stadtpalast der Borghese, während das Parterre Skulpturen aus verschiedenen Epochen aufnimmt. Die Raumschöpfungen mit den pompösen Deckengemälden sind ein Werk von Antonio Asprucci Ende des 18. Jh. Im Fußboden sind spätantike Mosaiken mit Gladiatorenkämpfen und Tierhatzen eingelassen.

Glanzstücke sind die Jugendwerke von Bernini. Zwei Statuengruppen, inspiriert von den Metamorphosen des Ovid, behandeln das Thema Frauenraub – mit Ironie. Die Gruppe »Apoll und Daphne« (1624) zeigt den liebestollen Gott bei der Verfolgung der verzweifelten Daphne. Als er siegessicher um ihre Taille greift, verwandelt sich die Nymphe in einen Lorbeerbaum. Aus ihren Zehen treiben Wurzeln, ihre Hände und Haare werden zu Ästen und Blättern, um ihre Scham wächst eine Rinde empor. Der Mythos geht noch weiter: Enttäuscht bekränzt sich Apoll mit einem Lorbeerzweig (Daphne= Lorbeer). Kardinal Maffeo Barberini, der spätere Urban VIII., verfasste den moralischen Zweizeiler auf dem Sockel: »Wem es beliebt flüchtigen Freuden nachzulaufen, erhält am Ende nur bittere Beeren«.

Voll ironischer Dramatik ist der »Raub der Proserpina durch Pluto« (1622) im großen Festsaal. Die gierigen Finger des Unterweltgottes graben sich in den prallen Oberschenkel seiner Beute, während sie sich bis in die ›Zehen‹ sträubt. Der struppige Pluto ist schon in den Jahren, das erschlaffte Bindegewebe fällt weich über seine Hüfte. Im Hades wollte keine

Auf die Frage des empörten Adels »Hast Du etwa Modell gestanden?«, antwortete Paolina kess: »Das Atelier war gut geheizt!« Gelangweilt vom steifen Hofleben und der Ehe mit Camillo Borghese – zu der sie der Bruder gedrängt hatte – flüchtete sie sich in Liebschaften.

Frau wohnen, deswegen musste er eine rauben. Aber Mutter Ceres (Demeter) vergaß über tiefe Trauer, es auf der Erde wachsen zu lassen. Zeus befahl daher, dass die Braut sechs Monate im Jahr wieder zur Erde zurückkehren solle. Ihre Mutter dankte, indem sie die Natur blühen lässt. Ein schönes griechisches Märchen vom Sinn der Jahreszeiten! Im Zeitalter von MeToo sehen nicht wenige Besucher den ›Raub‹ allerdings mit anderen Augen.

Ein Opfer war Paolina Borghese nicht, die kleine Schwester Napoleons. Sie soll so viele Liebhaber im Alkoven besiegt haben wie Napoleon Feinde auf dem Schlachtfeld. Ihre Darstellung als halbnackte Venus auf einer Chaiselongue mit dem Siegesapfel des Parisurteils triumphierend in der Hand, haben sowohl sie als auch den klassizistischen Bildhauer Canova unsterblich gemacht (1805–08).

Gleich sechs Caravaggio-Gemälde erwarben die Borghese. Die »Madonna dei Palafrenieri« war für den Petersdom bestimmt, wurde aber wegen der hochgeschnürten Brust der Madonna und des ›unheiligen‹ Christuskindes abgelehnt. Das Bild »David mit dem Haupt Goliaths« schickte Caravaggio mit einem Gnadengesuch an Paul V. Goliath trägt seine Züge, Ausdruck seiner verzweifelten Situation im Exil (1609/10), zu dem ihn ein Todesurteil wegen Totschlags im Kirchenstaat zwang.

In der Pinakothek triumphiert die farbenfrohe, anmutige Grablegung der »Pala Baglioni« von Raffael (1507). Der blonde Grifonetto Baglioni, der im Kampf um die Signoria in Perugia gefallene Sohn der Auftraggeberin, trägt Christus zu Grabe. Die Szene sollte an den Tod eines Unschuldigen und an die Qualen seiner Mutter erinnern. Lucas Cranachs ›schiefe‹ Venus ohne Ponderation verdeutlicht die Stilunterschiede zwischen der deutschen und der italienischen Renaissance. Tizian stellt in dem berühmten Gemälde »Amor sacro e Amor profano« (um 1514) Laura Bagarotto zweimal dar: als Braut im weißen Kleid sowie als Venus. Anlass war die Hochzeit mit Nicolò Aurelio, einem wichtigen Politiker aus Venedig.

Piazzale Scipione Borghese 5, www.galleria borghese.beniculturali.it, Di–So 9–19, Do bis 21 Uhr, 1. So im Monat frei, Besichtigung im 2-Std.-Takt, Vorabreservierung obligatorisch: T 063 28 10, www.tosc.it, 15/10/4 €, ggf. Ausstellungszuschlag. Taschen und Kameras müssen an der Garderobe abgegeben werden. **Tipps:** Falls online keine Eintrittskarten mehr erhältlich sind, versuchen Sie an der Kasse 15 Min. nach Einlass Last-Minute-Tickets zu erwerben. Im kleinen Bookshop gibt es geschmackvolle Souvenirs.

Kunstschnäppchen

❻ Museo Carlo Bilotti: Das Museum in der ehemaligen Orangerie lädt zu einer Gratis-Stippvisite ein. Es zeigt Werke von de Chirico, Severini und Andy Warhol, die der italo-amerikanische Kunstsammler Bilotti der Stadt vermachte. In der Nähe verlockt übrigens die **Casina del Lago** mit Tischchen unter Schirmen zu einer Pause (tgl. 9–19 Uhr).

Viale Fiorello La Guardia, www.museocarlobilot ti.it, Okt.–Mai Di–Fr 10–16, Juni–Sept. Di–Fr 13–19, Sa, So ganzj. 10–19 Uhr, Eintritt frei

Moderne Malerei in lichten Hallen

❼ Galleria Nazionale d'Arte Moderna: Wie ein eklektischer Tempel thront das Museum hoch über der grünen Valle Giulia. Das bombastische Gebäude mit seiner prächtigen Freitreppe von Cesare Bazzani (1911) beherbergt die größte Sammlung italienischer Malerei und Skulptur des 19. und 20. Jh., vom klassizistischen Canova bis Lucio Fontana und Jannis Kounellis. Im Fokus stehen die Beiträge Italiens zur modernen Kunst: Futurismus, Pittura Metafisica und Neorealismus mit Werken von Carlo Carrà, Giacomo Balla, Gino Severini, Umberto Boccioni, Renato Guttuso und Giorgio de Chirico. Auch international bekannte Künstler wie van Gogh, Monet, Picasso, Degas, Cézanne und Klimt sind mit mindestens einer Arbeit

TOUR
Bei der spießigen Upperclass

Mit Tram 19 in die Viertel Parioli und Trieste

Infos

📍 H–N 2–5

Start: Ministero della Marina

Dauer: 2–3 Std.

Per Straßenbahn: Tram 19 ab Ministero della Marina, Via Flaminia, alle 15 Min.

Alternativ per Rad: durch die Villa Borghese zur Valle Giulia, dort dem Verlauf der Tramstrecke folgen (z. T. Radweg, leichte Steigungen)

Mercato Borghetto Flaminio 4: Piazza della Marina, außer Aug. So 10–19 Uhr. Hier wird alter Plunder aus Wohnungsauflösungen verkauft, u. a. Porzellan, Klamotten, Bilder.

Mercato Parioli 5: Mo–Sa 7–14 Uhr

Wir steigen am **Ministero della Marina** 10 in die Tram. Schwungvoll geht es über das breite Tal, **Valle Giulia,** das den kurvigen Nordrand der **Villa Borghese** begleitet. Wir passieren die rostrote **Villa Poniatowski,** die elegante **Villa Giulia** 8 (s. S. 196) und ausländische Kulturinstitute auf den Anhöhen. Kaum ein Passant. Die **Galleria Nazionale d'Arte Moderna** 7 (s. S. 193) wirbt in Riesenlettern auf der Freitreppe für Ausstellungen. Auf der Terrasse im Park gegenüber feiern die Studenten im Sommer nachts. Kaum zu glauben, dass 1968 in diesem friedlichen Tal die Studentenrevolte ausbrach. Sie brachte Italien 13 Jahre lang politische Agitation und Terrorismus.

Es folgen luxuriöse Hotels und Villen zwischen Bougainvillea und Pinien. In den Querstraßen der **Via Aldrovandi** wohnen die reichen *pariolini*. An der **Piazza Ungheria** 11 steigen wir aus. Hier startet die Flaniermeile, der 900 m lange s-förmige **Viale dei Parioli** mit seinen Cafés, Cocktailbars, Restaurants, Boutiquen und Fitnessstudios. Auf der Platanenallee verengen zweireihig geparkte Autos die Fahrbahn. Pariolini lieben teure Autos und fahren sie gern spazieren, oft nur bis zum nächsten Tabacchi. Dicke SUVs vor allem, hier und da ein Jaguar. Auffallend viele Minicars, die schon ab 14 Jahren gefahren werden dürfen, sieht man um die parkenden Autos schlängeln. Halbwüchsige flitzen damit in die Schule. In den sündhaft teuren Konditoreien decken sich die Familien sonntags mit Torten und Tiramisu ein. Es ist das einzige Viertel, in dem Delikatessläden überlebt haben. Man sieht ältere, perfekt frisierte Frauen Trüffel oder piemontesischen Käse kaufen. An den Ständen auf dem Mini-Kleidermarkt hängen Schürzen für die philippinischen Hausangestellten. Zur Happy Hour füllt sich das **Gotha** 6 (Nr. 144) mit hübschen Mädchen in teuren Markenkleidern, die sonst so beliebten Tattoos sind hier verpönt. Im Café **Il Cigno** 7 (Nr. 16a) sitzen wichtigtuerische Herren in Anzug und mit Sonnenbrille. Im **Palmerie** 8 (Nr. 7) gegenüber, ein Mix aus Riad und buddhistischem Tempel, gibt sich die Schickeria bei Fusionküche international. Die Studenten der Privatuni LUISS ziehen den Nudelkönig **Il Mattarello** 9 (Viale Liegi 64) vor. Abends treffen sie sich auf einen Drink am **Mercato Parioli** 5 kurz vor dem Reitstall **Villa Glori** 12. Per Bus geht's zurück zur Piazza Ungheria, wo man Tram 19 oder 3 in Richtung Sapienza nimmt.

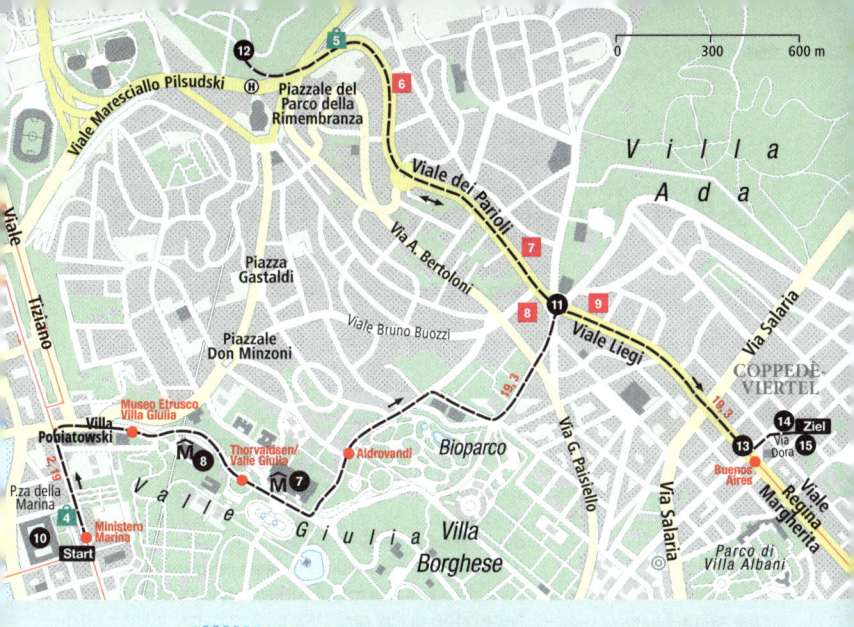

An der **Piazza Buenos Aires** 13 steigen wir erneut aus. Wir sind im alten Viertel **Trieste**, gediegen, aber nicht so elitär. Ein architektonisches Märchenidyll wartet in der **Via Dora**: der Eingang zum **Coppedè-Viertel**. Eine Gruppe von Palästen und Villen um die quadratische **Piazza Mincio** 14 zeigt ein Potpourri aller Stile von der Antike, über maurische Gotik bis zum Barock- und zum Libertystil (1915–26). In akademischen Kreisen als Kitsch belächelt, ist das Viertel für den unbedarften Besucher eine Zauberwelt. Seiner Fantasie freien Lauf lassen durfte hier auf 30 000 m² der esoterische Gino Coppedè. Über maurischen Portalen streben gotische Türmchen in den Himmel. Balkone, Loggen und Erker gliedern die Fassade, von denen Feen, Putten, Medusen und Löwenköpfe teils freundlich, teils grimmig herabblicken. Einem Märchenschloss gleicht der **Villino delle Fate** 15, an dessen Rückwand eine Sonnenuhr ihren Schatten kreisen lässt. Am Brunnen der Piazza hocken gerne Schüler, paffen die verbotene Zigarette. Nur wenige Passanten kreuzen das Wohn- und Botschaftsviertel.

Er pariolino, der typische Bewohner von Nord-Rom, verachtet die südlichen, ›plebejischeren‹ Wohnviertel und ihre Bürger, die er als *bori* beschimpft (Dorftrampel).

vertreten. Dadaist Marcel Duchamp gleich mit vier Readymades. Selbst für Nichtkenner der italienischen Kunstszene sind die riesigen, hellen und kaum besuchten Säle ein Augenschmaus. Die Kunstströmungen werden auf Schautafeln erklärt. Gönnen Sie sich zum Schluss einen Cappuccino auf der traumhaften Gartenterrasse des **Caffè delle Arti** (www.caffedelleartiroma.com, Di–So 8–20, Juni–Sept. bis 24 Uhr).
Viale delle Belle Arti 131, www.gnam.beniculturali.it, Di–So 8.30–19.30 Uhr, 10/5 €

Zauberwelt der Etrusker
❽ **Museo Nazionale Etrusco di Villa Giulia:** Wo Papst Julius III. einst rauschende Feste feierte, hat das Museo Nazionale Etrusco eine Heimat gefunden. Die größte und wichtigste Sammlung etruskischer Kunst. Die zauberhafte Sommervilla schuf der manieristische Architekt Giacomo Vignola Mitte des 16. Jh. Die Rückseite öffnet sich in einer halbrunden freskierten Loggia. Zwei Höfe umschließen ein Nymphäum mit figürlichen Säulen, Brunnen spendeten Kühle bei Banketten. Noch heute inspiriert die Kulisse Feingeister: Alljährlich wird hier der renommierte italienische Literaturpreis »Premio Strega« verliehen. 2018 ging er an die deutschstämmige Helena Janeczek.

In über 30 Sälen zeigt die Sammlung Grab- und Tempelfunde aus Gräbern in Südetrurien, Latium und Umbrien. Sie erzählen von der hohen Kultur dieses rätselhaften Volkes (7.–3. Jh. v. Chr.), von ihren Frauen, die sich lange vor den Römerinnen schminkten und an Trinkgelagen teilnahmen. Neben attischen Vasen – die Etrusker waren wichtige Kunden der Athener – sehen Sie kunstvollen Goldschmuck in Filigranarbeit, Spiegel, den ersten Zahnersatz und die Ficoronische Ciste, einen luxuriösen ›Beauty Case‹ aus Bronze. Highlight ist der archaische Ehegattensarkophag aus Cerveteri (ca. 530 v. Chr.). Das verstorbene Paar ist lächelnd beim eigenen Totenmahl dargestellt. Das ›archaische Lächeln‹ wurde als positive Geisteshaltung auch im Jenseits interpretiert. Der »Apoll von Veji« (6. Jh. v. Chr.) entstand vermutlich in der Werkstatt des berühmten Vulca. Im Garten veranschaulicht der Nachbau des Tempels von Alatri die etruskische Tempelarchitektur, aus der die römische hervorging. Das Ticket schließt den Besuch der reizvollen benachbarten **Villa Poniatowski** (16. Jh.) mit der Schmuck- und Vasensammlung Castellani ein.
Piazzale di Villa Giulia 9, www.villagiulia.beniculturali.it, Di–So 9–20 Uhr, 10/2 €; Villa Poniatowski April–Okt. Fr, Sa 15–18 Uhr

In Schwingungen versetzen
❾ **MAXXI – Museo nazionale delle arti del XXI secolo:** Mit dem Museum für zeitgenössische Kunst feiert die traditionsverbundene Stadt endgültig ihren Eintritt in das 21. Jh. Die irakisch-britische Architektin Zaha Hadid (1950–2016), wegen ihrer Schmähung des rechten Winkels ›Königin der Kurven‹ genannt, schuf aus einer alten Kaserne ein Gebilde aus »verflüssigten Räumen«, ein Wechselspiel aus Galerien, Schrägen, frei schwebenden Treppen und Rampen. Die komplizierte Umsetzung der »weiblichen Formen« in Beton ließ die Baukosten auf 150 Mio. Euro anschwellen, mehr als Frank Gehrys Guggenheim-Museum in Bilbao kostete. Zum Bilbao-Effekt kam es dann zwar nicht, aber das MAXXI ist zu einem wichtigen Labor für zeitgenössische Kunst geworden. Außerdem ist es das erste Architekturmuseum in Italien.

Zum festen Bestand zählen 400 Werke zeitgenössischer Künstler der letzten 50 Jahre wie Alighiero Boetti, Sol Lewitt, William Kentridge, Mario Merz, Gerhard Richter, Anish Kapoor und Gino de Dominicis. Daneben laufen temporäre Ausstellungen zu Kunst und Architektur (MAXXI Architettura), Design und Fotografie. Der mit Bibliothek, Hörsaal und Restaurants

ausgestattete Kulturcampus ist Bühne für Filmpremieren und Theater- und Tanzperformances.
Via Guido Reni 4, www.maxxi.art, Di–Fr, So 11–19, Sa 11–22 Uhr, 15/12/9/5 €, frei unter 14 J. sowie für Kunststudenten, Lehrer etc.; der Besuch der Wechselausstellungen in Galerie 1 ist Di–Do kostenlos.

Essen

Tanz auf dem Wasser
1 Baja: Schickes Restaurant und Cocktailbar auf einem beleuchteten Boot unten am Tiber, gute lokale Küche, Barbecue. Mit Sofaecken, abends wird auf den Schiffsplanken getanzt.
Lungotevere Arnaldo da Brescia (Nähe Ponte Pietro Nenni Treppen hinuntergehen), Metro: Flaminio, www.bajaroma.it, tgl. 11.30–15.30, 18.30–1 Uhr

Familienlokal
2 Fior di Zucca: In einer ruhigen Ecke gelegenes Lokal im *country style* mit schöner Veranda und Stammgästen aus dem Viertel. Pizza aus dem Holzofen, gute Fleischgerichte, Auswahl an Salaten.
Via Gaetano Donizetti 16, T 06 84 24 24 17, Bus: Spontini/Ponchielli, tgl. 12.30–15, 19.30–24 Uhr, unbedingt reservieren

Sushi all you can eat
3 Chopsticks Parioli: Trendiges Lokal für Sushi und brasilianische Spezialitäten, Riesenauswahl, zu empfehlen ist der gegrillte Thunfisch in Sesam.
Viale Regina Margherita 17–19, T 06 854 73 88, www.chopstick.it, Tram/Bus: Buenos Aires, tgl. 12.30–15, 19.30–24 Uhr, ›All you can eat‹ mittags (günstiger) und abends, auch à la carte, unbedingt reservieren

Angesagte Cocktailbar
4 Tribeca Café: Die angesagte Cocktailbar des Viertels, ein Imitat des New Yorker Cafés, ist beliebt zum Mittag (warme Gerichte) oder nach der Arbeit zur Apericena mit reichem Buffet ab 10 €.
Via Messina 29, T 06 44 25 09 23, www.tribecacafe.net, Bus: Porta Pia, Mo–Fr 12–24, Sa 18.30–24 Uhr, reservieren!

Fisch mal anders
5 Aroma Osteria Flaminio: Beliebtes Fischlokal mit jugendlichem Esprit in der Nähe des Teatro Olimpico, experimentelle Küche (Spaghetti mit Scampi, Kastanien und Trüffel), auch vegetarische Gerichte.
Lungotevere Flaminio 62d, T 06 32 65 17 51, www.aromaosteria.it, Metro: Flaminio, tgl. 12–15, 19.30–24 Uhr

Rund um den Viale Parioli
6 – **9**: s. Tour s. S. 194.

Ausgezeichnetes Gebäck
10: s. Tour S. 198.

Einkaufen

Entlang des Viale Regina Margherita und der Via Po und um die Piazza Fiume gibt es viele Boutiquen mit individueller Mode für jedes Alter.

Designerstücke
1 Blue Marlin & Co: Ausgefallene Einzelstücke für Frauen in einem Vintageladen, allerdings nicht ganz billig (Schlussverkauf nutzen!). Um die Ecke in der Via Salaria 244/250 können die Herren der Schöpfung fündig werden.
Viale Regina Margherita 12, https://bluemarlinroma.com, Tram/Bus: Buenos Aires, Mo–Fr 10–19.30, Sa 10–13.30, 16–20 Uhr

Straßenmarkt
2 Mercato Salario: Beliebter Wochenmarkt für Obst und Gemüse, Kleidung, Schuhe und Taschen inmitten eines Wohngebiets. Die Auswahl variiert von Tag zu Tag, von elegant über Vintage bis Secondhand, Strickwaren für wenige Euro.

TOUR
Moderne Architektur

Eine kombinierte Tour per Straßenbahn und zu Fuß durch Flaminio

Infos

Start: Piazzale Flaminio (♀ J6), von dort mit Tram 2 bis Haltestelle Apollodoro

Dauer: 2–3 Std.

Variante per Rad: ab Ministero della Marina (kein Radweg, aber ruhige Straßen), Radverleih s. S. 200

Auf der schnurgeraden **Via Flaminia** verließ Luther Rom – zu Fuß. Heute surrt auf ihr die klimatisierte Tram 2 in Richtung Olympiastadion. Links und rechts der Trasse türmen sich strenge Wohnpalazzi aus den 1930er-Jahren bis zu sieben Stockwerke auf. Die Wohnungen sind innen großzügig und hell.

Kurz bevor man an der Haltestelle **Apollodoro** aussteigt, ist rechts das **Stadio Flaminio** 16 zu sehen, Heimstätte des Rugbyvereins Capitolina, und dann die von Rippen getragene flache Kuppel des **Palazzetto dello Sport** 17, beides Meisterwerke von Pier Luigi Nervi (1957/59). Als hier noch das Rugbyturnier »Six Nations« ausgetragen wurde (das ins Olympiastadion umgezogen ist), wimmelte es in der Flaminia von Schottenröcken. Dahinter liegt Renzo Pianos **Auditorium Parco della Musica** 5, ein großer Komplex aus Ziegeln im warmen Ton der Pinienstämme. Außerhalb der Veranstaltungen, vor allem der turbulenten Kinofestivals im Oktober, ist es angenehm still in dem Musikpark. In der lichten Cafeteria sitzen junge Leute und arbeiten am Laptop. Im Foyer sind Überreste der antiken **Villa Rustica** ausgestellt. Sie trugen – wie so oft in Rom – Schuld am Baustopp und am anschließenden Konkurs der ersten Baufirma. Gegenüber liegt der leblose **Villaggio Olimpico** 18 (Olympiadorf) aus dünnwandigen Stelzenhäusern, der für die Athleten von 1960 in Eile hochgezogen wurde. Heute wohnen hier Familien, die froh über den Parkplatz unterm Haus sind. Nachmittags üben in den Straßen Fahrschüler einparken.

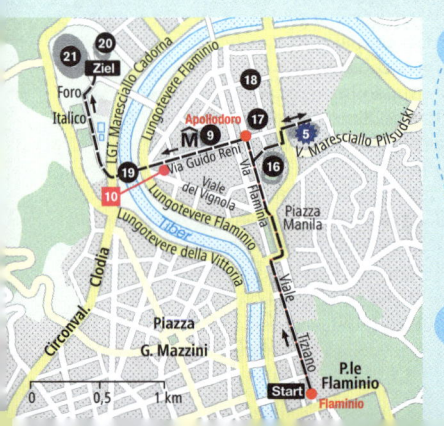

In der **Via Guido** Reni stößt man inmitten eines Kasernenkomplexes auf Zaha Hadids umstrittenen Bau für das **MAXXI** 9 (s. S. 196). Außen gleicht er einem gestrandeten Raumschiff, gestützt

auf dünne Metallstreben, von den Römern spöttisch Tagliatelle genannt. Auf dem sonnigen Vorplatz lassen die Anwohner ihre Kinder spielen. Wochentags ist es ziemlich still hier – im Vergleich zum Vatikan …

Schon von Weitem leuchten die weißen Stahlbögen des **Ponte della Musica** ⑲, die sich gleich Möwenflügeln über den Fluss spreizen. Die Holzplanken der Fußgängerbrücke wippen unter den Fußtritten wie auf einem Schiffsdeck, unten gurgelt das Wasser. Auf der anderen Tiberseite wartet die von Pinien und Eichen umringte gigantische ›Sportstadt‹ Foro Italico. Als Foro Mussolini propagierte, formte und stählte es einst den neuen Menschentyp des Faschismus. Die riesigen marmornen Athleten im etwas verrotteten ovalen **Stadio dei Marmi** ⑳ imponieren noch immer. Das steinerne Erbe der Diktatur wird nicht nur bis heute für Wettkämpfe und Training genutzt, auch verwundert, dass immer noch faschistische Symbole und auf dem benachbarten Obelisken der huldigende Schriftzug »Mussolini Dux« ohne Erklärungstafel prangen. Im **Stadio Olimpico** ㉑ am Nordrand des Parks finden seit 1953 alle Fußballspiele statt. Trotz Modernisierung ist es nicht mehr zeitgemäß. Der AS Rom plant eine neue Arena in Rom, die an das Colosseo erinnern soll. Ob es nun im östlichen Stadtteil Pietralata gebaut werden wird, entscheidet die Verkehrslogistik. Noch sind die Römer froh, dass Fans und die gefürchteten Ultras in den von den Wohnquartieren isolierten Sportpark im Flaminio gebracht werden.

Auf der Ponte della Musica entspannen der milde Tiberwind und das träge Gurgeln des Flusses unter der Matte.

Im alten **Dolci Forno** ⑩ gibt es ausgezeichnetes Gebäck, wie Castagnaccio, ein Kuchen aus Kastanienmehl, Rosinen und Pinienkernen (Via Andrea Bregno 22, Mo–Sa 7.30–20 Uhr).

Via Simeto/Via Metauro, Tram/Bus: Buenos Aires, Mo–Sa 7.30–14 Uhr

Lederschuhe gut und günstig
3 Pisapia: Seit 1946 verkauft die Familie Pisapia italienische Schuhe und Lederaccessoires, gute Markenware zu anständigen Preisen.
Via Nizza 2–8, www.pisapia1946.it/, Bus: Piazza Fiume, Mo–Sa 9.30–19.30 Uhr

Märkte
Mercato Borghetto Flaminio 4: Flohmarkt, s. S. 194. **Mercato Parioli 5:** Lebensmittelmarkt, s. S. 195.

Bewegen

Yoga an der frischen Luft
Im Sommer verlegen viele Yogalehrer ihren Unterricht in die Parks oder auf den Ponte della Musica. Im Rahmen der »Estate Romana« findet gratis **River Yoga** statt (www.estateromana.comune.roma.it).

Rollend durch die Villa Borghese
Skater und Inlinefahrer treffen sich an der Ecke **Viale dell'Obelisco/Viale delle Magnolie;** 10–18 Uhr Verleih von Rollerblades, Rollschuhen und Gokarts. **Segway-Verleih 1** auf dem Viale delle Magnolie (www.segwayroma.net, tgl. 10–18 Uhr, Ahmed: T 39 25 22 14 23).

Große Auswahl an Rädern & Co.
2 Bici Pincio: Citybikes, Kinderfahrräder, Mountainbikes, Tandems und Rikschas.
Viale di Villa Medici und Via Goethe, T 349 01 48 08 22, Mo–Fr 10–18, Sa, So 9.30–19 Uhr

Günstig Räder leihen
3 Ascol Bike: Günstigster Anbieter für Citybikes, E-Bikes, Kinderräder, E-Rikschas.
Viale dell'Uccelliera 3, T 33 83 85 59 03, www.ascolbike.com, tgl. 10–18 Uhr

Ausgehen

Cool durch Sommernächte
1 Satyrus: Bei Studenten beliebte Temporary-premium-Bar auf der bühnenartigen Bruno-Zevi-Treppe vor dem GNAM, von Abenddämmerung bis spätnachts.
Scalea Bruno Zevi, auf Facebook, Tram: Valle Giulia, nur im Sommer

Begehrt
2 Art Cafè: Von Jungschickeria und VIPs frequentierter Nacht- und Tanzclub in der Villa Borghese (Passage), modisches bis elegantes Outfit gefragt, kommerzielle Musik, Themenabende; Drink ab 15 €.
Viale del Galoppatoio 33, T 34 06 20 74 32, Bus: S. Paolo del Brasile, Fr–Sa 22.30–5 Uhr

Klassisch
3 Accademia Filarmonica Romana: Kammermusik und Opern mit Nachwuchskünstlern in einer Renaissancevilla.
Via Flaminia 118, www.filarmonicaromana.org, Tram/Bus: Ministero Marina, Tickets ab 10 €

Pop und Rock
4 Teatro Olimpico: Theater aus den 1930er-Jahren für Pop- und Rockkonzerte und Modern Dance.
Piazza Gentile da Fabriano 17, http://teatro olimpico.it, Bus: Melozzo da Forlì

Musiktempel von Renzo Piano
5 Auditorium Parco della Musica: s. auch S. 189 und S. 198. Drei Konzertsäle und ein Openair-Theater, steht allen Musikgenres sowie Ballett und Kabarett offen, nicht nur der Klassik.
Via Pietro de Coubertin 30, Tram/Bus: Flaminia-Reni, www.auditorium.com, Ticketverkauf online oder vor Ort April–Okt. tgl. 11–20, Okt.–März 11–18 Uhr

Shakespeare-Dramen und Kino
6 Globe Theatre und **Casa del Cinema 7** s. S. 189.

Zugabe
Römische Sonnenschirme

Die Pinien von Rom

Die Pinie gehört zu Rom wie die Ruinen, mit denen sie sich im Abendlicht die Stadtsilhouette teilt. Dann leuchtet ihr Stamm rötlich und ihre Schirmkontur hebt sich vom nachtblauen Himmel scherenschnittscharf ab. Sie fehlt in keinem Park und säumt die großen Alleen, obgleich ihre knotigen Wurzeln Fahrbahn und Bürgersteig gefährlich verbeulen. Wie die Römer verachtet der *Pinus pinea* den Regen und liebt die Sonne, der er sich bis zu 35 m Höhe entgegenstreckt. Dafür dankt er mit Pinienkernen, die schon die antike Küche schätzte. Der Kiefer genügt ein sandiger Boden, aber sie will gepflegt werden, um in der Stadt 150 Jahre zu erreichen. Die schwere Krone muss regelmäßig gelichtet und untere Äste müssen entfernt werden, damit der Stamm gerade wächst. Doch hat die Stadtikone kein leichtes Leben. Neben Pilzbefall und Straßenbauarbeiten, die die Wurzeln unbemerkt schädigen und zum plötzlichen Umsturz führen können, bedroht seit 2020 eine eingeschleppte Schildlaus, *Toumeyella parvicornis,* die Bestände. ∎

Viminal, Quirinal, Monti und Nomentano

Rom der Savoyer — Die Piemontesen brachten Ordnung in die wildgewachsene Papststadt. Gerettet hat sich nur Monti.

Seite 209
Santa Maria della Vittoria

Berninis »Verzückung der hl. Theresa von Avila« ist wohl das erotischste Bildwerk, das je in einer Kirche aufgestellt wurde. Im emotionalen Barock durfte die ›göttliche Liebe‹ auch mal fleischlich dargestellt werden.

Seite 210
Casino dell'Aurora Pallavicini

Im zauberhaften Gartenpavillon der Borghese geht immer zum ersten des Monats die Sonne auf – mit der »Morgenröte« von Guido Reni. Ein Kleinod auf dem baumlosen Quirinal.

Sie sind Vintage-Jäger? Dann auf zum Mercato Monti.

Eintauchen

Seite 211
Palazzo Barberini

Der Barockpalast birgt eine hochkarätige Gemäldesammlung europäischer Meister. Höhepunkt ist das riesige Deckenfresko von Pietro da Cortona mit dem Triumph des Barberini-Clans. Gut als Einstieg in die Welt des Barocks.

Seite 212
Streifzug durch Monti

Das kleine mittelalterliche Viertel mit seinen Vintageläden, hippen Pubs und innovativen Lokalen hat sich zum Szenetreff gemausert. Ideal für einen Spaziergang und Aperitif.

Viminal, Quirinal, Monti und Nomentano

Seite 214
Via Veneto
In Harry's Bar hängen noch die vergilbten Fotos der Stars des Dolce Vita wie Marcello Mastroianni und Anita Ekberg. Der mondäne Boulevard lockte damals Prominenz aus der ganzen Welt an.

Seite 215
Mausoleo di Santa Costanza
Das mit bedeutenden Mosaiken verzierte Mausoleum der Tochter Konstantins liegt in einem verwunschenen Garten mit Zypressen.

Seite 216
Per Rad zur Villa Torlonia
Ein Radweg führt bis zum Märchenpark des Fürsten Torlonia, einer Art Enzyklopädie der Architektur, in der man herrlich lustwandeln kann. Die Kleinen vergnügen sich auf dem Sportplatz oder im Kindermuseum Technotown.

Seite 218
Palazzo Massimo
In lichten Sälen warten glänzend präsentierte antike Kostbarkeiten wie der »Faustkämpfer« oder das zarte Gartenfresko der Livia-Villa in Primaporta.

Im Palazzo del Quirinale ist ein höheres Alter ausnahmsweise mal erwünscht. Die italienischen Staatspräsidenten sind bzw. waren alle um die 80.

Das Teatro Eliseo, wo Anna Magnani und Vittorio Gassman debütierten, war eine der besten Bühnen der Stadt. Nun ist es geschlossen. Weiteres Schicksal unbekannt.

& erleben

Stadtplanung mal gelungen

Das Gebiet nördlich der Kaiserforen wirkt großstädtisch und geordnet. Es ist von geradlinigen Straßen, Regierungsgebäuden und Hotels geprägt. Während des Baubooms unter den Savoyern wurden Quirinal und Viminal, die zuvor nur dünn besiedelt waren, dicht bebaut. Nur den Quirinal nimmt man als Hügel wahr. Die Senke um den Viminal wurde verfüllt, woran die ›versunkene‹ Kirche San Vitale (4. Jh.) an der Via Nazionale erinnert. Hoch oben auf dem Quirinal thront der Palast des italienischen Staatspräsidenten. Seit der Antike ist die Anhöhe Residenz – erst des legendären Königs der Sabiner Titus Tatius, dann im Sommer von den Päpsten, gefolgt von den Savoyern bis zu deren Exil im Jahr 1946. Nicht weit entfernt schufen Bernini und Borromini Kirchen und den prächtigen Familienpalast für Urban VIII.

Das markanteste Gebäude auf dem Viminal sind die Diokletiansthermen, in die Michelangelo eine Kirche einfügte und auf deren Grundriss die Piazza Repubblica entstand. Neue Akzente im Sinne einer Residenzstadt setzten Opernhaus, Innenministerium und die bombastische Kunsthalle an der Via Nazionale, einer heute beliebten Einkaufsstraße.

> **ORIENTIERUNG**
> **Reisekarte:** K–P5–10
> **Cityplan:** S. 207
> **Ankommen:** Am besten sind Sie zu Fuß unterwegs oder per Rad auf dem Nomentana-Radweg.
> **– Monti und S. Maria Maggiore:** Bus 75, Metro B Cavour
> **– Piazza Repubblica:** Metro A
> **– Nomentano:** Bus 90
> **Parken:** s. Stazione Termini S. 208

Das mittelalterliche Monti im Rücken der Kaiserforen ist der Modernisierungskur der Savoyer entkommen. Es ist ein Geheimtipp für Fans von Vintage und innovativem Streetfood. Die Bewohner mögen keine Marken. Das glatte Gegenteil ist die von Luxushotels und Cafés gesäumte Via Veneto. Sie wird von Nostalgikern des Dolce Vita Fellinis und Betuchten frequentiert. Betucht waren auch die Familien und Orden, die sich entlang der Via Nomentana Liberty-Villen anlegen ließen. Unter den Prachtbauten sticht die Villa Torlonia hervor, heute ein öffentlicher Park mit fantasievollen Architekturschöpfungen. Die Grabeskirchen der hll. Agnes und Costanza weiter draußen erinnern daran, dass die Ausfallstraßen einst Gräberstraßen waren.

Um die Piazza della Repubblica

♀ L–N 8–9

Nachts angestrahlt sind die halbrund geschwungenen Kolonnaden der **Piazza della Repubblica** (1898) ein beliebtes Fotomotiv. Sie zeichnen die Form der antiken Exedra nach, Teil der Umfassungsmauer der Diokletiansthermen. Gaetano Koch verlieh dem offiziellen Eingang in die Savoyer-Stadt eine repräsentative Note. Autos kreisen um den zentralen Jugendstilbrunnen, die **Fontana delle Naiadi** ❶. Die sich frivol räkelnden Nymphen (Naiadi) lösten 1914 einen Skandal aus.

Terme di Diocleziano

13 Fußballfelder Badespaß
Über 3000 Menschen konnten gleichzeitig in den **Terme di Diocleziano** ❷ planschen, saunen, ruhen oder lesen. Mit einer Fläche von 376 x 360 m – das entspricht etwa 13 Fußballfeldern – übertraf der 298–306 n. Chr. errichtete Komplex alle bisherigen Kaiserthermen an Größe. Dass 40 000 christliche Sklaven dafür schuften mussten, mag eine Legende sein, genährt aus der brutalen Christenverfolgung unter Diokletian. Nach der Zerstörung der Aquädukte durch die Ostgoten verfiel das Luxusbad. Seine Ausmaße kann man noch gut in der heutigen Stadtbebauung erkennen. Sie reicht von der Exedra der Piazza Repubblica im Süden bis zur Via Volturno im Norden. Die Breite markieren San Bernardo alle Terme und der Ziegelturm in der Via del Viminale. Die Türme waren in die Umfassungsmauer integriert. Am besten erhalten ist der zentrale Körper mit den Badehallen, in die Santa Maria degli Angeli (s. u.), die **Aula Ottagona** und ein Kartäuserkloster integriert wurden. Die letzte Veränderung brachte die Gründung des Nationalmuseums 1889. In den Thermen befindet sich die prähistorische und epigrafische Sammlung des **Museo Nazionale Romano – Terme di Diocleziano.**
Viale Enrico de Nicola 78, Di–So 9–19.45 Uhr, 10 €; Ausstellungszuschlag 3 €; EU-Bürger 18–25 J. 2 €. Kombiticket s. Palazzo Altemps (s. S. 81)

Aus dem Bad wurde eine Kirche
Während heute aus entweihten Kirchen Fitnesscenter werden, errichtete man im 16. Jh. Kirchen in aufgegebenen Badepalästen. Mit dem Einbau von **Santa Maria degli Angeli** (1562) in den zentralen Teil der Thermen rettete der 86-jährige Michelangelo die Gewölbe und große Teile des Frigidariums und Tepidariums. Die Raumwirkung beeindruckt noch immer, auch wenn von dem ursprünglichen Projekt des Renaissancekünstlers – es sah ein griechisches Kreuz als Grundriss vor – durch die Neuausrichtung des Innenraums im 18. Jh. nicht viel erhalten ist. Geblieben ist der Eingang in der unverputzten Exedra des antiken Calidariums zur Piazza della Repubblica hin.

Einige der Barockgemälde an den Wänden stammen aus dem Petersdom. Bemerkenswert ist die **Linea Clementina,** der 1702 in den Boden eingearbeitete Meridian im Querschiff. Durch ein Loch in der Südwand zeigt die Sonne auf der 45 m langen Bronzeschiene die Mittagszeit an. So lässt sich auch die Tagundnachtgleiche im Frühjahr ablesen, wichtig für die Bestimmung des Osterfestes. Clemens XI. wollte mit dem Meridian die Korrektheit des Gregorianischen Kalenders demonstrieren, den Frankreich und England damals noch nicht übernommen hatten.
Piazza della Repubblica, tgl. 10–13, 16–19 Uhr

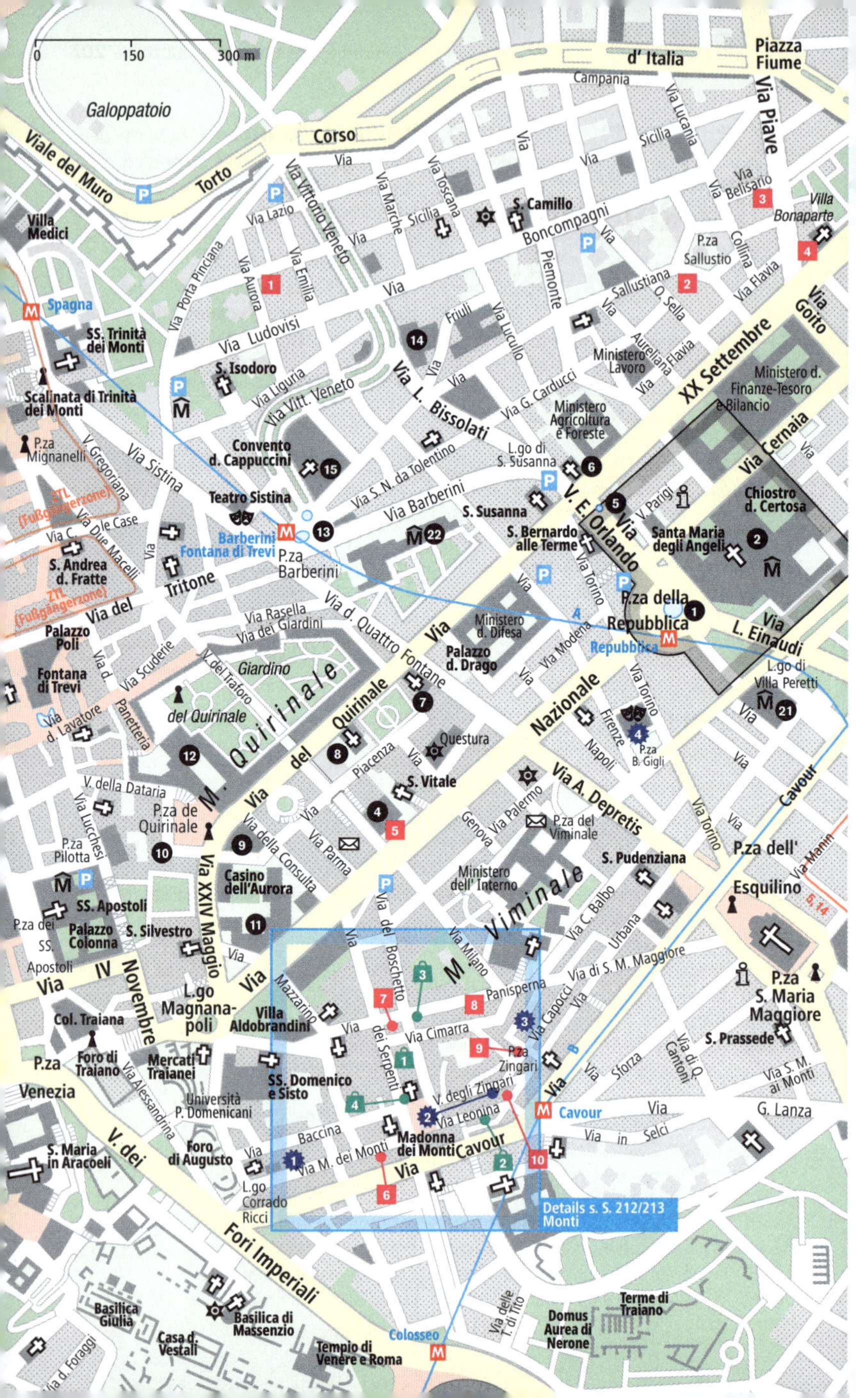

0
150
300 m
Galoppatoio
Viale del Muro
Torto
Corso
d' Italia
Campania
Piazza Fiume
Via Piave
Via Lucania
Sicilia
Via Belisario
Villa Bonaparte
Villa Medici
Via Lazio
Via Vittorio Veneto
Via Marche
Via Toscana
Sicilia
S. Camillo
Boncompagni
Via Emilia
Via Aurora
Via Porta Pinciana
Piemonte
P.za Sallustio
Collina
Via Flavia
Sallustiana
O. Sella
Via Goito
Spagna
SS. Trinità dei Monti
Via Ludovisi
S. Isodoro
Via Liguria
Via Vitt. Veneto
Friuli
Via Lucullo
Via L. Bissolati
Via G. Carducci
Ministero Lavoro
Aureliana
XX Settembre
Ministero d. Finanze-Tesoro e Bilancio
Scalinata di Trinità dei Monti
P.za Mignanelli
V. Gregoriana
Via Sistina
Convento d. Cappuccini
Via S. N. da Tolentino
Ministero Agricoltura e Foreste
L.go di S. Susanna
Via Cernaia
ZTL (Fußgängerzone)
Via Due Macelli
Via C. d. le Case
Teatro Sistina
Barberini
Fontana di Trevi
P.za Barberini
Via Barberini
S. Susanna
V. E. Orlando
V. Parigi
Chiostro d. Certosa
S. Andrea d. Fratte
Tritone
Via del
S. Bernardo alle Terme
Via Torino
Santa Maria degli Angeli
P.za della Repubblica
Repubblica
Via L. Einaudi
Palazzo Poli
Via Rasella
Via dei Giardini
Via d. Quattro Fontane
Ministero d. Difesa
Palazzo d. Drago
Via Modena
L.go di Villa Peretti
Fontana di Trevi
Via Scuderie
V. del Traforo
Giardino
del Quirinale
M. Quirinale
Via del Quirinale
Via Nazionale
Via Firenze
Napoli
P.za B. Gigli
Via d. Lavatore
Panetteria
Questura
Piacenza
S. Vitale
Via A. Depretis
V. della Dataria
Via Lucchesi
P.za de Quirinale
Via della Consulta
Via Parma
Via Genova
Via Palermo
P.za del Viminale
Via Cavour
P.za Pilotta
Via XXIV Maggio
Casino dell'Aurora
Ministero dell' Interno
M. Viminale
S. Pudenziana
P.za dell' Esquilino
Via Manin
5, 14
SS. Apostoli
P.za dei SS. Apostoli
Palazzo Colonna
S. Silvestro
Via C. Balbo
Urbana
Via Milano
Via del Boschetto
Via di S. M. Maggiore
P.za S. Maria Maggiore
Via IV Novembre
L.go Magnanapoli
Villa Aldobrandini
Mazzarino
Panisperna
Via Capocci
Col. Traiana
Via dei Serpenti
Via Cimarra
Zingari
S. Prassede
Foro di Traiano
Mercati Traianei
P.za Venezia
SS. Domenico e Sisto
Via Alessandrina
Università P. Domenicani
V. degli Zingari
Via Leonina
Via Sforza
Via di Q. Cantoni
Via S. M. ai Monti
Cavour
Via G. Lanza
Via in Selci
Baccina
Madonna dei Monti
Via M. dei Monti
Via Cavour
S. Maria in Aracoeli
V. dei Fori Imperiali
Foro di Augusto
L.go Corrado Ricci
Details s. S. 212/213 Monti
Basilica Giulia
Basilica di Massenzio
Casa d. Vestali
Colosseo
Tempio di Venere e Roma
Via delle T. di Tito
Domus Aurea di Nerone
Terme di Traiano
Via d. Foraggi

Viminal, Quirinal, Monti und Nomentano

Ansehen

1. Fontana delle Naiadi
2. Terme di Diocleziano mit Santa Maria degli Angeli
3. Stazione Termini
4. Palazzo delle Esposizioni
5. Fontana del Mosè
6. Santa Maria della Vittoria
7. San Carlo alle Quattro Fontane
8. Sant'Andrea al Quirinale
9. Palazzo della Consulta
10. Scuderie del Quirinale
11. Palazzo Pallavicini Rospigliosi
12. Palazzo del Quirinale
13. Fontana del Tritone
14. Palazzo Margherita (US-Botschaft)
15. Santa Maria della Concezione
16. Porta Pia
17. Monumento al Bersagliere
18. Villa Torlonia
19. Sant'Agnese fuori le mura
20. Mausoleo di Santa Costanza
21. Museo Nazionale Romano – Palazzo Massimo alle Terme
22. Gallerie Nazionali Barberini Corsini
23. – 31. s. Tour S. 216

Essen

1. Ristorante Vladimiro
2. Cantina Cantarini
3. Ippokrates
4. Gelateria La Romana
5. Esposizioni
6. La Casetta a Monti
7. Ai Tre Scalini
8. La Carbonara
9. Al Tetterello
10. Er Caffettiere Bio
11. La Limonaia
12. Guttilla
13. Momart Restaurant Cafè

Einkaufen

1. Pifebo
2. Mercato Monti
3. Le Gallinelle
4. LOL

Ausgehen

1. Ice Club
2. Libreria Caffè Bohémien
3. Blackmarket Hall
4. Teatro dell'Opera

Stazione Termini

Einst Symbol des Aufschwungs
Bilder des Wirtschaftsbooms der Nachkriegszeit ruft die **Stazione Termini** ❸ in Erinnerung, ein Meisterwerk neorealistischer Architektur. Hier kamen die Arbeitssuchenden aus dem Süden an. Der Kopfbahnhof ist mit 32 Gleisen der größte Bahnhof Italiens. Seine 128 m breite Empfangshalle mit dem geschwungenen Dach aus Stahlbeton wurde zum Pilgerjubiläum 1950 als modernster Bahnhof gefeiert. Die endlose Reihe der Blendarkaden der 600 m langen Flanke wiederholt das Motiv der antiken Aquäduktbögen.

Am Termini kreuzen sich die beiden Metrolinien und auf der von Schirmpinien überdachten **Piazza dei Cinquecento** starten und enden die Buslinien. Mit täglich einer halben Million Fahrgästen ist die Infrastruktur an ihre Kapazitätsgrenze gekommen. Vor allem sind die Metroeingänge viel zu eng. Benutzen Sie abends den gut bewachten und beleuchteten frontalen Eingang. Im Bahnhof gibt es neben einer großen Buchhandlung im Foyer jede Menge Modeläden und im Untergeschoss einen 24-Std.-Supermarkt.

Parken: Neuerdings stehen 1400 videoüberwachte Parkplätze auf dem Bahnhofsdach zur Verfügung (www.parkinstation.it).

An der Via Nazionale

Buckelpiste und Shoppingmeile
Geräuschvoll hüpfen Stadtbusse und Taxis über das wellige Pflaster der breiten Via Nazionale – Verbindungsachse zwischen Piazza della Repubblica und Piazza Venezia – in die Stadt hinunter. Das beeinträchtigt keineswegs die Shoppinglaune der Passanten, die von den erschwinglichen Preisen und der großen Auswahl an schicken Mode- und Schuhläden hypnotisiert sind.

Ein Opern- und ein Kunstpalast
1880 eröffnete das **Teatro dell'Opera** ❹ (s. auch S. 219). Das samtgoldene Logentheater mit 1400 Plätzen im Gründerzeitstil versteckt sich hinter einer strengen Fassade im Stil des Rationalismus, eine spätere Ergänzung von Marcello Piacentini. Die Hauptstadtbühne legt längst nicht mehr nur Belcanto-Opern auf, sondern zieht mit Avantgardekomponisten wie Giorgio Battistelli oder Ai Weiweis politisch gefärbter Inszenierung von Turandot neues Publikum an.

Blickfang ist in der Via Nazionale der protzige **Palazzo delle Esposizioni** ❹ im Stil des Historismus. Achten Sie auf die Werbeplakate über dem Eingang. In der Kunsthalle finden immer interessante Ausstellungen statt. Im glasüberdachten Obergeschoss lockt das leichte Mittagsbuffet von Küchenchef Alessandro Circiello im Restaurant **Esposizioni** ❺.

Palazzo delle Esposizioni: Via Nazionale 194, www.palazzoesposizioni.it, Di–So 10–20 Uhr, 12,50/10 /6 €, Familienrabatt, 1. Mi im Monat 14–19 Uhr freier Eintritt bis 30 J.; Restaurant: Di–Fr 12.30–15.30 Uhr City Lunch 16 €, Sa, So 12.30–15.30 Uhr Brunch 30 €

Quirinal ♀ K–M 7/9

Wegen der guten Luft ist der nördlichste der sieben Hügel seit jeher bevorzugter Wohnort der Oberschicht. Wichtigster Bau ist der gigantische Präsidentenpalast, den die Päpste Ende des 16. Jh. als Sommerresidenz anlegten. Über die mit bedeutenden Barockkirchen geschmückte Zugangsachse marschierten 1870 die Savoyer ein und bereiteten dem Kirchenstaat ein Ende.

Via Venti Settembre

Verunglückt und verzückt

Nachdem Sixtus V. eine antike Leitung hatte reparieren lassen und die nördlichen Stadtviertel wieder über Trinkwasser verfügten, feierte er sein Werk mit der **Fontana del Mosè** ❺ (1587). Sie lieferte den Auftakt für die bombastische Wandbrunnen-Mode im Barock. Unglücklich ist jedoch nicht nur ihre eingeklemmte Position an der verkehrsreichen Piazza San Bernardo. Auch die gestauchte Mosesfigur des Bildhauers Prospero Bresciano sorgte für viel Spott.

Wallfahrtsstätte der Bernini-Fans ist die Barockkirche **Santa Maria della Vittoria** ❻ (tgl. 9–12, 15.30–18.30 Uhr) mit der berühmtesten und sinnlichsten seiner Marmorskulpturen: der »Verzückung der hl. Theresa von Avila« in der Cornaro-Kapelle (1645–52). Ein ›lüsterner‹ Engel ist dabei, die spanische Mystikerin mit dem brennenden Pfeil der göttlichen Liebe zu durchbohren. Mitglieder der Adelsfamilie Cornaro verfolgen das Schauspiel aus seitlichen Logen. Der sich leidenschaftlich aufbäumende Frauenkörper hat zu mancher Theorie angeregt. Sexualforscher sehen darin die »Verwandtschaft von Religion, Wollust und Schmerz«.

Via del Quirinale

Ohne Sold und letzte Ölung

Nur Barockliebhaber dringen bis zu Borrominis Hauptwerk vor. **San Carlo alle Quattro Fontane** ❼ (1588) steht ausgerechnet an der lautesten Kreuzung der Via XX Settembre, dem Scheitel des Quirinal. Die vier frisch restaurierten Brunnen mit den Gestalten des Tiber, des Arno, der Juno und der Diana drohen bald wieder zu ergrauen – wie die konvex und konkav geschwungene Fassade von San Carlino, wie die Römer die Kirche nennen. Borromini – konfrontiert mit einem winzigen Bauplatz und den geringen Mitteln des Ordens – gelang es, aus dem Raum das Maximum an Formenvielfalt und optischer Täuschung herauszuholen. Der scheinbar ovale Grundriss des Innenraums entpuppt sich als Rhombus, dessen Enden von Kreis- und Ellipsensegmenten abgeschlossen werden. Die ovale Kuppel scheint darüber zu schweben. Genial ist auch der winzige, aus einem verzogenen Achteck geformte Kreuzgang. Rund 30 Jahre (1638–67) arbeitete der verkannte Tessiner Künstler an der Kirche, für deren Gestaltung er freie Hand gefordert hatte – gegen Verzicht auf Bezahlung. Als die Mönche von Borrominis Selbstmord erfuhren, verweigerten sie ihm ein Grab in seinem Lebenswerk.

Via del Quirinale 23, www.sancarlino-borromini.it, Mo–Sa 10–13 Uhr

San Carlo alle Quattro Fontane: Das Auge wird in Schwingungen versetzt.

Der Bau der Konkurrenz

Gern wird die nur einen Steinwurf entfernte Kirche des erfolgreicheren Bernini, **Sant'Andrea al Quirinale** ❽, zum Vergleich herangezogen. Auch er musste ein Platzproblem lösen: Der Innenraum ist ein Queroval, was aber geschickt durch die schmale Fassade kaschiert wird. Der Bau ist ein weiteres Beispiel für Berninis Hang zum Szenischen und Monumentalen. Die ehemalige Hofkirche der Savoyer ist heute beliebt für Trauungen.

Via del Quirinale 29, Di–Sa 8.30–12, 14.30–18, So, Fei 9–12, 15–18 Uhr

Piazza del Quirinale

Panorama mit Marschmusik

Die Straßenschlucht endet mit der fotogenen Piazza del Quirinale. Von der riesigen Aussichtsterrasse haben Sie einen schönen Blick über die Dächer bis hinüber zum Petersdom. Die Statuen der Dioskuren um den zentralen Brunnen stammen aus den Konstantinsthermen. Der Obelisk hingegen bewachte den Eingang des Augustus-Mausoleums. Musik begleitet den feierlichen Wachwechsel, den Kinder begeistert verfolgen (Okt.– 2. Juni So 16, 3. Juni–Sept. So 18 Uhr).

Heute beherbergt der **Palazzo della Consulta** ❾ (18. Jh.) das italienische Verfassungsgericht, während die **Scuderie del Quirinale** ❿ (Via XXIV Maggio 16, www.scuderiequirinale.it, So–Do 10– 20, Fr, Sa 10–22.30 Uhr), die ehemalige Stallungen, wichtige Kunstausstellungen aufnehmen. Spektakulär ist das Panorama vom verglasten Dachgeschoss, ein Projekt der Mailänder Architektin Gae Aulenti.

Zur Göttin der Morgenröte

Nur einmal im Monat öffnet das Barockjuwel **Casino dell'Aurora Pallavicini** seine Sesampforten. Falls Sie dann gerade in Rom sind, versäumen Sie nicht die Gelegenheit. Dass die hohen Mauern des **Palazzo Pallavicini Rospigliosi** ⓫ ein derartiges Paradies bergen, erwartet man nicht auf dem baumlosen Quirinal. Der zierliche Gartenpavillon des Scipione Borghese liegt auf einer herrlichen Gartenterrasse über den Resten der Konstantinsthermen. Dieser *giardino segreto* ist nur über eine spezielle Treppe zu erreichen. Im Casino empfängt das berühmte Deckenfresko von Guido Reni. Die Göttin der Morgenröte, Aurora, eilt dem Gespann des Apolls voraus, der den Menschen und der Erde das Licht bringt. Ebenso faszinierend ist die Eingangsfassade: Sie ist über und über verziert mit antiken Sarkophagreliefs (2. und 3. Jh.) – wie ein aufgeschlagenes Bilderbuch. Da ist zum Beispiel Dionysos auf dem Elefanten zu sehen, als friedlicher Eroberer Indiens bzw. Asiens, dem er seinen Wein schenkte. Dazu passt es, dass heute noch Events im Casino und im Garten stattfinden.

Via Ventiquattro Maggio 43, www.casino aurorapallavicini.it, immer am 1. des Monats 10–12, 15–17 Uhr, Eintritt frei

Roms Buckingham Palace

Der **Palazzo del Quirinale** ⓬ ist Amtssitz des italienischen Staatspräsidenten. Dessen Bedeutung als Garant der demokratischen Spielregeln spiegelt sich in der Größe dieses ›Buckingham Palace‹ wider: Rund 350 m lang ist der Höfe und Gärten umschließende Komplex. Auch in puncto Aufwand nähert sich die italienische ›Hofhaltung‹ mit ihren 750 Angestellten und Kosten von 241 000 Euro (2017) der englischen Krone an. Erbaut hat den Palazzo Papst Gregor XIII. Ende des 16. Jh., um im Sommer dem stickigen Vatikan zu entfliehen. Der Palast war mehrfach Schauplatz von Konklaven. 1871 musste der Pontifex seine Residenz für die Savoyer räumen, die ihrerseits 75 Jahre später, nach dem Volksentscheid von 1946, aus dem Palast und aus dem Land gejagt wurden. Im ehemaligen Konsis-

Atemberaubend ist der Blick von der Dachterrasse des Palazzo del Quirinale über die Dachlandschaft der Altstadt.

toriumssaal mit rund 300 m² großem Teppich finden Staatsbankette und die Vereidigung neuer Regierungen statt. Bei einer Führung werden die Repräsentationsräume der Beletage gezeigt.

Piazza del Quirinale, www.quirinale.it, Di, Mi, Fr–So 9.30–16 Uhr, Aug. geschl., nur mit Führung (1.20 Std. oder 2.30 Std.), Reservierung: T 06 39 96 75 57, 10/1,50 €, bis 18 J. frei

Piazza Barberini

Allgegenwärtige Bienen

Gleich zu Beginn seines Pontifikats 1625 betraute Barberini-Papst Urban VIII. Carlo Maderno und Borromini mit dem Bau des **Palazzo Barberini,** einer der schönsten barocken Palastanlagen Roms. Bernini vollendete den h-förmigen Bau, der Schauplatz ausschweifender Feste des Kirchenoberhaupts wurde. In dem monumentalen, illusionistischen Deckenfresko des zwei Stockwerke hohen Salons feiert der Maler Pietro da Cortona den Triumph der tugendhaften Barberini-Sippe. Die allgegenwärtigen drei Bienen im Wappen symbolisieren Arbeit, Sparsamkeit und Süße. Der Schwerpunkt lag offenbar auf Süße. Der Palazzo mit schönem Garten beherbergt die **Gallerie Nazionali Barberini Corsini** ㉒ (s. S. 218).

Auch die **Piazza Barberini** trägt das Siegel von Urban VIII. – in Kleinformat. Die Mitte des von Bussen umtosten dreieckigen Platzes ziert die kleine **Fontana del Tritone** ⓭ von seinem Lieblingskünstler Bernini (1643). Meeresgott Triton, halb Mensch, halb Fisch, hockt auf einer von vier Delfinen getragenen Muschel und bläst durch ein Muschelhorn einen mächtigen Wasserstrahl in die Luft. Sehen Sie die Bienen?

TOUR
Das hippe Dorf der Freigeister

Streifzug durch das hügelige Viertel Monti

Hinter dem sonnigen **Largo Ricci** geht es ein paar Stufen tiefer in die **Via Madonna dei Monti.** Die stille Gasse führt ins Herz des Viertels. Vor dem **Ice Club** (Nr. 18/19; s. S. 219) stehen im Sommer die Leute Schlange, um sich bei einem Cocktail das Hinterteil zu kühlen – die In-Bar ist komplett aus Eis. Ein Ort zum Verweilen ist das weinberankte Mini-Bistro **La Casetta a Monti** 6 (Nr. 62). An winzigen Tischen werden kleine Gerichte und Kuchen serviert. Schräg gegenüber blickt man in den schönen Innenhof der **Fakultät für Architektur.**

Die Gasse stößt auf die befahrene Hauptachse von Monti, die **Via dei Serpenti.** Der Bürgersteig ist nur handtuchbreit. Alles ist eng in Monti. Als Giorgio Napolitano nach seiner Zeit als Staatspräsident in seine alte Wohnung in der Straße (Nr. 14) zurückkehrte, empfingen ihn die *monticiani* mit einem großen Fest. Der ehemalige Kommunist ist einer von ihnen. Sein Freund, der bedeutende Nachkriegsregisseur Mario Monicelli (1915–2010), wohnte nebenan in Nr. 29. Er hat dem Viertel einen Kurzfilm gewidmet und hier sein Hauptwerk »Il Marchese del Grillo« gedreht.

Auf der kleinen **Piazza Madonna dei Monti**, dem Wohnzimmer des Viertels, geht es heimelig zu: eine Kirche, ein Kiosk, ein Brunnen. Am Brunnenrand treffen sich die Anwohner zu einem Plausch oder trinken *caffè* unter der lauschigen Laube der Bars. Auch Römer aus anderen Stadtteilen kommen gern hierher, um in den vielen Vintage-Läden zu stöbern. **Pifebo** 1 (Via dei Serpenti 135 und 141, www.pifebo.com) verkauft Vintage-Accessoires sogar kiloweise. Höhepunkt ist der Designer-Markt **Mercato Monti** 2 am Wochenende (Via Leonina 46/48, www.mercatomonti.com). Wir biegen rechts in die hügelige **Via Panisperna** ab, an deren Ende die mächtige Kirche Santa Maria Maggiore herauslugt. Ausgerechnet diese Straße ist mit der Entdeckung der thermischen Neutronen verknüpft (1934), Grundlage

Rückblende: Während die Nazischergen Rom im Winter 1943/44 nach Juden durchkämmten, kauerten in Decken gehüllt 20 Mädchen unter dem Dach von **Madonna dei Monti.** Um sich die Zeit zu vertreiben, ritzten sie jüdische Symbole oder ihre Namen in den Putz. Alle Mädchen überlebten – wie weitere 100 Juden in Monti, die von christlichen Mitbürgern versteckt worden waren. Eine Gedenktafel vor der Sakristei erinnert daran.

für den Bau der Atombombe. Nobelpreisträger Enrico Fermi forschte mit einer Gruppe genialer Studenten im Physikinstitut (ehem. FAP), das sich hinter der Mauer gegenüber von Nr. 203 verbirgt. Eine Gedenktafel erinnert daran.

Ai Tre Scalini 7 (Nr. 251, www.aitrescalini.org) ist die älteste Enoteca des Viertels. Hinter dem Efeuvorhang blickt man in eine gemütliche Weinstube, die sich bereits mittags mit Angestellten der nahen Staatsbank füllt. Zwischen den kleinen Mode- und Schmuckläden der Gasse haben einzelne Rahmungs- und Glaswerkstätten überlebt, Relikte einer Zeit, als Monti noch nicht ›in‹ war. Die gestiegenen Mieten haben die meisten Handwerker vertrieben. Die Boutique **Le Gallinelle** 3 (Nr. 61, www.legallinelle.com), wo Wilma Silvestri ihre selbst genähten Kleider im Retrostil verkauft, war eine der ersten, die den Wandel in ein hippes Viertel in den 1990ern einleitete. In der Osteria **La Carbonara** 8 (Nr. 214, www.lacarbonara.it) muss man reservieren, sonst bekommt man keinen Platz. Die alteingesessenen *monticiani* schwören auf Signora Teresas Pasta und auf die Pizza bei **Al Tetterello** 9 (Via dei Capocci 4), zu der man über die pittoresken Stufen der **Via dei Ciancaleoni** gelangt. Sie mögen Hausmannskost, Innovation am Herd gefällt nur der Jugend – und den Touristen.

Die schiefe **Piazza degli Zingari** hat ihren Namen von den Roma, die hier als Kesselflicker und Wahrsager lebten. Nachmittags sitzen Kinder auf der Mauer und schlecken Eis. Nachts füllt sich die hübsche Piazzetta mit Movida aus den Pubs und Streetfoodlokalen der nahen Via Urbana. Man trifft weitere Freunde oder schaut mit einer Flasche Bier in der Hand dem Treiben zu: Im Sommer wird der strebsamste römische Student zum Müssiggänger und Nachtschwärmer. Am leichtesten Kontakt mit den *monticiani* knüpft man im unkonventionellen **Er Caffettiere Bio** 10 (Via Urbana 72), wo 1956 eine berühmte Filmszene mit Totò und Peppino gedreht wurde. Hier frühstücken die Anwohner und um das Happy-Hour-Buffet herrscht stets ein fröhliches Treiben von Studenten der nahen Architekturfakultät, die den anstrengenden Unialltag ausklingen lassen.

Infos

📍 K–M 9/10

Start/Ziel: Largo Ricci, erreichbar mit Metro B bis Cavour oder Bus 85, 75, 571

Dauer: ca. 1 Std.

Öffnungszeiten:
La Casetta a Monti 6: tgl. 18–2, im Sommer 10–2 Uhr;
Ai Tre Scalini 7: tgl. 12.30–1 Uhr;
La Carbonara 8: Mo–Sa 12.30–14.30, 19–23 Uhr;
Al Tetterello 9: tgl. 18–23 Uhr;
Er Caffettiere Bio 10: Mo–Sa 7.30–22 Uhr; **Pifebo** 1: tgl. 11–20 Uhr;
Mercato Monti 2: Sa, So 10–20 Uhr;
Le Gallinelle 3: tgl. 11–24 Uhr

Ludovisi ♀ K/L7

Das elegante, ruhige Viertel Ludovisi ist Ende des 19. Jh. aus der parzellierten Villa Ludovisi hervorgegangen. Die prachtvollen Paläste und *villini* nehmen Hotels und Büros auf. Flaniermeilen sind die Via Veneto und die Via Ludovisi mit exklusiven Modeläden und Bars.

Via Veneto

Dolce Vita als museales Set
Nach der Einigung brauchte die neue Hauptstadt ihre Champs-Élysées. Es wurde eine s-förmig geschwungene Prachtstraße durch das Ludovisi-Viertel gebaut und von Jugendstilvillen und Palazzi in historisierender Prunkarchitektur gesäumt wie z. B. dem Hotel Excelsior. Die elegante Via Veneto ist unweigerlich mit dem ›Dolce Vita‹ und der Blüte des italienischen Films in den 1960er-Jahren verknüpft. Damals rollten Autokolonnen in Stop-and-Go über den Boulevard und Paparazzi machten in den Straßencafés Jagd auf Stars. Baulich hat sich seitdem nicht viel geändert, selbst das **Café Doney** (Nr. 141) und **Harry's Bar** (Nr. 150) gibt es noch. Dennoch ist die Straße nur noch ein museales Set, was nicht heißt, dass man hier nicht fürstlich logieren oder essen kann – zu entsprechenden Preisen. Um ganzjährig Gäste anzulocken, wurden die Straßencafés unter gewächshausartige Glashauben gesetzt.

Mit Zäunen isoliert haben sich die Amerikaner im **Palazzo Margherita** ⓮, dem prächtigsten freistehenden Bau an der Straße. Seit 1946 ist die ehemalige Residenz der Witwe von König Umberto I. Sitz der **US-Botschaft.** Amerikanische Esskultur bietet schräg gegenüber das **Hard Rock Café** (Nr. 62).

Nichts für schwache Nerven
Nekrophile und Neugierige zieht es in die Kapuzinergruft von **Santa Maria della Concezione** ⓯. Aus den Gebeinen von etwa 4000 Kapuzinermönchen formten Ordensbrüder über 300 Jahre an den Wänden der fünf Kapellen Rosetten und anderen Zierrat. Eine Inschrift über dem Eingang gemahnt an die Nichtigkeit des Irdischen: »Wir waren, was ihr seid. Wir sind, was ihr sein werdet.«
Via Veneto 27, www.cappucciniviaveneto.it, tgl. 10–19 Uhr, 8,50/5 €

Via Nomentana
♀ M7–P4

Herrschaftliche Jugendstilvillen und Palazzi, meist im Besitz von Botschaften und religiösen Gemeinschaften, säumen die sechsspurige Via Nomentana. An der antiken Straße nach Mentana liegen jüdische und christliche Katakomben, z. B. unterhalb von Sant'Agnese fuori le mura. Über den neuen Radweg geht es genüsslich durch das schöne Viertel bis kurz vor den Fluss Aniene (s. Tour S. 216).

Symbolträchtiges Eingangstor
Das schöne Stadttor **Porta Pia** ⓰ war das letzte Bauwerk des 86-jährigen Michelangelo. Auftraggeber war Papst Pius IV. Medici. Er gehörte nicht der berühmten Florentiner Adelsfamilie an, sondern einer Familie von reichen Barbieren aus Mailand. Darauf spielt die geometrische Darstellung einer runden Waschschüssel mit Seife und Handtuch auf der Stadtseite an. Mit dem neuen Durchgang wurde eine Achse geschaffen, die vom Quirinal über die Via XX Settembre und die Via Nomentana in den Norden Richtung Mentana führt.

Das **Monumento al Bersagliere** ❶⓻ erinnert an die nahezu kampflose Einnahme der Stadt 1870. Nach fünfstündigem Kanonenfeuer gelang es den Königstruppen, durch die 30 m breite Bresche in der Stadtmauer einzudringen und das päpstliche Heer zu entwaffnen. Rechts davon spiegelt sich die Britische Botschaft in einem Wasserbecken. Die Römer mögen den auf Stelzen stehenden Zementbau (1971) von Basil Spence nicht.

Park zum Entdecken

Jüngste der römischen Lustvillen ist die 1806 von Valadier errichtete neoklassische **Villa Torlonia** ❶⓼ (s. auch Tour S. 216). Die Torlonia, eine aus Frankreich eingewanderte Familie von Tuchhändlern, wurden im päpstlichen Rom durch Finanzspekulation zu einflussreichen Bankiers und den größten Immobilienbesitzern. Die Residenz sollte ihren Aufstieg in den Adelstand zum Ausdruck bringen. Der 13 ha große romantische **Park** besticht durch die vielen verspielten Prachtbauten in den unterschiedlichsten Stilen. In der obersten Etage des **Casino Nobile** sind heute die sehenswerten Werke italienischer Expressionisten und Surrealisten der Scuola Romana ausgestellt. Im **Casino dei Principi** befindet sich das Archiv dieser antifaschistischen Künstlergruppe. Dass Mussolini das Casino Nobile von 1925 bis 1943 bewohnte, belastete das weitere Schicksal der Villa Torlonia. 1944–47 von US-Truppen besetzt und geplündert, war sie jahrzehntelang dem Verfall preisgegeben. Schließlich erbarmte sich die Stadt und verwandelte sie in einen Freizeit- und Kulturpark. Mit großem Aufwand wurde zuletzt das maurische Gewächshaus, die **Serra Moresca** (s. S. 217) Glas für Glas rekonstruiert. Besichtigt werden kann auch der 6,50 m tiefe, nie benutzte Luftschutzbunker, wo aber nur noch eine Armeedecke liegt.

Es ist kein Zufall, dass der Bau des Shoah-Museums im Park der Villa Torlonia geplant ist – in Form einer Blackbox (Projekt Zevi-Tamburini).

Mit seinen mediterranen und tropischen Gehölzen, den Skulpturen, Türmen, Obelisken, Pflanzenhäusern und Jugendstilschlösschen ist der Park sehr abwechslungsreich.

Via Nomentana 70, www.museivillatorlonia.it, Museen: Di–So 9–19 Uhr, Kombiticket 11,50/9,50 €, ggf. Ausstellungszuschlag; Bunker nur mit Reservierung: www.visite romasotterranea.it

Oase der Stille

Paradiesische Stille herrscht in dem kleinen Kirchpark von **Sant'Agnese fuori le mura** ❶⓽ (um 625). Die 12-jährige Patrizierin Agnese aus dem Geschlecht der Clodia starb um 250 den Märtyrertod. Um ihr Grab 4 km vor der Stadt entstanden im Laufe der Zeit 10 km lange dreigeschossige Katakomben. Die kleine dreischiffige Basilika aus antiken Spolien geht auf Papst Honorius I. (7. Jh.) zurück. Er ließ sich auf dem schönen Apsismosaik neben der hl. Agnes und Papst Symmachus verewigen. Das Lamm ist das Attribut der hl. Agnes, da sie wie ein Lamm getötet wurde. Außergewöhnlich ist das Matronaeum, die den Frauen vorbehaltenen Emporen. Das Christentum übernahm anfangs die Geschlechtertrennung aus dem Judentum.

Via Nomentana 349, www.santagnese.com, 9.30–12.30, 15.30–19, Katakomben: 9–12, 15–18, Winter 15–17 Uhr, So vorm., Fei geschl., 10/7 €

Weinfreuden auch im Paradies

Hinter Zypressen versteckt liegt in der hintersten Ecke eines idyllischen Gartens das **Mausoleo di Santa Costanza** ❷⓪ (340–45). Kaiser Konstantins Tochter Constantia war eine Verehrerin der hl. Agnes und wollte in der Nähe der Heiligen beerdigt werden. Der später in eine Kirche umgeweihte Grabrundbau wird heute für Trauungen genutzt.

TOUR
Ein Architektur-Bilderbuch im Landschaftsgarten

Auf dem Radweg zur Villa Torlonia

Infos

📍 M 7–P 4

Start: Porta Pia
ca. 4 km

Radverleih:
Bici & Baci,
s. S. 116

Alternative:
Bus 90 ab Termini

Villa Massimo:
Largo di Villa
Massimo 1–2,
http://villamassimo.
de, nur bei Veranstaltungen für das
Publikum geöffnet

Hinter dem Stadttor **Porta Pia** ⓰ (s. S. 214) wartet eine andere Welt – eine recht lebendige: Über die sechsspurige **Via Nomentana** rollt der Verkehr hinaus aus Rom. Doch keine Sorge, der Radweg verläuft parallel zum rechten Bürgersteig. Unter Platanen radelt man entspannt, vorbei an schönen Palästen und Liberty-Villen.

Über die Querachse, den **Viale Regina Margherita**, rattert eine überfüllte Tram in Richtung Sapienza. Das Universitätsgelände ist eine eigene Stadt mit 110 000 Studierenden. Nach 500 m gelangt man zum prächtigen Propyläentor der **Villa Torlonia.** Unbefestigte Wege schlängeln sich heiter durch den hügeligen englischen Landschaftspark, umrunden Gebäude und Plätze, zwischen sonnigen Wiesen bieten Steineichen- und Bambuswäldchen Schatten und Intimität. Wie ein griechischer Tempel erhebt sich der **Casino Nobile** ㉓ zwischen hohen Palmen. Wir stellen das Rad ab und gehen zu Fuß durch den Park. Wer das Herrenhaus besichtigen will, das der regimefreundliche Fürst Torlonia Mussolini 18 Jahre lang zum Mietpreis von einer Lira überließ, muss ein Ticket lösen. Der Duce schlief im ersten Stock, getrennt von Ehefrau Rachele, die ihm trotz vieler Rivalinnen die Stange hielt und seine fünf Kinder großzog. Nur sein wuchtiges Neobarockbett und eine Komode sind noch erhalten. Der aus einfachen Verhältnissen stammende Diktator muss sich in den mit Stuck und Wandmalereien überzogenen Sälen wie ein Monarch gefühlt haben.

Wir gehen zu Fuß rechts am **Casino dei Principi** ㉔ vorbei. Strenge Sphingen bewachten den Eingang der eleganten Neorenaissancevilla, die das Archiv der Scuola

Im prächtigen Casino Nobile des Fürsten Torlonia wohnte Mussolini mit seiner Familie.

Romana, eine bedeutende Expressionistengruppe der 1930er-Jahre, bewahrt. In den ehemaligen **Stallungen 25** an der Mauer spielen Rentner Karten. Die Gebäude sind heute eine der schönsten Altentagesstätten Roms. Im mittelalterlichen Villino, wo Mussolini Filmvorführungen gab, sitzt jetzt **Technotown 26**, ein Technologiemuseum für Kinder. Aus **La Limonaia 11** im einstigen Gewächshaus weht der Duft von Ofenpizza. Bei schönem Wetter herrscht an den Tischen draußen Biergartenatmosphäre. Im klassizistischen **Theater 27** finden im Sommer Aufführungen statt. Der **Lago del Fucino** spielt auf den von Torlonia 1875 trockengelegten Fuciner See an. Eine hydraulische Meisterleistung, an der Caesar gescheitert war.

Auf dem ehemaligen Tennisplatz des Duce, dem **Campo dei Tornei 28**, wird heute gekickt. In der Nähe lag einst der Kriegsgarten von Rachele Mussolini, der Vorbild sein sollte für die italienischen Mütter. Sie lernten, wie man aus den Schalen von Saubohnen Kaffee braute. Rund um den Park siedelte sich die faschistische Nomenklatura an. Noch heute hat die Gegend um die Piazza Bologna den Ruf eines rechten Bürgerviertels.

Die von der Alhambra inspirierte, frisch restaurierte **Serra Moresca 29**, ein zierliches Gewächshaus mit grellbunten Glasfenstern, versetzt in eine Märchenwelt, ebenso wie die verwunschene **Casina delle Civette 30** ein Stück weiter. Mit ihren Türmchen, Erkern und schiefen Wänden scheint sie einem Harry-Potter-Film entsprungen zu sein. Hier wohnte Giovanni Torlonia Jr. bis zu seinem Tod 1938. Wir gehen zurück zum Eingang. Wer wissen will, wie der vom deutschen Staat geförderte Künstlernachwuchs lebt, macht einen Abstecher zur **Villa Massimo 31**. Die renommierte deutsche Künstlerakademie öffnet die Tore ihrer gepflegten Neorenaissancevilla bei Events. Auf der Nomentana geht es weiter bis zur Kirche **Sant'Agnese fuori le mura 19** (s. S. 215), einem mittelalterlichen Juwel. Vielleicht erwischen Sie eine Hochzeit mit eleganter Gesellschaft und schnieken Limousinen.

La Limonaia 11: Via Lazzaro Spallanzani 1/A, Di–So 9–23 Uhr. Lust auf Süßes? Der sizilianische Eispalast **Guttilla 12** (Via Nomentana 267–277, http://www.guttilla.it) hat eine Riesenauswahl. Für nur 14 € kann man im Terrassenlokal **Momart Restaurant Cafè 13** (Via XXI Aprile 19) ein Mittagsbuffet (12–15.30 Uhr) oder einen Aperitif mit Buffet (18–22.30 Uhr) einnehmen.

Im Tonnengewölbe des Umgangs fasziniert einer der ältesten frühchristlichen Mosaikzyklen. Zwischen zwei Christus-Szenen sind heitere Putten bei der Weinernte dargestellt. Das ursprünglich heidnische Motiv wurde von den Christen in Paradiesfreuden umgedeutet. Eine christliche Bildsprache musste erst noch erfunden werden. Ähnliche Motive finden sich auch auf dem Porphyrsarkophag der hl. Constantia, dessen Original in den Vatikanischen Museen steht.
Via Nomentana 349, Mo–Sa 9–12, 15–18, So 15–18 Uhr, Fei geschl.

Museen

Antike Augenweide

㉑ **Museo Nazionale Romano – Palazzo Massimo alle Terme:** Nirgendwo sind die Perlen der antiken Kunst so anschaulich und übersichtlich präsentiert wie in dem luftig hellen Neorenaissancebau. Die Exponate wurden 1998 aus dem vollgepfropften Thermenmuseum hierher überführt. Über vier Geschosse verteilen sich Schätze der Malerei, der Plastik, der Grabkunst und der Numismatik. Highlight ist die Reproduktion eines Gartens mit Bäumen, Blumen und Vögeln in Trompe-l'Œil aus der Villa der Livia in Primaporta. Der bronzene Figurenschmuck des 73 m langen Schiffes von Kaiser Caligula aus dem Nemi-See konnte vor Bombenschäden bewahrt werden. Der Stolz des Museums aber sind zwei griechische Bronzeoriginale (etwa 4.–1. Jh. v. Chr.): der muskulöse ›Thermenherrscher‹ und der ›sitzende Faustkämpfer‹. Der nackte Berufsathlet ruht sich vom Kampf aus. Die Hände sind in brutale Fäustlinge eingeschnürt, das Gesicht ist voller Blessuren, die Nase gebrochen, die Ohren geschwollen. Die Blutgerinsel wurden kunstvoll in Kupfer unterlegt.
Largo di Villa Peretti 1, www.museonazionaleromano.beniculturali.it, Di–So 11–18 Uhr,

Die Bäckerstochter Margherita Luti war Raffaels Lieblingsmodell. Auf ihre Liebschaft weist sein eingravierter Namen auf dem Oberarmreif hin.

12/8 € (5 € Ausstellungszuschlag) oder Kombiticket (s. Palazzo Altemps, S. 81)

Aufmarsch der großen Meister

㉒ **Gallerie Nazionali Barberini Corsini:** Der elegante Palazzo Barberini enthält eine wenig besuchte, hochkarätige Gemäldesammlung mit dem Schwerpunkt 16. und 17. Jh. Zu den Attraktionen zählen die »Verkündigung« von Filippo Lippi (1445), die erotische »Fornarina« von Raffael sowie Caravaggios sehr realistische Tötungszene »Judith und Holofernes«. Unter den Porträts beeindrucken das berühmte »Bildnis Heinrichs VIII.« von Hans Holbein d. J., »Erasmus von Rotterdam« von Quentin Massys und »Beatrice Cenci« von Guido Reni (Palast s. S. 211).
Via delle Quattro Fontane 13, www.barberinicorsini.org, Di–So 8.30–19 Uhr, 12/2 €

Essen

In der Via Flavia und an der Piazza Sallustio gibt es viele nette Lokale.

Gediegen

1 Ristorante Vladimiro: Elegantes Restaurant aus der Dolce-Vita-Zeit mit erstklassigen römischen Gerichten.
Via Aurora 37, T 064 81 94 67, www.ristorantevladimiro.com, Bus: Via Veneto, Mo–Sa 12–23 Uhr

Traditionell

2 Cantina Cantarini: Familiengeführte kleine Hosteria, wo nicht die Ausstattung zählt, sondern allein Marios Küche. Rezepte aus Lazio und den Marken, am Wochenende frischer Fisch, preisgünstig.
Piazza Sallustio 12, T 06 48 55 28, www.ristorantecantinacantarini.it, Bus: Piave/XX Settembre, Mo–Sa 12–15, 19.30–22.30 Uhr

Deftige griechische Klassiker

3 Ippokrates: Beliebtes griechisches, in weiß-blauem Kykladenstil gestaltetes Familienlokal.
Via Piave 30, T 06 64 82 41 79, www.ippokrates.it, Bus: Piave/Belisario, Di–Fr, So 12.30–15, 18.30–24, Sa 18.30–24 Uhr

Star-Gelateria aus Rimini

4 Gelateria La Romana: Qualität und Größe der Portionen locken Scharen von Römern an. Man wählt aus Sahne-Gouts (z. B. *panna allo zabaione*) und lässt sich die Waffel mit flüssiger Schokolade füllen, bevor das Eis aufgetürmt wird.
Via Venti Settembre 60, T 06 42 02 08 28, www.gelateriaromana.com, Bus: Piave/XX Settembre, tgl. 12–24 Uhr

Weitere Adressen: 5 s. S. 208, 6 – 10 s. Tour S. 212, 11 – 13 s. Tour S. 216.

Einkaufen

1 – 3: s. Tour S. 212.

Elegante Designerstücke

4 LOL: Ausgefallene, elegante italienische Mode und Schmuck, alles Einzelstücke.
Piazza Madonna dei Monti 1, https://lolroma.com, Metro B: Colosseo, tgl. 10.30–13.30, 14.30–20 Uhr

Ausgehen

Kühl durch den Sommer

Ice Club: Die originelle Cocktailbar komplett aus Eis mit einer Temperatur von -5 Grad ist in den Sommermonaten der Hit. Damit man nicht mit dem Minirock festfriert, bekommt man ein Fellkissen und einen wärmenden Wodka (ab 15 €).
Via Madonna dei Monti 18/19, http://iceclubroma.it, Metro/Bus: Cavour, Mo–Do 17–1, Fr, Sa. 17–2 Uhr

Chillen

Libreria Caffè Bohémien: Drinks und kleine Gerichte in gemütlichem Bohemien-Lokal mit Sofas und Bücherregalen in einer ruhigen Ecke von Monti, wo man sich unterhalten kann.
Via degli Zingari 36, T 33 97 22 46 22, auf Facebook, Bus: Cavour/Ricci, Mi–Mo 16–24, im Sommer bis 2 Uhr

Mit Atmosphäre

Blackmarket Hall: Intimes Lokal in einem ehemaligen Hotel mit romantischem Hof, in dem man bei Cocktails, Mini-Hamburgern und vegetarischem Fingerfood halbe Nächte verbringen kann.
Via de' Ciancaleoni 31, T 34 91 99 52 95, www.blackmarkethall.com, Bus: Cavour/Ricci, tgl. 18–2 Uhr, leicht gehobene Preise

In den höchsten Tönen

Teatro dell'Opera: Ballett- und Opernaufführungen mit internationalen Interpreten, neben Belcanto auch zeitgenössische Komponisten. Auf Daniele Gatti folgte 2022 Michele Mariotti als Dirigent (s. auch S. 208).
Piazza Beniamino Gigli 1, www.operaroma.it, Metro: Repubblica, Box Office Mo–Sa 10–18, So 9–13.30 Uhr

Zugabe
Wie lebt es sich in Monti?

Gespräch mit einem überzeugten Wahl-›Monticiano‹

Federico, Hochschullehrer, lebt seit 1986 in der Via degli Zingari. Der Reiz des hügeligen mittelalterlichen Viertels war damals noch nicht vom Tourismus entdeckt, die Wohnungen waren hier billiger als die in der restlichen Altstadt, sie waren unrenoviert und hatten keine Fahrstühle. Seit zwei Jahrzehnten ist eine Gentrifizierung im Gang. Immer mehr Streetfoodlokale, Bars und Modeläden verdrängen die alteingesessenen Handwerker und die Bewohner werden von den Gewerbetreibenden und deren Interessen überstimmt. Familien ziehen weg und Eigentümer vermieten lieber lukrativ an Touristen statt an Langzeitmieter. Das verändert dauerhaft das soziale Gefüge. Federico hätte mit dem Verkauf seiner Wohnung ausgesorgt, doch er will bleiben. Für ihn überwiegt immer noch der Charme des Viertels.

Wie lebt es sich in Monti?
Man ist inmitten der Großstadt, aber man fühlt sich dennoch geborgen, es ist nicht anonym. Man kennt sich, mit allen kann man ein Schwätzchen halten. Die Geschäfte sind fußläufig erreichbar, auch die Schulen. Ich bin schnell am Bahnhof, die Metro ist vor der Tür [A.d.R.: Cavour].

Ihr habt sogar einen kleinen Mercato Rionale.
Wer hat denn heute noch Zeit auf Märkte zu gehen? Ich kaufe am Wochenende im Supermarkt auf der Via Merulana ein, da gibt es alles. Was fehlt, besorgen wir in dem teuren Alimentari unterm Haus.

Es gibt hier kein Grün.
[Protestiert.] Ich habe zwar keine Penthousewohnung, aber um meinen Blick über die Ziegeldächer auf Santa Maria Maggiore beneiden mich alle Freunde. Außerdem sind es nur acht Minuten bis zur Villa Aldobrandini. Da steht übrigens ein Gingkobaum, so einer, wie ihn Euer Goethe (be)dichtete!

Was gefällt dir an Monti?
Es ist nicht versnobt wie die anderen Altstadtviertel. Jung und Alt, alle sozialen Schichten leben hier noch zusammen, vom Mechaniker bis zum Professor. Das finde ich gut. Es gibt außerdem eine kreative Szene, eine

»Es ist nicht versnobt wie die anderen Altstadtviertel. Jung und Alt, alle sozialen Schichten leben hier noch zusammen.«

Musikschule, viele gute Lokale. Man ist hier ganz locker, ohne Markenläden.

Man hört noch von einer anderen Berufsgruppe …
[Lacht.] Du meinst die Nutten? Ja, es gab mal ein paar Brasilianerinnen, die rekrutierten in der Via dei Capocci ihre Freier. Aber die Polizei hat alles geräumt. [A.d.R. In Italien sind Bordelle verboten. Dafür gibt es einen regen Straßenstrich.]

Was macht die Movida?
Die konzentriert sich auf die Sommermonate und in bestimmten Ecken. Am Wochenende, meistens schon ab Donnerstag, ist abends auf der Piazzetta und vor allem in der Via Leonina und der Via Urbana kein Durchkommen. Das nervt etwas.

Was hat es mit dem Protest der Anwohner gegen die von der Stadtregierung geplante Fußgängerzone Argiletum auf sich? Die ist doch positiv, oder?
Die Gewerbetreibenden, d.h. die Modeläden und vor allem die Pubs, haben Antrag auf komplette Schließung des Viertels für den Autoverkehr gestellt. Bisher dürfen Anwohner passieren und begrenzt parken. Von einem störenden Verkehr kann aber nicht die Rede sein. Wir befürchten, dass eine Fußgängerzone das ganze Viertel in eine Movida-Zone verwandelt. Es werden noch mehr Pubs öffnen und noch mehr Jungvolk wird kommen. Meine Wohnung geht zum Glück nach hinten raus, ich höre nichts von dem Lärm. Aber ich kenne so einige, die nachts kein Auge zukriegen und wegwollen. Wir wollen kein zweites Trastevere werden, das nur noch von Touristen bevölkert ist. ∎

Die zentrale Piazza della Madonna dei Monti ist allgemeiner Treffpunkt der Anwohner zum Chillen ebenso wie zum Diskutieren.

Esquilin, Celio und Roms Osten

Multiethnisches Rom — Zwischen alter Kirchenbaukunst blüht ein neuer Kulturmix. Die junge Szene driftet gen Osten.

Eintauchen

Seite 228
Moses in San Pietro in Vincoli
Die Arbeit an dem Grabdenkmal für Julius II. trieb Michelangelo fast zur Verzweiflung.

Seite 229
Santa Maria Maggiore ⭐
Roms prächtigste Marienkirche ist reich an frühchristlichen Mosaiken und Papstgräbern.

Seite 230
Esquilin-Markt
Der Nuovo Mercato Esquilino ist ein Abbild des ethnischen Roms, das Sie auf einer Tour genauer kennenlernen können.

Bier statt Wein – die jungen Römer lieben den Gerstensaft.

Seite 233
Lateran
Ausgerechnet der Stadtrand wurde zum Standort des ersten christlichen Gotteshauses und damit zur Residenz der Päpste im Mittelalter. Von hier stieg der Oberhirte zum Herrscher der Stadt auf.

Seite 237
Santo Stefano Rotondo
Der grüne Celio mit seinen Kirchenkuppeln und Türmen atmet die Stille des Mittelalters. Zum großartigsten Bauwerk der Spätantike, das sich ein bisschen versteckt, verirrt sich zum Glück kaum ein Fremder.

Esquilin, Celio und Roms Osten

Seite 238
Quattro Coronati
In der zauberhaften romanischen Kirche abseits der Touristenpfade ist die Legende Konstantins dargestellt.

Seite 240
Bummel durch San Lorenzo
Das ehemalige Arbeiterviertel gehört nach Sonnenuntergang der Studentenmovida. Tagsüber erzählt es vom Krieg, der Studentenbewegung und von seinen machtkritischen Bewohnern.

Seite 242
Pigneto
Im neuen Szeneviertel am Stadtrand sorgen Cocktailbars, Musikpubs, Galerien und Geschäfte, die bis spät geöffnet haben, für eine lebendige, unkonventionelle Atmosphäre. Ein Experimentierfeld für junge Künstler und Musiker.

Seite 243
Mercato Centrale
Gourmetstände mit regionalen Spezialitäten im ehemaligen Eisenbahnersaal der Stazione Termini lassen jeden Bahngast geradezu hoffen, dass sein Zug Verspätung hat.

Die ersten 200 Päpste wohnten im Lateran und nicht im Vatikan.

»Schieben wir die Schuld an den Übeln Roms nicht der Überbevölkerung in die Schuhe. Als es nur zwei Römer gab, tötete einer den anderen.« (Giulio Andreotti, Politiker)

& erleben

Hier tut sich was

D

Der Esquilin südlich der Stazione Termini ist Durchgangsstation für alle Reisenden und die Zone mit der größten Hoteldichte. In dem schönen Gründerzeitviertel mit bedeutenden frühchristlichen Kirchen haben sich in den letzten Jahren immer mehr gewerbetreibende Einwanderer niedergelassen. So ist die Ecke um die Via Gioberti fest in der Hand von Bengalen und Ägyptern. Einen Besuch verdient die Gegend um die Piazza Vittorio mit dem farbenfrohen Esquilin-Markt. Er spiegelt die ethnische Vielfalt der Stadt wider und ist ein sehr authentischer Markt. Weltoffene Bürger und linksintellektuelle Künstler haben hier einen Zirkel gegründet.

Richtung Kolosseum erhebt sich der Park des Colle Oppio mit Neros unterirdischer Domus Aurea. Zu dessen Füßen, wo einst die arme Plebs hauste, liegt das dorfähnliche Viertel Monti, das ein stilisiertes Eigenleben pflegt. Auf dem grünen Celio mit seinen mittelalterlichen Kirchen findet man Erholung vom brodelnden Forum. Erste offizielle christliche Kirche und Papstresidenz wurde der Lateran an der östlichen Stadtmauer. Die Basilika ist mit dem Baptisterium und der Scala Sancta ein eindrucksvoller Komplex. Spannende antike Funde brachte der Bau der Metrolinie C nebenan zutage. Der Nordosten gehört dem jungen Rom. In San Lorenzo – beliebtestes Ausgehviertel der knapp 200 000 Studenten an Roms Universitäten – tobt nachts die Movida auf den Piazze und in den vielen Pubs. Ins ›andere‹ San Lorenzo, dem der Eisenbahner, Künstler und der Studentenbewegung führt eine Tour (s. S. 240). Ein ehemaliges Arbeiterviertel ist auch das verwachsene Pigneto, Schauplatz des neorealistischen Films und auf dem Weg, San Lorenzo den Rang abzulaufen.

> **ORIENTIERUNG**
>
> **Reisekarte:** L–R7–11
> **Cityplan:** S. 226
> **Ankommen:**
> – **Esquilin:** Metro B Cavour oder Termini, Bus 75, zur Piazza Vittorio Metro A
> – **Lateran:** Metro A und C San Giovanni, Bus 714, 85, 87
> – **San Lorenzo:** Bus 71, 492
> – **Pigneto:** Metro C oder Tram 5, 14
> **Tipp:** Besuchen Sie die vorbildlich gestaltete **Metrostation San Giovanni.** Auf dem Weg in die Tiefe begleiten Sie in Vitrinen ausgestellte Funde, während die Schichtenabfolge und die Epochen in Infotafeln an den Wänden erklärt werden.

Esquilin ♀ L–N 9/10

Frühmorgens geht es auf dem multiethnischen Esquilin besonders lebhaft zu. Dann füllen Kinder aller Hautfarben in adretten Schulkitteln die Bürgersteige und Busse. Bengalen laden Obstkisten vor der riesigen Markthalle an der **Piazza Vittorio** ab, während Chinesen grazile Tai-Chi-Übungen im Park machen. Manchen alteingesessenen Bewohnern geht der Wandel ein wenig zu schnell. Immer mehr Läden werden von Asiaten eröffnet.

Überzeugt von dem kulturellen Potenzial des Viertels, sind linke Regisseure wie Matteo Garrone und Paolo Sorrentino an die Piazza Vittorio gezogen. Sie wurden jüngst zu Wortführern gegen die Vernachlässigung und Ghettoisierung des nördlichen Esquilin, für den die Stadtverwaltung nicht viel Interesse zeigt. Die südliche Hälfte um die **Via Merulana** hingegen erwacht gerade zu neuem gastronomischem und kulturellem Leben. Dichter des augusteischen Hofes trafen sich hier einst in den Gärten des Maecenas. Diese wurden von Nero in seine neue Palaststadt, die Domus Aurea, integriert.

Rund um den Colle Oppio

Sonntags wird gekickt

Der **Colle Oppio** ❶ ist eine kleine grüne Oase nördlich des Kolosseums. Anwohner trinken hier sonntags ihren Kaffee bei der alten **Signora Nunzia,** die seit 1963 einen **Kiosk** 10 mit ein paar Tischen unter Bäumen betreibt. Im Mai blühen die Rosen. Die Kunststücke der Skater und BMX-Rider im neuen Skatepark mit Blick auf die Arkaden des Kolosseums haben immer ihr Publikum. Die Jugend aus dem engen, steinernen Monti-Viertel vergnügt sich hier oder auf dem benachbarten Baskettballplatz, der ersten öffentlichen Freizeitanlage im Zentrum. Den höchsten Punkt des Oppio nehmen die Ruinen der **Terme di Traiano** ❷ ein, die Kaiser Trajan über einem zerstörten Flügel der Domus Aurea errichten ließ.

Menschenwürdiges Wohnen

In nur vier Jahren ließ Nero, dessen Palast 64 n. Chr. zusammen mit drei Stadtvierteln abgebrannt war, die **Domus Aurea** ❸ (Goldenes Haus) auf dem Oppio und dem Celio erbauen. ›Haus‹ ist eine Untertreibung, denn es handelte sich um ein 80 ha großes pharaonisches Landgut, ausgestattet mit neuester Technik. Der megalomane Kaiser bezeichnete es als »endlich eines Menschen würdig«. »Die Wände und Säulen waren vergoldet und mit Gemmen und Muscheln geschmückt. Durch bewegliche Decken aus Elfenbein regnete es Blumen und Parfum auf die Speisenden. Der Hauptspeisesaal war kreisrund und bewegte sich ständig, wie die Erde«, berichtet Sueton.

Die verschüttete und überbaute Domus entdeckte man durch Zufall in der Renaissance. Raffael und seine Zeitgenossen ließen sich von den Malereien, die Fabelwesen und Pflanzenelemente zeigen und wegen der grottenartigen Räume ›Grotesken‹ genannt werden, inspirieren.

Die Domus liegt unter dem Park begraben. Nach Neros Tod wurde sie größtenteils abgerissen. 1200 m² des erhaltenen Komplexes wurden bisher restauriert. Zu sehen sind Stuckdecken und Wandmalereien (4. Stil) des berühmten Fabullus, von dem es heißt, er habe in der Toga gemalt – etwa so bequem wie ein Smoking für einen Klempner. Gefunden wurde der erste Kuppelbau über einem achteckigen Grundriss in der Palastarchitektur. Er diente wohl als Speisesaal.

Dank 3-D-Videobrille scheint während der Führungen in den fensterlosen Kellerräumen wie zu Neros Zeit die Sonne und die Wände füllen sich mit

Esquilin, Celio und Roms Osten

Ansehen
1. Colle Oppio
2. Terme di Traiano
3. Domus Aurea
4. San Pietro in Vincoli
5. Santa Prassede
6. Santa Maria Maggiore
7. Pontificia Università Lateranense
8. Porta Asinaria
9. San Giovanni in Laterano
10. Palazzo del Laterano
11. San Giovanni in Fonte
12. Obelisk
13. Scala Sancta
14. Santa Croce in Gerusalemme

227

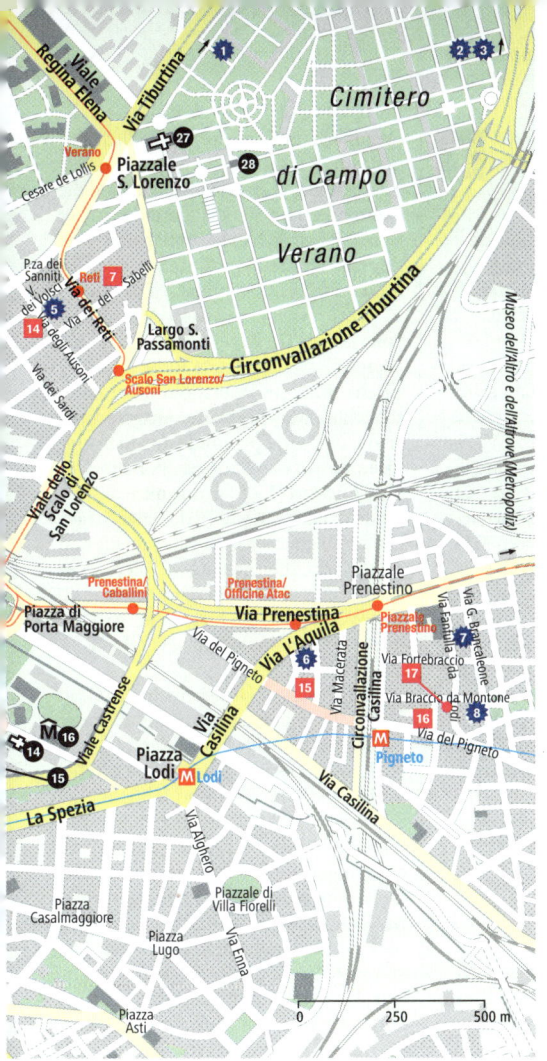

㉖ Straßenaltar in der Via Querceti
㉗ San Lorenzo fuori le mura
㉘ Campo Verano
㉙ – ㉝ s. Tour S. 230
㉞ – ㉟ s. Tour S. 240

Essen

1. Krishna
2. Ristorante Cinese di Sichuan
3. Pasticceria Regoli
4. Gelateria Fassi
5. Mercato Centrale Roma
6. Ciacco
7. Soul Kitchen – La cucina dell'anima
8. Pizzeria Formula 1
9. Said dal 1923
10. Kiosk Da Nunzia
11. Panella
12. Tempio di Mecenate
13. Tomo Libreria Caffè
14. Pommidoro
15. Ristorante Mile
16. Rosti
17. Necci dal 1924

Bewegen

1. Colosseum Motorcycle Center

Ausgehen

1. TANGOfficina
2. Lanificio 159
3. Coropuna
4. Gatsby
5. Nuovo Cinema Palazzo
6. Nuovo Cinema Aquila
7. Fanfulla 5/a
8. Co.So – Cocktail & Social

⑮ Amphitheatrum Castrense
⑯ Museo Nazionale degli Strumenti Musicali
⑰ Porta Maggiore
⑱ San Gregorio al Celio
⑲ Clivo di Scauro
⑳ Santi Giovanni e Paolo
㉑ Villa Celimontana
㉒ Santa Maria in Domnica
㉓ Santo Stefano Rotondo
㉔ San Clemente
㉕ Santi Quattro Coronati

DIE FRÜCHTE DER INTEGRATION **F**

2002 gründete die Künstlergruppe Apollo 11 das Migrantenorchester **Orchestra di Piazza Vittorio,** das mit seiner multiethnischen Adaption der »Zauberflöte« sogar auf Auslandstournee geht (www.orchestrapiazzavittorio.it). Der Esquilin und seine Bewohner sind wunderbar porträtiert in dem Dokumentarfilm »Piazza Vittorio« (2017) von Abel Ferrara und in dem Roman »Alle, außer mir« (2018) von Francesca Melandri (die italienische Originalausgabe erschien 2017 unter dem Titel »Sangue giusto«).

prächtigen Fresken, Stuck oder Intarsien. Eine konservatorische Herausforderung ist die schwere Erdschicht des Parks, über die kontinuierlich Wasser eindringt. Bäume mussten gefällt und über das besonders bedrohte Areal eine Folie gespannt werden.

Viale della Domus Aurea 1, www.coopculture.it, nur mit Führung (Engl.) und Reservierung, Führungen alle 30 Min. Fr–So 9.15–17 Uhr, 16/12 € inkl. 3-D-Videobrille *(oculus rift)*

Tragöde seines Lebens

Befände sich nicht die berühmte Mosesfigur von Michelangelo in **San Pietro in Vincoli** ❹ (5. Jh.), hätte die Kirche sicherlich kaum Besucher. Sie ist von der Via Cavour her nur über steile Treppen zu erreichen. Bevor Sie das Grabmal von Julius II. im rechten Querschiff anpeilen, würdigen Sie das von Andrea Bregno geschaffene **Grab von Nicolaus Cusanus** im linken Seitenschiff: Der erste deutschsprachige Humanist Nikolaus von Kues machte als päpstlicher Legat und Kardinal Karriere (1401–64). Er setzte sich für religiöse Toleranz und – erfolglos – für eine Kurienreform ein: »Wenn ich im Konsistorium endlich einmal von Reform spreche, werde ich ausgelacht«, klagte er. Im Hochaltar sind die ›**Ketten Petri**‹ ausgestellt, mit denen der Apostel angeblich in Jerusalem und Rom gefesselt wurde. Das ›Kettenwunder‹ ist im barocken Deckenfresko dargestellt.

Das zweigeschossige **Wandgrab von Julius II.** ist ein Kenotaph, ein ›leeres Grab‹. Die letzte Ruhe fand der Kirchenfürst im Petersdom unter einer schlichten Marmorplatte. Ausgerechnet er, der eine Grabpyramide mit 40 Skulpturen für sich im Sinn gehabt hatte. Der erste Entwurf (1505) wurde nie realisiert. Julius II. legte ihn wegen des energieraubenden Neubaus von St. Peter auf Eis und seine Nachfahren hatten kein Interesse an dem teuren Projekt. So schrumpfte es zu dem Wandgrab, das erst 40 Jahre später in der einstigen Titelkirche von Julius II. aufgestellt wurde.

Michelangelo bezeichnete das Grab als die Tragödie seines Lebens. Nur der Moses ist von der Hand des Meisters (1513–16). Die übrigen Figuren – Rahel und Lea, der Prophet und Julius II., die Sibylle und die Madonna – stammen von seinen Schülern. Dargestellt ist Moses, wie er den Verrat des Volkes Israel entdeckt. Er ist soeben vom Sinai herabgestiegen mit den Gesetzestafeln unter dem Arm und ruht sich auf einem Felsen aus. Die spiralförmig gedrehte, muskulöse Figur ist voller Anspannung. Moses scheint im nächsten Moment aufzuspringen und die Tafeln zu zerschlagen. Aber er reißt sich am Bart zurück, presst die Lippen aufeinander, hält inne. Schon Zeitgenossen sahen in der Figur eine Anspielung auf den ›papa terribile‹ Julius II., der für seine cholerischen Ausbrüche bekannt war. Seine ›Hörner‹ verdankt Moses einem Übersetzungsfehler, durch den die Strahlen der göttlichen Erleuchtung in der Vulgata zu ›Hörnern‹ wurden.

Piazza di San Pietro in Vincoli 4a, tgl. 8–12.30, 15.30–19, im Winter 15–18 Uhr

Frau Bischöfin

Versäumen Sie nicht, einen Blick ins Innere der unauffälligen Kirche **Santa Prassede** ❺ aus karolingischer Zeit (9. Jh.) zu werfen. Die Apsis zeigt ein farbenprächtiges byzantinisches Mosaik mit Christus, flankiert von Petrus und Paulus, die die Schwestern Pudentiana und Praxedis an den Heiland heranführen. Kirchenstifter Paschalis I. ließ sich am Rand mit dem eckigen Heiligenschein der Lebenden verewigen. Im Triumphbogen ist das Himmlische Jerusalem dargestellt, vor dem die Auserwählten warten. Die Töchter des Senators Pudens sollen während eines Gastaufenthaltes von Petrus bekehrt worden sein. Sie starben als Märtyrerinnen und erhielten jede eine Kirche (die zweite, Santa Pudenziana in der Via Urbana, birgt das zweitälteste Mosaik in Rom).

Ein weiteres Juwel frühmittelalterlicher Mosaikkunst ist die in Pilgerberichten als ›Paradiesgärtchen‹ beschriebene **Cappella di San Zenone**. Paschalis I. stiftete sie als Grablege für seine Mutter Theodora. Man erkennt sie an dem rechteckigen Heiligenschein (linke Wand). Eine einzigartige Beischrift ehrt die Papstmutter als »Episkopa« – als Bischöfin.

Via di Santa Prassede 9a, tgl. 10–12, 16–18 Uhr

Santa Maria Maggiore ⭐

Matriarchat der Himmelskönigin

Sie ist der urbane Mittelpunkt des Esquilin: Campanile, Kuppeln, die barocke Umwandung und die prächtige Rückseite mit Freitreppe und Obelisken machen **Santa Maria Maggiore** ❻ zum Blickfang. Die Patriarchalbasilika, älteste und größte der römischen Marienkirchen, war eine Antwort auf das ökumenische Konzil von Ephesos 431, auf dem die Verehrung Mariens als Jungfrau als Beweis für die göttliche Natur Christi verkündet wurde. Am 5. August wird das Fest Maria Schnee mit einem weißen Blütenregen in der Basilika gefeiert. Der Legende nach führte ein ›wundersamer Schneefall‹ am 6. August 352 zum Bau einer ersten Kirche unter Papst Liberius.

Die wertvollen Mosaiken der Benediktionsloggia können im Rahmen einer Führung besichtigt werden. Sie stammen von Filippo Rusuti, einem Vertreter der römischen Schule (1288-97).

Der dreischiffige **Innenraum** mit den antiken Säulen und dem horizontalen Architrav hat seinen frühchristlichen Charakter bewahrt. Im Barock wurden allerdings viele Fenster zugemauert, um weitere Flächen dekorieren zu können. Heute sorgt künstliche Beleuchtung dafür, dass die prächtigen Mosaiken funkeln. Die ältesten Mosaiken (434) sind die der Langhauswände mit Geschichten aus dem Alten Testament

Alle Straßen auf dem Esquilin führen zu Santa Maria Maggiore. Zufall?

TOUR
Wo die Welt zu Hause ist

Spaziergang durch das multiethnische Rom

Prächtige Palazzi mit herrschaftlichen Portalen und Loggen säumen die **Via Napoleone III**. Auf dem Weg zum Markt liegt links der wie aus dem Ei gepellte Rundbau des **Acquario Romano** ㉙ (Piazza Fanti). Der Architektenverband hat das ehemalige Aquarium samt Park vor dem Verfall gerettet. Über den Marmorboden schwingen Debütantinnen beim ›Wiener Opernball‹, der alljährlich unter der Schirmherrschaft der Stadt Wien stattfindet.

Gatsby ✻: Piazza Vittorio Emanuele 106, www.gatsby.cafe, tgl. 8–24, Sa bis 2 Uhr.
Panella 11: Via Merulana 54, T 06 487 24 35, Mo–Fr 7–23, Sa bis 24, So bis 21 Uhr.
Tempio di Mecenate 12: Largo Leopardi 14, T 06 487 26 53, tgl. 12.30–0.30 Uhr.

Östlich davon beginnt ›**Chinatown**‹ ㉚, das vor allem aus den Ladenzeilen der **Via Principe Amedeo** und der **Via Turati** besteht. Die Straßen wirken leblos mit den weißen Läden, die alle dasselbe feilbieten: Haushaltswaren, Plastikspielzeug, Acrylkleider usw. Hier decken sich die Straßenhändler ein. Kein Sinn für ein Schwätzchen, man arbeitet. Ganz anders ist die Stimmung am chinesischen Neujahrsfest, wenn Lampions die Straßen schmücken und auf der Piazza Vittorio getanzt und gegessen wird.

Vor dem **Nuovo Mercato Esquilino** 1 wird es bunt. Ein Völkergemisch aus allen Hautfarben, viele Afrikaner, verschleierte Frauen, die sonst im römischen Straßenbild rar sind. Zwei Nonnen mit vollen Einkaufstüten kommen mir entgegen. Sie wissen, wo es günstig frisches Gemüse gibt. Der größte Markt von Rom zog 2001 von der Piazza Vittorio in diese schönen Hallen um. Der Mix von Düften wird nur von der Farbenpracht des kunstvoll aufgetürmten Obstes und Gemüses, der unzähligen Reis-, Linsen- und Bohnensorten übertroffen. Von Schweinefüßen über Halāl-Fleisch der Marokkaner bis zu Lammfleisch aus den Abruzzen ist an den 128 Ständen alles zu bekommen, was die internationale Küche bietet. Gaumenfreuden verbinden. Man kann Rezepte erfragen, sich beraten lassen. Bengalen stehen

Ganz Italien in einer Halle: Auf dem Nuovo Mercato Esquilino findet man Delikatessen aus allen Ecken des Landes.

hinter vielen Ständen. Sie haben sie von italienischen Lizenzinhabern gemietet. Aber es gibt Ausnahmen. Der alte Pasquale betreibt seine Käsetheke noch selbst (Box 96), ebenso Metzger Antonio (74), der das beste Milchlamm hat, oder Giuseppe (108), dessen Olivensortiment immer noch viele Römer anlockt. Bei Marco und Danilo (114) erhält man die zartesten Artischocken, auf Wunsch auch zu einer Knospe gestutzt.

Ein paar Meter weiter liegt die riesige **Piazza Vittorio** 31, die nach Turiner Vorbild mit Portiken angelegt wurde. Die nördlichen Arkaden sind etwas heruntergekommen. Eine Oase und Treffpunkt der Anwohner hingegen ist der zentrale Park, in dem Kinder spielen und Rentner Zeitung lesen. An Ramadan findet hier das Abschlussgebet statt und im Sommer versammelt sich das Kinovolk unter der Filmleinwand. Die antiken Ziegelreste zeugen von einem monumentalen Nymphäum, den **Trofei di Mario**. Auf der anderen Platzseite ist die Sanierung deutlich fortgeschritten. Das Jazzbistro **Gatsby** 4 ist eine Initiative junger Römer. Wenige Meter weiter, hat sich die platanenbestandene **Via Merulana** zu einer beliebten Flaniermeile mit Cafés, asiatischen und italienischen Lokalen gemausert. Herzstück ist der dreieckige **Largo Leopardi** um das **Auditorium des Maecenas** 32, der hier einst Dichter wie Horaz und Vergil versammelte. Begehrt sind Tische draußen beim edlen **Panella** 11, der neben Kuchen und Körnerbrot allerlei Spezialitäten aus Getreide zu zaubern weiß, ideal zum Aperitif. Beliebt bei den Besuchern des Teatro Brancaccio ist die Pizzeria **Tempio di Mecenate** 12.

Auf der schattigen Merulana gibt es mit dem **Palazzo Merulana** 33 seit 2018 ein weiteres Museum und Kulturforum. Das im Krieg zerbombte Hygieneinstitut Mussolinis wurde vom Unternehmerpaar Cerasi mit *project financing* wiederaufgebaut. Darin kann man nun die Familiensammlung, 90 Werke der Scuola Romana und von Giorgio de Chirico bewundern – oder einfach nur ein Glas Wein im schönen Cortile trinken.

Infos

📍 M/N 9/10

Start: S. Maria Maggiore, Metro: Termini

Dauer: mind. 1,5 Std.

Nuovo Mercato Esquilino 1: Via Filippo Turati 160, Mo–Do 5–15, Fr, Sa bis 17 Uhr

Palazzo Merulana 33: Via Merulana 121, Mo, Mi–Fr 14–20, Sa, So 10–20 Uhr, www.palazzomerulana.it

(teils rekonstruiert links Abraham, Isaak, Jakob, rechts Moses, Josua) und die des Triumphbogens. Letztere sind dem Pseudo-Matthäus-Evangelium entlehnt. In Streifen untereinander führen sie die Lebensgeschichte Jesu Christi auf, von der Verkündigung bis zum Kindermord in Bethlehem. In der chronologischen Reihenfolge der Szenen gibt es einen Fehler. Finden Sie ihn!

In der 1296 erneuerten Apsis hingegen wird Maria von ihrem Sohn als Königin des Himmels gekrönt. Sie sitzt ausnahmsweise gleichrangig neben Christus auf dem Thron. Franziskanerpapst Nikolaus IV., als kniender Stifter in Miniatur verewigt, gab die Mosaiken bei dem Ordensbruder Jacopo Torriti in Auftrag.

Die hölzerne Kassettendecke ließ Papst Alexander VI. (1492–1503) von Giuliano da Sangallo mit der ersten Goldlieferung aus dem gerade entdeckten Amerika überziehen. Sie war der Auftakt zur neuen Mode, dem Kirchenraum Palastcharakter zu verleihen. Holzreste der Krippe von Bethlehem befinden sich im silbernen Reliquiar unter dem Papstaltar. Davor kniet der letzte Papa Rè, Papst Pius IX., der 1854 das Dogma der Unbefleckten Empfängnis Marias verkündete.

Grabkapellen

Barockgenie Bernini wurde nur mit einer einfachen Grabplatte rechts vom Hauptaltar geehrt. Er starb 1680 im Alter von 82 Jahren. Weniger bescheiden sind die Grabmäler der Päpste. Sie präsentieren sich als Hochgesang auf die Verstorbenen. So ließ **Sixtus V.** (1585–90) von seinem Hofarchitekten Domenico Fontana für sich und **Pius V.** (1566–72) die prunkvolle rechte Querhauskapelle anfügen. Unter der Kuppel tragen vier Bronzeengel den Sakramentsschrein in Form der Kapelle. Während der asketische Inquisitionspapst Pius V. in der Sitzstatue links gütig lächelt, will sich der bauwütigste aller Päpste, Sixtus V., als sittenstrenger ›Realpolitiker‹ in Erinnerung bewahrt wissen. Auf dem Relief rechts laufen Männer mit geschulterten Flinten und abgeschlagenen Köpfen in den Händen herbei. Der Pontifex rühmte sich, Italien von den Wegelagerern befreit zu haben. Die wenig christliche Szene zeigt, wie weltlich die Selbstauffassung des Apostelamtes im 16. Jh. war. Die spiegelbildliche **Cappella Paolina** ist die Grabkapelle von Paul V. Borghese (1605–21) und seiner Familie.

Piazza di S. Maria Maggiore 42, tgl. 7–19 Uhr, Taschenkontrolle

Zwischen Stazione Termini und Piazza Vittorio

Viertel der Asiaten

Das Viertel zwischen Via Cavour und Piazza Vittorio entstand Ende des 19. Jh. für die reiche Kaufmannsschicht. Im Zuge des Ausbaus der Stazione Termini und des Marktes wurde es nach und nach zu einer Gewerbezone. Seit zwei Dekaden zieht die Gegend immer mehr nordafrikanische und vor allem asiatische Händler an, die Lebensmittel, Kleidung und Kleinutensilien verkaufen und neuerdings auch Bars betreiben. Sie gilt als ›Ausländerviertel‹, obgleich der offizielle Ausländeranteil nur 30 Prozent beträgt (Rom 13,5 %). Tatsächlich wohnen die meisten der 19000 Chinesen im Prenestino. Die Community der Bengalen (32000) konzentriert sich in Tor Pignattara – ebenfalls am Stadtrand.

Um die **Piazza Vittorio** gibt es vier kleine Moscheen für die Privaträume angemietet wurden. Die große Moschee im Stadtteil Flaminio ist zu weit entfernt für das Freitagsgebet. Geschätzt sind die flinken, gelehrigen Bengalen in den Restaurantküchen. Weniger gern gesehen ist ihr Unternehmergeist. Der jüngste

- Boom der ›Banglamarkets‹ (ca. 2500 in Rom) – rund um die Uhr geöffnete winzige Lebensmittel-, Obst- und Gemüseläden – sind eine ernsthafte Konkurrenz für die traditionellen Straßen- und Supermärkte. Die Abschaffung des Ladenschlussgesetzes 2013 sollte den Umsatz der großen Malls ankurbeln, bedroht nun aber den italienischen Kleinhandel.

Lateran 📍N–P 10/11

Wiege der päpstlichen Macht

Auf dem ehemaligen Gelände der altrömischen Familie Laterani entstand nach dem Mailänder Edikt (313) die erste offizielle Kirche der Christen mit dem Wohnsitz ihres Bischofs – gerade noch innerhalb der Stadtmauern. Den abgelegenen Bauplatz wählte Konstantin mit Bedacht. Hier lag die Kaserne der Elitetruppe des gefallenen Maxentius, die es zu schleifen galt. Ferner sollte die Förderung der bis gestern noch als Staatsfeinde verfolgten Christen nicht so offenkundig werden. Konstantin wollte die Senatorenschaft nicht verprellen, die noch der alten Götterwelt verbunden war. Heute ist das Viertel nicht mehr peripher. Für Lärm sorgen die Ambulanzen des Krankenhauses San Giovanni, die über die breite Via dell'Amba Aradam brettern. Die Straße hat den einst zusammenhängenden Komplex von Patriarchium und Erzbasilika zersägt. Die **Pontificia Università Lateranense ❼** ist Ausbildungsstätte des Klerus. In der Moraltheologen-Schmiede formierte sich der Widerstand gegen die Familien-Enzyklika von Papst Franziskus. Hinter dem antiken Stadttor **Porta Asinaria ❽**, das sich rechts neben dem modernen Durchbruch erhalten hat, beginnt die beliebte Einkaufsstraße **Via Appia Nuova.**

ZUFALLSFUNDE Z

Der Bau der Metro C gibt den Archäologen zu tun. Unter 12 von 19 Stationen stieß man auf Nekropolen, Zisternen, antike Mülldeponien, Siedlungs- und andere Baureste. Die Funde reichen in die Zeit vom 3. Jht. v. Chr. bis 5. Jh. n. Chr. Der wichtigste: unter der Station Amba Aradam/Porta Metronia eine Kaserne mit Mosaiken samt Domus für den Hauptmann. Die Ausgrabungen unter der Station der Kaiserforen dauern noch an. Überraschungen dürften gewiss sein.

San Giovanni in Laterano

Erstes christliches Gotteshaus

»Haupt und Mutter aller Kirchen Roms und des Erdkreises«, lautet die Inschrift an der Hauptfassade von **San Giovanni in Laterano ❾**. Die von Kaiser Konstantin 316 gestiftete Basilika war mit der klosterähnlichen Bischofsresidenz bis zum Exil in Avignon 1309 Zentrum des Papsttums. Obwohl sie die ranghöchste der Patriarchalbasiliken ist, wird sie liturgisch eher stiefmütterlich behandelt. Die meisten Papstmessen finden im Petersdom statt. Bei einem Brand 1307 wurde die fünfschiffige Basilika beschädigt. Der jetzige Bau ist Resultat einer schrittweisen Erneuerung im 16. bis 18. Jh. Mit der protzigen Fassade wollte der Architekt Alessandro Galilei (1730–36) die benachbarte Kirche Santa Maria Maggiore übertrumpfen. Die zentrale Christusstatue erinnert daran, dass die Basilika ursprünglich dem Salvator geweiht war. Erst im 6. Jh. wurde Johannes d. Täufer wegen der herausragenden Bedeutung des Baptisteriums in den Titel aufgenommen.

Das traditionelle Rockkonzert am Tag der Arbeit wird ausgerechnet vor der Papstbasilika ausgetragen – der Platz davor gehört der Stadt.

Die mittlere Bronzetür stammt in Teilen aus der Zeit Caesars und verschloss einst die Kurie auf dem Forum Romanum. Das Innere überrascht mit einem sympathischen Stilmix – das glatte Gegenteil des homogen gestalteten Petersdoms. Der Kosmatenboden, das Ziborium und die Apsis stammen aus dem Mittelalter, Holzdecke und Querhaus aus dem Manierimus, während die schweren Pfeiler mit den Statuennischen einen barocken Eingriff von Borromini (1650) markieren. Aus der alten Benediktionsloggia wurde ein Freskofragment von Giotto gerettet, das am ersten Pfeiler des rechten Seitenschiffs hängt. Es stellt in Pastelltönen die Ausrufung des ersten Jubeljahres von Bonifaz VIII. 1300 dar. Die erfolgreiche Initiative stärkte nicht nur die Zentralität Roms als Pilgermetropole und Papststadt, sie war auch ein einträgliches Geschäft für die Nachfinanzierung der Kreuzzüge.

Das spätgotische Altarziborium bewahrt hinter Gittern die silbernen Kopfreliquiarien mit den Schädeln der Apostel Petrus und Paulus. Auf die Grabplatte von Martin V. in der Confessio werfen die Besucher Münzen. Mit dem auf dem Konstanzer Konzil gewählten Colonna-Papst wurde das abendländische Schisma beendet. Das goldgrundige Apsismosaik aus dem 13. Jh. zeigt ein typisch frühchristliches Bildprogramm: im Zentrum das Gemmenkreuz (ewige Herrschaft Gottes), die vier Paradiesströme (Evangelien), an denen sich zwei Hirsche (Gläubige) laben, links Maria, die hll. Petrus und Paulus, rechts der langhaarige Täufer, Johannes der Evangelist und der hl. Andreas. Die Miniaturgestalten des Franz von Assisi und Antonius von Padua wurden später eingefügt als Hommage an den Franziskanerorden. In der Kapelle des rechten Querhauses befindet sich das Grab des Humanisten und Erfinders der modernen

Textkritik, Lorenzo Valla (1407–57). Er entlarvte die Urkunde der Konstantinischen Schenkung als mittelalterliche Fälschung. Ein Juwel mittelalterlicher Kosmatenkunst ist der **Kreuzgang** aus dem 13. Jh. (5/3 €).

Wo einst der Papst wohnte
Der angeschlossene **Palazzo del Laterano** ❿ (16. Jh.) ist bis heute Sitz der römischen Bistumsverwaltung und des Museo Storico Vaticano mit seinen päpstlichen Repräsentationsräumen. Am 11. Februar 1929 wurden hier die Lateranverträge zwischen dem Heiligen Stuhl und dem faschistischen Italien geschlossen und damit der Vatikanstaat gegründet. Die damals als Entschädigung für die Gebietsverluste gezahlte Summe ist bis heute die finanzielle Basis des Vatikans.

Rund um die Piazza San Giovanni in Laterano

Falsche Mythen
Die achteckige Taufkirche **San Giovanni in Fonte** ⓫ (tgl. 9–19 Uhr) im Westen der Piazza San Giovanni in Laterano entstand schon unter Konstantin über einer Therme. Sie wurde zum Prototyp christlicher Baptisterien. Besondere Beachtung verdienen die schönen Mosaiken aus dem 5. bis 7. Jh. in der Kapelle San Venanzio. Die Wandfresken aus dem 17. Jh. stellen die Konstantinische Wende dar. Dass Konstantin hier von Papst Silvester getauft wurde, ist eine Legende. Das Taufsakrament nahm er erst auf dem Sterbebett von dem arianischen Bischof Eusebius im Osten entgegen. Kindertaufen setzten sich erst im späten Mittelalter durch.

Für den Transport des mit 32 m größten ägyptischen **Obelisken** ⓬ (um 1400 v. Chr. aus Karnak) von Rom baute Constantius II. eigens ein Schiff. Der Obelisk stand im Circus Maximus bis ihn Sixtus V. an den Lateran verpflanzen ließ. Mit dem Kreuz auf der Spitze wurde die Granitnadel kurzerhand zum Ausrufezeichen des christlichen Triumphs.

Reformationsauslöser
Die **Scala Sancta** ⓭ ist eine der wichtigsten Reliquien in Rom, da sie von Christus mehrfach bestiegen worden sein soll. Die 28 Marmorstufen aus dem Palast des Pontius Pilatus in Jerusalem wurden angeblich von der hl. Helena, der Mutter Konstantins, zusammen mit den Kreuzreliquien 326 nach Rom gebracht. Sie führen zur **Cappella Sancta Sanctorum,** päpstliche Hauskapelle und Hort wertvollster Reliquien. Der Lateran hatte keine Apostelgräber, daher mussten Reliquien die Kirche kostbar und attraktiv machen. Als Luther auf den Stufen kniete, die heute durch Holzverkleidung geschützt sind, überkamen ihn Zweifel, ob ein Mensch durch einen einzigen Bußakt von seinen Sünden erlöst werden könne. An der Außenwand des ehemaligen Papstpalastes ist nur noch die Stirnseite des Triclinium Leonianum (9. Jh.) erhalten. Das Apsismosaik (Kopie) des ehemaligen Speisesaals des Laterans zeigt Papst Leo III. und Karl d. Gr. mit der roten Heeresfahne (Labarum).

Piazza di San Giovanni in Laterano 14, www.scala-santa.it, tgl. 6–13.30, 15–18.30/19, Cappella Sancta Sanctorum: tgl. 7–14, 15–18.30 Uhr, Führung (ca. 20 Min.) 3,50 €

Entlang der Stadtmauer

Residenz der Kaisermutter
Über den begrünten Viale Carlo Felice erreichen Sie entlang der Aurelianischen Stadtmauer (s. S. 129) die Pilgerkirche **Santa Croce in Gerusalemme** ⓮ (Piazza di Santa Croce in Gerusalemme 12, www.santacroceroma.it, tgl. 7.30–12.45,

15.30–19.30 Uhr). Sie hütet die Kreuzreliquien und Erde vom Kalvarienberg. Wie die geschwungene Fassade erkennen lässt, wurde die von Konstantin errichtete Kirche im 18. Jh. erneuert. Bedeutend ist der Freskenzyklus von Antoniazzo Romano (1492) mit der »Legende des hl. Kreuzes«. Neben der Kirche sind die Ruinen der Residenz von Kaisermutter Helena zu sehen, das **Sessorium.**

Das aus Ziegeln errichtete **Amphitheatrum Castrense** ⓯ war mit einer Wagenrennbahn Teil einer Kaiserresidenz des Septimius Severus, die dann in den Besitz der Kaiserin Helena überging. Eine bedeutende Sammlung von Musikinstrumenten bewahrt das **Museo Nazionale degli Strumenti Musicali** ⓰ (Piazza di Santa Croce in Gerusalemme 3, www.coopculture.it, Di–So 9.30–19.30 Uhr).

Um die **Porta Maggiore** ⓱, die aus den Bögen zweier Aquädukte besteht, tost der Autoverkehr, rattern die Straßenbahnen. Mit 62,5 Autos pro 100 Einwohner ist Rom eine der autoreichsten Metropolen Europas. Den Abgasen trotzt der **Sepolcro di Eurisace**, das kuriose Grabmal des Freigelassenen Eurysaces, der als Großbäcker und Hoflieferant zu Reichtum kam und das volle Bürgerrecht erwarb. Die merkwürdigen Travertinröhren stellen wohl Brotteig-Knettröge dar. Man könnte das Grab für ein modernes Werk des Rationalismus halten, würde es eine Inschrift nicht in augusteische Zeit datieren (ca. 30 v. Chr.).

Celio ♀ L–M 10–12

Einen ländlichen Zauber hat sich der Celio mit seinem Park, den alten Kirchen und Klostergärten bewahrt. Ohne Geschäfte und vielleicht deswegen ohne Touristenmassen, ist er ein wunderbarer Rückzugsort vom Trubel des Kolosseums. Einst trug er den riesigen Tempel des vergöttlichten Kaisers Claudius. Der mächtige Unterbau ist noch in der Via Claudia und unter dem Campanile von Santi Giovanni e Paolo zu sehen.

Um die Villa Celimontana

Klosterzauber

Barocke Fresken schmücken die Kirche **San Gregorio al Celio** ⓲ (Piazza di San Gregorio 1, 9–12, 16–18 Uhr), die über dem Elternhaus und Kloster des hl. Gregor d. Gr. (Papst 590–604) entstand. Am Tisch im Oratorium der hl. Barbara speiste der Mönch täglich mit 12 Bedürftigen, heißt es. Die Klosterapotheke, ein Ableger der berühmten Apotheke in Camaldoli, gehört zu den ältesten der Stadt.

Die fantastisch erhaltene antike Straße **Clivo di Scauro** ⓳ führt steil hinauf zur frühchristlichen Kirche **Santi Giovanni e Paolo** ⓴ (Piazza dei Santi Giovanni e Paolo 13, tgl. 8.30–12.45, 14–17, Ausgrabungen Mo, Mi, Fr–So 10–16 Uhr, 8/6 €). Schon von Weitem sehen Sie die zierliche romanische Zwerggalerie des Chors. Geweiht ist die Kirche den Soldatenbrüdern Johannes und Paulus, die unter Kaiser Julian Apostata 361 als Märtyrer starben. Unter der Kirche entdeckten Archäologen eine antike Wohnanlage mit Läden. Die heidnischen und christlichen Wandmalereien veranschaulichen den religiösen Wandel der Stadt. In der Domus werden Führungen inklusive kleinem Gastmahl angeboten, das nach Rezepten des antiken Kochbuchautors Apicius (1. Jh. v. Chr.) zubereitet ist (www.caseromanedelcelio.it).

Jazz und Sport im Grünen

Der schattige Park der **Villa Celimontana** ㉑ mit seinen tropischen Gewächsen ist eine Oase der Ruhe. Beliebt ist er

u. a. als Startpunkt für Joggingrunden, die sich unten im Tal bis zu den Caracalla-Thermen und dem Circus Maximus ausdehnen lassen. In der Antike befand sich hier oben die Kaserne der V. Kohorte der *vigiles,* der Feuerwehr. Ein antikes Stadttor der Servianischen Mauer, der Dolabella-Bogen, dient als Nebeneingang in den Park.

Ein schönes Apsismosaik können Sie sich in der Hochzeitskirche **Santa Maria in Domnica** ㉒ (Sa, So 9–12, 16–19, im Winter bis 18 Uhr) anschauen. Die **Fontana della Navicella** vor der Kirche trägt ein antikes Marmorschiff – vermutlich ein Weihgeschenk der Marinesoldaten, die auf dem Celio stationiert waren, um das Sonnensegel im Colosseo zu hissen.

Santo Stefano Rotondo

Deutsches Forschungsobjekt

Ja, es gibt sie noch: einsame Ecken im Zentrum von Rom. Hinter Steineichen und einer Mauer versteckt sich der Ziegelrundbau für den ersten christlichen Märtyrer und Diakon Stephanus, **Santo Stefano Rotondo** ㉓ (5. Jh.). Der fast leere Zentralbau lässt die Gedanken zur Ruhe kommen. Die Fresken von Pomerancio (16. Jh.) an den Wänden können allerdings auch starke Emotionen wecken: Minuziös werden grausame Todesarten christlicher Märtyrer geschildert. Der Bau aus drei konzentrischen Kreisen ist der Grabeskirche in Jerusalem nachempfunden, wo man auch die Gebeine von Stephanus fand. Jahrelang forschte der deutsche Archäologe Hugo Brandenburg an der Kirche. Ausgrabungen brachten eine römische Kaserne und eines der ältesten Mithräen zutage.

Via di Santo Stefano Rotondo 7, Di–So 10–13, 14–17, im Sommer 15.30–18.30 Uhr, Schließungen außer der Reihe möglich; Mithräum: www.cgu.it/it/santo-stefano-rotondo

San Clemente

Geschichte mal tief gestapelt

Die Heiterkeit der Goldmosaiken und der Kosmatenkunst im dreischiffigen Inneren der romanischen Kirche **San Clemente** ㉔ ist bestechend. Wie die Schichten einer Sahnetorte sind Oberkirche, Unterkirche und das römische Wohnhaus mit dem Mithräum übereinander gelagert. Beim Hinabsteigen in 18 m Tiefe durchwandern Sie 2000 Jahre Siedlungsgeschichte.

Man betritt die dem vierten Papst von Rom geweihte Kirche über das linke Seitenschiff. Das Atrium mit dem Brunnen, der alte Zugang, gab dem Pilger Gelegenheit sich zu reinigen und zu meditieren. Irische Dominikaner bewohnen das winzige Kloster. Durch Zufall entdeckten sie die Unterkirche und befreiten sie vom Schutt. Die Oberkirche ist ein Neubau von 1104. Die Normannen hatten die alte Kirche (4. Jh.) mit dem Viertel 1084 abgefackelt, um ein freies Schussfeld vor dem Lateran zu haben. Papst Gregor VII. hatte sie gegen den deutschen König Heinrich IV. zu Hilfe gerufen. Kurios: Man füllte die zerstörte Kirche mit Schutt auf und nutzte sie als Sockel für den dreischiffigen Neubau. Vermutlich wollte man die neue Kirche an das Straßenniveau anpassen, das im Laufe der Jahrhunderte stark angestiegen war. Die Säulen und die wunderschöne *schola cantorum* samt Kanzeln und Osterleuchter wurden aus dem Marmor der alten Kirche geschaffen. Ungewöhnlich ist das Apsismosaik mit dem Kreuz Christi als Lebensbaum: Anstelle des Leidenden ist der Triumph des leuchtend blauen Kreuzes dargestellt. Aus seiner Wurzel wachsen 50 Weinstöcke im Sinne eines Paradiesgarten. Die Zahl 50 steht für Pfingsten, die Gründung der Kirche *(ecclesia).*

Die Fresken des Florentiners Masolino da Panicale (um 1430) in der **Cappella di Santa Caterina** rechts vom Eingang läuteten die Renaissance in Rom ein. Die Kreuzigung zeigt erstmals die Zentralperspektive. Die in die Tiefe gestaffelten Figuren bewegen sich kreuz und quer durch das Bild. Links ist das Leben der hl. Katharina von Alexandrien illustriert.

Schutt und Feuchtigkeit haben nicht viel von der einst prächtigen romanischen Ausmalung (9.–11. Jh.) der **Unterkirche** gelassen. An der Eingangswand sieht man die *translatio* der Gebeine des hl. Clemens, die vom hl. Kyrill auf der Krim gefunden wurden, ferner sein Grab auf dem Meeresgrund. Laut der Legende wurde der Papst zu Bergwerksarbeit auf der Krim verurteilt. Nachdem er Mitgefangene getauft hatte, ertränkte man ihn mit einem Stein im Meer. In dem beschrifteten Bilderzyklus des Mittelschiffs fand man das erste Zeugnis des nur allzu bekannten italienischen Fluchs »Fili de le pute« *(figli di puttana)* – ›Hurensöhne‹. Einige Meter tiefer huldigten in einem überwölbten Kultraum (Anf. 3. Jh.) römische Legionäre mit Festmählern und Stieropfern dem im römischen Reich überaus beliebten persischen Licht- und Schöpfergott Mithras. Noch tiefer steht man in einem Komplex, der als Wohnhaus des Senators Titus Flavius Clemens (bei dem Clemens vielleicht als Freigelassener lebte) oder als Münzprägestätte gedeutet wird. Durch einen Kanaldeckel hört man einen Wasserkanal rauschen. Er speiste einst den künstlichen See der Domus Aurea an der Stelle des heutigen Colosseo.

Via Labicana 95, www.basilicasanclemente.com, Mo–Sa 10–12.30, 15–17.30, So, Fei 12–17.30 Uhr, Unterkirche 10/5 €

Santi Quattro Coronati

Konstantin als Zügelknecht

Einer mittelalterlichen Festung gleicht die Klosteranlage um die Kirche **Santi Quattro Coronati** 25 (›Die hl. vier Gekrönten‹). Der Name erinnert an vier christliche Bildhauer, die mit gezackten Eisenkränzen gemartert wurden. Beachtenswert ist neben dem stimmungsvollen Kreuzgang der wunderbare byzantinische Freskenzyklus aus dem 13. Jh. im **Oratorio di San Silvestro**. Die Augustinerchorfrauen sperren es gern gegen eine kleine Spende auf. Die Fresken illustrieren die Legenda Aurea: Papst Silvester heilt Kaiser Konstantin vom Aussatz durch ein wundersames Bad (Taufe) und vermacht ihm als Dank Rom. In der Szene der ›Konstantinischen Schenkung‹ reicht

PÄPSTIN JOHANNA – EXISTIERTE SIE?

Eine als Mann verkleidete Frau, die es dem hohen Klerus zeigte und sich 855 zu Papst Johannes VIII. krönen ließ – das klingt wie ein Wunschgedanke der Frauenbewegung, die auf der Suche nach unentdeckten Heroinen in der Kirchenhistorie kramt. Die Frage, ob es eine Päpstin gab, beschäftigt die Geister jedoch schon seit Boccaccio. Die Geschichtsforschung hält Johanna für eine Figur aus einer Legende, die im 12. Jh. aus Gerüchten gesponnen und als Antipapstpropaganda eingesetzt wurde. Ihr Ursprung könnte in der Machtstellung zweier Mätressen am Papsthof im 10. Jh. liegen. Der **Straßenaltar in der Via Querceti** 26 jedenfalls ist der Madonna geweiht, nicht der ›Papessa‹. Der Volksglaube sieht in seinem Standort die Stelle, wo Johanna während einer Prozession ihr Kind gebar und von der Menge gelyncht wurde. Dass die Straße einst Via Papessa hieß, hat einen anderen Grund: Hier wohnte eine Adelige aus dem Geschlecht der Papa.

der Kaiser dem Papst die Insignien der weltlichen Macht, hier in Form einer mittelalterlichen Tiara, und führt Silvester persönlich als untergebener ›Zügelknecht‹ (Stratordienst) nach Rom. Innozenz IV., der sich im Konflikt mit Friedrich II. befand, wollte mit dem Bildprogramm die übergeordnete Stellung des Papsttums über den Kaiser betonen. Auch die frisch restaurierte **Aula Gotica** im ersten Stock enthält Fresken aus dem 13. Jh., aber von anderem Sujet: ein Kalender mit Monatsbildern, Laster und Tugenden sowie eine Darstellung des Mithraskultes.
Via dei Santi Quattro 20, tgl. 6.30–12.45, 15.30–20, Oratorium tgl. 9.30–12.15 Uhr, oder auf Anfrage; Aula Gotica: www.aulagotica santiquattrocoronati.it

San Lorenzo

♥ O–R 7–10

Nein, schön ist San Lorenzo eigentlich nicht. Das alte Arbeiterviertel ist zwischen Bahngleisen, Umgehungsstraße und dem Campo Verano eingekeilt. Kaum ein Baum, niedrige Palazzi voller Graffiti. An manchen Ecken sieht man Hausgerippe, Bombenschäden von 1943. Das Besondere an San Lorenzo sind seine Bewohner: stolz, rebellisch und antifaschistisch damals, multikulturell, kreativ und links heute. Als einziges Viertel stellte sich San Lorenzo Mussolinis Marsch auf Rom 1922 entgegen. In den 1970ern war es Herz der Studentenbewegung. Inzwischen haben viele Arbeiterfamilien ihre Wohnungen (teuer) an Studenten vermietet und sind an den neuen Stadtrand gezogen. Das Studentenvolk von der nahen Universität La Sapienza hat das Viertel der Eisenbahner, Arbeiter und Handwerker in Beschlag genommen. Pizzerien, Apericena-Bars und Music-Pubs schießen wie Pilze aus dem Boden. Im Sommer artet das Nachtleben zur Movida aus. Wenn die Jugend die Piazza dell'Immacolata oder den Largo Osci, den zentralen Markplatz, belagert, sei dort kein Durchkommen mehr, klagen die Anrainer (s. auch Tour S. 240).

Zum Schutzheiligen des Viertels
Der Anblick eines wunderschönen romanischen Gotteshauses ist Lohn für die Fahrt zur abgelegenen, aus antiken Spolien errichteten Pilgerkirche **San Lorenzo fuori le mura** ㉗ (Piazzale del Verano 3, tgl. 7.30–12.30, 15.30–19, Sommer 16–20 Uhr). Kosmatenboden, Emporen und ein wertvolles Mosaik am Triumphbogen (6. Jh.) zeichnen sie aus. In der Krypta ruhen die Reliquien der Märtyrer Laurentius und Stephanus. Die Basilika entstand ab 1217 unter Papst Honorius III. aus einer kleineren Kirche des 6. Jh. Diese wurde zum erhöhten Presbyterium, daher gibt es zwei Raumebenen. Vom rechten Seitenschiff gelangen Sie in den stimmungsvollen Kreuzgang der Kapuziner (12. Jh.). Im Portikus erhielt Alcide De Gasperi (1881–1954), Parteichef der katholischen DC und bedeutender Ministerpräsident des Nachkriegsitalien, ein Ehrengrab.

Überbelegt
Blumenstände entlang der Straße kündigen den zypressenbestandenen **Campo Verano** ㉘ an, den alten Zentralfriedhof. Zwischen monumentalen Kriegsdenkmälern sieht man die mehrstöckigen Nischenbatterien (›Backofengräber‹) der weniger Betuchten. Eine Ähnlichkeit mit den Mietskasernen der Tiburtina hinter der Mauer ist nicht zu leugnen. Aufwändige Grabmäler in Form von Kapellen sind typisch für die angesehenen römischen Familien. Zu den vielen Berühmtheiten, die hier ruhen, zählen Alberto Moravia, Marcello Mastroianni und Natalia Ginzburg. Neue Grabstellen kann man heute nur noch in Primaporta erwerben, 10 km nördlich von Rom.

TOUR
Zwischen Poesie und Chaos

Nachmittagsbummel durch das rote San Lorenzo

Infos

📍 O/P 8/9

Start: Piazzale Tiburtino (Bus 71, 492)
Dauer: ca. 1 Std.

Cerere ㊱: Via degli Ausoni 7, www.pastificiocerere.it
Tomo Libreria Caffè 13: Via degli Etruschi 4, www.libreriaassaggi.it
Nuovo Cinema Palazzo ❺: Piazza dei Sanniti 9a, auf Facebook
Pommidoro 14: Piazza dei Sanniti 44/46, T 06 445 26 92, Mo–Sa 19.30–23.30, Sa auch 12.30–15.30 Uhr

Tagsüber ist nicht viel los im 9000-Einwohner-Viertel San Lorenzo. Hauptachse ist die **Via Tiburtina** mit ein paar Geschäften für den täglichen Bedarf. In der linken Häuserzeile klafft eine große Lücke, die als Grünfläche genutzt wird: Im **Parco Caduti 19 Luglio 1943 ㉞** sind auf einer Plexiglasscheibe die Namen der über 1600 bekannten Opfer der Bombardierung vom 19. Juli 1943 eingraviert. Wie Mahnmale muten die vereinzelten Ruinen im Viertel an. Frauen schieben Kinderwagen den kurvigen Weg hoch in den kleinen Park **Villa Mercede ㉟**. Es gibt kaum noch junge Familien hier. Im gemütlichen **Tomo Libreria Caffè 13** gegenüber nippen Rentner beim Schmökern an ihrem Glas Wein. Nachmittags kommen Kinder vorbei. Der Buchladen ist ein beliebter Treffpunkt, seit er eine Bar, Lesungen und Kurse bietet. Nur Studenten sieht man hier nicht.

Auf der **Piazza dei Sanniti** schlägt das intellektuelle und artistische Herz von San Lorenzo. Die in eine Kunstfabrik umgewandelte Pastafabrik **Cerere ㊱** ist der ganze Stolz des Viertels. In den Ateliers schlossen sich in den 1980ern anarchische Künstler, unter ihnen Gianni Dessì, zur Nuova Scuola Romana zusammen, neben Transvanguardia und Arte Povera die dritte italienische Kunstrichtung. Auf der anderen Seite der Piazza prangt Justizopfer Beatrice Cenci auf einem Graffiti. 2011 sollte das alte Kino in eine lukrative Spielhölle verwandelt werden. Da besetzte ein Bürgerkomitee es kurzerhand, dem auch die bekannte Kabarettistin Sabina Guzzanti angehört, und erklärte es zum Kulturzentrum **Nuovo Cinema Palazzo ❺**. Kultur dem Volk! Bis zur gewaltsamen Räumung Ende 2019 wurde die Bühne intensiv und kreativ von den Anwohnern genutzt und selbst finanziert. Die Zukunft dieser beispiellosen Initiative liegt jetzt in den Händen der Stadtregierung.

Graffiti – eines der Markenzeichen von San Lorenzo

Um des exzessiven Alkoholkonsums, Lärms und Glasmülls Herr zu werden, hat die Stadt hart durchgegriffen: Im Sommer darf ab 22 Uhr kein Alkohol mehr in den Minimarkets oder Bars verkauft oder im Freien getrunken werden und Polizeibeamte in Zivil fahnden auf den Plätzen nach Drogen. Das italienische Strafgesetz unterscheidet nicht zwischen harten und leichten Drogen wie z. B. Haschisch.

Nebenan hat die Trattoria **Pommidoro** 14 Tische unter einer hübschen Veranda. Sie ist der Dinosaurier unter den Lokalen und in fünfter Generation Garant für urrömische Kochtradition. Die Eier für die Carbonara und vor allem das Wild und das Olivenöl stammen ausschließlich aus dem Heimatdorf im Sabinerland. Am Eingang hängt der nie eingelöste 11 000-Lire-Scheck, mit dem Pasolini sein letztes ›Abendmahl‹ bezahlte, bevor er in Ostia unter mysteriösen Umständen ermordet wurde. Pasolini war Stammgast. Einmal brachte er Maria Callas mit, mit der er gerade den Film »Medea« drehte. »Pierpa' falla cantare« – Lass sie singen – riefen die Arbeiter am Nebentisch. Als der alte Patron Aldo Bravi 2021 starb, trauerte das gesamte Viertel. 66 Jahre lang hatte er Gäste bewirtet – Studenten, Künstler, Politiker, »bei Pommidoro wurde jeder, der am Tisch saß, auch die wichtigsten Leute, zu Freunden«. Enkel Aldo will nun den alten Familienbetrieb in eine neue Ära führen.

Vorbei am Studentenkino Tibur geht es über die **Piazza Immacolata** 37, tagsüber Salon der linksalternativen Studentenszene. Dem Antiglobal-Verein Sinistra Anticapitalista in der Via Latina 73, legendärer Sitz der Arbeiterbewegung, wurde gekündigt. Die Piazza soll wieder als Parkplatz dienen, so will man das Nachtleben eindämmen. Besonders laut wird's, wenn die *laureati* feiern. Die Examensfeste sind ›big business‹ für die Pubs.

Im Hof der Via Marsi 58 befindet sich die **Casa dei Bambini** 38, die erste Kindertagesstätte von Maria Montessori (1907), heute ein Kindergarten. Die Ärztin, selbst Mutter eines unehelichen Sohnes, holte im Rahmen eines Regierungsprojekts die verwahrlosten Arbeiterkinder von der Straße. Die Analphabetenrate unter Frauen betrug damals 42 %, die Kindersterblichkeit 32 %. Hier entwickelte Montessori ihre bahnbrechende Pädagogik, die später als das ›Wunder von San Lorenzo‹ um die Welt gehen sollte.

Pigneto Q/R 10/11

Noch schräger und freakiger als San Lorenzo ist Pigneto, wo Coworking, neue Musikrichtungen wie Occult Psychedelia und alternative Kunst zu Hause sind. Streetart, Bars, Clubs, Galerien und bis spät geöffnete Geschäfte sorgen für eine lebendige Atmosphäre. Bis zum Morgengrauen hängt die Szene bei Mojitos und *birra artigianale* draußen an den Tischen der Bars rund um die Lebensader Via del Pigneto ab. Pigneto ist ein ehemaliges Arbeiterviertel, das stark unter dem Bombenhagel der Amerikaner litt. Mit seinen niedrigen, ärmlichen 1920er-Jahre-Häuschen und Gärtchen gleicht es einem bei der Stadtplanung übersehenen Dorf: umringt von hohen Mietskasernen und eingefasst von den hässlichen Ausfallstraßen Via Prenestina und Casilina. Obgleich es seit der Eröffnung der Metro C regelrecht boomt, ist es immer noch die Adresse für all jene, die das andere Rom abseits von Ferrari und Renaissancepalästen suchen.

Auf dem täglichen Obst- und Gemüsemarkt kann man das Multikulti aus *borgatari,* den alten Bewohnern, Schwarzafrikanern und Pakistanern beobachten. Das vom sozialkritischen Regisseur Mimmo Calopresti reaktivierte **Nuovo Cinema Aquila** 6 (www.cinemaaquila.it) lockt mit Qualitätsfilmen und Meetings von Videoperformern, während im Undergroundclub **Fanfulla 5/a** 7 (Via Fanfulla da Lodi 5/a, www.fanfulla5a.it) unbekannte Bands auftreten. Gute Cocktails, Fingerfood und Livemusik gibt's im kultigen **Co.So – Cocktail & Social** 8 (Via Braccio da Montone 80). Im kleinen **Ristorante Mile** 15 (Via Pesaro 8) ist die Pasta noch hausgemacht, während die stylische Pizzeria **Rosti** 16 (Via Bartolomeo d'Alviano 65, www.rostialpigneto.it) mit einem Garten und großer Antipasti-Auswahl punktet. **Necci dal 1924** 17 (Via Fanfulla da Lodi 68, www.necci1924.com) war Kulisse von Pasolinis Sozialdrama »Accattone« 1961. In dem sympathischen Gartenbistro kann man rund um die Uhr *caffè* trinken oder innovative ethnische Gerichte (auch vegetarisch) aus Bioprodukten kosten.

Essen

Kamasutra indischer Küche
1 **Krishna:** Gilt als einer der besten Inder in Rom, mit einer großen Auswahl an vegetarischen Gerichten, kleines Lokal mit orientalischem Kerzenzauber.
Esquilin, Via Foscolo 13, T 06 89 83 00 63, www.krishna13ristorante.com, Bus: Foscolo, tgl. 12.30–15, 18.30–23.30 Uhr

Chinesisch
2 **Ristorante Cinese di Sichuan:** Hier vergessen die Römer ihre Vorbehalte gegenüber der chinesischen Küche.
Esquilin, Via di S. Martino ai Monti 33c, T 06 481 44 25, Bus: S. Maria Maggiore, Di 17.30–23, Mi–Mo 11–15, 17.30–23 Uhr

Lust auf Kuchen?
3 **Pasticceria Regoli:** Seit 1916 beglückt Familie Regoli das Viertel mit den besten *maritozzi* (mit Sahne gefüllte fluffige Milchbrötchen) und anderen süßen Kunstwerken wie der Mimosentorte mit Walderdbeeren.
Esquilin, Via dello Statuto 60, www.pasticceriaregoli.com, Bus: Merulana/Brancaccio, tgl. 7–19.30 Uhr, Mi geschl.

Eiskalte, gefüllte Pflastersteine
4 **Gelateria Fassi:** Erster und größter Eispalast Roms (1880). Großes Sortiment an Eistorten. Berühmt sind die »Sampietrini«, schokoüberzogenes Eiskonfekt in Form der römischen Pflastersteine.

Lieblingsort

Den Stiefel kulinarisch einmal rauf und runter

Dass die Stazione Termini mal ein Gourmettreff werden würde, hätte bis vor wenigen Jahren niemand gedacht. Seit 2018 kann man sich hier quer über den Apennin futtern. In der fantastischen 1930er-Jahre-Architektur empfangen Sie 16 verschiedene Stände mit offenen Küchen, Bierausschank und Café. Regionale Spezialitäten können vor Ort gekostet oder mitgenommen werden. Streetfood vom Feinsten! Wann immer ich in der Gegend bin, hole ich mir bei Stefano Callegari ein saftiges *trapizzino con coda alla vaccinara,* süßsaures Schmorfleisch. Legendär ist auch der Hamburger Casablanca mit Hummus und karamelisierten Zwiebeln bei dem Florentiner Veg & Veg. Für die toskanischen Trüffel- und venezianischen Fischspezialitäten muss man mehr Zeit mitbringen, finde ich. Im hinteren Teil der Halle kann man an Tischen Platz nehmen. Bevor ich's vergesse: Die nach Orangen duftenden *sfogliatelle* der Neapolitanerin Sabato Sessa passen gut auf die Hand – falls Sie mit der anderen den Koffer ziehen müssen. Das bezahlbare Gourmetparadies **Mercato Centrale** 5 ist ein Projekt von Umberto Montano, dessen Erstling im Bahnhof von Florenz bereits sensationelle Erfolge feierte. Zugang über Gleis 24 (8 Min. zu Fuß) oder über die Via Giovanni Giolitti 36 (tgl. 8–24 Uhr, www.mercatocentrale.it/roma).

Esquilin, Via Principe Eugenio 65/67, T 06 446 47 40, www.gelateriafassi.com, Metro/Bus: Principe Eugenio/Manzoni, Mo–Do 12–21, Fr, Sa 12–24, So 10–21 Uhr

Feinkost zum Wein
6 Ciacco: Die schicke Enoteca bei der Universität ist bekannt für ihre üppigen *taglieri,* Holzteller mit allerlei *bruschette,* Dips, lokalem Schinken und Käse. Bioprodukte, Brot von Roscioli. Auch ein paar warme und vegane Gerichte.
Via dei Ramni 28–30, T 06 31 05 18 57, Bus: Ramni, tgl. 10–15.30, 18.30–23.30 Uhr

Mit Herz und Seele
7 Soul Kitchen – La cucina dell'anima: Das lebhafte Bücherbistro begeistert mit viel Atmosphäre und apulisch-afrikanischen Kreationen. Frischer Fisch, besondere Gemüsegerichte (z. B. Quiche mit Rote Bete, Ziegenkäse und Mohn). Bei Degustationsabenden festes Menü ab 33 €.
San Lorenzo, Via dei Sabelli 193, T 06 64 87 10 16, https://lacucinadellanima.it, Tram/Bus: Reti, Di–Sa 18.30–1.30 Uhr

Beliebteste Studentenpizzeria
8 Pizzeria Formula 1: Ein rau verputzter Saal mit Holzofen und Tischen mit Papierdecken; knusprige, sehr günstige Pizza.
San Lorenzo, Via degli Equi 13, T 06 445 38 66, Bus: Piazzale Tiburtino, Mo–Sa 18.30–0.30 Uhr

Schokoladenträume
9 Said dal 1923: Traumhafte Location in renovierter Schokoladenfabrik, wo man tagsüber edelste Pralinen, Kuchen und heiße Schokolade mit Pistazien naschen kann. Abends immer gut besuchte Bar und Restaurant. Gehobene Preise.
San Lorenzo, Via Tiburtina 135, T 06 446 92 04, www.said.it, Bus: Tiburtina/Marrucini, Di–Do 10–1, Fr, Sa 10–2, So 11–20 Uhr

10 – 17 s. S. 225, 231, 240 und 242.

Bewegen

Durchs erwachende Rom joggen
Der Verein **Sight Jogging** bietet ganzjährig frühmorgens Lauftouren durch Rom an, auf denen ein Guide die Highlights zeigt.
www.sightjogging.it, mobil 34 73 35 31 85, ab ca. 6 Uhr, 70 €/Pers., 100 €/2 Pers. usw.

Mobil sein
1 Colosseum Motorcycle Center: Räder, E-Bikes, Segways, Vespas, Motorräder.
Via SS. Quattro Coronati 46, T 06 70 45 10 69, www.centromotocolosseo.it, Metro: Colosseo, tgl. 8.30–13, 14.30–20 Uhr

Ausgehen

Treff der Tangoliebhaber
1 TANGOfficina: Angesagte Tangotanzschule und Milonga.
San Lorenzo, Via Cupa 5, www.tangofficina.com, Bus: Tiburtina/Crociate; zu Tango in Rom allgemein s. www.tangoroma.it

Tanzen in einer Ex-Wollmühle
2 Lanificio 159: In der ehemaligen Mühle über dem Fluss Aniene wird getanzt, gefeiert und Kunst ausgestellt. DJ-Sets, Mi Livemusik auf dem Dach.
Pietralata, Via di Pietralata 159A, Bus: Pietralata/Itor, Öffnungszeiten und Evente s. www.lanificio.com

Explosiv
3 Coropuna: Exotische Lounge-Bar und Restaurant mit Korbsesseln, Palmen und Kronleuchtern im Innenhof und in der Halle einer Autowerkstatt, peruanisch-japanische Fusion, Events und Disco.
Pietralata, Via Pietralata 149b, www.coropuna.it, Bus: Pietralata/Quadrifoglio, Mi, So 20–2, Do–Sa 20–4 Uhr

4 – 8 s. S. 231, 240 und 242.

Zugabe
Kunst einer anderen Welt

*400 Künstler gegen Diskriminierung –
Museo dell'Altro e dell'Altrove*

Das konventionelle Rom überrascht immer wieder. Ausgerechnet hier ist ein Museum der experimentellen Avantgarde entstanden: das Museo dell'Altro e dell'Altrove, MAAM (Museum des Anderen und des Anderswo). In der ehemaligen Fiorucci-Wurstfabrik in Tor Sapienza, am östlichen Stadtrand, ist in der Tat alles ›anders‹. Die Fabrikruine wird seit 2009 von italienischen und ausländischen Familien besetzt, die auf eine Sozialwohnung warten. Und sie ist voller Werke bedeutender Streetart-Künstler. Nach einem Aufruf von Videokünstler und Kurator Giorgio de Finis haben internationale Künstler, darunter einige Bewohner, Beiträge an den Wänden, in den Treppenhäusern und in den Hallen hinterlassen. So installierte Michelangelo Pistoletto, ein bedeutender Vertreter der Arte Povera, seine bekannte »Venus in Lumpen«. Das Liebespaar »Piedad« des Spaniers Borondo besticht auf der rotzigen Fabrikfassade ebenso wie das farbige Gesicht der Friedensnobelpreisträgerin Malala des Brasilianers Kobra.

Im Zentrum der Kollektivkunst stehen der ethnische Mix der Bewohner, ihre Probleme, aber auch multikulturelle Erfahrungen von seltener Intensität. Die Architektur-Fakultät der Universität Roma Tre erhob Metropoliz, Città Meticcia (›Stadt der Mestizen‹), wie sich die Wohngemeinschaft nennt, zum Studienobjekt. Bezahlbarer Wohnraum und die Verlagerung von sozialen und ethnischen Konflikten an den Stadtrand sind die Themen der Zukunft. Das Paradox: Den Staat kostete die Entschädigung des Besitzers der Industriehallen rund 28 Mio. Euro. Damit hätte man Kunst und Unterkünfte finanzieren können. Die Stadt, schuldig an der Wohnungsnot, ist gleichzeitig Komplize. Sie hat die Fabrik nie zwangsräumen lassen. Vielmehr erklärte sie sich zum Schirmherrn des Museums – obwohl es keinen Cent erhält (Via Prenestina 913, nur Sa 11–17 Uhr, auf Facebook, info@museomaam.it). ∎

Die Arbeit »Venus in Lumpen« von Michelangelo Pistoletto steht für den Kontrast zwischen der Schönheit des Lebens (Venus) und seiner Not und Vergänglichkeit (Lumpen).

Kandidat für das Immaterielle UNESCO-Kulturerbe

Ziele in der Umgebung

Das Umland von Rom ist reizvoll — und abwechslungsreich. Auf der Ostseite liebliche Olivenhaine, Weinberge und wildes Bergland, zum Meer hin duftende Pinienhaine. Wie wäre es mit einem Erfrischungsbad?

Seite 249

Castelporziano

Der schönste Sandstrand von Rom liegt südlich von Lido di Ostia in einem Naturschutzgebiet. Im Sommer ist er ein Badeparadies, im Winter laden die Dünen zu ausgedehnten Spaziergängen ein.

Seite 249

Ostia Antica

Von der Bedeutung der antiken Hafenstadt zeugen noch das Theater, Tempel, Lebensmittelspeicher, Ladenzeilen und vor allem die vierstöckigen Wohnhäuser. Im idyllischen Pinienhain der Ausgrabungen kann man einen ganzen Tag verbingen.

Ein 10 km langer Sandstrand wartet auf Kunstgeplagte.

Seite 250

Fischlokale in Lido di Ostia

Fisch isst man natürlich am besten dort, wo er gefangen wird. In Lido di Ostia gibt es eine reiche Auswahl an empfehlenswerten Fischlokalen. Besonders typisch sind die einfachen Holzpavillons bei den *cancelli*.

Seite 251

Villa Adriana

Das geschützte Landgut unterhalb von Tivoli bezog der rheumakranke Kaiser vermutlich im Winter. Kopien von berühmten Bauten erinnerten ihn an seine vielen Reisen durch die Provinzen.

Eintauchen

Ziele in der Umgebung **247**

Seite 251
Villa d'Este

Rund 500 Brunnen, Grotten und Wasserspiele erfrischen die Luft in dem Renaissancegarten. Multitalent Pirro Ligorio schuf am Steilhang von Tivoli ein hydraulisches Meisterwerk, das zu Musikkompositionen und Dichtung anregte.

Seite 252
Villa Gregoriana

Die wildromantische Parklandschaft des 19. Jh. mit ihren Wäldern, Kaskaden, Grotten und Treppen lädt Natur- und Sportfreunde zu Entdeckungen ein.

Seite 252
Ristorante Sibilla

Auf der Tempelterrasse des antiken Tibur speist man wie die Götter mit Blick auf den großen Wasserfall des Aniene.

&

Seite 252
Ninfa

Ob der botanische Garten inmitten von Ruinen der schönste der Welt ist, müssen Sie selbst entscheiden. Er ist auf jeden Fall ein Paradies für 100 verschiedene Vogel- und 1300 Pflanzenarten.

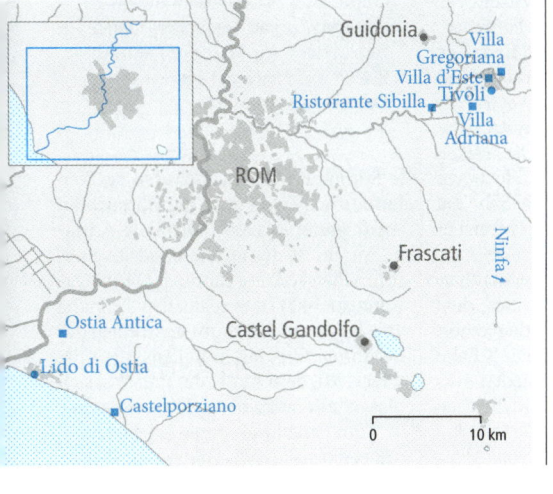

Salz diente in der Kaiserzeit als Soldatensold, was das italienische *salario* (*sale* = Salz) für Gehalt und das deutsche ›Salär‹ noch heute erkennen lassen.

Wer aufs Schiff wollte, musste in der Antike mindestens fünf bis sechs Stunden wandern. Heute erreicht man Ostia von Rom aus in 30 Minuten – mit der Metro.

erleben

Tief durchatmen bitte

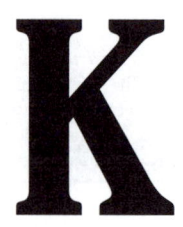

> **ORIENTIERUNG**
>
> **Reisekarte:** 📍 Karte 5
> **Ankommen:**
> **– Lido di Ostia, Ostia Antica, Castelporziano:** Zug ›Roma–Lido‹ von Stazione Piramide (B), 20–25 km
> **– Tivoli:** Zug ab Termini oder Metro B bis Ponte Mammolo, mit Cotral-Bus zu den Villen, 30 km
> **– Ninfa:** Zug ab Termini bis Latina Scalo, dann mit Taxi oder Fahrrad 8,4 km bis Ninfa, 80 km
> **Dauer:** Tagesausflüge

Kaum eine Metropole ist von einer abwechslungsreicheren Natur und Kulturlandschaft umgeben. Ob es nun die Skipisten in den nahen Abruzzen, die Hausstrände oder die kühlen Kastanienwälder an den Abhängen der Vulkanseen sind, die Römer sind in puncto Freizeitangebot verwöhnt. Freitagabend findet ein regelrechter Exodus der Städter statt. Viele Familien haben Häuser oder Verwandte draußen vor den Toren und nutzen das Wochenende zur Erholung. Die antiken Patrizier nannten es *refugium,* Flucht vor Stadtalltag und Sommerhitze. Sehr gut angebunden sind Ostia und das Meer. Für die Bergstädtchen und Seen ist ein Auto ratsam, wenn auch nicht unverzichtbar.

Der Besuch von Ostia Antica, dem alten Hafen an der Tibermündung, gehört unbedingt zu einer Romreise. Die S-Bahn bringt Sie in nur 25 Minuten zu den Ausgrabungen, die unter einem idyllischen Pinienhain liegen. Gut erhaltene Mietskasernen geben eine Vorstellung vom Alltag der Handwerker und Händler. Im Sommer bietet sich im Anschluss eine Fahrt nach Lido di Ostia oder besser noch an den Naturstrand von Castelporziano an.

Die Tiburtinischen Berge erheben sich 30 km östlich von Rom. Reizvolle Sommervillen machen den antiken Luftkurort Tivoli zum meistbesuchten Ausflugsziel in Lazio. Die Villa Adriana im Tal ist der größte Landsitz eines römischen Kaisers. Kardinal D'Este verwandelte 1400 Jahre später den Steilhang von Tivoli mit 500 Brunnen in einen der berühmtesten Gärten Italiens, die Villa d'Este. Mit dem Auto oder Rad lässt sich die wilde Bergwelt hinter Tivoli erkunden.

Ein ganz besonderes Erlebnis sind die verwunschenen Gärten von Ninfa. Das ›Pompeji des Mittelalters‹, eine verlassene, von Pflanzen überwucherte Stadt, liegt am Fuße der Monti Lepini, 80 km südlich von Rom. Die WWF-Oase öffnet nur an zwei Wochenenden im Monat.

Lido di Ostia

📍 Karte 5, A/B 5

Erholung am Meer

Im Wind klappernde Fahnenstangen, das offene Meer. Wenn nur die Mietskasernen nicht wären. Im Sommer kraxelt man auf dem grauen Sandstreifen von Ostia Lido über Beine und Liegestühle. Ostia (100 000 Einw.) gilt als vergessener Hinterhof Roms, den die Stadtregierung gerade den Clans zu entreißen versucht. Vereinzelte Liberty-Villen zwischen moderner Bausubstanz lassen noch die schönen Anfänge des Seebads erahnen (s. S. 253). Wer eine bequeme Infrastruktur am Strand wünscht, findet eine reiche Auswahl an gepflegten *stabilimenti*, Strandbädern. Mit dem weiter nördlich gelegenen Fregene ist Ostia Lido von Juni bis September die Location römischer Diskotheken.

Eine Offenbarung ist der lange, helle Sandstrand im **Naturschutzgebiet Castelporziano** (www.parchilazio.it/castelporziano) 8 km weiter südlich. Hier ist das Wasser klar und entlang der von Macchia bewachsenen Dünen kann man herrlich spazieren oder in einem der Holzpavillons ein *fritto di paranza* (kleine fritierte Fische) essen. Selbst im August wird es auf dem bis zu 200 m breiten Strand nicht zu eng. Über zehn Toreinfahrten, die *cancelli*, gelangt man von der unbebauten Via Litoranea zum Strand. Badesachen vergessen? Bei Capocotta (Cancello Nr. 8) gibt es einen offiziellen FKK-Strand. Außerhalb der Saison benötigt man ein Auto.

Ostia Antica

Der Sand war schuld

Das antike Ostia war eine typische Flusshafenstadt, denn die Meeresküste bot keine schützenden Buchten für den Schiffsverkehr. Sie entwickelte sich entlang des Tiberlaufs, den der von Tempeln, Speichern, Thermen, Geschäften und einem Theater gesäumte *decumanus* begleitet. Die Versandung der Mündung zwang im 5. Jh. zur Aufgabe der Stadt, die heute 4 km von der Küste entfernt liegt.

Ostia ist aus einem *castrum* hervorgegangen, das im 4. Jh. v. Chr. zum Schutz der Salinenbauern errichtet wurde. Rom begehrte die Kontrolle über den Salzhandel. Mit dem Aufstieg Roms zur Weltmacht entwickelte sich Ostia zur Versorgungsstation der Metropole. Hier wurden Getreide und Olivenöl für den Winter gebunkert und Waren aus dem gesamten Mittelmeergebiet ausgeladen: u. a. Fischsoße aus Spanien und Datteln aus Afrika. Die extravagante Oberschicht begnügte sich nicht mehr mit altrömischer Bauernkost. In der Blütezeit wohnten bis zu 100 000 Menschen in den solide gebauten *insulae*, Mietskasernen, viermal so viele wie in Pompeji. Das Obergeschoss mit dem umlaufenden Konsolenbalkon war den wohlhabenden Händlern vorbehalten. Den Bewohnern der luxuriösen **Insula del Serapide e degli Aurighi** am Westende der Stadt stand sogar eine eigene Therme zur Verfügung. In der typischen Wohn- und Geschäftsstraße hinter dem Kapitol ist ein *thermopolium,* eine Art Fast Food mit gemalter Speisekarte erhalten.

Die wenigen Skulpturen (Mithras) und Sarkophage im kleinen **Museum** bezeugen eine multikulturelle Gesellschaft. Bedeutende Funde wanderten in andere Museen. In Ostia wurde die älteste Synagoge Europas gefunden (1. Jh.). Hinter dem Museum gibt es eine Caffetteria, von der aus man den Tiber sieht.

Viale dei Romagnoli 717, Di–So 8.30–19, im Winter bis 16 Uhr, 18/4 €, 7-Tage-Sammelticket mit Porti di Claudio e Traiano, Castello di Giulio II, Necropoli di Porto all'Isola Sacra und Museo delle Navi

Area Archeologica del Porto di Traiano

Meerhafen für große Frachter

Da die Flusseinfahrt immer mehr versandete, ließ Kaiser Claudius (reg. 41–54) 4 km nördlich von Ostia ein 69 ha großes Becken am Meer ausheben, dem er zwei zangenartige Molen vorsetzte, ein Leuchtturm wies den Schiffen den Weg. Dieser größte künstliche Meereshafen der Antike, Portus genannt, wurde bis ins Mittelalter hinein benutzt, während Ostia verfiel. Die Reste der Lagerhäuser, Docks und Laubengänge, eingebettet in eine idyllische Natur, kann man in der Nähe des Flughafens Fiumicino besichtigen. Das 33 ha große, sechseckige, mit Wasser gefüllte Becken (Lago Traiano), das als Erweiterung auch für die Militärflotte entstand, ist auch vom Flieger zu sehen. Über die Fossa Traiana, ein Verbindungskanal mit dem Tiber, gelangten Baumaterialien und Getreide direkt nach Rom. Ein Modell des Portus befindet sich im Museo della Via Ostiense (s. S. 129), während das **Museo delle Navi** (Fiumicino, Via Alessandro Guidoni 35, Di–So 10–16 Uhr, 6/2 €) Schiffsfunde zeigt.

Via Portuense 2360 (beim Viadukt), www.ostiaantica.beniculturali.it, Okt.–März Di–So 10–16.30, April–Okt. 8.30–17.30/18 Uhr, 18/4 €, s. Ostia Antica, S. 249

Infos

- **Nach Ostia Lido und Ostia Antica:** alle 15 Min. Zug Roma–Lido ab Piramide (Metro B); in den Schulferien pendeln Busse (z. B. 07) zwischen ›Cristoforo Colombo‹ und den *cancelli* (Richtung Pomezia).
- **Zum Porto di Traiano:** Via Portuense 2360; mit Auto 40 Min., per ÖPNV 1,5 Std. (Zug FL1 bis Parco Leonardo oder Ponte di Galeria, dann mit Bus, www.schiaffini.com, https://moovitapp.com).

FANGFRISCH

Die mehrtägige **Sagra delle telline** Ende August ist ein viel erwartetes kulinarisches Fest im Borghetto dei Pescatori von Ostia, dem alten Fischerdorf an der Mündung. Telline sind winzige, aromatische Muscheln *(Donax trunculus)*, die aus dem sandigen Meeresboden gerecht werden. Sie werden wie Venusmuscheln mit Spaghetti zubereitet (Infos: http://borghettopescatoriostia.it). Den Unterschied zwischen frischem Fang aus dem Meer und Zuchtfisch erfahren Sie in einem der fünf einfachen Holzrestaurants am Strand von **Castelporziano**, bei den *cancelli* Nr. 1, 3, 4, 6, 7 (nur im Sommer, Info/Reservierung: www.castelporziano.com). Favorit unter den Einheimischen ist seit Jahren **Dar Zagaia** bei Capocotta (Tor 8, ganzj., Di–So 12.30–15.30, 20.30–22.30 Uhr, T 06 56 30 50 26); legendär sind das *risotto alla crema di scampi* und *fritto misto*. Richtung Ostia Lido ist das Strandlokal **Il Corsaro** zu empfehlen (auch glutenfreie Pasta; Lungomare A. Vespucci 164, T 06 560 03 17, www.ilcorsarobeach.it, März–Okt. tgl. 12.30–15, Mai–15. Sept. auch 19.30–23.30 Uhr). Besonders frisch sind die Meeresfrüchte außerdem im Familienlokal **La Bussola** am Lido von Ostia (abends auch Holzofenpizza, Lungomare A. Vespucci 72, T 06 56 47 08 67, www.ristorantelabussola.eu, Di–So 9.30–16, 18–24 Uhr).

Tivoli ♀ Karte 5, östlich F1

Das Glück im Quadrat
Schon die römischen Patrizier flüchteten vor der Sommerhitze in den kleinen Luftkurort Tibur. Kaiser Hadrian errichtete sich einen Landsitz so groß wie die Stadt und füllte ihn mit monumentaler Architektur. Jahrhunderte später entstanden die Villa d'Este, eine der schönsten Gartenanlagen Italiens, und die wilde Parklandschaft der Villa Gregoriana im Anienetal. Heute ist die nach dem Zweiten Weltkrieg wiederaufgebaute Stadt am Abhang der Tiburtinischen Berge fast mit Rom verwachsen. Doch nur wenige Kilometer weiter östlich trifft man auf alte romantische Ortskerne und eine unberührte Bergwelt.

Las Vegas der Antike
Eingebettet in Olivenbäume und Zypressen liegt unterhalb der Tiburtinischen Berge **Villa Adriana**, die 120 ha große Palaststadt des kunstsinnigen Hadrian (117–138). Einzigartig sind die Nachbildungen berühmter Denkmäler seiner Zeit, eine Art Architekturkompendium. So ließ der ›Reisekaiser‹ die Akademie von Athen kopieren, an der er studiert hatte, ferner die mit Gemälden geschmückte Säulenhalle der Agora *(stoa poikile)* und das Odeion. Ein von Säulen gerahmter Wasserarm stellt den Canopo-Kanal in Ägypten dar. Obwohl die Kaiserresidenz später für den Brunnenschmuck der Villa d'Este geplündert wurde, beeindrucken die gewaltigen Ruinen in der lieblichen Hügellandschaft noch immer. Im Sommer dienen sie als Theaterkulisse.

Largo Marguerite Yourcenar 1, www.villaadriana.beniculturali.it, tgl. 9–19.30, im Winter bis 17 Uhr, 12/2 € (ggf. Ausstellungszuschlag); vor dem Eingang gibt es eine kleine Bar

Sogar das untergegangene Atlantis ließ Hadrian sich nachbilden.

Steile Gartenbaukunst
Im Frühjahr, wenn Blauregen und Jasmin blühen und Kübel mit Narzissen die Villenterrasse schmücken, ist ein Besuch der **Villa d'Este** – UNESCO-Weltkulturerbe und einer der ältesten Renaissancegärten Europas – besonders reizvoll. Im Sommer benetzen die Wasserspiele angenehm die Luft. Mitte des 16. Jh. ließ der karrieremüde Kardinal Ippolito II. d'Este, Sohn Lucrezia Borgias, sich eine alte Klosteranlage am westlichen Stadtrand zur Villa ausbauen. Die außen schlichte Residenz ist innen reich mit mythologischen Szenen und Landschaftsbildern freskiert. Des Papstenkels Augenmerk galt jedoch ganz dem Garten, den Pirro Logorio über dem Steilhang kunstvoll in Terrassen anlegte. Die 500 Brunnen, Kaskaden und Wasserspiele wurden über eine eigens durch den Berg gebohrte Leitung mit Wasser aus dem Aniene

gespeist. Weltberühmt ist die Wasserorgel. Vor dem ›Rometta‹, der steinernen Nachbildung Roms, wurde rezitiert, musiziert und Theater gespielt. Seit jeher gingen Künstler, Dichter und Musiker hier ein und aus, wie Franz Liszt, den die Wasserklänge zu seinem virtuosen Klavierwerk »Giochi d'acqua« inspirierten. Im Sommer finden Konzerte statt.

Piazza Trento 5, Tivoli, Di–So 8.30–19.45, im Winter bis 16 Uhr, https://villae.cultura.gov.it/i-luoghi/villa-deste/, 12/2 € (ggf. Ausstellungszuschlag), 1. So im Monat freier Eintritt

Naturschauspiel

Wenn es Sie tiefer in die Natur zieht, können Sie die auf der anderen Seite der Altstadt gelegene **Villa Gregoriana** besuchen. Der wildromantische Landschaftspark von Gregor XVI. (1835) bietet einen großartigen Blick auf den Wasserfall des Aniene und die Akropolis des antiken Tibur mit dem berühmten Rundtempel der Vesta, Lieblingsmotiv der Italienreisenden der Romantik.

Parco FAI: Largo Sant'Angelo e Piazza del Tempio di Vesta, https://fondoambiente.it, April–Okt. tgl. 10–18.30, März, Nov., Dez. bis 16 Uhr, 8/3 €

Essen

Stilecht mit Tempelblick

Ristorante Sibilla: Auf der traumhaften Akropolis im Schatten der Tempel hat schon der preußische König Friedrich Wilhelm III. geschlemmt. Man sitzt unter einer mit Blauregen berankten Pergola, den berühmten Rundtempel der ›Sibylle‹ im Blick (in Wirklichkeit der Vesta). Die Küche ist so gehoben wie das Ambiente. Auch Optionen für Veganer.

Via della Sibilla 50, T 07 74 33 52 81, www.ristorantesibilla.com, Di–So 12.30–15, 19.30–22.30 Uhr

Infos

■ **Anfahrt:** Mit dem Auto ca. 50 Min. über die A 24; mit ÖPNV ca. 1,5–2 Std.: Zug ab Termini/Tiburtina oder Metro B bis Ponte Mammolo, von dort Busse zur Villa d'Este/Villa Gregoriana und zur Villa Adriana (www.cotralspa.it). Zwischen Tivoli und Villa Adriana (5 km) CAT Bus 4 (www.cattivoli.com). Viele Busagenturen in Rom bieten Ausflugspakete an (ab 85 €; Aufenthalt in den Villen max. 1,5 Std.).

Ninfa 📍 Karte 5, südöstl. F5

Im Reich der Nymphen

Die »New York Times« kürte Ninfa am Fuß der Monti Lepini zum romantischsten Garten der Welt. Ein märchenhafter Efeu- und Blumenschleier bedeckt die Türme, Häuser und Kirchen des »mittelalterlichen Pompeji« (Gregorovius), das wegen Krieg und Malaria verlassen wurde. Plätschernde Bäche durchziehen die farbenfrohe Vegetation aus Schwertlilien, Glyzinien und Hortensien. Was wie wilde Natur aussieht, ist von Menschenhand geschaffen. Ein Nachfahre der Feudalherren der Stadt verwandelte 1921 das überwucherte Ruinengelände am Rande der Pontinischen Sümpfe in einen 8 ha großen englischen Landschaftsgarten mit Teichen und Kaskaden. Die seltenen Pflanzen- und Vogelarten der WWF-Oase können nur mit Führung besichtigt werden. Im Anschluss bietet sich ein Besuch des Bergstädtchens Sermoneta oder der Strände von Sabaudia an.

Via Ninfina 68, Cisterna di Latina LT (ca. 80 km südl. von Rom), www.giardinodininfa.eu, März–Nov. Sa, So 9–16.30/17.30 Uhr, für Gruppen auch Mo–Fr auf Anfrage, nur mit Anmeldung, engl. Führung 10.30, 15.30 Uhr, 15,75 €, bis 12 J. frei, Auto empfohlen, Zug: bis Latina Scalo, dann 8 km mit Taxi (T 07 73 63 22 92)

Zugabe
Glanzzeit eines Strandbads

Ostia Lido in der Rückblende

Den Sprung vom 10-m-Brett wagen nur Geübte. Wie Pfeile schießen die jungen Männer ins Poolwasser. Am Beckenrand klatschen Mädchen in verwegenen Bikinis Beifall. Sportwagen voller *vitelloni*, lärmenden Müßiggängern, rollen über die Via Cristoforo Colombo an. – Szenen Anfang der 60er-Jahre in Ostia. Damals war Ostia ›in‹.

Der Sprungturm: ein rotes Rad, in das ein ›K‹ eingeschrieben ist. ›K‹ steht für Kursaal. Das legendäre Strandbad, Emblem des Wirtschaftsbooms, wurde von den ›Stararchitekten‹ Attilio Lapadula und Pier Luigi Nervi 1950 am Lido von Ostia für die neue Schickeria errichtet. Der riesige Pilz, heute ein Restaurant, und vor allem das ›Rad‹ galten als ultramodern. Die futuristisch anmutende Kulisse war Set von Fellini-Filmen.

Der Rest ist schnell erzählt. Die Wirtschaftskrise Ende der 70er-Jahre setzte der Glorie des Lido ein Ende. Inzwischen hatte man billige Wohnblocks am Lido hochgezogen. Der Fischer- und Kurort der Reichen wurde zum armen Vorort von Rom, regiert von üblen Clans. Nicht zufällig spielt die Drogenserie »Suburra« hier. Erst 2015 wachte der Staat auf. Bekannte Unternehmer und Kleinbosse wurden verhaftet, unter Polizeiaufgebot die Villen des Spada-Clans planiert. Bei einer Kontrolle fiel auf, dass der Kursaal, Perle des Lido, 20 Jahre zuvor ohne Genehmigung Fitnesscenter, Kabinen und Bars errichtet hatte. Inhaberin Micaela Balini muss um ihre Lizenz bangen. Die Einwohner hoffen auf eine neue Ära. Der Verein Cinema America organisiert Filmabende im Porto und es findet schon mal eine Parade mit Figuren aus Fellini-Filmen am Lungomare statt: Anita Ekberg im Sidecar, Giulietta Masina auf dem Rad, umtanzt von Clowns und Akrobaten aus »Le notti di Cabiria«. ∎

Das Originalrad war in Ferro-Cemento ausgeführt, ein Patent Nervis. Das jetzige Rad ist eine Rekonstruktion.

Ostia hat Filmgeschichte geschrieben.

Das Kleingedruckte

Die Wölfin mit Romulus und Remus an den Zitzen ist das Wahrzeichen Roms. Der Wolf war das heilige Tier des Mars, Vater der Zwillinge und späteren Stadtgründer. Der Bronze wurde auf dem Kapitol ein eigener Saal gewidmet.

Anreise

... mit dem Flugzeug
Direktflüge von Deutschland, der Schweiz und Österreich nach Rom bieten u. a. Lufthansa, ITA Airways, Swissair, Austrian Airlines sowie die Low-Cost-Flieger Ryanair, Eurowings und Easyjet. Die Stadt verfügt über zwei internationale Flughäfen (www.adr.it). Der größere, **Aeroporto Leonardo da Vinci – Fiumicino (FCO),** für Linienflüge und einige Low-Cost-Flüge, liegt ca. 26 km südwestlich, der kleinere, **Aeroporto Ciampino (CIA),** 15 km südöstlich von Rom; er wird nur von Low-Cost-Linien angeflogen.

Vom Flughafen FCO in die Stadt
Zug: Leonardo Express zur Stazione Termini (Gleis 24) in 35 Min. (14 €, alle 15 Min.). Zu den Stationen Trastevere, Ostiense und Tiburtina fährt alle 15–30 Min. die Regionalbahn FR 1 (8 €, ca. 45 Min.). Nachts 1–5 Uhr stdl. Zubringer zu den stazione Termini und Tiburtina (ca. 7 €, 50 Min.). Info: www.trenitalia.com.
Shuttle: 8/7 €, Fahrtzeit 50–75 Min. Sitbus (www.sitbusshuttle.com, Ausstieg Via Marsala), Terravision (www.terravision.eu, Ausstieg Via Giolitti).
Taxi: 50 € Fixpreis bis ins Stadtzentrum (innerhalb der Stadtmauer, max. 4 Pers.).

Vom Flughafen CIA in die Stadt
Bus/Metro: Nur 1,50 €, aber ca. 60–75 Min. Fahrt. Bus 720 (40 Min.) bis Metro B Laurentina, oder Nr. 520 bis Metro A Cinecitta. Beide Metrolinien fahren bis Termini;
Shuttle: 40 Min. Fahrt mit Sitbus, Terravision (s. FCO) und Schiaffini (www.schiaffini.com), auch nachts.
Taxi: 31 € Fixpreis bis ins Stadtzentrum (innerhalb der Stadtmauer, max. 4 Pers.).

... mit der Bahn
Von München, Wien und Zürich gibt es Nachtzüge mit Schlaf- und Liegewagen

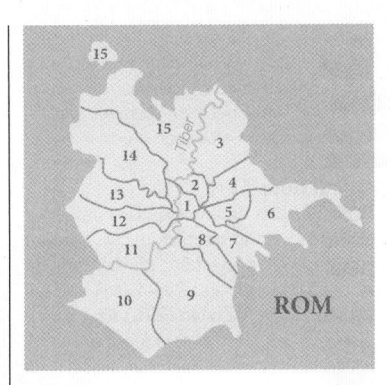

STECKBRIEF

Lage: Rom liegt am Tiber, ca. 25 km vom Mittelmeer entfernt, in der Region Latium; 21–51 m ü. d. M. Die Stadt wird im Osten von den Monti Sabini, den Monti Tiburtini und den Colli Albani eingerahmt.
Größe: 1285 km²
Einwohner: ca. 2,9 Mio., Metropolitanregion 4,22 Mio.; Ausländeranteil: 516 297 bzw. 12,2 % (Metropolitanregion); 50 % davon stammen aus Europa, 8,2 % von den Philippinen, 7,4 % aus Bangladesch.
Stadt und Politik: Rom ist in 22 *rioni* (Innenviertel), 35 *quartieri* (Außenviertel) und 6 *sobborghi* (Vorstädte) unterteilt. Verwaltet wird es in 15 *municipi* (Stadtbezirke). Als Hauptstadt Italiens ist es Sitz von Regierung, Parlament und Senat. An der Spitze des 48-köpfigen Gemeinderats steht seit 2021 der Ökomom Roberto Gualtieri vom Partito Democratico (PD).
Wappen: S.P.Q.R. auf rotem Schild (Senatus Populusque Romanus, dt.: der Senat und das römische Volk).
Landesvorwahl: 00 (oder +) 39
Zeitzone: MEZ mit EU-Sommerzeit

nach Rom Termini, www.nightjet.com (2023 Bauarbeiten), www.trenitalia.it; Deutsche Bahn: www.bahn.de; Österreichische Bundesbahn: www.oebb.at; Schweizerische Bundesbahnen: www.sbb.ch.

… mit dem Auto

Rom mit dem eigenen Auto – davon ist abzuraten, denn die historische Altstadt ist für den Privatverkehr bis auf wenige Achsen gesperrt und Parkplätze sind rar. Die gesperrten Zonen (ZTL) sind durch Schilder markiert und videoüberwacht. E-Autos und Hybridfahrzeuge sind vom Verbot ausgenommen, wenn sie mit dem Kennzeichen auf https://servizionline.romamobilita.it/ registriert sind. In San Lorenzo, Trastevere und Testaccio gibt es eine Abendsperre (Sperrzeiten nach Viertel und aktuelle Verkehrsinfos auf Englisch: https://romamobilita.it/en). Manche Hotels haben eine Sondererlaubnis. Erkundigen Sie sich vorher.

Bewachte Parkhäuser im Zentrum: ES Park Giolitti, Via Giovanni Giolitti 267, bei der Stazione Termini, www.parkinstation.it/luoghi/351788-stazione-di-roma-termini (ab 2,50 €/Std., 20 €/24 Std.); Parcheggio Saba Villa Borghese, Viale del Galoppatoio 33, www.sabait.it (2,50 €/Std., 22 €/24 Std.); Parking Ludovisi, Via Ludovisi 60 (2,50 €/Std., 20 €/24 Std., 5.30–1.30 Uhr).

Gebührenpflichtige Parkplätze sind blau umrandet (1 €/Std.). Parkscheine gibt es am Automaten oder in Tabacchi-Läden.

Bewegen und Entschleunigen

Outdoorsport wird das ganze Jahr in den großen Parks, entlang des Tiberufers und im Foro Italico praktiziert.

Fitness, Yoga und Pilates

Im Sommer werden Fitness-, Yoga- und Pilateskurse im Freien angeboten: www.saluteinmovimento.it, www.yoganostress.it, www.vivibistrot.com/villa-pamphili/yoga.

Radfahren und Vespa-Fahren

Rom ist wegen seiner Hügel und Pflastersteine keine klassische Fahrradstadt. Doch hat die Förderung der Green Economy seit der Pandemie viele Römer aufs Rad oder den E-Scooter *(monopattino)* umsteigen lassen. Auch wenn es bisher nur wenige Radwege gibt, kann ich eine Entdeckung der Stadt vom Sattel aus empfehlen, ebenso das E-Scooter-Sharing für kurze Distanzen. In der Fußgängerzone ist Radfahren erlaubt. Wem der Verkehr auf den Fahrbahnen zu heikel ist, der verlegt die Tour auf den autofreien Sonntag oder beschränkt sie auf die Villa Borghese. Von dort gibt es einen Radweg bis zur bewaldeten Villa Ada, ein Paradies für Mountainbiker und Jogger.

Mitnahme im ÖPNV: Räder und E-Scooter dürfen in öffentlichen Verkehrsmitteln von mind. 12 m Länge mitgenommen werden, sofern Platz vorhanden ist.

Radwege: www.piste-ciclabili.com und www.biciroma.it.

Versuchen Sie es mal mit einer Vespa-Tour!

Shared Mobility
Dott, Lime und Bird unterhalten eine Flotte von E-Scootern mit Kennzeichen (Free-Floating-System, Parkverbot auf bestimmten Plätzen). Die Bezahlung erfolgt über die jeweilige App (Smartphone) per Kredit- oder Debitkarte. Mindestalter 18 Jahre, Ausweis erforderlich, ab 2024 Helmpflicht, max. 20 km/h, Fahrt zu zweit streng verboten (Bußgeld bis 400 €). Bike-Sharing am besten über Telepass (www.telepass.com/it/privati/servizi/bike-sharing).
Elektroroller: Nur für Geübte (Führerscheinklasse AM, ab 18 Jahre, Helmpflicht) zu empfehlen; Anbieter: eCooltra, Acciona, Zigzag Sharing.
Fahrrad- und Vespaverleih: Ein Leihfahrrad kostet mind. 4 €/Std., 10–15 €/Tag, eine Leihvespa ca. 30–80 €/Tag. Anbieter: **Bikeology Roma** (s. S. 85); **Rome for you** (s. S. 58); **Bici & Baci** (s. S. 116); **Bici Pincio** (s. S. 200); **OnMovo** (Via Cavour 80, T 06 481 56 69, www.onmovo.com, Vespas und Scooter); **Rome by Vespa** (Via della Madonna dei Monti, T 38 06 43 22 78, www.romebyvespa.com).

Einreisebestimmungen

EU-Bürger und Schweizer benötigen für die Einreise einen gültigen Personalausweis oder Reisepass. In Italien herrscht Ausweispflicht. Die Unterkünfte sind gesetzlich verpflichtet, Ihre Ausweisdaten zu notieren und der Polizei zu übermitteln. Da Taschendiebstähle häufig sind, empfehle ich, auf Tagestouren eine gut lesbare Kopie des Ausweises mitzunehmen und die Originale im Hotel zu lassen. Ich hatte noch nie deswegen Probleme mit den Behörden (gilt nicht, wenn Sie ein Fahrzeug führen bzw. mieten). Wer länger als drei Monate bleibt, benötigt eine Aufenthaltsgenehmigung (*permesso di soggiorno*). Reisebedarf für den persönlichen Gebrauch obliegt innerhalb der EU keinen Beschränkungen und darf abgabenfrei eingeführt werden. Bestimmungen für Schweizer Bürger s. www.ch.ch/de/einfuhr-waren-schweiz/#einfuhrbestimmungen.

Essen und Trinken

Die **Küchenöffnungszeiten** sind meist 12.30–15 und 19.30–23 Uhr. **Ruhetag** ist häufig der Sonntag- oder Montagabend. Viele Betriebe schließen im August. Pro Kopf wird eine **Gebühr für Brot und Gedeck** erhoben (*pane e coperto*, 2–3,50 €). Manche Lokale im Zentrum werben mit **Mittagsmenüs** für 15–20 €.
Gepflogenheiten: Für einen Tisch wenden Sie sich an den Ober. Nicht üblich ist es, in Restaurants nur Antipasti oder einen Salat zu essen. Gehen Sie für den kleinen Hunger in Enotheken oder Pubs. Die Rechnung wird pro Tisch ausgestellt, nicht pro Person. Wenn Sie einzeln bezahlen möchten, müssen Sie das bei der Bestellung sagen. Das **Trinkgeld** (5–10 %) lässt man einfach auf dem Tisch liegen.
Lokaltypen: Ursprünglich ist ein **Ristorante** ein vornehmes Lokal (keine Pizza) mit gutem Weinangebot. **Trattoria** und **Osteria** sind das volkstümliche Gegenstück (bodenständige Küche). In der klassischen **Pizzeria** steht der mit Holz befeuerte Steinofen mitten im Raum, die Tische haben nur Papierdecken und als Vorspeise verzehrt man Frittiertes (*fritti*) mit den Fingern. Mittlerweile haben sich die Grenzen zwischen den Lokaltypen verwischt. **Enoteche** bieten oft kleine Gerichte zum Glas Wein und Pizza steht auch in Trattorie auf dem Speiseplan, häufig bereits mittags und nicht nur abends.

Feiertage

1. Januar: Neujahr (*capodanno*)
6. Januar: Hl. Drei Könige (*Epifania*)
Ostermontag (*Pasquetta*); Karfreitag (*Venerdì Santo*) ist kein Feiertag.

25. April: Nationalfeiertag; Befreiung vom Nazi-Faschismus *(Festa della Liberazione)*
1. Mai: Tag der Arbeit *(Primo Maggio, Festa dei Lavoratori)*
2. Juni: Tag der Republik *(Festa della Repubblica)*
29. Juni: St. Peter und Paul, Fest der Stadtpatrone *(Santi Pietro e Paolo)*
15. August: Mariä Himmelfahrt *(Ferragosto)*
1. November: Allerheiligen *(Ognissanti)*
8. Dezember: Mariä Empfängnis *(Maria Immaculata)*
25./26. Dezember: Weihnachten *(Natale)*

Feste und Events

Estate Romana

Der römische Kultursommer mit seinen unzähligen Events unterm Sternenhimmel ist für viele Römer ein Grund, in der Stadt zu bleiben (Juni–Sept., Programm: www.estateromana.comune.roma.it). Die wichtigsten Events: Auf dem **Literaturfestival** im Schatten der Maxentius-Basilika lesen bekannte Autoren aus ihren neuesten Werken vor (www.festivaldelleletterature.it/massenzio). Das **antike Theater von Ostia** ist Bühne für Dramen ebenso wie für Konzerte von Elektropop-Bands (www.ostianticateatro.com). Gepflegter **Jazz** wie auch **Modern Creative** wird im Garten der **Casa del Jazz** und in der **Villa Celimontana** gespielt, montags ist **Tango-Abend** (https://villagecelimontana.it, www.casajazz.it).

Beim Rock- und Hip-Hop-Festival **Rock in Roma** in der Pferderennbahn treten Jung- und Altstars wie Bresh und Paul Weller (2023) auf (www.rockinroma.com). **Latino-Fans** haben ihre Music Hall und Dancefloors im kühlen Parco del Turismo im EUR (www.fiesta.it). Unter den vielen **Freilichtkino-Events** ist die Initiative von Cinema America (s. S. 172) mit Retrospektiven zu großen Regisseuren erwähnenswert (https://ilcinemainpiazza.it).

Sport-Events

Am internationalen **Maratona di Roma** (http://www.maratonadiroma.it, März/April) nehmen jährlich 10 000 Läufer teil. Weniger Ausdauer erfordert der schöne Halbmarathon von Rom nach Ostia. Ein wichtiger Termin für Tennisfans sind die **Internazionali BNL d'Italia** (Mai, www.internazionalibnlditalia.com) im benachbarten Foro Italico und für Rennsportfans der **E-Prix di Roma** im EUR (www.eurspa.it/it/formula-e). Rom ist Etappenziel der historischen Oldtimerfahrt **Mille Miglia** durch Italien (https://1000miglia.it). Ebenfalls im Frühjahr wird das Internationale 5*-Springreitturnier **CSIO Rom – Piazza di Siena** in der Villa Borghese ausgetragen. Am Weltyogatag, **Giornata internazionale dello Yoga,** lassen sich die Yogaschulen viele Events in Villenparks einfallen, an denen jeder teilnehmen kann.

König aller Sportarten in Rom ist immer noch der **Fußball,** zumal die Stadt gleich zwei (konkurrierende) Mannschaften hat, den A.S. Roma und den S.S. Lazio. Die italienischen Meisterschaften (Seria A) finden im Stadio Olimpico statt (Sept.–Juni). Tickets (10–180 €) gibt es in Tabacchi-Läden, auf www.asroma.com bzw. www.sslazio.it/it oder www.ticketone.it. Ratsam sind Plätze in der ruhigen Tribuna Tevere, abseits der nie tumultfreien Fankurven. Personalausweis nicht vergessen.

Gesundheit

Deutsche, Schweizer und Österreicher, die in der Heimat krankenversichert sind, haben Anspruch auf kostenlose Behandlung beim staatlichen italienischen Gesundheitsdient (Asl). Die Versorgung wird über die Europäische Krankenversicherungskarte (EHIC) geregelt (Infos bei der Krankenkasse). Die italienischen Ärzte sind im Allgemeinen kompetent, vor allem in der Notaufnahme. Rechnen

Sie jedoch mit langen Wartezeiten und unbequemen Warteräumen. Eine Liste deutschsprachiger Ärzte in Rom hat die Website der Deutschen Botschaft. Akute Zahnprobleme sind besser von einem privaten Zahnarzt zu behandeln.
Prontosalus vermittelt Arztvisiten für Touristen im Hotel, T 33 34 42 03 13, 34 98 22 14 76, www.prontosalus.it.
Notarzt: T 112
24-Std-Notdienst (pronto soccorso) bieten z. B. **Ospedale Santo Spirito,** Lungotevere in Saxia 1, T 06 683 51; **Kinderkrankenhaus Ospedale del Bambino Gesù,** Piazza S. Onofrio 4, T 06 685 9-1; **Policlinico Umberto I,** Viale del Policlinico 155, T 06 499 71; **Ospedale Fatebenefratelli:** Tiberinsel, T 06 68 37-1, T 06 68 37-299/-324 (Notaufnahme).

Apotheken
Apotheken haben normale Ladenschlusszeiten. Nacht- und Wochenenddienste hängen aus. Rund um die Uhr geöffnet ist die zentrale **Farmacia Piram Omeopatia,** Via Nazionale 228, T 06 488 44 37.

Informationsquellen

Von den Büros des staatlichen italienischen Fremdenverkehrsamts **ENIT** (www.enit.it) in Frankfurt, Berlin, Wien und Rom sind Auskünfte, Prospekte und Hotelverzeichnisse erhältlich.

Detailliertere Infos und Broschüren erhält man in Rom in den **Infopavillons P.I.T.,** die es vor allen großen Sehenswürdigkeiten sowie an den Flughäfen und am Bahnhof gibt (tgl. 9.30–19 Uhr). Adressliste: www.turismoroma.it/de/node/18692.

Im Internet
www.turismoroma.it (de.): umfassende Infos zu Unterkünften, Verkehr, Events, Museen und Sehenswürdigkeiten.
www.romatoday.it: aktuelle News und Veranstaltungsprogramm.

ROMA UNDERGROUND
»Wer das wahre Rom der Cäsaren entdecken will, muss unter die Stadt steigen«. Unter der Ägide passionierter junger Archäologen lernt man unbekannte Katakomben, unterirdische Basiliken und die Cloaca Maxima kennen. In Vorträgen und Kursen erfährt man von den neuesten Funden unter der Metro C, wie z. B. den Würfeln und Münzen, mit denen die Kolosseumsbesucher auf den Stufen gewettet haben (ital./engl., www.sotterraneidiroma.it).

www.thecarousel.it/concerti: Konzertinfos.
https://2night.it/roma: Überblick über das römische Nachtleben; Termine und Locations.
www.spottedbylocals.com/rome: Tipps von Insidern zu den neuesten Szenetreffs und Lokalen.
www.romartguide.it: Infos zu Veranstaltungen der Auslandsakademien in Rom.
www.ilgiornaledellemostre.com: Infos zu den wichtigsten Ausstellungen.
www.vatican.va: Die offizielle Website des Heiligen Stuhls zu aktuellen Ereignissen und Verlautbarungen des Papstes, zum liturgischen Kalender sowie zu den Vatikanischen Museen und Papstbasiliken.
www.pilgerzentrum.net: Bestellung von Karten für die Papstaudienz (kostenlos). Das Büro für deutschsprachige Pilger bei der Engelsbrücke gibt auch sonst gern praktische Auskünfte.

Apps
itTaxi: Für die Taxibestellung, vorab erfährt man den Fahrpreis. So wird man nicht Opfer von ›Umwegen‹.
Cooltra: E-Roller-Sharing, ideal für Kurzstrecken in der Stadt.

Moovit: Kürzeste Verbindungen, Fahrpläne und aktuelle Wartezeiten des öffentlichen Nahverkehrs (engl.).
I Nasoni di Roma: Die App zeigt an, wo der nächste Trinkwasserbrunnen steht.
Street Art Cities: Karte mit kurzen Infos zu den Künstlern und ihren Werken.
iDotto Rome Travel Guide: Audioguide und Touristenkarte, gut zur schnellen Orientierung (engl.).

Internetzugang

In Rom sind kostenlos zugängliche WLAN-/WiFi-Hotspots dicht gesät: Man findet sie in Museen, Lokalen, Hotels und in den Strandsiedlungen von Ostia; auch in Nahverkehrsmitteln surft man gratis. Übersicht der nächstgelegenen Hotspots und weitere Infos: https://selectra.net/internet/attualita/consigli/wifi-gratis-roma.

Kinder

Italiener lieben bekanntlich Kinder. Die Kleinen dürfen auch im Restaurant herumturnen und im Bus oder in der Metro wird ihnen sofort ein Platz freigemacht. Mit dem Kinderwagen durch Rom zu laufen, ist allerdings im Hinblick auf die Straßenverhältnisse anstrengend. Wer sich Zeit nimmt, kann dennoch einen schönen Familienurlaub in der Hauptstadt verbringen. Der **Bioparco** (Zoo, s. S. 189), die Parks mit ihren Spielplätzen, Ponyreiten und Gokart-Verleih etc., die Brunnen und Eisläden an jeder Ecke sind beliebte Attraktionen. Kinderbetten und -stühle und Kinderportionen sind in fast allen Unterkünften und Restaurants problemlos zu bekommen.
Speziell für Kinder: Traditionelles **Kasperle-Theater San Carlino** *(burattini)* auf dem Pincio (www.sancarlino.it); **Ludoteca Casina di Raffaello** (s. S. 189); **Technotown** in der Villa Torlonia (s. S. 217). In dem privaten, interaktiven **Kindermuseum Explora** (Via Flaminia 82, www.mdbr.it) führen Kunstpädagogen Kinder (4–11 J.) spielerisch an Wissenschaft, Technik und Kunst heran. Spielplätze gibt es nur in den großen Parks.
www.romadeibambini.it (Infos zu Veranstaltungen in Museen und Ausgrabungen)

Klima und Reisezeit

Rom ist ganzjährig reizvoll. Das Klima ist geprägt von trockenen, heißen Sommern, milden Wintern und niederschlagsreichen Zwischenjahreszeiten. Von der Temperatur am angenehmsten sind zweifellos Frühjahr und Herbst. Das hat sich herumgesprochen. Im Mai und Oktober wimmelt es von Schulklassen und Reisegruppen. Vermeiden Sie dann zumindest die Wochenenden. Im April wechseln sich warme und kühle, regnerische Tage ab. Vor Mai packen die Römer ihre Winterkleidung nicht weg. Juni und September sind meine Lieblingsmonate: nicht zu heiß, nicht zu voll. Im Juni duftet es nach Jasmin, man kann abends im Freien speisen und Streifzüge durch die beleuchtete Stadt unternehmen. Schon lange leert sich Rom im Sommer nicht mehr komplett, aber es zirkulieren weniger Touristen und Autos. Im Juli glüht der Asphalt, während die ers-

---

DRESSCODE

Rom ist nicht Miami Beach. Hotpants werden auf dem Forum allenfalls bei Teenagern toleriert. Im städtischen Ambiente sollte man keine Strandkleidung tragen, mögen auch die Temperaturen dazu einladen. Das gilt umso mehr für Kirchen, aber auch für Restaurants. Die Römer sind in dieser Hinsicht konventionell. Die richtige Kleidung am richtigen Ort!

| J | F | M | A | M | J | J | A | S | O | N | D |

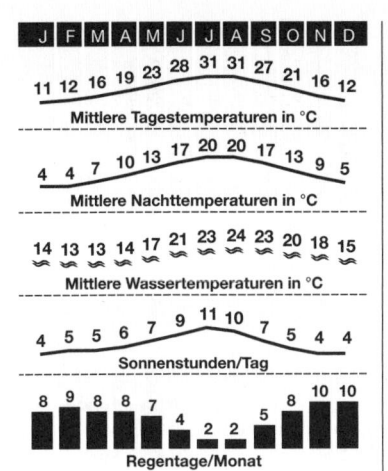

11 12 16 19 23 28 31 31 27 21 16 12
Mittlere Tagestemperaturen in °C

4 4 7 10 13 17 20 20 17 13 9 5
Mittlere Nachttemperaturen in °C

14 13 13 14 17 21 23 24 23 20 18 15
Mittlere Wassertemperaturen in °C

4 5 5 6 7 9 11 10 7 5 4 4
Sonnenstunden/Tag

8 9 8 8 7 4 2 2 5 8 10 10
Regentage/Monat

So ist das Wetter in Rom.

te Augusthälfte oft unangenehm schwül ist. Machen Sie es wie die Römer: Halten Sie in den heißen Mittagsstunden Siesta und ziehen Sie gegen 17 Uhr noch mal für Besichtigungen und zu Kulturevents los. Hitzeempfindlichen Menschen empfehle ich den touristenarmen Winter, der selten graue Tage hat.

Lesetipps

Rom. Eine Ekstase, Hanns-Josef Ortheil: Ein sinnlicher, sehr persönlicher Romführer des Schriftstellers, in dem auch Gaumenfreuden nicht zu kurz kommen. Sprachlich ein Genuss.
Heimreisen. Goethe, Italien und die Suche der Deutschen nach sich selbst, Golo Maurer: schwungvoll geschriebener historischer Rückblick auf die Rombegeisterung der Deutschen.
Rom, andere Stadt, Pier Paolo Pasolini: Pasolinis Liebeserklärung in Form von Erzählungen, Gedichten und Tagebuchnotizen an die »grande metropoli popolare« während des Wirtschaftsbooms und ihr poetischer Abgesang.
Neros Mütter, Birgit Schönau: Die Rehabilitierung von drei Frauen am Hof von Augustus bis Nero gibt Einblick in das römische Patriarchat.
Alltag im alten Rom: Das Leben in der Stadt, Karl-Wilhelm Weeber: Unvergänglicher Klassiker zum Alltagsleben in der römischen Antike.
Künstler und Kurtisanen. Wahre Geschichten aus dem päpstlichen Rom, Arne Karsten/Volker Reinhardt: Das Autorenduo entführt den Leser an den glanzvollen Papsthof des 16. bis 18. Jh., Zentrum des Christentums, gleichzeitig auch Hort von Intrigen und barocken Sinnesfreuden.
Überleben in Italien … ohne verheiratet, überfahren oder verhaftet zu werden, Beppe Severgnini: Der Journalist des »Corriere della Sera« lüftet bei einer Reise quer durch Italien das Rätsel, wie der Italiener von Nord nach Süd tickt. Auf äußerst witzige Weise werden Klischees bedient, aber auch paradoxe Verhaltensweisen tiefgründiger erforscht.
Caius, der Lausbub aus dem alten Rom, Henry Winterfeld: Beim Lesen der aus Kindersicht erzählten Detektivgeschichte, lernt der junge Leser nebenbei etwas über Kultur und Alltag im alten Rom.

RÜCKZUGSORT

Sie wollen am Laptop arbeiten oder lesen? Außer italienischer Belletristik und Lesungen bietet die **Biblioteca Casa delle Letterature** im ehemaligen Borromini-Oratorium WLAN, Ruhe und einen kleinen Garten (Bibliocard für 10 €, ein Jahr für alle städtischen Bibliotheken gültig, Piazza dell'Orologio 3, www.bibliotechediroma.it, Mo, Fr 10–18, Di–Do 10–19 Uhr).

262 Reiseplaner

Jan	Feb	Mär	Apr	Mai	Jun	Jul	Aug	Sep	Okt	Nov	Dez
Vorsaison		Nebensaison		Hauptsaison		Nebensaison			Hauptsaison	Nebensaison	Vorsaison

- Gut für den Besuch der Vatikanischen Museen und des Kolosseums (Jan–Feb)
- Viele Touristengruppen (Apr–Mai)
- Theater, Jazz, Freiluftkino, Tanz u.v.m. beim Kultursommer »Estate Romana« (Jun–Sep)
- Viele Touristengruppen (Sep–Okt)
- Ideal für Museen (Nov–Dez)
- Kälteste Monate (Jan–Feb)
- Regenzeit (Mär–Apr)
- Opernnächte in den Terme di Caracalla (Jul–Aug)
- Heiß und schwül (Jul–Aug)
- Regenzeit (Okt–Nov)
- Sportevents, u. a. Rom-Marathon (Mär–Mai)
- Badesaison, Shuttle zu den Naturstränden (Jun–Aug)
- Theater-, Opern- und Konzertsaison (Jan–Mai)
- Schlussverkauf (Jul)
- Günstig übernachten (Aug)
- Theater-, Opern- und Konzertsaison (Okt–Dez)
- VIP-Auflauf beim Rome Film Fest (Okt)
- Advent (Dez)
- Schlussverkauf (Jan)

- ○ **8.12.–6.1.** Weihnachtskrippen
- ○ **19.3.** San Giuseppe
- ○ **21.4.** Geburtstag von Rom
- ○ **März/April** Osterfest, Kreuzweg vor dem Colosseo am Karfreitag
- ○ **2.6.** Tag der Republik
- ○ **29.6.** Peter-und-Paul-Tag, Stadtpatronatsfest
- ○ **15.–29.7.** Festa de' Noantri in Trastevere
- ○ **15.8.** Ferragosto – Picknick am Meer
- ○ **25./26.12.** Weihnachten

Reisen mit Handicap

Rom ist im Gegensatz zum Vatikan keine behindertenfreundliche Stadt. Die für Menschen mit Handicap kostenlosen öffentlichen Verkehrsmittel sind nur eingeschränkt nutzbar. Nur wenige Metrostationen sind für Rollstuhlfahrer ausgestattet (https://romamobilita.it/en > Services > People with Disabilities). **Taxi für Rollstuhlfahrer:** T 06 35 70; **barrierefreie Hotels:** www.disabilinews.com > Approfondimenti > Viaggi & Turismo (nur auf Ital.). Begleiter von Personen mit Schwerbehindertenausweis haben freien Eintritt in Museen.

Reiseplanung

Stippvisiten
Rom auf die Schnelle – das ist ein Widerspruch. Wenn's denn sein muss: Starten Sie frühmorgens ins römische Leben mit einem cremigen Cappuccino und einem *cornetto* an einer der Bartheken, fahren Sie zum **Petersplatz**. Falls die Schlange nicht zu lang ist (vor 9 Uhr), drehen Sie eine Runde durch den Dom, lassen Sie die grandiose Kuppel auf sich wirken. Von dort laufen Sie zur **Engelsburg** und dann weiter zur **Piazza Navona** und dem **Pantheon**. In einer der Seitengassen rasten Sie bei *pasta* und *vino,* ein Eis von Giolitti gibt es als Nachtisch auf die Hand. Durchstreifen Sie das prächtige **Regierungsviertel**, eine Münze mit Schwung in den **Trevi-Brunnen** und dann weiter zur **Spanischen Treppe** und hoch auf den **Pincio**. Ein Kaffeepäuschen in der romantischen **Casina Valadier** über den Dächern der Altstadt. Metro A bringt Sie zur **Piazza Barberini**, wo Sie Bus 63 oder 80 zur **Piazza Venezia** nehmen. Vom benachbarten **Kapitol** haben Sie eine fantastische Aussicht auf das Forum und das Kolosseum. Spätestens hier sollte der Funke übergesprungen sein und Sie schwören, nach Rom zurückzukehren.

Abseits der Massen
Schlendern Sie durch Wohnviertel wie Testaccio oder Trieste. Suchen Sie die kleinen Stadtteilmärkte auf, beobachten Sie das morgendliche Treiben, wie sich die Menschen gestikulierend unterhalten, ihre Einkäufe tätigen oder Eltern, die ihre *bambini* in den Kindergarten bringen – häufig auf der Vespa. Wollen Sie Highlights wie den Trevi-Brunnen, den Petersdom oder das Kolosseum ohne Massen erleben, hilft nur eines: früh aufstehen. Sonntagvormittag hat man die Altstadtgassen, den Celio und den Aventin für sich allein, ideal für eine Spazierfahrt mit dem Rad oder dem Segway. Die Via dei Fori Imperiali ist dann voller Skater. Der Sonntag ist auch geeignet für eine Radtour über die Via Appia und durch den Parco della Caffarella, nicht jedoch für eine Fahrt an den Strand im Sommer. Das macht man besser unter der Woche.

Sicherheit und Notfälle

Das Zentrum von Rom ist sehr gut bewacht. Vor allen großen Denkmälern, Metrostationen und auf den Plätzen steht Militär. Dennoch sind nachts abgelegene, menschenleere und schlecht beleuchtete Gegenden wie Parks zu meiden. Gegen Taschendiebstähle in der Metro und den Bussen kann die Polizei nicht viel ausrichten. Faustregel: Überall, wo Gedränge herrscht (u. a. Rolltreppen, Schlangen vor Ticketschaltern, Trevi-Brunnen), sollten die Rucksäcke mit Wertsachen von den

DA GIBT'S KEIN HALTEN

Wundern Sie sich nicht, wenn Auto- oder Mopedfahrer über Zebrastreifen brettern. Wie schafft man es auf die andere Straßenseite? Setzen Sie sich höflich mit einem deutlichen Handzeichen durch.

Schultern genommen und Portemonnaies und Handys festgehalten werden, ebenso wie der Verschluss der Handtasche.

Diebstähle können Sie bei jeder Polizeistation anzeigen, wo mehrsprachige Formulare ausliegen. Wenn Ihnen der Ausweis abhandenkommt, benötigen Sie die gestempelte Anzeige für die Ausreise.

Notrufnummern
Polizei: 112
Sperrung von Handys, Bank- und Kreditkarten für Deutschland: +49 116 116; für Österreich und die Schweiz über die ausstellende Bank.
Diplomatische Vertretungen: Botschaft und Konsulat der Bundesrepublik Deutschland, Via San Martino della Battaglia 4, T 06 49 21 3-1, www.rom.diplo.de; Österreichische Botschaft, Via G. B. Pergolesi 3, T 06 844 01 41, www.bmeia.gv.at/botschaft/rom.html, Konsularabteilung: Viale Bruno Buozzi 111, T 06 841 82 12; Botschaft und Konsulat der Schweiz, Via Barnaba Oriani 61, T 06 80 95 71, www.eda.admin.ch (> Reisehinweise & Vertretungen).

Der Umwelt zuliebe – nachhaltig reisen

Bringen Sie eine Aluminiumflasche zum Auffüllen des Trinkwassers an Brunnen mit (s. S. 305; App: I Nasoni di Roma). Lassen Sie sich im Hotel nicht täglich die Handtücher wechseln (das gilt leider immer noch als guter Service) und dosieren Sie die Klimaanlage. Italien hat keine Atomkraftwerke (mehr) und kauft den Strom teuer vor allem in Frankreich ein. Stopfen Sie Müll nicht in überquellende Tonnen, er endet sonst beim nächsten Windstoß auf dem Boden. Sammeln Sie ihn zur Not und entsorgen Sie ihn, wo es möglich ist. Bioprodukte *(biologico)* gibt es auf allen Märkten und in den Filialen spezieller Ketten wie NaturaSì (www.naturasi.it).

Verkehrsmittel

Die Benutzung der Busse und der Metro funktioniert in Rom nach dem olympischen Prinzip: Dabei sein ist alles. Geduld und Humor sind hier gefordert. Die **Metro** ist das schnellste und am meisten benutzte Fortbewegungsmittel. Allerdings gibt es wegen der archäologischen Bestände bisher nur drei Linien, die die Altstadt auch nur am Rande berühren. Linea A und Linea B kreuzen sich bei der Stazione Termini. Sie fahren von 5.30 bis 23.30 Uhr im 3–8-Min.-Takt (Fr/Sa bis 1.30 Uhr). Die neue Linie C führt von Pantano im Osten bis nach San Giovanni. Die Verlängerung bis zum Kolosseum wird voraussichtlich 2025 abgeschlossen sein. Die sechs **Tramlinien** funktionieren im Allgemeinen gut.

Rom verfügt über ein dichtes **Busnetz**. Die Fahrt im dichten Verkehr durch die enge Altstadt ist zeitaufwendig und zuweilen anstrengend. Nur die Buslinie Esatta fährt zu den angegebenen Uhrzeiten, die übrigen Linien sind getaktet: Auf den Schildern an den Haltestellen steht

BILLIG UNTERWEGS SEIN **B**

Für 1,50 € gelangen Sie bis ans Meer nach Ostia. Das Einzelticket ist 100 Min. gültig. In dem Zeitraum können Sie kreuz und quer durch Rom fahren (nur eine Metrofahrt). Die Tageskarte (Roma 24 h) kostet 7 €, die Wochenkarte (C.I.S.) 24 €, die 3 Tage gültige Touristenkarte (Roma 72 h) 18 €. Kinder unter 10 Jahren fahren gratis. 2024 werden die Fahrpreise eventuell erhöht. Fahrscheine sind an Automaten der Metrostationen, an Kiosken und in Tabacchi erhältlich. Einzeltickets können auch in Bussen mit Kreditkarte gelöst werden oder über die App myCicero.

Neben den modernen Trams rattern noch ein paar historische durch die Stadt.

immer die Uhrzeit der ersten und der letzten Fahrt (ab Startpunkt). **Buspläne** gibt es nur online (https://atac.roma.it, https://moovit app.com, engl.). Auf den Websites finden Sie die schnellste Verbindung wie auch die Wartezeit bis zur Ankunft des Busses. Da die Fahrzeuge auf dem holprigen Pflaster schnell verschleißen, fallen Busse häufig aus. Kalkulieren Sie mehr Zeit ein.

Nachtbusse: Von 23.30 bis 5 Uhr verkehren die nachtblauen N-Buslinien mit festem Fahrplan.

Taxis

Autorisierte Taxis sind weiß, haben einen Gebührenzähler und einen Namen (z. B. Como 44). Die Taxitarife entsprechen ungefähr denen deutscher Großstädte (1,14–1,66 €/km). Die Grundgebühr beträgt 3 €, an So/Fei 45 € und nachts (22–6 Uhr) 7 €, bei Taxi-Ruf 4 €. Ab der fünften Person ist ein Zuschlag von 1 € zu zahlen, ein Gepäckstück ist frei, für jedes weitere (größer als 35 x 25 x 50cm) jeweils 1 €. Vorsicht vor den privaten schwarzen NCC-Taxis, die Touristen mit Vorliebe am Bahnhof und am Flughafen abfangen und am Ende der Fahrt exorbitante Summen verlangen.

Taxiruf: T 06 06 09

Stadtrundfahrten

Eine Panoramafahrt im offenen Doppeldecker ist bequem. Die Altstadtplätze sieht man allerdings nicht, sondern nur die Monumente am Rande wie das Kolosseum und den Circo Massimo. Er lohnt sich für eine Einzelfahrt (je nach Verkehr 1.15–1.45 Std.), nicht aber als Transportmittel für mehrere Tage (es werden 24- oder 48-Std.-Tickets Hop-on-Hop-off ab 18 € angepriesen). Alle Busse starten an der Stazione Termini (Piazza Cinquecento oder Largo di Villa Peretti). Zustieg auch unterwegs an ausgewiesenen Stopps möglich, man riskiert dann aber, keinen Sitzplatz auf dem Deck zu bekommen. Tickets im Bus oder in Kiosken am Bahnhof Termini.

LOHNT DER ROMA PASS?

Der Roma Pass (www.romapass.it) gewährt für einen bestimmten Zeitraum freie Fahrt mit dem ÖPNV und darüber hinaus freien Eintritt in eine bestimmte Anzahl von Museen/Monumenten. Er lohnt nur, wenn Sie die Verkehrsmittel intensiv nutzen und älter als 25 Jahre sind, denn 18- bis 25-Jährige zahlen in staatlichen Museen nur 2 € Eintritt. Der Roma Pass wird online gekauft und muss innerhalb von 24 Stunden bei bestimmten Infopoints abgeholt werden. In der Variante **72 hours** kostet er 52 € (72-Std.-Ticket für den ÖPNV und freier Eintritt in zwei Museen/Monumente, Rabatt für weitere); in der Variante **48 hours** kostet er 32 € (48-Std.-Ticket für den ÖPNV und freier Eintritt in ein Museum/Monument, Rabatt für weitere Museen/Monumente).

Sprachführer Italienisch

AUSSPRACHE

Allgemeines
In der Regel wird Italienisch so ausgesprochen wie geschrieben. Treffen zwei Vokale aufeinander, so werden beide einzeln gesprochen (z. B. E-uropa). Die Betonung liegt bei den meisten Wörtern auf der vorletzten Silbe. Liegt sie auf der letzten Silbe, wird ein Akzent verwendet (z. B. città, caffè).

Konsonanten
c vor a, o, u wie k, z. B. conto; vor e, i wie tsch, z. B. cinque
ch wie k, z. B. chiuso
ci vor a, o, u wie tsch, z. B. doccia
g vor e, i wie dsch, z. B. Germania
gi vor a, o, u wie dsch, z. B. spiaggia
gl wie ll in Brillant, z. B. taglia
gn wie gn in Kognak, z. B. bagno
h wird nicht gesprochen
s teils stimmhaft wie in Saal, z. B. museo; teils stimmlos wie in Haus, z. B. sinistra
sc vor a, o, u wie sk, z. B. scusi; vor e, i wie sch, z. B. scelta
sch wie sk, z. B. schiena
sci vor a, o, u wie sch, z. B. scienza
v wie w, z. B. venerdì
z teils wie ds, z. B. zero; teils wie ts, z. B. zitto

Allgemeines

Guten Morgen/Tag	Buongiorno
Guten Abend	Buonasera
Gute Nacht	Buonanotte
auf Wiedersehen	arrivederci
entschuldige(n Sie)	scusa (scusi)
hallo/grüß dich	salve/ciao
bitte	prego/per favore
danke	grazie
ja/nein	sì/no
Wie bitte?	come?/prego?

Unterwegs

Haltestelle	fermata
Bus/Auto	autobus/macchina
Ausfahrt/-gang	uscita
Tankstelle	stazione di servizio
rechts/links	a destra/a sinistra
geradeaus	diritto
Auskunft	informazione
Bahnhof/Flughafen	stazione/aeroporto
alle Richtungen	tutte le direzioni
Einbahnstraße	senso unico
Eingang	entrata
geöffnet	aperto/-a
geschlossen	chiuso/-a
Kirche/Museum	chiesa/museo
Strand/Brücke	spiaggia/ponte
Platz	piazza/posto

Zeit

Stunde/Tag	ora/giorno
Woche/Monat	settimana/mese
Jahr	anno
heute/gestern	oggi/ieri
morgen	domani
Montag	lunedì
Dienstag	martedì
Mittwoch	mercoledì
Donnerstag	giovedì
Freitag	venerdì
Samstag	sàbato
Sonntag	doménica

Notfall

Hilfe!	Soccorso!/Aiuto!
Polizei	polizia
Arzt/Zahnarzt	medico/dentista
Apotheke	farmacia
Krankenhaus	ospedale
Unfall	incidente

Sprachführer **267**

Schmerzen	dolori
Fieber	febbre
Panne	guasto

Übernachten

Hotel	albergo
Pension	pensione
Einzelzimmer	camera singola
Doppelzimmer	camera doppia
mit/ohne Bad	con/senza bagno
Toilette	bagno, gabinetto
Dusche	doccia
mit Frühstück	con prima colazione
Halbpension	mezza pensione
Gepäck	bagagli

Einkaufen

Geschäft/Markt	negozio/mercato
Bäckerei	panificio
Kreditkarte	carta di credito
Geld	soldi
Geldautomat	bancomat
Lebensmittel	alimentari
Größe	taglia
bezahlen	pagare

Zahlen

1	uno	18	diciotto
2	due	19	diciannove
3	tre	20	venti
4	quattro	21	ventuno
5	cinque	30	trenta
6	sei	40	quaranta
7	sette	50	cinquanta
8	otto	60	sessanta
9	nove	70	settanta
10	dieci	80	ottanta
11	undici	90	novanta
12	dodici	100	cento
13	tredici	101	centuno
14	quattordici	150	cento-cinquanta
15	quindici		
16	sedici	200	duecento
17	diciassette	1000	mille

WICHTIGE SÄTZE

Allgemeines

Sprechen Sie ... Deutsch/Englisch?	Parla ... tedesco/inglese?
Ich verstehe nicht.	Non capisco.
Ich spreche kein Italienisch.	Non parlo italiano.
Ich heiße ...	Mi chiamo ...
Wie heißt Du/ heißen Sie?	Come ti chiami/ si chiama?
Wie geht es Dir/Ihnen?	Come stai/sta?
Danke, gut.	Grazie, bene.

Unterwegs

Wo ist bitte ...?	Scusi, dov'è ...?
Könnten Sie mir bitte ... zeigen?	Mi potrebbe indicare ..., per favore?

Notfall

Können Sie mir bitte helfen?	Mi può aiutare, per favore?
Ich brauche einen Arzt.	Ho bisogno di un medico.
Hier tut es weh.	Mi fa male qui.

Übernachten

Haben Sie ein freies Zimmer?	C'è una camera libera?
Wie viel kostet das Zimmer pro Nacht?	Quanto costa la camera per notte?
Ich habe ein Zimmer bestellt.	Ho prenotato una camera.

Einkaufen

Wie viel kostet ...?	Quanto costa ...?
Wann öffnet/ schließt ...?	Quando apre/ chiude ...?

Im Restaurant

Die Speisekarte, bitte.	Il menu, per favore.
Die Rechnung, bitte.	Il conto, per favore.

Kulinarisches Lexikon

Allgemeines

antipasto/ primo piatto	Vorspeise
contorno	Beilagen
dessert/dolce	Nachspeise
lista dei vini	Weinkarte
menù del giorno	Tagesgericht
pepe/sale	Pfeffer/Salz
piatto principale	Hauptgericht
zucchero/saccarina	Zucker/Süßstoff

Zubereitung

alla griglia	gegrillt
allo spiedo	am Spieß
amabile/dolce	süß
arrostato/-a	geröstet
arrosto/-a	gebraten
bollito/-a	gekocht
caldo/-a/freddo/-a	warm/kalt
con/senza	mit/ohne
fritto/-a	gebacken
gratinato/-a	überbacken
stufato/-a	gedünstet

Vorspeisen und Suppen

antipasti del mare	Vorspeisenplatte mit Fisch/Meeresfrüchten
antipasti misti	gemischte Vorspeisen
bruschetta	geröstetes Weißbrot mit Knoblauch und Öl
carciofini sott'olio	Artischocken in Öl
crostini	geröstetes Brot mit diversen Belägen
fior di zucca farciti	gefüllte Zucchiniblüten
melanzane alla griglia	gegrillte Auberginen
pecorino	salzig-aromatischer Schafskäse
prosciutto cotto/ crudo	Schinken gekocht/ roh
stracciatella alla romana	Fleischbrühe mit Eierflöckchen
supplì alla romana	mit Mozzarella und Ragout gefüllte Reisbällchen
zucchini alla griglia	gegrillte Zucchini
zuppa di cozze	Miesmuscheln mit Knoblauch
zuppa di fave	Bohnensuppe

Primo Piatto (Erster Gang)

bucatini all'amatriciana	dünne Teigröhren mit scharfer Tomaten-Speck-Soße
gnocchi	Kartoffelklößchen
gnocchi alla romana	gebackene Grießklößchen
fettuccine alla romana	Bandnudeln mit Hühnerleber
spaghetti al tonno	Spaghetti mit Thunfischsoße
tagliatelle con prosciutto e piselli	Bandnudeln mit Schinken und Erbsen
tonnarelli cacio e pepe	Nudeln mit Käse und Pfeffer

Secondo Piatto (Zweiter Gang)

abbacchio alla romana	Lammragout mit Rosmarin und Knoblauch
baccalà alla romana	in Teig ausgebackener Stockfisch
coda alla vaccinara	in Sellerie geschmorter Ochsenschwanz
pajata	Kutteln vom Milchlamm
pollo alla cacciatora	Huhn mit Rosmarin und Knoblauch
porchetta	Spanferkel mit Salz und Gewürzen

salsicce	Würste
saltimbocca alla romana	Kalbsschnitzel mit Schinken u. Salbei
trippa	Rindskutteln

Fisch und Meeresfrüchte

aragosta	Hummer
cozza	Miesmuschel
gamberetto	Garnele
gambero	Krebs, Riesengarnele
orata	Dorade/Goldbrasse
pesce persico	Barsch
salmone	Lachs
seppia	Tintenfisch
sogliola	Seezunge

Fleisch und Geflügel

agnello	Lamm
anatra	Ente
capra	Ziege
cinghiale	Wildschwein
coniglio	Kaninchen
faraona	Perlhuhn
lepre	Hase
maiale/porco	Schwein
manzo	Rind
oca	Gans
pernice	Rebhuhn
pollo	Hähnchen
tacchino	Pute
vitello	Kalb

Gemüse und Beilagen

carciofi alla giudia	Artischocken nach jüdischer Art, in Öl gebraten
carciofi alla romana	Artischocken mit Minze, Petersilie und Knoblauch
cipolla	Zwiebel
fagioli/fave	Bohnen
funghi	Pilze
fungo porcino	Steinpilz
melanzana	Aubergine
melanzane ripiene	gefüllte Auberginen
patata	Kartoffel
peperonata	gedünstete Paprika
piselli alla romana	Erbsen mit Schinken
pomodoro	Tomate
porro	Lauch
puntarelle in salsa d'alici	Zichoriensalat mit Sardellensoße
riso	Reis
sedano	Sellerie
spinaci	Spinat
zucca	Kürbis
zucchine marinate	marinierte Zucchini

Nachspeisen und Obst

albicocca	Aprikose
anguria	Wassermelone
cantuccino	Mandelgebäck
cassata	Eisschnitte mit kandierten Früchten
fico	Feige
fragola	Erdbeere
lampone	Himbeere
macedonia	frischer Obstsalat
mela	Apfel
panna cotta	gekochte Sahnecreme
torta (di frutta)	(Obst-)Torte
zabaione	Eierschaumcreme
zuppa inglese	Löffelbiskuits mit Vanille und Schokocreme

Getränke

acqua (minerale)	(Mineral-)Wasser
… con gas/gassata	… mit Kohlensäure
… senza gas/liscia	… ohne Kohlensäure
birra (alla spina)	(Fass-)Bier
caffè (corretto)	Kaffee (mit Grappa)
ghiaccio	Eis
granita di caffè	Eiskaffee
latte	Milch
spumante	Sekt
succo	Saft
tè	Tee
vino bianco	Weißwein
vino rosso	Rotwein

Das

Magazin

Wartung des kolossalen Bronzekopfes von Konstantin im Konservatorenpalast: Zusammen mit der Hand und dem Globus gehörte er zu einer riesigen Statue.

Der Römer kann lässige Positionen beim Telefonieren einnehmen – auch mal rittlings auf der Renaissance-Balustrade des Kapitols. Und die ›baristi‹ hinter den Tresen haben oft eine witzige Bemerkung parat.

Take it scialla!

Urgestein mit Herz — Der Römer ist Individualist und Überlebenskünstler. Gegen die Widrigkeiten des Alltags hat er Blitzableiter: Humor und Fluchen sind wunderbar befreiend. Den Rest nimmt er mit Gelassenheit.

Alles Protagonisten – für Nebenrollen gibt sich der Römer nicht her! Schließlich ist man Bürger der schönsten Stadt der Welt. Man erkennt ihn am stolzen Gang, an seiner lauten Stimme und am Fahrstil – als ob er alleine auf der Straße wäre, immer geradeaus blickend, nie zur Seite oder etwa in den Rückspiegel.

Ihn zeichnen ein ungebrochenes Selbstbewusstsein aus, gepaart mit Selbstironie und einem hohen Grad an Anpassungsfähigkeit. Gewieft schlängelt er sich durch den Stadtdschungel, kämpft tapfer gegen Bestien wie Bürokratie, Schlaglöcher, kaputte Aufzüge und Busstreiks. Er flucht wie der Teufel, sein Zorn hält aber nie an. Am Schluss siegt der Humor. *Scialla* – alles bloß nicht so ernst nehmen!

Es ist eine über Jahrhunderte gewachsene Mentalität, die sich der *popolano* unter der Fuchtel von Papsttum und Adel zugelegt hat. Er sieht ein, dass Regeln notwendig sind. »Aber bitte nicht immer und überall«. Der Römer drängelt sich gern vor, wenn er es eilig hat. Und er findet stets einen Parkplatz, sei es auf dem Zebrastreifen oder in zweiter Reihe. Die Smarts sind in Rom so beliebt, weil sie prima auf den Gehweg passen, längs oder quer. Dafür hat der Hauptstadtbewohner ein großes Herz, Pfennigfuchserei ist ihm zuwider. Bezahlen *alla romana* heißt, die Summe am Tisch durch die Anzahl der Personen zu teilen.

Was dem Römer gesunder Individualismus ist, bezeichnen die Mailänder als *menefreghismo*, wörtlich ›Das-kratzt-mich-nicht-Mentalität‹. Aber was verstehen die strebsamen Lombarden schon von Geschichte. In Rom erzählt man von der Konkurrenz im Norden: »Seit dem Klimawandel sehen die Mailänder endlich, dass es in Mailand nichts zu sehen gibt – weil der Nebel fehlt!«

Seine Kunstschätze sind für den Römer das Maß aller Dinge, selbst wenn er nicht immer pfleglich damit umgeht. Er reist gern durch die Weltgeschichte, um dann festzustellen, und sei es vor dem Taj Mahal: »So ein Zirkus um die paar Steine. Die habe ich vor der Haustür …«

So gesellig und offen die Hauptstädter wirken, ein unangemeldeter Besuch zu Hause, nein, das geht gar nicht. Die *casa* ist der Rückzugsort, in dem man sich in Puschen und ausgeleierter Jogginghose vom *negotium* des Großstadtalltags erholt. Einblick in diese oft wenigen Quadratmeter Intimsphäre gewährt man nur Familienangehörigen und engen Freunden. Mit Bekannten und Kollegen trifft man sich lieber in der Pizzeria. Übrigens: Romano darf sich streng genommen nur derjenige nennen, dessen Familie seit mindestens sieben Generationen in Rom wohnt. Das mögen heute nur wenige Prozent sein. Doch die römische Mentalität lässt sich erlernen, meine Kinder sind der beste Beweis dafür. ∎

Der grüne Papst und sein Paukenschlag

Noch nie zuvor hat sich ein Papst — so deutlich zur Klimakrise geäußert. Franziskus sieht die Situation wie die jungen Klimaaktivisten: Ohne radikales Umdenken und Handeln kann der Wettlauf gegen die globale Erderwärmung nicht gewonnen werden.

Dass der Vatikan im Oktober 2022 dem Pariser Klimavertrag beigetreten ist, mag eher symbolische Bedeutung haben. Die Emissionen des Ministaates mit seinen wenigen Hundert Bewohnern sind kaum nennenswert. Davon abgesehen wird Nachhaltigkeit innerhalb der vatikanischen Mauern schon seit 2008 u. a. mit LED-Leuchten, Solarpaneelen, Photovoltaikanlagen und E-Autos praktisch umgesetzt.

Es gibt keine Alternative

Der Beitritt zum Klimaabkommen, das zu Null-Emissionen bis 2050 verpflichtet, ist vielmehr die Konsequenz einer politischen Linie, die mit Papst Franziskus' grüner Enzyklika »Laudato si'« ihren Paukenschlag hatte. Das Lehrschreiben geht hart mit der Klimapolitik und der Weltwirtschaftsordnung ins Gericht. Der Argentinier fordert nicht mehr nur einen schonenden, respektvollen Umgang mit der göttlichen Schöpfung wie seine Vorgänger, sondern ruft gleich den Klimanotstand aus: »Es ist fünf vor zwölf. Nur eine sofortige und radikale Wende in der Politik kann eine Katastrophe verhindern«.

Die Enzyklika erschien 2015 kurz vor der UN-Klimakonferenz in Paris, zu einem Zeitpunkt also, als die politische Debatte noch von Klimawandelleugnern wie Donald Trump beeinflusst war. Der Papst bekräftigt die wissenschaftliche These, wonach die globale Erwärmung und die damit verbundenen Umweltauswirkungen menschengemacht seien. Er verweist auf Prognosen der Wissenschaftler des Weltklimarats, wonach die Erderhitzung in wenigen Jahren Kipppunkte erreicht, die nicht mehr rückgängig zu machende Folgen auslösen werden.

Der Pontifex fordert den schrittweisen Ausstieg aus der Nutzung fossiler Energieträger, zu dem sich die EU-Länder nur schleppend nach den letzten Rekordhitzesommern durchringen können. Er prangert die Plastikvermüllung der Ozeane an, ebenso wie

Was den Klimawandel angeht und den Zusammenhang von Erderwärmung und sozialen Verwerfungen, sind sie einer Meinung: Papst Franziskus und Greta Thunberg.

das Artensterben, das Verschwinden von Biodiversität und die Ausbeutung der Ressourcen durch wenige reiche Industrienationen.

Umweltzerstörung fördert Armut

Franziskus' Kerngedanke geht jedoch noch weiter: Für ihn gehören die Bekämpfung von weltweiter Armut und Umweltzerstörung untrennbar zusammen. Er hat den Raubbau in seiner Heimat Argentinien und im Amazonasgebiet – der von Brandrodung bedrohten grünen Lunge der Erde – vor Augen. Die Konsequenzen der Erderwärmung träfen in erster Linie die Armen im globalen Süden. Bereits jetzt haben über zwei Milliarden Menschen keinen Zugang zu sauberem Trinkwasser und die Lebensumstände von einem Drittel der Menschheit sind von Wetterextremen und steigendem Meeresspiegel direkt betroffen (Weltklimabericht 2021).

Der Papst sieht als einzige Lösung einen Bewusstseinswandel und globalen Bildungsprozess, wobei den reichen Gesellschaften eine Führungsrolle zukomme.

Der Beitrag der Religion zur Umweltkrise

Die übliche Moralpredigt der Kirche mit dem Aufruf »unterlasst die Sünde« – ist es damit getan? Tatsächlich schwindet der Einfluss der katholischen Kirche in Europa und selbst ein erzkatholisches Land wie Polen hat nach dem Papstaufruf nicht etwa die Kohleverstromung aufgegeben. Andererseits ist das Kirchenoberhaupt immer noch eine gewisse moralische Instanz und hat zum Beispiel

Ginge es nach Franziskus, wären die ›valores‹, die christlichen Werte, auch im Hinblick auf Klima und Umwelt der Maßstab für das Handeln der Menschen (Mural von Mauro Pallotta).

auf die wachsenden Christengemeinden in Asien und Amerika auch noch einen direkten Einfluss.

Während konservative katholische Kreise vor allem in den USA Franziskus eine Einmischung in weltliche Belange vorwerfen, folgen immer mehr Christen dem Papstaufruf. Die wachsende Laudato-si'-Bewegung propagiert einen neuen Lebensstil, zu dem eine fleischarme Ernährung, Müllvermeidung und eine klimafreundliche Mobilität gehören. In Deutschland haben katholische Theologen und Wissenschaftler einen gemeinsamen Appell an die Bischöfe gerichtet, sich stärker für eine Wende in der Klimapolitik einzusetzen, »damit der fossile Irrweg schnellstmöglich gestoppt« werde. Ziviler Ungehorsam sei schließlich Bestand christlicher Praxis.

Mit dem Segen zur Blockade

Die Proteste und Störaktionen der Bewegung Letzte Generation sind stark umstritten und werden juristisch verfolgt. Doch das katholische Hilfswerk Misereor solidarisiert sich mit den Protestierenden und der Wiener Kardinal Christoph Schönborn hat »vollstes Verständnis für Menschen, die sich größte Sorgen machen«. Jesuitenpater Jörg Alt warnt davor, gewaltfreien Protest zu kriminalisieren.

Auch Papst Franziskus' Sympathie für die Klimaschützer ist kein Geheimnis. »Macht Lärm, verschafft euch Gehör!«, ermunterte er junge Aktivisten bei einer privaten Begegnung im Vatikan und erteilte ihnen seinen Segen für weitere bevorstehende Aktionen. »Ihr müsst es für Eure Zukunft und die Eurer Kinder tun«. ∎

MIT GUTEM BEISPIEL VORANGEHEN

In der ehemaligen päpstlichen Sommerresidenz von Castel Gandolfo entsteht die Öko-Uni Borgo Laudato si', ein Schulungszentrum für ganzheitliche Ökologie, Kreislaufwirtschaft und generative Wirtschaft. Ein paar Meter weiter produziert der Biobauernhof für den Papst und die Vatikan-Angestellten Milch, Käse, Eier und Olivenöl. Wein, Obst und Gemüse werden nach traditionellen Methoden ohne chemische Düngemittel angebaut. Es heißt, dass die 300 frei laufenden Hühner mit Überresten von hausgemachten Hostien gefüttert würden…

Juden in Rom

Eine unheilige Geschichte — Die uralte Gemeinde ist tief in Rom verwurzelt. Jahrhundertlang hing sie von der Gnade der Päpste ab, 300 Jahre wurde sie ins Ghetto gesperrt. Ihre neue Segregation hingegen scheint teils freiwillig gewählt.

Die jüdische Gemeinde von Rom ist fast so alt wie die Stadt selbst. Und sie ist älter als das Christentum. Das ist in Rom keine Binsenweisheit. Niemand in Rom strahlt mehr Geschichtsbewusstsein und mehr Verbundenheit mit der Stadt aus als die jüdischen Bewohner. »Wir sind die älteste Diaspora-Gemeinde im Westen, die heute noch besteht«, sagt meine Freundin Lia Tagliacozzo nicht ohne Stolz. »Wir haben eine eigene Musik- und Speisetradition, die der ursprünglichen des Tempels in Jerusalem am nächsten kommt.« Lia schreibt Kinder- und Jugendbücher, in denen sie von jüdischem Brauchtum und ihrer Familiengeschichte erzählt.

Es ist ein inneres Band, das die römischen Juden zusammenhält, gewoben aus dem Garn von 2200 Jahren Geschichte. Heute sind sie von den nichtjüdischen Römern äußerlich nicht zu unterscheiden. Außer der Kippa haben sie keine religiöse Abzeichen. Die Frauen tragen keine Perücken, die Männer keine Kaftane oder Schläfenlocken. Das ist die Tradition der jüngeren Aschkenasim aus Osteuropa.

Die älteste jüdische Gemeinde im Westen

In Trastevere siedelten spätestens ab 161 v. Chr. jüdische Händler und Handwerker aus Palästina. Hier durften sie Synagogen bauen und ihre Toten bestatten. Zur Zeit von Christi Geburt zählte die Gemeinde schätzungsweise 40 000 Mitglieder. Man nahm auf ihre Feiertage Rücksicht. Juden brauchten am Sabbat nicht vor Gericht zu erscheinen. Bis auf die Phasen während der Jüdischen Kriege genossen sie weitgehend Religionsfreiheit unter den Kaisern. Anfangs konnten sie ihre Rechte ins christliche Mittelalter retten. Das änderte sich mit den Kreuzzügen. Die Christen betrachteten nun außer den Muslimen auch die Juden als ihre Feinde. Der Vorwurf des Gottesmordes an Christus kam wieder hoch. 1215 schreibt Innozenz III. das Tragen des Judenhuts vor. Sie mussten zwei Volksfeste finanzieren und während des Karnevals halbnackt an entwürdigenden Rennen – zur Belustigung des Volkes – teilnehmen. Inzwischen war die Gemeinde von Trastevere auf die andere Flussseite, zum Marsfeld, umgezogen.

JÜDISCHES LICHTERFEST

Besonders stimmungsvoll ist Chanukka, das achttägige Lichterfest im Dezember. Jeden Abend wird eine weitere Kerze des riesigen achtarmigen Leuchters vor der Synagoge angezündet. Die Kinder erhalten Süßigkeiten und Geschenke und auf dem Platz wird ausgelassen getanzt.

Ach da ist ja noch der »treulose Jude«

Ihre Situation verschlechterte sich schlagartig während der Gegenreformation, als der Antijudaismus entflammte. Inquisitionspapst Paul IV. Caraffa entschied mit der Bulle »Cum nimis absurdum«, dass im gesamten Kirchenstaat die »treulosen« Juden segregiert zu leben hätten. Ihnen wurde jeglicher Kontakt zu Christen verboten, ihr Besitz konfisziert. Um ein 3 ha großes Quartier am Tiber zog man eine Mauer, bei Dämmerung wurden die Tore verriegelt. Juden mussten fortan eine Aufenthaltssteuer und sogar die Torwärter bezahlen. Der gelbe Hut oder Ring kennzeichnete sie tagsüber, wenn sie mit dem Handkarren voller Lumpen oder Altkram das ›Serail‹ verließen. Am Sabbat mussten sie an christlichen Messen teilnehmen. Nicht selten kam es zu Zwangstaufen.

Letztes Ghetto in Europa

Nach dem Ghetto von Venedig ist das Ghetto von Rom das zweitälteste in Europa und das letzte, das aufgelöst wurde (1870). Das war der eigentliche Skandal. Der Papst hat noch im 19. Jh. an der Isolierung der Juden festgehalten, ihre Befreiung durch napoleonische Truppen 1814 wieder rückgängig gemacht. Doch längst nicht alle Päpste waren den Juden feindlich gesonnen. Manche sorgten sich um ihren Schutz während der Karwoche, wenn radikale Christen Juden angriffen und ihre Wohnungen plünderten. Auch nahm Rom vertriebene Juden aus Spanien und den Reformationsländern auf. Es gab fünf verschiedene *scholae*, Synagogen mit römischem, sephardischem und askenasischem Ritus.

Die römischen Juden galten im Vergleich zu den venezianischen als ungebildet und arm. Der Geldverleih wurde von den Franziskanern erschwert. Im

Oben: Im Ghetto wird koscher gekocht, ein Mix aus römischen Rezepten und orientalischer Tradition.
Unten: An den Hauswänden sind jüdische Symbole angebracht.

19. Jh. lebten bis zu 10 000 Menschen im Ghetto eingepfercht. Ihre Befreiung erfolgte erst 1870 durch die Savoyer mit dem Ende des Kirchenstaats. Erstmals erhielten die Juden volle Bürgerrechte und einen italienischen Pass.

Von der Emanzipation zur erneuten Verfolgung

Die anschließende Assimilierung ging rasant, wie die Wahl des Juden Ernesto Nathan 1907 zum Bürgermeister von Rom zeigt. Die Zahl an jüdischen Intellektuellen und Künstlern überstieg bald die der Nichtjuden im Verhältnis. Die faschistischen Rassengesetze von 1938 grenzten jüdische Bürger erneut aus. Höhepunkt ihres Leidenswegs war die deutsche Besatzung 1943/44, als die SS 2091 von ihnen deportierte. Des traurigen Ereignisses wird jedes Jahr am 16. Oktober mit Lesungen und Veranstaltungen auf dem Platz vor dem Portico d'Ottavia gedacht, wo die Lastwagen warteten.

Eine Versöhnung mit der Kirche kam 1965 mit dem Zweiten Vatikanischen Konzil (»Nostra aetate«), das den Vorwurf des Gottesmordes an Christus tilgte. Es dauerte aber noch 21 Jahre, bis ein Papst erstmals den Fuß in die Synagoge setzte. Seit Johannes Paul II. ist der Besuch zum Ritual eines jeden Pontifex geworden. Doch hat die jahrhundertelange Segregation ihre Spuren in der Mentalität hinterlassen. Die römischen Juden sind eine intern äußerst solidarische Gemeinschaft, aber nach außen ziemlich verschlossen.

Der Frauen Weisheit ist nicht (nur) bei der Spindel

Rom blieb lange Zeit vom Reformjudentum unberührt. 2014 wurde schließlich die progressive Gemeinde Beth Hillel gegründet, ein Ableger der European Union of Progressive Judaism. Sie ist offen gegenüber Homosexualität, Mischehen, Verhütung und Frauenrabbinat. Das erste jüdische Homo-Paar Italiens wurde in Rom getraut. Noch hat die Gemeinde wenige Anhänger und der Rabbiner sitzt in Jerusalem. Auf politischer Ebene geht es mit der Emanzipation etwas schneller. Mit Ruth Dureghello wählte die alte Gemeinde 2015 erstmals eine Frau an ihre Spitze. Sie war bis Juni 2023 im Amt, vertrat allerdings sowohl politisch als auch religiös eine konservative Linie – wie die Mehrheit der Gemeinde, die sich die Loyalität zu Israel und seiner Regierung als wichtigstes Gebot auf ihre Fahnen geschrieben hat. Bei den letzten Parlamentswahlen 2022 unterstützte ein nicht unbedeutender Teil offen die islamfeindliche Lega-Partei.

Wieder aufkeimender Antisemitismus?

Die politische Ausrichtung der Gemeinde hat ein wenig ihre Isolierung begünstigt. Und es hat ihr weniger ›Spenden‹ eingebracht. Viele frühere nichtjüdische Sympathisanten der Gemeinde geben ihr nicht mehr die Mandatssteuer. Nicht zu unterschätzen ist der von der politischen Diskussion losgelöst zu betrachtende neue Antisemitismus. Dieser geht nicht von der islamischen, sondern von der rechtsradikalen italienischen Bevölkerung aus. Es gab Fälle von Grabschändungen, Stolpersteine wurden im Viertel Monti herausgerissen und jüdische Schüler angepöbelt. Aber Gabriele Coen, Saxophonist und Gründer der Klezmer-Band Klezroym, stellt wahrscheinlich richtig fest: »Eine gewisse feindliche Stimmung trifft irgendwie alle. Ich bin kein Befürworter der israelischen Regierung, bekomme aber trotzdem keine Aufträge mehr mit meiner Band. Klezmer will kaum einer mehr hören.« ∎

Unregierbare Hauptstadt

An der römischen Realität — haben sich schon viele Bürgermeister und eine Bürgermeisterin die Zähne ausgebissen. Ein zweites Mandat scheint unmöglich.

Als man dem beliebten urrömischen Schauspieler Alberto Sordi einmal vorschlug, für das Bürgermeisteramt zu kandidieren, antwortete er: »aber nur mit Mussolini-Vollmachten«. Das war vor mehr als 30 Jahren. Seitdem ist das Regieren in Rom nicht einfacher geworden. Die Römer sind Veränderungen gegenüber nicht aufgeschlossen, da diese stets Gewohnheitsrechte oder Privilegien einer Gruppe beschneiden. So muss der Bürgermeister nicht nur gegen Geschäftsleute und Taxifahrer kämpfen, die sich gegen ein 24-Stunden-Fahrverbot in der gesamten Altstadt stemmen, sondern auch gegen Berufstätige, die abends die Hauptachsen im Zentrum nutzen – diese sind nach 18 Uhr geöffnet –, um in ihr Wohnviertel am anderen Ende der Stadt zu gelangen. Der Protest kann dann auch schon mal in ein Fingerhakeln ausarten, wie 2015, als Verkehrspolizisten mit einer Massenkrankschreibung an Silvester Stadtvater Ignazio Marino den Krieg erklärten.

Reiche Stadt ohne Geld

Hinzu kommen Eigenheiten, die Rom unvergleichlich machen: das über 2000 Jahre alte enge, sternförmige Straßennetz, die weltweit größte Konzentration an geschützten Denkmälern und eine im Hinblick auf Dienstleistungen unterversorgte, dicht bevölkerte Peripherie, die während der Bevölkerungsexplosion in den 1960ern und 1970ern ohne Regeln entstanden ist. Die Schuldenlast von mindestens 12 Mrd. Euro und geringe Förderungsmöglichkeiten des ebenso verschuldeten Staates lassen nur wenig Liquidität in der Stadtkasse. Pandemie und Energiekrise haben den Sparzwang verstärkt. Dabei braucht Rom dringend

Rom braucht dringend Investitionen, strukturell und personell.

Bürgermeister Gualtieri hat steile Ziele: Rom soll bis zum Pilgerjubiläum 2025 fit werden. Hinzu kommt die Kandidatur für die Expo 2030.

Investitionen, strukturell und personell. Dem Besucher erscheint es paradox: auf der einen Seite der blühende, geldbringende Tourismus, auf der anderen Seite sanierungsbedürftige Straßen, kaputte Parkbänke und uralte Straßenbahnen.

Flop der Fünf-Sterne-Regierung

Zuletzt kläglich gescheitert ist in Rom Virginia Raggi, die erste Frau auf dem Kapitol. Die junge Rechtsanwältin von der Fünf-Sterne-Bewegung versteifte sich auf ideologische Positionen und wechselte in einem fort ihre Mitarbeiter aus. Kostbare Zeit ging verloren. Besonders angelastet wurde ihr, das Müllproblem nicht gelöst zu haben. Dies nahm 2013 mit der Zwangsschließung von Malagrotta, der größten offenen Mülldeponie Europas, seinen Anfang. Jahrzehntelang wurde der Hausmüll dort unaufbereitet hineingekippt. Die Straßen waren sauber und niemanden scherten die Umweltprobleme der Gemeinden rund um die Deponie. Aber die Stadt war nicht auf ein neues System vorbereitet. Es fehlten Sortier- sowie Aufbereitungs- und Verbrennungsanlagen und die Mülltrennung kam nur langsam in Gang. Auch nach zehn Jahren ist sie erst bei 46 Prozent (AMA 2022) angelangt. Die dringend notwendige Verbrennungsanlage wird nun von Raggis Nachfolger Roberto Gualtieri (Partito Democratico) gebaut, der seit 2021 sein Glück im Amt versucht.

Ökologischer Irrsinn

Rom produziert ca. 4700 Tonnen Müll täglich. Mehr als die Hälfte muss von rund 180 Lkws zu Entsorgungsanlagen in Norditalien, Deutschland, Schweden und anderen Ländern gekarrt werden. Die Emissionen und Kosten des Transports übertreffen bei Weitem die eines modernen Müllverbrennungsofens. Dennoch wollte Raggi keine solchen Öfen – wegen der »Luftverschmutzung«. Von der von ihr angestrebten Kreislaufwirtschaft ist Rom noch Lichtjahre entfernt.

Bislang gibt es keine gesetzlichen Anreize oder eine Reglementierung mit dem Ziel einer Reduzierung des Verpackungsmülls und vor allem kein Pfand für Glas- und Plastikflaschen. Die Kaufgewohnheiten der Städter haben sich verändert. Immer öfter kaufen sie Obst, Gemüse und Fleisch in Styroporschalen eingeschweißt im Supermarkt statt unverpackt auf den Märkten. Ein weiteres Problem sind die Mülltonnen. Die Anwohner stellen die Säcke vor den klapprigen Behältern ab, wenn diese voll sind oder nicht durch die engen Öffnungen passen. Möwen, die von den leer gefischten Küsten in die Stadt umgesiedelt sind, öffnen dann nachts die Säcke und zerpflücken den Inhalt. Die Tonnen reichen zudem bei Weitem nicht aus, viele sind kaputt. Und dabei hat Rom nach Neapel die höchsten Müllgebühren Italiens. Es fehlen Container für Altglas und in manchen Vierteln sind die Mülltonnen schon vormittags randvoll mit den sperrigen Kartons und dem Abfall der Restaurants und Händler, obwohl diese einen eigenen Abholservice haben und bezahlen.

Die Ineffizienz des städtischen Müllunternehmens Azienda Municipale Ambiente, kurz AMA, wird durch die Undiszipliniertheit eines kleinen Teils der Bürger noch verschärft. Ein Blick in Blogs wie www.romafaschifo.com/ (Roma fa schifo – Rom ist ätzend) enthüllt die Empörung der zivilen Stadtbewohner, aber auch deren Humor: Man könne doch mit dem Abfall die vielen Schlaglöcher ausbessern, lautet ein Vorschlag.

Grünste Stadt Europas – aber ohne Gärtner

Rom gehört zu den Top Ten der grünsten Metropolen der Welt. 37,5 % des Stadtgebiets werden von Vegetation eingenommen. Auf jeden Einwohner kommen 167 m² Grünfläche. Das ist vor allem den Päpsten und Kardinälen zu verdanken, die mit Lustvillen um die Stadtmauer die antike Villenkultur und Landschaftsgestaltung wiederbelebten. Villa Borghese, Villa Doria Pamphilj, Villa Ada und Villa Torlonia, um nur die wichtigsten zu nennen, machen Rom zu einer lebenswerten Metropole. Sie sind Naherholungsgebiete für die 3 Mio. Bürger, von denen viele in engen Wohnungen leben.

Das Paradox: Für 44 000 ha Grünfläche und rund 330 000 Bäume stehen nur 180 Gärtner zur Verfügung. Die Bäume entlang der Straßen, darunter viele mehr als hundertjährige Platanen und Pinien, müssten regelmäßig geschnitten und gepflegt werden. Schief gewachsene Stämme, Wurzelfäule oder Parasiten können die Riesen umstürzen lassen – auch auf Autos oder Schulgebäude. Es gilt, die Verbreitung der verheerenden nordamerikanischen Schildlaus unter den Pinien aufzuhalten oder einfach nur das Gras in den Parks zu schneiden und die Wegränder vom Unkraut zu befreien.

Seit dem 2014 aufgeflogenen Bestechungsskandal ›Mafia Capitale‹, in den Gärtnerei-Kooperativen verwickelt waren, hat die Stadt kaum mehr in ihre Grünanlagen und in Fachpersonal investiert. Bürgermeister Gualtieri will den Personalbestand der Stadtgärtner nun wieder aufstocken, was schon seine Vorgängerin versprochen hatte. Außerdem hat er zusätzlich 69 Mio. Euro für die Instandsetzung von besonders verwilderten Grünflächen sowie von Spielplätzen und Trimm-dich-Pfaden bereitgestellt (2023 insgesamt 119 Mio. für die Grünanlagen). Die Bürger können online dringende Arbeiten in ihrem Viertel an eine Taskforce melden. Ohne Synergie wird es nicht gehen. ■

Achterbahnfahrt

Das Ausland hat Mühe — die rasanten Entwicklungen auf Italiens Politbühne zu verstehen. Nach dem Auf- und Abstieg der populistischen Fünf-Sterne-Bewegung sind nun die postfaschistischen Fratelli d'Italia mit Giorgia Meloni an der Spitze das nächste Produkt im Regal des Parteien-Supermarktes, das die Bürger testen.

Europa hält den Atem an. Auf die Regierung des angesehenen Zentralbankers Mario Draghi folgt im Oktober 2022 Giorgia Meloni mit ihrer postfaschistischen Partei Fratelli d'Italia (Brüder Italiens). Der plötzliche Rechtsruck der Italiener macht Brüssel Sorge. Mit Argusaugen verfolgt die EU die Schritte der neuen Regierungschefin, die nach der Wahl angekündigt hat: »Der Spaß ist vorbei. Auch Italien wird anfangen, seine nationalen Interessen wahrzunehmen«.

Was erwartet Europa?

Als drittstärkste EU-Wirtschaftsmacht und wichtigster Handelspartner Deutschlands ist Italien (zum Glück) in ein europäisches Korsett geschnürt. Vor allem ist es abhängig von europäischen Finanzmitteln. Weil Italiens Wirtschaft besonders hart von der Coronapandemie betroffen war, bekam das tief verschuldete Euroland mit 191 Mrd. Euro die meisten Gelder aus den Corona-Wiederaufbaufonds, von denen ein gutes Drittel nicht zurückzuzahlende Zuschüsse sind. Diese unterliegen spezifischen Auflagen und Zielen wie Ausbau der Digitalisierung und ökologische Transition. Dass die EU-Kommission die dritte Rate wegen »massiver Verzögerung der italienischen Behörden« aufgeschoben hat, demonstriert einmal, wer am längeren Hebel sitzt, offenbart aber auch mangelnde Kompetenz von Melonis Gefolgsleuten in den Ministerien. Viele der eingereichten Projekte existierten nur auf dem Papier. Die Opposition kritisiert das Fehlen von Investitionen in das entkräftete Gesundheitswesen.

Italiens Staatsverschuldung von 145 % (2023) kann nur durch Wirtschaftswachstum abgetragen werden. Meloni muss die Vorgaben einhalten, denn die Zukunft ihrer Regierung wird auch von

»ANTI-MELONI«

Queer, progressiv und ökologisch – das Gegenbild zu Giorgia Meloni ist die leidenschaftliche Aktivistin Elly Schlein (geb. 1985). Die neue Vorsitzende des Partito Democratico will die Sozialdemokraten aus ihrer Identitätskrise holen und vor allem Oppositionsarbeit betreiben. Die Professorentochter mit drei Pässen und Erfahrung im Wahlkampf von Barack Obama ist das andere, das weltoffene Gesicht Italiens. Sie fordert Mindestlohn, Vermögenssteuer und eine grünere Wirtschaft.

der Umsetzung des Wiederaufbauplans abhängen.

Die Wähler der neuen Rechten

Innenpolitisch hat Giorgia Meloni freiere Hand, denn ihre Mitte-Rechts-Koalition (Lega, Forza Italia u. a.) ist bisher gefestigt. 2018 nur knapp über 4 % liegend, schnellte ihre Partei während der Coronapandemie auf 26 % hoch. Damit ist bereits viel gesagt: Meloni schöpfte bei den Schichten ab, die am stärksten von den gesellschaftlichen Auswirkungen der durch die Pandemie verschärften Wirtschaftskrise betroffen sind: Arbeiter und Gewerbetreibende, Modernisierungsverlierer. Es ist kaum Jugend darunter, dafür ist die Altersklasse der Männer zwischen 55 und 65 Jahre überproportional vertreten. Der gewaltige Stimmenzuwachs von 22 % erklärt sich aber nur mit der Abwerbung von Lega-Wählern, die offenbar des bulligen Parteivorsitzenden Matteo Salvini überdrüssig geworden sind.

Die neue Wählerschaft der ›Brüder Italiens‹ rückt also mehr in Richtung Zentrum und sie ist weniger radikal als die Partei selbst, die sich als homophob, ausländerfeindlich und souveränistisch klassifiziert. Die öffentliche Wahrnehmung verortet ihren Slogan »Gott, Vaterland und Familie« eher in der Tradition der bürgerlichen katholischen Konservativen als im Faschismus, obgleich Meloni ohne Schamesröte die lodernde Flamme auf dem Sarg Mussolinis im Parteilogo trägt und sich nie

Das Sinken des Lebensstandards hat neue Wutbürger auf die Straßen getrieben. Rechte Lega-Anhänger protestieren vor allem gegen die Steuerlast.

öffentlich vom Faschismus distanziert hat. Die katholische Karte ist eine geschickte Strategie, da diese nostalgisch mit der vordigitalen Welt- und Gesellschaftsordnung assoziiert wird. Dass Meloni selbst ohne Trauschein mit einem Mann zusammenlebt und ein Kind hat, wird nicht als Widerspruch, sondern als ›emanzipatorisch‹ ausgelegt.

Traum vom reinrassigen Italiener

Die gebürtige Römerin trat bereits mit 15 Jahren der Jugendorganisation des neofaschistischen Movimento Sociale Italiano bei. Kühn boxte sie sich an chauvinistischen Kollegen vorbei und wurde 2014 Vorsitzende der 2012 neu gegründeten Partei Fratelli d'Italia. Das Gesicht der neuen Rechten ist eine eigene Mischung aus moderner Mutter, Karrierefrau und Vertreterin veralteter kleinbürgerlicher, völkischer Ideen.

Meloni lehnt Homoehen ab, sie will gleichgeschlechtlichen Paaren das Adoptionsrecht aberkennen und das Abtreibungsrecht neu diskutieren. Sie ist gegen ›Mischkulturen‹ und sieht die Migration als Bedrohung für die italienische ›Rasse‹ und Kultur. Den Fachkräftemangel will sie mit italienischstämmigen Migranten aus Südamerika decken. Sie verlangt eine Seeblockade gegen die Flüchtlingsboote aus Afrika. Viele ihrer Wähler teilen zwar nicht ihren Fremdenhass, betrachten jedoch die in den Städten gestrandeten Flüchtlinge als ein Sicherheitsproblem. Für nicht genehmigte Rave-Partys droht nun Gefängnis. Dafür wurde das ›Bürgergeld‹, eine Art Hartz IV, das existentiell für die von Arbeitslosigkeit betroffenen Menschen im Süden ist, stark reduziert und die Vergaberegeln von öffentlichen Aufträgen derart gelockert, dass die Staatsanwaltschaft eine neue Korruptionswelle wittert.

Warum die häufigen Regierungswechsel?

Mit Giorgia Meloni wurde die 68. Regierung der Nachkriegszeit vereidigt. Eine Legislatur dauert in Italien fünf Jahre, im Schnitt endet ein Kabinett jedoch bereits nach weniger als 15 Monaten. Schuld ist die politische Streitkultur, aber auch die in der Verfassung vorgesehene schwache Position des Premierministers, die eine Alleinherrschaft wie die im Faschismus ausschließen soll. Gesetze müssen in beiden Kammern abgesegnet werden, was jede Reform langwierig macht. Scheitert der Premier, versucht der Staatspräsident gewöhnlich Neuwahlen zu verhindern. Die seit 2012 immer mehr zersplitternde Parteienlandschaft macht jedoch Absprachen schwieriger. Mit der ›postideologischen‹ Fünf-Sterne-Bewegung, von 2013 bis 2022 stärkste Kraft, wurden die Regierungen, insbesondere die Mitte-Links-Koalitionen, noch kurzlebiger.

Tendenz zu populistischen Führern

Ausgerechnet der skandalumwitterte Silvio Berlusconi geht als der Premier mit der längsten Amtszeit in die Annalen ein. Seine Fähigkeit, Verbündete im Zaum zu halten und für seine Interessen einzuspannen, wenngleich mithilfe eines Klientelsystems, wurde allgemein bewundert. Seine Wahlgeschenke finanzierte er mit dubiosen Steueramnestien und auf Kosten von Neuverschuldung. In Italien ist der Erfolg einer Partei stärker an die Person und weniger an ein Programm gebunden, weil strukturelle Reformen schwer durchzusetzen sind. Der Durchschnittsbürger sieht daher die ersehnte Stabilität am ehesten durch einen starken, charismatischen Mann – oder eine Frau – gewährleistet. Seine Gunst kann aber auch schnell ein Ende haben, wie der Fall Matteo Salvini zeigt. ∎

Youth Drain

Ein Exodus von Jungakademikern ist im Gange — Viele italienische Studierende sehen ihre einzige Zukunft im Ausland. Das Land zu verlassen, ist eine Entscheidung, die mit großen Opfern verbunden ist, findet Gabriele, Erasmus-Stipendiat.

»Straf-vollzugs-anstalt«. Ein Zungenbrecher. Wieso hängen die Deutschen drei Substantive aneinander? Und wo muss das ›s‹ hin? Anfangs war es für Gabriele schwierig, den Juravorlesungen zu folgen. Er hatte nur einen sechsmonatigen Deutsch-Crashkurs absolviert, nachdem er die Zusage für ein Erasmus-Stipendium an der Universität Mainz bekam. Jetzt spricht er schon ganz gut. Er will das Maximum aus dem Studienaufenthalt herausholen. Das erwarten seine Eltern von ihm.

»Ich hätte gerne ein Gap Year eingelegt nach den 13 Schuljahren, um mich zu orientieren«, erzählt der 22-jährige Römer. Er hat in allen Fächern Abitur ablegen müssen, eine ziemliche Paukerei, dazu im brütend heißen Juli. Aber der Vater, Jurist in einer Versicherung, machte Druck. »Er wollte, dass ich möglichst schnell studiere und mir dann einen Job suche.« Die Jugendarbeitslosigkeit beträgt in Rom 25 %, landesweit sogar 33 %. Das bereitet den Eltern Sorge.

Gabriele ist einer von 38 000 italienischen Erasmus-Studenten 2018/19, die mit einem Auslandsjahr ihre Chancen auf dem Arbeitsmarkt erhöhen wollen. Sie treibt weniger die Lust auf persönliche Erfahrungen an als die Jagd auf Pluspunkte für den Lebenslauf. Gabriele weiß noch nicht, was er nach dem Examen machen wird. Er optiert eher für die freie Wirtschaft, da sind die Chancen größer. »Am liebsten würde ich in Rom leben, denn hier sind meine Freunde und Familie. Aber selbst in Rom ist es ohne Beziehungen schwierig, eine Praktikumsstelle zu finden. Die antworten ja nicht einmal auf die Bewerbungsschreiben. In Milano oder Bologna ist es besser.«

Berufsanfänger werden in der Probezeit oft nicht bezahlt, obwohl selbst Praktikanten in der Ausbildung gesetzlich 400 Euro monatlich zustehen. »Aber kaum einer bekommt diesen Betrag. Oder er darf wie mein Bruder 50 Stunden die Woche dafür schuften«. Ihn hält die Hoffnung, irgendwann in dem Architekturbüro übernommen zu werden.

Jugend ohne Träume

Seit 2008 hat sich die Jugendarbeitslosigkeit verdoppelt. Italien, immerhin drittstärkste Wirtschaftsmacht in der EU, traf die globale Finanzkrise härter als die Nachbarn. Aber Schuld haben auch die Regierungen. Die haben sich mehr um die Renten gekümmert als darum, die Jugend in der Wirtschaft unterzubringen. Die duale Ausbildung steckt noch in den Kinderschuhen, Praktikanten werden als Billigkräfte ausgenutzt. Wer einen Vertrag unterzeichnet, jubelt meist nur für kurze Zeit. 62 % der Arbeitsverträge für 25-Jährige waren 2017 befristet. Sie speisen das Becken der insgesamt 9,4 Mio. ›precari‹, der Italiener ohne feste Verträge. Wenn das die Zukunft ist, wer bezahlt dann die Renten der Alten?

Das Sozialversicherungsinstitut INPS sieht ab 2030 große Probleme auf Italien zukommen. Die Arbeitsmarktreform hat Flexibilität für die schwächelnden Betriebe eingeführt, aber gleichzeitig einer ganzen Generation die Hoffnung auf einen gesicherten Lebensstandard geraubt. Die jungen Leute wissen nicht einmal, ob sie in einer Stadt bleiben, ob und wie lange sie ihre Miete zahlen können. Demografen führen die Heiratsunlust und den rapiden Geburtenrückgang (2018: –4 %) auf dieses Phänomen zurück. 81 % der Männer zwischen 25 und 34 Jahren sind ledig. Sie bleiben Nesthocker, leben vom Ersparten der Eltern, das diese dank Kündigungsschutz und unbefristeter Arbeitsverträge anhäufen konnten.

Die Besten emigrieren

Immer mehr sehen in der Emigration die einzige Alternative. Laut dem Forschungsinstitut für Migration Idos sind 2017 285 000 Italiener ausgewandert, vor allem nach England, Frankreich und Deutschland. Das entspricht fast den Exoduszahlen der 1950er-Jahre. Mit einem Unterschied: Heute wandern Akademiker aus, nicht ungelernte Arbeiter. 64 % können ein Abitur oder ein Hochschulstudium vorweisen. Man spricht von ›Brain Drain‹, weil viele junge talentierte Wissenschaftler darunter sind. Einsparungen in Forschung und Lehre zwingen sie, an ausländische Universitäten und Forschungszentren zu gehen.

Gabriele hat keine derartigen Ambitionen. Er will nur einfach in seinem Fach arbeiten und einigermaßen dafür bezahlt werden. Und was ist mit Mainz? »Also, diese Erfahrung ist toll. In Deutschland ist alles einfach. Ich muss nicht eine halbe Stunde vorher in den Hörsaal, um einen Sitzplatz zu bekommen. Und die Professoren sind nicht so abgehoben, sind präsent. Jeder, der will, findet hier eine Arbeit.« Seine deutschen Kommilitonen haben nicht dieselben Zukunftsängste. Aber er fühlt sich auch sehr fremd. »Es ist schwer, mit den Deutschen warm zu werden. Jeder ist hier für sich. Und das Essen ist schlecht – bis auf das Bier«, lacht er. Von wegen *mammoni*, Muttersöhnchen. Das sind die italienischen Jungs schon lange nicht mehr. Gabriele und der Tunesier Malek sind im Studentenwohnheim die Einzigen, die kochen können. Abends schleichen die anderen Studenten in der Gemeinschaftsküche um ihre Töpfe. ∎

(AUS-)BILDUNG KOSTET B

Eltern müssen die Schulbücher bezahlen sowie Studiengebühren für die staatlichen Hochschulen, je nach Einkommen ca. 550 bis 3500 € pro Jahr. Ausgenommen sind nur Studenten mit Abi-Bestnote. Es gibt kein Bafög und Studentenwohnheime sind rar. Für ein privates WG-Zimmer in Rom zahlt man 400 bis 600 €. Außer den hohen Kosten mögen das lernintensive, verschulte System und die schlechte Bezahlung von Universitätsabgängern erklären, warum nur 29 % der Italiener zwischen 25 und 34 Jahren einen Uniabschluss hat (zum Vergleich: EU 41 %, Eurostat 2021).

Das zählt

Zahlen sind schnell überlesen — aber sie können die Augen öffnen. Nehmen Sie sich Zeit für ein paar überraschende Einblicke. Und lesen Sie, was in Rom zählt.

24

Euro bezahlte Gucci toskanischen Betrieben 2014 für das Zusammennähen einer Handtasche, die im Laden zwischen 800 und 900 Euro kostet.

7

Könige haben Rom in der Frühzeit regiert. 9. ›König von Rom‹ (neben Fußballer Francesco Totti als 8. König) ist Manlio Cerroni, Besitzer von Malagrotta, der größten Müllhalde der Europäischen Union. Zu Spottpreisen entsorgte er jahrzehntelang den Müll der Römer. Das war bequem – bis eine Verseuchung des Grundwassers festgestellt wurde.

110.000

Studierende zählt die 700 Jahre alte Università degli Studi di Roma, kurz La Sapienza genannt. Damit ist sie die größte Universität Europas. Mit den anderen drei staatlichen und den vielen privaten Universitäten hat Rom sogar mehr als 200 000 Studierende.

60

Millionen Besucher konnte das Kolosseum in zehn Jahren verbuchen. Damit steht es in der Liste der weltweit am häufigsten besuchten Monumente an vierter Stelle. Übertroffen wurde es nur vom Louvre in Paris, der Großen Mauer in China und dem Nationalmuseum in Peking.

79

Regentage zählt Rom durchschnittlich pro Jahr. Damit ist die Wahrscheinlichkeit, Italiens Hauptstadt bei Regenwetter zu erleben, recht gering. Allerdings sind Regenfälle im Herbst oft sintflutartig.

300.000

Kilowattstunden Strom jährlich erzeugt die erste Photovoltaik-Anlage Italiens auf dem Dach der Audienzhalle, ein Geschenk von Solarworld. Für ca. 85 Prozent Energieeinsparung sorgen außerdem 100 000 Leuchtdioden im Petersdom. Der Vatikan rückt damit an die Spitze des grünen Fortschritts – ganz im Sinne der Umwelt-Enzyklika von Papst Franziskus.

950

Kirchen ungefähr soll es in Rom geben. Die genaue Zahl ist nicht bekannt. In jedem Fall ist Rom weltweit die Stadt mit den meisten christlichen Gotteshäusern. Oft stehen sie nicht frei, sondern verstecken sich in Häuserzeilen.

2.137.000

Private Kraftfahrzeuge sind in Rom zugelassen. 387 000 davon sind Motorräder. 629 Fahrzeuge kommen auf 1000 Einwohner. Aber die Shared Mobility wächst: Derzeit können in Rom rund 22 700 Räder, Roller und Scooter ausgeliehen werden.

3

Postämter gibt es auf dem Petersplatz. Noch immer reisen Briefe mit der Vatikanischen Post schneller als mit der italienischen.

15.500

Pizzerien gibt es in Rom und Umgebung. Damit übertrifft Rom die Geburtsstadt der Pizza Neapel (8200 Pizzerien) deutlich.

23

Prozent der Gebärenden im römischen Krankenhaus Fatebenefratelli (über 3500 Geburten im Jahr) sind über 40. Damit schlägt Rom den Landesdurchschnitt der Spätgebärenden (9,3 Prozent) um Längen. Die Italienerinnen sind die ältesten Mütter in Europa (31,7 Jahre beim ersten Kind; zum Vergleich: Deutschland 29,4 Jahre; Stand: 2017).

104.000

Flüchtlinge landeten 2022 in Italien, das außerdem 170 000 Ukrainer aufgenommen hat (Deutschland 1,2 Mio., davon 1 Mio. Ukrainer). Die Meloni-Regierung rief den Notstand aus und forderte eine Umverteilung der Flüchtlinge innerhalb der EU.

63

ist der Platz Italiens auf dem Global Gender Gap Index 2022. Deutschland rangiert auf dem 10., die Schweiz auf dem 13. und Österreich auf dem 21. Platz.

100.000

Muslime leben im Großraum Rom. Die meisten stammen aus Marokko und Albanien und gelten als integriert. Verschleierte Frauen sind im Stadtbild eher selten. Eine wachsende Gemeinde bilden die Muslime aus Bangladesch, die in der Gastronomie arbeiten. Ihre Frauen leben oft segregiert.

800

Handwerksstätten und historische Läden hat Rom, davon sind 211 über 70 Jahre alt. Eine stolze Zahl. Aber: 1991 waren es noch 5000! Die Pandemie war der Todesstoß für viele Schreiner, Vergolder, Geigenbauer und Drucker.

Wo liegt die Schallgrenze?

Massentourismus in der Sixtina

— kann das auf Dauer gutgehen? Wie können die Fresken für zukünftige Generationen erhalten werden und wo bleibt der Kunstgenuss? Kunsthistoriker Arnold Nesselrath äußert sich kritisch.

Die letzte umfassende Restaurierung der Sixtinischen Kapelle liegt gut 20 Jahre zurück. Seitdem ist der Besucherstrom in den Vatikanischen Museen stetig gestiegen. 2017 wurde – mit gewissem Stolz – die 6-Mio.-Marke erreicht. Und dabei wird es nicht bleiben. Das erweiterte Besichtigungsangebot der neuen Museumsdirektion wird zukünftig noch mehr Besucher anlocken. Die 540 m² kleine Kapelle muss zwischen 14 und 17 Stunden täglich – abzüglich der Sonn- und Feiertage – den Staub, die Ausdünstungen und Hitze von durchschnittlich 27 000 Besuchern ertragen. Dabei hilft seit 2014 eine neue Belüftungs- und Klimaanlage, die den Feinstaub besser filtert und die Ablagerungen und die Kondensbildung auf den Fresken durch Luftzirkulation und Kühlung mindert. Eine neue LED-Beleuchtung imitiert das durch die Fenster einfallende Tageslicht. Sie lässt nicht nur die farbenprächtigen Michelangelo-Fresken leuchten, sie ist auch eine geringere Wärmequelle verglichen mit den früheren Strahlern.

Professor Arnold Nesselrath hat die Restaurierungen wie auch die Einrichtung dieser Anlagen betreut. Für ihn stellt sich jedoch nicht allein die technische Frage der Konservierung der

Die komplett ausgemalte Sixtina schlägt jeden Besucher in ihren Bann. Die Menschenmassen schmälern jedoch den Kunstgenuss des Einzelnen.

Kunstwerke für zukünftige Generationen. Er kritisiert eine fortschreitende Vermarktung und Sinnentleerung von Kunst.

Prof. Dr. Arnold Nesselrath leitete von 1995 bis 2017 die Abteilung für byzantinische, mittelalterliche und moderne Kunst an den Vatikanischen Museen. Bis 2016 war er stellvertretender Direktor der Vatikanischen Museen.

Es werden 27 000 Besucher täglich durch die Sixtina geschleust. Welche Auswirkungen hat das auf die Fresken?

Es wurden nach der Restaurierung der Michelangelo-Fresken 1994 und anlässlich der Einrichtung der neuen Klimaanlage umfassende Untersuchungen zu den sehr weitreichenden und unterschiedlichen Auswirkungen der Touristenströme erstellt und auch publiziert. Allerdings beziehen sie sich lediglich auf die naturwissenschaftlichen und technischen Faktoren. Sie geben aber keine direkten Anregungen, die sich im Sinne der Mission eines Museums oder seines kulturellen Potenzials verwenden ließen.

SCHLÜSSELFIGUR

Gianni Crea ist päpstlicher *clavigero*, Kustode der 2797 Schlüssel des Vatikans. Allein 300 benötigen der 47-jährige Süditaliener und seine fünf Mitarbeiter, um morgens ab 5.45 Uhr alle Türen der Vatikanischen Museen aufzuschließen. Das langwierige Ritual wiederholt sich sechs Mal die Woche. 200 Schlüssel öffnen Labore und Büros. Der wichtigste Schlüssel ist ohne Nummer und wird versiegelt in einem Safe aufbewahrt. Er gehört zur Flügeltür der Sixtinischen Kapelle.

Kann die Klimaanlage noch potenziert werden? Wo ist das Limit?

Die Kapazität der Klimaanlage ist auf eine bestimmte Anzahl von Besuchern hin berechnet, die sich gleichzeitig in der Kapelle aufhalten können. Diese Zahl ist im Jahre 2014 nach oben korrigiert worden. Da das Mikroklima in der Kapelle von vielen Faktoren und nicht allein von der Klimaanlage abhängt, ließe sich diese Zahl durch weitere organisatorische Maßnahmen beeinflussen.

Die eigentliche Frage lautet doch, was man mit oder von der Kapelle will. Darüber gehen die Ansichten sehr stark auseinander.

Die Einkünfte der Museen sind die wichtigste Geldquelle zur Finanzierung des Vatikanstaates.

Ökonomische Überlegungen spielen überall eine große Rolle.

Das heißt wohl, dass man den Besucherstrom nicht drosseln will. War nicht einmal die Rede davon, einen Teppich auf die Stufen zur Sixtina zu legen, damit die Besucher nicht Staub und Schmutz in die Kapelle tragen?

Diesen Teppich hat es für wenige Jahre unmittelbar nach 1994 gegeben. Da er sich schneller mit Ablagerungen gefüllt hat, als man ihn erneuern kann, ist man bald zu dem Schluss gelangt, ihn zu entfernen, da er nicht effizient sei. Ein wichtiges Datum für die Konservatoren.

Haben sich die Ablagerungen auf den Wänden in den letzten Jahren sichtbar vermehrt? Steht bald eine neue Restaurierung an?

Die Erhaltung von Fresken und der Dauerstress durch Umwelteinflüsse und Besucher ist ein globales Problem. Die Fresken der Sixtina werden – mit Ausnahme des Jüngsten Gerichts an der Decke – einmal im Jahr in einer circa

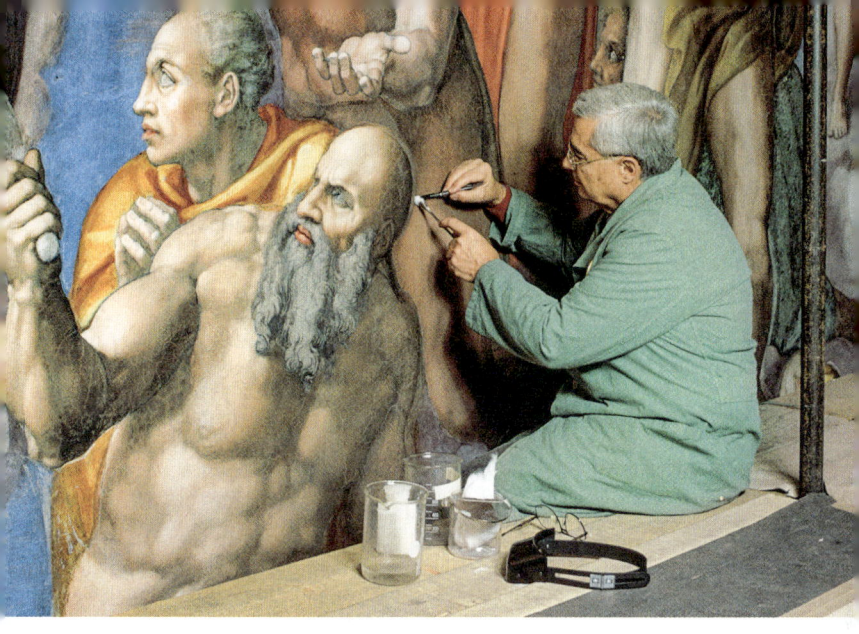

Chefrestaurator Prof. Colalucci bei der Säuberung des »Jüngsten Gerichts«, das von einem dunklen Fettfilm befreit wurde. Das Detail zeigt den hl. Bartholomäus mit dem Messer, mit dem er gehäutet wurde.

zweiwöchigen Wartungsmaßnahme vom Staub befreit.

Aber gleichgültig wie sehr man sich bemüht, irgendwann, hoffentlich nicht so bald, wird wieder eine Restaurierung erforderlich werden. Je später desto besser. Grundsätzlich gilt das Prinzip mindestens eines Menschenalters zwischen zwei Restaurierungen, aber auch hier spielt die gegenwärtige omnipräsente Kommerzialisierung eine immer verheerendere Rolle.

Papst Franziskus will die Kunstschätze möglichst vielen Menschen zugänglich machen. Wie lässt sich das Dilemma lösen?

Massenkultur ist ein Problem, das bereits bei Walter Benjamin und Pier Paolo Pasolini eine gewichtige Rolle spielt. Im Bereich der Kultur sollten Fragen von Kontemplation, Spiritualität und Ethik eine entscheidende Rolle spielen. Wenn es im Alten wie im Neuen Testament heißt: »Der Mensch lebt nicht vom Brot allein, sondern von jedem Wort ...«, dann ist das Wort immer Kultur. Dahinter steht das Bewusstsein, dass ohne Kultur Verkündigung gar nicht möglich ist. Bildung ist durch Massenkultur ersetzt worden.

Warum wird nicht ein Saal mit einer 3-D-Führung zur Sixtina im Museumsareal eingerichtet – nicht als Ergänzung, sondern Ersatz für die Live-Besichtigung?

Das kann nur von einer kompetenten Museumsleitung beantwortet werden, die die Verantwortung für die Mission eines Museums trägt und die entscheidet, wem und welchen Gesellschaftsschichten sie einen Zugang ermöglichen und wie sie die ihr anvertrauten Werke vermitteln möchte. Ist auch Kunst nur noch Ware? ■

Kurz und gut

Mal von kindlichen Dimensionen — mal keusch hinter einem Feigenblatt versteckt. Männliche Genitalien kommen in der antiken und christlichen Kunst scheinbar zu ›kurz‹.

Wer durch die endlosen Statuengalerien Roms streift, dem fällt unter dem antiken männlichen Repertoire eine Besonderheit auf: Beneidenswert straffe, muskulöse Körper, an denen kein Gramm zu viel ist. Wichtigstes Körperteil scheinen die Glutäen zu sein, die sich dem Betrachter prall wie Melonen präsentieren. Nur die Vorderseite der marmornen Herren hält nicht ihr Versprechen. Statt eines den Proportionen des Körpers angemessenen Gemächts baumelt zwischen den Schenkeln ein Geschlecht von zumeist kindlichen Dimensionen.

Potenz galt als Verlust von Ratio

Den Verdacht, die Griechen und Römer seien einfach weniger dotiert gewesen, widerlegen attische Vasenbilder (5.–4. Jh. v. Chr.), auf denen allerlei großzügig bestückte Liebhaber tänzeln. Die Erklärung ist eine andere: Zu viel Potenz erregte nicht Bewunderung, sondern vor allem Spott. Priapus, von Hera mit einer Dauererektion bestraft, wiegt auf einem pompejanischen Wandfresko seinen bis auf Kniehöhe pendelnden Phallus wie einen kostbaren Schatz auf einer Waage. Ein großes Glied galt also als Zeichen animalischer Triebhaftigkeit und des Verlusts von Ratio und Selbstkontrolle. Ein Glied in Realgröße in einem Bildnis würde das Augenmerk auf den Sexualtrieb lenken. Der wohlproportionierte Körper allein drückte Jugend und Tatkraft aus. Wenn ein Kaiser nackt in Marmor gemeißelt wurde, dann um seinen hohen Tugendgrad zu unterstreichen und ihn in eine götternahe Sphäre zu rücken. Diese ›heroische Nacktheit‹ war kein Abbild der Wirklichkeit. Der antike Grieche trainierte zwar nackt im Gymnasium, aber er spazierte keineswegs hüllenlos über die Agora. Die Römer waren sogar äußerst prüde und mokierten sich über die griechischen Sportler.

Adam und Eva waren schuld

Das christliche Mittelalter lehnte Nacktheit grundsätzlich ab, da sie mit dem Sündenfall in Verbindung gebracht wurde. Adam und Eva erkannten, nachdem sie vom verbotenen Baum der Erkenntnis gegessen hatten, dass sie nackt waren und bedeckten sich schamhaft. Nach einer kurzen Phase in der Renaissance, als die entblößten Körper der heidnischen Antike in der Kirchenkunst imitiert wurden, schob die strenge Gegenreformation der Freizügigkeit ein Feigenblatt – oder wie im Fall von Michelangelo – einen Lendenschurz vor. Von den ersten Aktbildern der Impressionisten als neues Genre bis zur Glorifizierung des männlichen Fruchtstängels – er ist heute Konnotation des Alpha-Manns – scheint es dann ein kurzer Weg. Warum ausgerechnet das Zeitalter der sexuellen Befreiung der Penislänge so viel Wert beimisst, bleibt hingegen ein Rätsel. ■

Romanesco wird Kult

Comic-Star Zerocalcare — hat die schnöde Peripherie Roms ins Zentrum gerückt. In seinen Manga-inspirierten Graphic Novels und Cartoons erzählt er in römischem Slang Alltags- und Lebensgeschichten aus dem Viertel Rebibbia.

»Sti cazzi«, »scojonato« (shit, angepisst) – Zerocalcare spricht in seinen autobiografischen Cartoons den derben Dialekt der römischen *borgate* (Außenbezirke), schnell und kaum zu verstehen, die Endsilben verschluckt er. Richtig vulgär wird es jedoch nie, dafür sind die Dialoge zu geistreich. Für Michele Rech, so Zerocalcares bürgerlicher Name, ist der Jargon ein bewusstes Stilmittel, das Nähe schafft und dem Leben zugleich seine Dramatik nimmt.

Mit hängenden Schultern, T-Shirt und rechteckigen Augenbrauen schlurft ›der Autor‹ durch die ironisch-tiefgründigen Comic-Erzählungen. Sie handeln von seiner Jugend, dem Alltag am Stadtrand, Freundschaften, Existenzfragen und seiner Paranoia. »Zero« lebt und arbeitet auf dem Sofa, wo sich Kleider, Abfall und schmutzige Teller türmen. Neben ihm sitzt ein dickes Gürteltier, sein Gewissen, eine Art sarkastische Sokrates-Stimme, und macht ihm Vorhaltungen. Ob er das Wagnis eingehen soll, im Stammlokal mal eine andere Pizza zu bestellen als sonst, wird zu einer Frage des Lebensmutes.

Die Dialoge ziehen den Leser in die Gedankenwelt des früheren Bloggers und Punks, dessen Jugend sich zwischen autonomen Zentren und französischer Privatschule abspielte. In den Zweifeln und Unzulänglichkeiten des Antihelden erkennt sich vor allem die heutige, durch die Pandemie und die globale Krise verunsicherte Jugend wieder. Seit der Cartoonserie über seine Erfahrungen im Lockdown, »Rebibbia Quarantine«, gilt der Römer als Kultstimme seiner Generation. Zerocalcares Bücher erreichen Millionenauflagen, 2021 erfolgte das Debüt in Netflix. Dass er ernst genommen wird, liegt auch an seinen Comic-Reportagen über eigene Reisen ins kurdische Autonomiegebiet in Nordsyrien, wo die vom IS bedrohten Jesiden eine moderne, auf Gleichberechtigung beruhende Gesellschaft gegründet haben. Auch diese Bücher wurden Bestseller. Im Avant-Verlag sind sie auf Deutsch erschienen: »Kobane Calling« (2020) und »No sleep till Shengal« (2023). ∎

Der Autor zwischen Zerocalcare und Secco aus der Netflix-Serie »Questo mondo non mi renderà cattivo« (2023).

Retter des römischen Kulturerbes

Art & Business — Der neue Deal mit der Luxusbranche gefällt. Umsatzstarke Modelabels wie Gucci, Bulgari und Fendi sollen in Zukunft italienische Architekturdenkmäler und Kunstwerke vor dem Verfall retten.

Den Anfang machte das Kolosseum. Es musste dringend restauriert und instand gesetzt werden. Der Staat hatte kein Geld und suchte deshalb händeringend nach Sponsoren. Aber bitte nicht Ryanair, hieß es. Den Zuschlag bekam schließlich das Unternehmen Tod's. Für Schuhmogul Diego della Valle waren 25 Mio. Euro ein Klacks und gut investiert für ein neues Image – obwohl er an dem Amphitheater keine Werbung anbringen lassen durfte. Dann wollten auch andere Luxuslabels als patriotische Retter des Kulturerbes in die Annalen eingehen. Fendi restaurierte den Trevi-Brunnen, während Bulgari die Kaugummis und Speisereste aus den Travertinstufen der Spanischen Treppe kratzen ließ. Das nächste Projekt des Unternehmens, das vor allem für Schmuck und andere Luxusgüter bekannt ist, sich inzwischen aber auch im Hotelsektor tummelt, war der Largo Argentina, wo Caesar erdolcht wurde. Im Sommer 2023 wurde das Areal für Besucher geöffnet (s. S. 79).

Gucci präsentierte seine Kollektion Cruise 2020 zwischen Marmorstatuen der Kapitolinischen Museen mit illustren Gästen wie Elton John und Naomi Campbell. Im Gegenzug zückte das Florentiner Unternehmen einen Scheck über 1,6 Mio. Euro für die Instandsetzung der Terrassen auf dem nahen Tarpejischen Felsen, von dem in der Antike Verräter gestoßen wurden.

Das Primat von Fendi

Am meisten Furore macht das Mäzenatentum des römischen Modehauses

---

MODENSCHAUEN

Um an den Show-Events der Stardesigner teilzunehmen, benötigt man eine Einladung. Aber es gibt über das Jahr verteilt leicht zugängliche Modeschauen und Events beispielsweise im **Pratibus District,** einer ehemaligen Busgarage in Vatikannähe (www.pratibusdistrict.com). Über die Aktivitäten von jungen Stylisten und über die Fashion Week informiert die Plattform www.altaroma.it.

Alda Fendi, Tochter der Florentiner Maison, hat eine eigene Kunstfirma gegründet: Esperimenti. Sie will in Rom neue »kulturelle Impulse« setzen. Die Frage ist, wie viel dabei für die gemeinen Bürger abfällt.

Fendi. Es will neue künstlerische Impulse setzen, nicht nur alte Monumente ›reparieren‹. 2015 weihte es seinen neuen Sitz im umgebauten Palazzo della Civiltà del Lavoro mit einer genialen Lichtshow ein. Nach dem Restyling des Trevi-Brunnens durfte Fendi zum 90. Firmengeburtstag seine Models auf einem Plexiglaslaufsteg über das smaragdgrüne Wasser laufen lassen – wie Christus. Das rauschende Modespektakel vor der Ikone des Dolce Vita war der Event des Jahres. Alda Fendi, die jüngste der fünf Schwestern, hat eine eigene Kunstfirma, Esperimenti. Mit ihrem kostspieligen Kultur-Hub Palazzo Rhinoceros, einer Mischung aus Luxushotel, Gourmettempel und Kunstzentrum, wollte sie eine tote Ecke inmitten des antiken Rom wiederbeleben. Die Events und Ausstellungen im Erdgeschoss sind gratis, die restlichen Etagen jedoch eher etwas für die oberen Zehntausend (s. S. 117).

Der Staat zieht sich zurück

Um seine Kulturhighlights muss der Staat also nicht bangen. Für deren Erhalt sorgen Sponsoren. Aber wie sieht es mit weniger touristischen Denkmälern aus? Sie bilden die größte Gruppe. Wer sorgt für deren Erhalt? Der italienische Staat stellt immer weniger Geld für regelmäßige Wartungen zur Verfügung. Die jedoch ersparen zukünftige Restaurierungen. Viele Museumsdirektoren warnen vor der Anwendung kapitalistischer Prinzipien auf die Kultur. Soll nur noch gefördert werden, was den Massen gefällt und sich vermarkten lässt? Die Museumsreform von Dario Franceschini hat zu einem Wettkampf um Besucherzahlen geführt. So begrüßenswert die didaktische Aufbereitung und lebendige Wechselausstellungen auch sind, die Besucherzahlen dürfen nicht die einzige Messlatte für den Wert von Kunst sein. ∎

1958: Die Via Veneto mit ihren schicken Straßencafés und Hotels zog den internationalen Jetset an.

Reise durch Zeit & Raum

Die Ewige Stadt — Erst Hauptstadt des Römischen Reiches, dann Zentrum des Katholizismus und schließlich Wiege der EU. Rom hat die Geschichte Europas geschrieben.

Romulus und Remus
753 v. Chr.

Eigentlich hätte das Körbchen mit Romulus und Remus ruhig ein paar Kilometer weiter südlich im Schilf hängen bleiben können. Dann läge die Stadt am Meer und man könnte vom Büro direkt ins Wasser springen, meinen die Römer. Stattdessen wurde eine Hügelzone am Tiber, rund 22 km vor der Mündung, zum Mittelpunkt des zukünftigen Weltreiches auserkoren. Die Legende von den ausgesetzten Heldenbabys – Söhne des Mars und einer Vestalin aus Alba Longa – ist natürlich erfunden. Aber sie enthält historische Fakten. Der Palatin ist die Wiege des dominanten Stammes der Latiner, die im 8. Jh., laut Varro am 21. April 753 v. Chr., den Impuls erhalten, die umliegenden Hirtenstämme zu vereinen. Die hatten dort seit dem Ende des 2. Jt. gesiedelt. Als die Sabiner ihre Frauen nicht herausrücken, helfen die Latiner bei der Fusion etwas nach. Stadtkultur verpassen ihnen dann erst die Etrusker, die im 6. Jh. Könige stellen. Die erste steinerne Stadtmauer, die 11 km lange Servianische Mauer, umschließt die sieben Hügel: Palatin, Kapitol, Quirinal, Viminal Esquilin, Caelius und Aventin.

Zum Anschauen:
Museo di Villa Giulia, S. 196

Vom Hirten zum Beamten: Republik
509–27 v. Chr.

509 reicht es mit den Königen. Die Patrizier nehmen die Regierung in die Hand. In der Republik entsteht mit der Senatsherrschaft ein neues Staatswesen. In der Zwischenzeit lernen die Römer schwimmen und Handel treiben. Ostia wird zum Hafen Roms. Nachbarn mögen die Römer lieber in unterworfener Form: erst in Mittelitalien, dann auf dem gesamten Stiefel. Die Punier, die arroganten Purpur- und Getreidehändler aus Nordafrika, sind ihnen ein Dorn im Auge. Man baut Schiffe und erobert von 264 bis 146 v. Chr. zunächst Sizilien und das Mittelmeer von West nach Ost. Aus dem griechischen Osten, dem Erbe Alexander d. Gr., gelangen herrliche Güter, Früchte, Gewürze, Stoffe, aber auch Theaterkultur, Dichtung, Baukunst und Sklaven nach Rom. Die Oberschicht mag nun nicht mehr Getreidebrei und Schafskäse essen. Im 1. Jh. v. Chr. zanken Militärführer wie Pompeius und Caesar um die Alleinherrschaft in dem wachsenden Imperium. Der Senat, Kontrollorgan der Republik, versagt. Die Ermordung Caesars 44 v. Chr. kann die Einführung der ›hellenistischen Königsherrschaft‹, das Prinzipat, nicht verhindern.

Zum Anschauen:
Forum Romanum, S. 91

Blüte des Imperiums: Kaiserzeit
27 v. Chr.–476

Caesars Neffe Augustus leitet die 500-jährige Kaiserzeit ein, Epoche kultureller Blüte und weiterer Expansion. Das Imperium reicht um 110 von England bis zum Iran. Rom verwandelt sich in eine steinerne Palaststadt mit monumentalen öffentlichen Gebäuden. 1,3 Mio. Einwohner zählt die größte Metropole im Westen. Kolosseum und Circus Maximus sind Zeugnisse eines neuen Populismus. Im 3. Jh. beginnt das Reich zu ermüden, die Verteidigung des Limes während der Völkerwanderung kostet immer mehr Kraft und Geld. Auch den alten Göttern wird die Schuld an der Krise gegeben. Konstantin vertraut auf den neuen Christengott. Das Christentum findet 313 mit der Mailänder Vereinbarung seinen Durchbruch und schafft in nur 68 Jahren den Weg zur Staatsreligion. Kurz darauf, 395, wird das Reich aus Verwaltungsgründen geteilt. Nach Plünderungen fällt Westrom schließlich. Ostrom mit der Hauptstadt Konstantinopel hingegen kann sich bis 1453 halten.

Zum Anschauen:
Terme di Caracalla, S. 121; Palatin S. 100

Der Kirchenstaat entsteht
476–1418

Während sich Goten und Byzantiner nacheinander die Klinke in die Hand geben, wird der Bischof zu einer verlässlichen Konstante für die wenigen verbliebenen Bürger. Er spricht Recht, kümmert sich um die Lebensmittelversorgung. Die Diakonien sorgen für Arme und Kranke. Viele Christen vererben der Kirche Güter und Ländereien. Mit der Schenkung von weiten Gebieten Mittelitaliens durch den Frankenkönig Pippin III. wird 756 der Kirchenstaat gegründet. Die Kaiserkrönung Karls d. Gr. in Rom zementiert die Autorität des Papstes. Es beginnt das tausendjährige Heilige Römische Reich. Obwohl die Apostelgräber Rom zum wichtigen Wallfahrtziel machen, ähnelt die einstige Metropole einer Geisterstadt. Sie zählt nur etwa 30 000 Einwohner. Im 14. Jh. gerät das Papsttum in Abhängigkeit von der Großmacht Frankreich und verlegt für knapp 70 Jahre die Residenz in das Exarchat in Avignon. 1378 markiert den Tiefpunkt des Papsttums, als gleich drei Päpste um den Titel streiten. Aber die Wiedergeburt lässt nicht lange auf sich warten.

Zum Anschauen:
Lateran, S. 233

Päpstlicher Prunk und die Folgen
1430–1600

Erst die Renaissance reißt Rom aus seinem Dornröschenschlaf und verhilft dem Papsthof zu bis dato nicht gesehenem Glanz. Die neue Residenz im Vatikan wird ab dem 15. Jh. kräftig ausgebaut. Man will es den anderen Fürstentümern gleichtun. Unter den humanistisch gebildeten Päpsten entwickelt sich ein blühendes Mäzenatentum. Ein neuer Dom muss her. Die Familienpolitik mancher Päpste ruiniert allerdings den Ruf des Oberhirten. Das Gebot der Ehelosigkeit prallt an der Lust nach weltlichem Hofleben ab – bis Luther dem Fest ein Ende setzt. Als die Landsknechte von Karl V. Rom 1527 in Schutt und Asche legen, glaubt selbst der Papst an eine göttliche Strafe. Erst sucht man Versöhnung, dann holt das Trienter Konzil (1545–63) zum Gegenschlag aus. Die Gegenreformation reformiert die Priesterausbildung, verdammt Kurtisanen und Kinder von Klerikern, schafft den Ablasshandel ab, säubert die Kirchenkunst von Nackedeis und rüstet sich mit der Inquisition gegen abweichende Lehren. Das Primat des Papstes wird unanfechtbar.

Zum Anschauen:
Engelsburg, S. 143; Sixtina, S. 157

Barock und Ende des Kirchenstaates
1600–1870

Am Ende des unvermeidlichen Dreißigjährigen Krieges ist der Papst in Europa zwar geschwächt, aber in Italien gestärkt. Die barocke Prachtentfaltung durch Bernini wird zur religiösen Propaganda eingesetzt. Von der Aufklärung des 18. Jh. will der Papst nichts wissen, wehrt sich im 19. Jh. gegen Liberalismus und die Emanzipation der Juden. Der Wunsch nach einem Nationalstaat und mehr Meinungsfreiheit leitet das Ende des nunmehr anachronistischen Kirchenstaates ein. Nach den kurzlebigen Republiken unter Napoleon (1809–14) und Garibaldi 1849 entreißen die Savoyer am 20. September 1870 dem Papst sein Patrimonium Petri. Erst 1929 wird er wieder Regent eines Staates: des Vatikanstaats. Rom wird Hauptstadt des 1861 gegründeten Königreichs Italien und zur Residenzstadt ausgebaut. Es entstehen neue Wohnviertel wie Prati und Parioli. Die Einwohnerzahl steigt auf 200 000.

Zum Anschauen:
Petersplatz, S. 146; Vittoriano, S. 54

Glorie – und das Trauma Faschismus
1922–1946

Benito Mussolini ergreift 1922 die Macht. Unter der Einparteiendiktatur erliegt Rom erneut dem Baufieber. Der Duce sieht sich als ein zweiter Augustus. Fatal ist das Bündnis mit Hitler. Die Rom-Berlin-Achse zwingt Italien, 1940 an der Seite der Deutschen in den Krieg zu ziehen. Nach der Absetzung Mussolinis im Juli 1943 marschiert die deutsche Wehrmacht in Rom ein. Die Alliierten, die Befreier, bombardieren den Stadtrand und die umliegenden Bergstädte. Nach Kriegsende ringen sich die Italiener in einem Plebiszit zu einer parlamentarischen Republik und Demokratie durch. Die Savoyer werden aus dem Lande gejagt und eine explizit antifaschistische Verfassung wird erarbeitet. Das Zweikammersystem soll zukünftige Diktaturen ausschließen.

Zum Anschauen:
Centrale Montemartini, S. 133; Stazione Termini, S. 208

Instabilität nach Berlusconi-Ära
2011–2023

Die Finanzkrise zwingt 2011 Langzeitpremier Silvio Berlusconi nach 17 Jahren zum Rücktritt und das Land zu einer radikalen Renten- und Arbeitsmarktreform. Selbst technische Regierungen können das Vertrauen in die Institutionen nicht mehr wiederherstellen. Es folgen häufige Regierungswechsel mit wechselnden Bündnissen. Die Bürgerbewegung M5s (Movimento 5 Stelle, ›Fünf-Sterne-Bewegung‹) dominiert zwei Legislaturen und wird 2022 von den rechtsnationalen Fratelli d'Italia und der Lega abgelöst. Die Hauptstadt erlebt nach einer kulturellen Blüte unter grün-linken Regierungen (1993–2008) einen Abstieg, bedingt durch die Schuldenlast, die verschleppte Modernisierung und ein wachsendes Müllproblem. Während Hoffnungsträgerin Virginia Raggi (M5s), die erste Frau auf dem Kapitol (2016–2021), massiv enttäuscht, meistert Rom die Pandemie und die Impfkampagne dank des von der Region organisierten Gesundheitssystems besser als Mailand. Nachfolger Roberto Gualtieri (Partito Democratico) will der Stadt nun mit nachhaltigen Großprojekten anlässlich des Pilgerjubiläums 2025 und der Expo2030-Kandidatur wieder eine Vision geben. Der Bau einer Verbrennungsanlage soll das Müllproblem lösen. Latium verabschiedet als erste Region in Italien den regionalen Plan für den ökologischen Übergang. Der seit 2023 wieder boomende Massentourismus und die zunehmende Verarmung der Mittelschicht stellen die Stadt vor neue Herausforderungen.

Zum Anschauen:
Auditorium, S. 189; MAXXI, S. 196

Stars der Antike

Gladiatoren — Bis heute hält die Faszination für das brutale Gewerbe der römischen Schwertkämpfer an. Die Gladiatur diente auch der Propaganda für Soldatentugenden wie Tapferkeit, ohne die es das Römische Reich nie gegeben hätte.

»Erleben Sie den einmaligen Nervenkitzel, einen Tag lang römischer Gladiator zu sein!«, wirbt der historische Verein Gruppo Storico Romano an der Via Appia Antica. Probleme ihre Gladiatoren-Kurse voll zu bekommen, haben sie nicht. Auch nach 2000 Jahren scheint die Faszination der antiken Kampfmaschinen ihre Kraft nicht eingebüßt zu haben. Man denke an die modernen Videospiele, in denen sich der aggressive Urtrieb, der offenbar in uns Menschen steckt, mal für eine Stunde entfesseln darf. Natürlich: Heute ist es ein virtueller Kampf, ein Spiel. Im alten Rom war es ernst. Und es gibt noch einen kulturellen Aspekt, der die Römer von anderen Völkern unterscheidet: Der Kampf um Leben und Tod wurde vom Staat als Massenunterhaltung *(munus)* organisiert.

Der Kaiser suchte im Amphitheater den Konsens der Plebs. Allerdings starben weniger Menschen in der Arena, als uns die alte, vom christlichen Märtyrerglauben beseelte Literatur denken lässt. Das gilt zumindest für die Gladiatoren. Denn die waren teure Berufssportler.

Herzensbrecher

Man kann den Hype um die Gladiatoren mit dem um heutige Fußballstars vergleichen. Hochbezahlt und umjubelt wie diese, standen sie jedoch auf der untersten sozialen Stufe. Frauen hatten eine Schwäche für die tapferen Muskelpakete. Der Gladiator »lässt die Mädchen seufzen« heißt es in einem pompejanischen Graffito. Die Frauen konnten vom letzten Rang aus, in den sie ein Gesetz von Moralapostel Augustus verbannt hatte, zwar keine blutigen Details verfolgen. Aber sie konnten die Waffen und gestählten Körper der Männer am Vorabend des Kampfes bei einem öffentlichen Abendessen bewundern. Über Retiarius Cresces liest man, dass er nachts Mädchen mit seinem Netz und Dreizack fing. Dann ist da noch Eppia, die dem gealterten Gladiator Sergiolus wie ein Groupie kreuz und quer durch die Provinz nachreiste. Eine Senatorenfrau – welch Skandal!

Die Ursprünge der Todeskämpfer liegen in etruskischen Ritualkämpfen, die anlässlich von Leichenfeiern abgehalten wurden. Die Römer machten im

---

KURZZEIT-GLADIATOR **G**

Für einen Tag Gladiator sein? Dabei geht es nicht nur um eine Kostümierung. Gladiator Tiro vom Geschichtsverein **Gruppo Storico Romano** weist in die spannende Kunst des Schwertkampfes ein und erzählt vom Alltag in den Kasernen (Via Appia Antica 18, www.gruppostoricoromano.it). **Roma World** in Cinecittà bietet einen didaktischen antiken Spielpark für Kinder (https://www.romaworld.com/en).

3. Jh. v. Chr. eine sportliche Disziplin daraus. Anfangs wurden die Gladiatoren aus Kriegsgefangenen und Sklaven rekrutiert. Später entwickelte sich die Gladiatur immer mehr zu einem Berufssport, der auch Freiwillige anzog, oft ehemalige Soldaten. Sogar ein paar Patrizier waren darunter – wohl wegen des Nervenkitzels. Die Aussicht auf Ruhm zog sie an.

Kampf nach festen Regeln

Die Schwertkämpfe (lat. *gladius* = Schwert) waren keineswegs wilde Handgemenge. Zwei Schiedsrichter beaufsichtigten die Einhaltung der strengen Regeln. Stets traten zwei unterschiedlich gerüstete Kämpfer gegeneinander an (z. B. der *thraex* gegen den schwerbewaffneten *murmillo*). Die gelöcherten Visiere schränkten die Sicht stark ein, die Rüstung wog. Reaktionsschnelligkeit war gefragt. Gekämpft wurde, bis sich einer ergab. Die Forschung geht heute davon aus, dass nur etwa 15 % der Gladiatoren im Kolosseum starben. In den meisten Fällen wurde der Besiegte vom Publikum begnadigt. Der Veranstalter hatte keinerlei Interesse an der Tötung eines Gladiators, für den er Entschädigung zahlen musste. Kein Wunder, denn Ausbildung und Unterhalt der Hochleistungssportler waren teuer. Sie mussten das ganze Jahr durchgefüttert und trainiert werden, hatten aber oft nur ein bis drei Auftritte – noch dazu in verschiedenen Städten. Das erklärt auch die Krankenhäuser bei den Gladiatorenschulen *(ludi)*. Die besten Chirurgen behandelten dort Wunden und flickten Frakturen, um die Kämpfer wieder einsatzfähig zu machen. Übrigens legen neuere Untersuchung zur Ernährung der Gladiatoren nahe, dass die bewunderten Herren doch keinen Sixpack-Bauch hatten, sondern eher speckig gehalten wurden. Die Fettschicht schützte die Organe bei Schwertstichen.

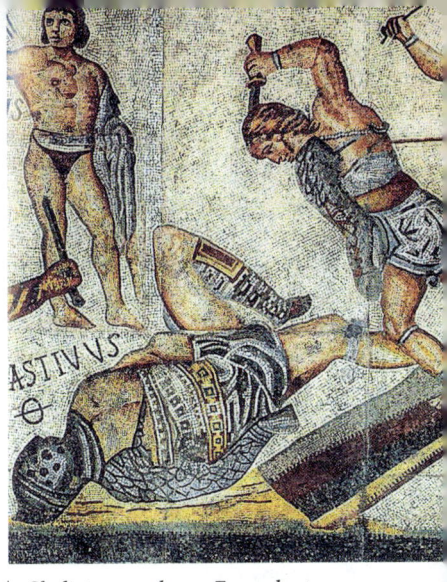

Gladiatoren nahmen Energykost zu sich: Gerstenfladen mit Honig. Deshalb wurden sie Gerstenfresser – ›hordearii‹ – genannt.

Tugend Todesverachtung

Das Publikum beurteilte Mut und Technik des Gladiators. Die Begnadigung war kein Akt der Nächstenliebe, sondern der Bewunderung ihrer Standhaftigkeit, »ehrenvolle Wunden zu empfangen und den Tod zu verachten«. Todesverachtung war die wichtigste soldatische Tugend. Dank ihrer konnten die Römer ein Weltreich erobern. Der Kaiser hatte also ein Interesse daran, diese Tugend öffentlich hochzuhalten. Der Sieger erhielt einen Anteil an der Prämie für den Besitzer. Obwohl er sich freikaufen konnte, blieb er meist weiter in dem brutalen Berufsgewerbe. Wenn das Publikum den Tod eines Kämpfers verlangte, brüllte es »iugula« (abstechen) und machte mit dem Daumen wahrscheinlich die Geste der durchschnittenen Kehle. Der Urteilsspruch mittels gedrehtem Daumen gilt in der Forschung mittlerweile als fragwürdig. Kniend empfing der Unterlegene dann den Todesstoß. ∎

Gratis-Gemeingut

*Aus den gusseisernen ›nasoni‹ fließt bestes Quellwasser.
Die App »I Nasoni di Roma« lotst Sie zur nächsten Quelle.*

Wassersegen — Kaum eine Stadt verfügt über so viel und so gutes Quellwasser wie Rom. Schon die alten Römer leisteten sich den Luxus von Thermen und Wasserspielen, die über elf Aquädukte gespeist wurden.

Heute feiern 2000 Schmuckbrunnen, Erbstücke der Päpste, den Überfluss an dem kostbaren Elixier. Und die berühmten *nasoni*. Sie verstecken sich in Höfen, recken sich auf Plätzen empor, spenden Kühle in Parks und an Straßenecken: Die Anzahl an großen und kleinen Zierbrunnen scheint schier unendlich. Man will sie im Sommer nicht missen. Allerdings sollten Sie das Wasser nicht aus den Becken schöpfen. Den Durst können Sie an einer der 2500 gusseisernen Trinkwassersäulen löschen, die der erste Bürgermeister ab 1874 in allen Vierteln installieren ließ. Wegen des gebogenen Hahns heißen sie *nasoni*, ›dicke Nasen‹. Nur Touristen benutzen Flaschen. Man hält den Ausfluss mit dem Finger zu, dann schießt der Strahl aus einem kleinen Loch direkt in den Mund – im besten Fall. Sonst eben in den Ausschnitt.

Latium ist eine extrem wasserreiche Region. Im Kalksteingebirge des Zentralapennins entspringen zahlreiche Flüsse, während der durchlässige vulkanische Boden der Hügel und die von einer dicken Tonschicht geschützten Schwemmebenen das Entstehen von unterirdischen Wasseradern begünstigen. Spontan treten diese in Form von Mineralquellen und Bächen an die Oberfläche. Kohlensäurehaltiges Wasser sprudelt z. B. aus der Egeria-Quelle an der Via Appia Antica. Für wenige Cents decken sich die Menschen hier mit Mineralwasser ein.

Die alten Römer scheuten keine Mühen, die Quellen des Aniene zu stauen und sein Wasser über 90 km lange Leitungen (Aqua Marcia) nach Rom zu führen. Von ihrer Wasserbaukunst zeugen noch die monumentalen Bogenreihen im Parco degli Acquedotti. In der Ebene vor Rom wurden die unterirdischen Leitungen auf bis zu 28 m hohe Bögen verlegt, um ein gleichmäßiges Gefälle zu garantieren. Für Berganstiege benutzte man Druckleitungen. Bei der Belagerung Roms im 5. Jh. wurden die Aquädukte fast alle zerstört. Erst die Renaissancepäpste begannen sie instand setzen zu lassen und Rom wieder mit gutem Trinkwasser zu versorgen. Im Mittelalter waren die Menschen auf Tiberwasser angewiesen. Heute noch benutzt werden die Quellen der Aqua Marcia (Kapitol) und der Aqua Virgo. Letztere speist den Vierströme-, und den Trevi-Brunnen sowie die Barcaccia an der Spanischen Treppe.

Doch stammen heute 70 % des Trinkwassers aus den Quellen des Peschiera-Capore am Monte Nuria nahe Rieti. Das Wasser untersteht ständigen Kontrollen und gilt als ausgezeichnet. Kritisiert wird das veraltete Leitungsnetz, durch das 38 % des Wassers verloren geht. Die extremen Dürren der letzten drei Jahre zwingen jedoch zu einer anderen Gangart. Multiutility Acea will nun defekte Leitungen reparieren und ein zweites, 27 km langes Aquädukt bauen, um die Versorgung der römischen Bevölkerung zu garantieren. Mit Sparmaßnahmen wie dem zeitweiligen Abstellen der beliebten *nasoni*, der Schmuckbrunnen und Sprinkleranlagen in den Parks muss in Zukunft gerechnet werden. Zum Trost: Ein nächtliches Bad à la Anita Ekberg ist ohnehin ziemlich teuer. ∎

A

Académie de France 38, 51
Accademia Filarmonica Romana 200
Accademia Nazionale di Santa Cecilia 190
Acquario Romano 230
Agrippa 52, 64, 75, 98
Amphitheatrum Castrense 236
Anreise 255
Antico Caffè Greco 39, 46
Apostolischer Palast 147
Apotheken 259
Apps 259
Aqua Claudia 103, 124
Aqua Virgo 39, 46, 52, 58, 305
Ara Pacis 43
Arco degli Acetari 78
Arco degli Argentari 114
Arco di Costantino 106
Area Archeologica del Porto di Traiano 250
Auditorium Parco della Musica 27, 189, 198, 200
Augustus 43, 78, 83, 91, 95, 101, 113, 129, 168, 300
Aurelianische Mauer 9, 12, 129, 235
Ausgehen 24
Aventin 12, 101, 118, 120, 121, 124

B

Ballett 27
Barrierefrei reisen 263
Bars 18, 24, 25
Basilica di San Pietro (Petersdom) 148
Berlusconi, Silvio 285, 301
Bernini, Gianlorenzo 39, 65, 71, 79, 81, 146, 148, 149, 150, 151, 171, 189, 192, 204, 209, 211, 232, 301
Biblioteca Casa delle Letterature 261
Bibliotheca Hertziana 39
Bio-Läden/-Märkte 20, 21, 114
Bioparco 189
Bocca della Verità 89, 114
Borghese, Familie 44, 187, 189, 210
Borromini, Francesco 69, 71, 72, 79, 204, 209, 211, 234
Bramante, Donato 75, 78, 148, 174
Bregno, Andrea 41, 228
Bruno, Giordano 65, 76, 77, 143
Busse 25, 264

C

Caesar 43, 78, 79, 89, 91, 94, 95, 97, 98, 105, 113, 299
Cambio, Arnolfo di 130, 150, 171
Camilleri, Andrea 128
Campidoglio s. Kapitol
Campo de' Fiori 17, 75, 86
Campo Marzio 28, 62, 98, 277
Campo Santo Teutonico 145
Campo Verano 239
Canova, Antonio 48, 151, 189, 193
Cappella Orsini 77
Cappella Sistina s. Sixtinische Kapelle
Caracalla-Thermen 27, 121, 125
Caravaggio, Michelangelo Merisi da 43, 68, 69, 70, 80, 115, 176, 193, 218
Carcere Mamertino 112
Casa del Cinema 189
Casa di Goethe 45
Casa Fornarina 175
Casa Internazionale delle Donne 178
Casina dei Vallati 83
Casina Valadier 38
Casino dei Principi 216
Casino dell'Aurora Pallavicini 210
Castel Gandolfo 136, 142, 162, 276
Castelporziano 7, 249, 250
Castel Sant'Angelo (Engelsburg) 65, 143, 144
Catacombe di Domitilla 133, 134
Catacombe di San Callisto 133, 134
Catacombe di San Sebastiano 133, 134
Celio 12, 26, 101, 222, 224, 236
Chigi, Agostino 41, 73, 178
Chinatown 230
Chiostro del Bramante 8, 72, 73
Chirico, Giorgio de 35, 48, 120
Christina von Schweden 71, 101, 149, 178
Cieloterra 27
Cimitero Acattolico 120, 128
Cinema America 26, 172, 253
Circus des Nero 145, 146
Circus Maximus 114, 124, 235, 300
Città dei Giovani 129
Città dell'Acqua 52
Città dell'Altra Economia 127

Città del Vaticano 145
Cloaca Maxima 114
Colle Oppio 224, 225
Colonna dell'Immaculata 47
Colonna di Traiano 105
Colosseo s. Kolosseum
Cordonata 111
Corso del Rinascimento 68
Corso Vittorio Emanuele II 62, 74
Cortona, Pietro da 72, 211

D

Diplomatische Vertretungen 264
Diskotheken 24, 25, 26, 138
Domitian 9, 70, 101, 103
Domus Aurea 107, 155, 225, 238

E

Einkaufen 20, 45, 58, 59, 85, 164
Einreisebestimmungen 257
Eis 7, 16, 19, 84
Engelsburg 142 s. Castel Sant'Angelo
ENIT 259
Esquilin 13, 100, 104, 222, 224, 225
Essen 14, 61, 127, 257
Estate Romana 27, 168, 200, 258
EUR 13, 53, 118, 120, 131
Ex Mattatoio 127

F

Farnese, Familie 78, 101
Faschismus 65, 83, 104, 113, 131, 191, 301
Feiertage 257
Fendi, Familie 117, 131, 296
Feste und Festivals 258
Film 51, 77, 128, 172, 189, 190, 228, 242
Flaminio 13, 186, 189, 232
Floh- und Vintagemärkte 20, 182
Flughäfen 255
Fontana dei Fiumi 71, 305
Fontana della Barcaccia 46, 305
Fontana dell'Acqua Paola 174
Fontana della Navicella 237
Fontana delle Arti 49
Fontana delle Naiadi 205
Fontana delle Tartarughe 79
Fontana del Mascherone 78
Fontana del Moro 71
Fontana del Mosè 209
Fontana del Tritone 211
Fontana di Nettuno 71

Fontana di Trevi 36, 38, 39, **51**, 296, 305
Fori Imperiali (Kaiserforen) 12, 94, 104
Foro di Augusto 104, **106**
Foro di Cesare **105**
Foro di Traiano 104, 105
Foro Italico 190
Forum Boarium 113
Forum Holitorium 113
Forum Romanum 12, **91**, 234
Franziskus, Papst 68, 74, 160, 162, 165, 233, **274**, 288, 293
Fregene 249
Fuksas, Massimiliano 120, 131

G
Galilei, Galileo 38, 65
Galleria Alberto Sordi 52
Galleria Sciarra 52
Garbatella **9**, 120, **130**
Garibaldi, Giuseppe 174, 175, 301
Geschichte 7, 112, **299**
Gesundheit 258
Ghetto 12, 17, 62, 68, 80, **82**, **277**
Gianicolo 166, 168, **174**, 175, 178
Giardini Vaticani 160
Giardino degli Aranci 123, 125
Ginzburg, Natalia 239
Gladiatoren 108, 110, **302**
Globe Theatre 189
Goethe, Johann Wolfgang von 39, 45, 47, 50, 101, 106, 128, 157
Gualtieri, Roberto 255, 281, 301

H
Hadrian 53, 64, 105, 106, 143, 251
Hotels 28
Humboldt, Wilhelm von 50, 81, 128

I
Il Gesù 74
Informationsquellen 259
Internetzugang 260
Ippodromo delle Capannelle 27

J
Jazz 26, 80, 231
Joggen 237, 244
Johannes XXIII., Papst 149
Juden 68, 100, 168, **277**
Jüdisches Viertel **80**, **82**, 277

Julius II., Papst 78, 147, 148, 152, 155, 156, **158**, 228

K
Kaiserforen 12, 94, **104**
Kapitol 3, 12, 90, 100, 104, **110**
Kauffmann, Angelika 39
Keats-Shelley House 47
Kinder, Aktivitäten für 260
Kinos 26, 172, 189, 190, 240, 242
Klemens VII., Papst 143, 144
Klima 260, 288
Klimawandel **274**, 305
Kolosseum 75, **107**, **108**, 288, 296, 300
Konstantin, Kaiser 100, 106, 110, 148, 152, 215, 233, 235, 236, 238, 300
Konzertstätten 27

L
La Nuvola – Roma Convention Center 7, 120, **131**
Largo di Torre Argentina **79**, 296
La Sapienza (Universität) 288
Lateran 13, 112, **233**
Lesetipps 261
Lido di Ostia 249, 253
Ludoteca 189
Ludovisi 214
Luther, Martin 35, 70, 198, 235

M
Maderno, Carlo 80, 148, 211
Madonna dei Monti 212
Marc Antonius 43, 95, 101
Mark Aurel 52, **112**, 190
Märkte 21, 75, 114, 127, 164, 195, 197, 230
Marsfeld 12, 62, 98, 277
Mathilde von Tuszien 149
Mattatoio 127
Mausoleo di Augusto 43
Mausoleo di Cecilia Metella 135
Mausoleo di Santa Costanza 215
Mausoleo Ossario Garibaldino 174
Meier, Richard 43
Mercati di Traiano 105
Mercato Borghetto Flaminio 20
Mercato Centrale 21, **243**
Mercato delle Stampe 44
Mercato di Campo de' Fiori 75
Mercato di Porta Portese 182
Mercato Monti 20

Mercato Salario 20, **197**
Mercato Testaccio 21, **127**
Metro 90, 264
Metropoliz – MAAM 23, **245**
Michelangelo 3, 68, 70, 72, 75, 78, 91, 111, 112, 148, 149, 150, 155, **157**, 204, 205, 214, 228
Monte dei Cocci 127
Montessori, Maria 241
Monti (Stadtviertel) 13, 28, 202, 204, **212**, **220**, 279
Monumento ad Anita Garibaldi 175
Monumento a Giuseppe Garibaldi 175
Monumento al Bersagliere 215
Monumento a Vittorio Emanuele II 54
Mura Aureliane 12, 129
Museen 22
– Casa-Museo Giorgio de Chirico 35
– Centrale Montemartini 23, 128, **133**
– Galleria Borghese 22, **189**, 192
– Galleria Doria Pamphilj 22, **56**
– Galleria Nazionale d'Arte Moderna 23, **193**
– Gallerie Nazionali Barberini Corsini 211, **218**
– MAXXI – Museo nazionale delle arti del XXI secolo 23, **196**, 198
– Musei Capitolini 22, 112, 115
– Musei Vaticani 22, 23, 151, **152**, 218, 291
– Museo Barracco 23
– Museo Carlo Bilotti 23, **189**, 193
– Museo dei Fori Imperiali 105
– Museo della Civiltà Romana 136
– Museo dell'Altro e dell'Altrove (MAAM) 23, **245**
– Museo della Via Ostiense 129
– Museo delle Mura 23, 134, 136
– Museo di Urban Art di Roma – MURo 138
– Museo Ebraico 81
– Museo Nazionale degli Strumenti Musicali 236
– Museo Nazionale Etrusco di Villa Giulia 23, **196**
– Museo Nazionale Romano 81

- Museo Nazionale Romano – Palazzo Altemps 81
- Museo Nazionale Romano – Palazzo Massimo alle Terme 218
- Museo Nazionale Romano – Terme di Diocleziano 205
- Museo Palatino 102
- Museo Storico Vaticano 235
- Planetario e Museo Astronomico 136
- Technotown 217

Mussolini, Benito 43, 55, 79, 91, 104, 112, 131, 136, 190, 215, 216, 239, 301

N

Nachhaltig reisen 264
Napoleon 38, 51, 54, 151, 189, 193, 301
Necropoli Vaticana 152
Nero 16, 103, 225
Nervi, Pier Luigi 198, 253
Nikolaus von Kues 228
Ninfa 248, 252
Nomentana 202, 214
Notfälle 259, 263, 264
Nouvel, Jean 117
Nuovo Mercato Esquilino 21, 224, 230
Nuovo Sacher 26, 172

O

Obelisco della Minerva 65, 68
Oper 27
Oratorio del Gonfalone 85
Orchestra di Piazza Vittorio 228
Orto Botanico 178
Ostia 129, 157, 183, 249
Ostia Antica 248, 249, 299
Ostiense 13, 24, 25, 118, 120, 128, 139

P

PalaLottomatica 27, 131
Palatin 100, 124, 299
Palazzetto dello Sport 198
Palazzo Altemps 81
Palazzo Barberini 175, 211, 218
Palazzo Bonaparte 54
Palazzo Borghese 44
Palazzo Chigi 53
Palazzo Corsini 178
Palazzo degli Esami 172
Palazzo dei Congressi 131
Palazzo dei Conservatori 112, 115

Palazzo dei Senatori 111
Palazzo della Cancelleria 75
Palazzo della Civiltà del Lavoro 131, 297
Palazzo della Consulta 210
Palazzo della Giustizia 161
Palazzo della Sapienza (Alte Universität) 69
Palazzo del Laterano 235
Palazzo delle Esposizioni 208
Palazzo del Quirinale 203, 204, 210
Palazzo Doria Pamphilj 36, 56, 71
Palazzo Farnese 78
Palazzo Grazioli 54
Palazzo Madama 69
Palazzo Margherita 214
Palazzo Massimo alle Terme 23, 218
Palazzo Mattei di Giove 80
Palazzo Merulana 231
Palazzo Montecitorio 53
Palazzo Nuñez-Torlonia 39
Palazzo Nuovo 112, 115
Palazzo Pallavicini Rospigliosi 210
Palazzo Rhinoceros 29, 117, 297
Palazzo Sacchetti 78
Palazzo Spada 78
Palazzo Valentini 106
Palazzo Venezia 55
Palazzo Zuccari 39
Pamphilj, Adelsgeschlecht 70
Pantheon 8, 62, 63
Parco degli Acquedotti 305
Parco della Caffarella 263
Parioli 13, 186, 194, 301
Parken 256
Partito Democratico (PD) 39, 283
Pasolini, Pier Paolo 241, 242, 293
Pasquino 71
Peruzzi, Baldassare 113, 178
Petersdom 9, 65, 142, 148, 193, 205, 228, 288
Petersplatz 9, 12, 146
Petrus, hl. 68, 134, 142, 148, 150, 152
Piano, Renzo 69, 190
Piazza Augusto Imperatore 8, 43
Piazza Barberini 211
Piazza Colonna 52
Piazza del Campidoglio 111
Piazza del Fico 70
Piazza della Minerva 65

Piazza della Repubblica 205
Piazza della Rotonda 63
Piazza delle Coppelle 63
Piazza del Popolo 37, 38
Piazza del Quirinale 210
Piazza di Bocca della Verità 113
Piazza di San Lorenzo in Lucina 50
Piazza di Siena 188
Piazza di Spagna 46
Piazza Farnese 78
Piazza Immacolata 241
Piazzale Garibaldi 175
Piazza Madonna dei Monti 212
Piazza Mattei 79
Piazza Montecitorio 36
Piazza Navona 70
Piazza Repubblica 204
Piazza San Cosimato 172
Piazza San Pietro 146
Piazza Santa Maria in Trastevere 10, 173
Piazza Sant'Egidio 10, 176, 177
Piazza Sonnino 173
Piazza Venezia 36, 45, 54
Piazza Vittorio 11, 225, 231, 232
Pigneto 13, 24, 25, 28, 224, 242
Pincio 34, 38, 45, 48, 50, 81
Pinturicchio 41, 113
Piramide di Cestio 129
Politik 53, 69, 283
Pompeius 77, 78, 79, 299
Pompeius-Theater 77
Ponte Cestio 169
Ponte della Musica 199, 200
Ponte Duca d'Aosta 191
Ponte Fabricio 169
Pontelli, Bacio 72
Ponte Rotto 113
Ponte Sant'Angelo 143
Ponzio, Flaminio 44, 189
Porta Asinaria 233
Porta, Giacomo della 74, 79, 150
Porta Maggiore 236
Porta Pia 214, 216
Porta Portese 10, 172
Porta San Paolo 129
Porta San Sebastiano 134
Porta Settimiana 178
Portico d'Ottavia 83, 279
Portus Tiberinus 113
Poussin, Nicolas 48, 50
Pozzo, Andrea 54, 74
Prati 12, 140, 161, 301
Pratibus District 296
Prenestino 232

Q
Quadraro 138
Quirinal 12, 100, 104, 202, 204, **208**
Quo Vadis, Kirche 134

R
Radfahren/Radtouren 58, 85, 116, **134**, 138, **174**, **180**, 200, **216**, **256**
Raffael 41, 65, 70, 72, 73, 175, 178, 193, 218, 225
Raggi, Virginia 50, 90, 281, 301
Rainaldi, Carlo 112
Rainaldi, Girolamo 101
Rationalismus 43, 120, 131, 172, 191
Rebibbia 295
Reiseplanung 263
Reisezeit 260
Reni, Guido 210
Restaurants 14, 257
Rhinoceros s. Palazzo Rhinoceros
Rinascente 21, 52, **58**
Risorgimento 54, 124, 175
Romanesco 295
Roma Pass 265
Romulus und Remus 99, 100, 102, 113, 129, 180, 183, 254, 299

S
Sabaudia 252
Sacco di Roma 69, 159
San Bernardo alle Terme 205
San Carlo alle Quattro Fontane 209
San Clemente 11, 237
San Crisogono 173
Sanctis, Francesco de 46
San Francesco a Ripa 171
San Gallicano, Hospital 173
San Giorgio in Velabro 114
San Giovanni in Fonte 235
San Giovanni in Laterano 94, **233**
San Giuseppe dei Falegnami 112
San Gregorio al Celio 236
San Gregorio della Divina Pietà 81
San Lorenzo fuori le mura 239
San Lorenzo in Lucina 50
San Lorenzo in Miranda 99
San Lorenzo (Stadtviertel) 13, 25, 224, **239**, 240
San Luigi dei Francesi 68
San Paolo fuori le Mura 9, 129
San Pietro in Montori 174
San Pietro in Vincoli 228
San Sebastiano fuori le mura 133
Santa Caterina dei Funari 80
Santa Cecilia in Trastevere 170
Santa Croce in Gerusalemme 235
Santa Francesca Romana 106
Sant'Agnese fuori le mura 215, 217
Sant'Agnese in Agone 71, **72**
Sant'Agostino 69
Sant'Alessio 125
Santa Maria ad Martyres (Pantheon) 64
Santa Maria degli Angeli 205
Santa Maria della Concezione 214
Santa Maria della Pace 72, 73
Santa Maria della Scala 176
Santa Maria della Vittoria 209
Santa Maria del Popolo 41
Santa Maria in Aracoeli 112
Santa Maria in Cosmedin 114
Santa Maria in Domnica 237
Santa Maria in Trastevere 176
Santa Maria Maggiore 229
Santa Maria sopra Minerva 65, 68
Sant'Andrea al Quirinale 210
Sant'Andrea della Valle 74
Sant'Andrea delle Fratte 39
Sant'Anselmo 125
Santa Prassede 229
Santa Prisca 123, 125
Santa Sabina 122, 125
Sant'Egidio 177
Santi Giovanni e Paolo 236
Sant'Ignazio 53
Santi Pietro e Paolo 131
Santi Quattro Coronati 238
Santissima Trinità dei Monti 38, **46**
Sant'Ivo della Sapienza 69
Santo Stefano Rotondo 237
San Vitale 204
Scala Sancta 235
Scalinata di Trinità dei Monti s. Spanische Treppe (Scalinata di Trinità dei Monti)
Schweizergarde 147
Scuderie del Quirinale 210
Scuola Romana 215, 231
Segways 58, 116, **124**, 200
Septimius Severus 95, 114, 236
Sermoneta 252
Shared Mobility 257, 289
Sicherheit 263
Sixtinische Kapelle 68, 72, 152, **157**, **291**
Sixtus IV., Papst 41, 75, 115, **157**
Solarium Augusti 53
Spanische Botschaft 47
Spanisches Viertel 45
Spanische Treppe (Scalinata di Trinità dei Monti) **8**, 36, 38, 45, **46**, 50, 296
Sperrnotruf 264
Sport 256, 258
Stadio dei Marmi 191, 199
Stadio Olimpico 27, 191, 199
Stato della Città del Vaticano s. Vatikan
Stazione Termini 13, **208**, 224, 243
Steckbrief 255
Strände 249
Streetart 138, 139, 181
Studi Patrizi 48
Synagoge 81

T
Tanzen 26
Taxis 265
Teatro Ambra Jovinelli 27
Teatro Argentina 27, 79, 85
Teatro dell'Opera 27, 122, 208
Teatro di Marcello 113
Teatro di Pompeio 77
Teatro India 128
Teatro Olimpico 200
Teatro Palladium 130
Tempietto di Bramante 174
Tempio di Adriano 53
Tempio di Apollo Sosiano 113
Tempio di Ercole Vincitore 114
Tempio di Vesta 114
Tempio Maggiore 81
Terme di Caracalla **121**, 176
Terme di Diocleziano 204, **205**
Terme di Traiano 225
Terrazza del 9 Hotel Cesàri 18, **54**
Terrazza del Pincio 37, **38**, 50
Testaccio 13, 17, 24, 25, 28, 120, **126**
Theater 27
Tiber 64, 78, 83, 178, **180**, **183**, 249
Tiberina, Insel 169
Tickets 27
Tivoli 107, 155, 248, **251**
Tomba di Cecilia Metella 132
Torre Soricara 83
Trajan 64, 105, 110

Tram 264
Trastevere 12, 17, 28, 166, 169, 277
Tridente 37
Trieste 13, 186, 194
Trinità dei Monti 38, 46

U
Übernachten 28
Umgangsformen 6, 257
Università Roma Tre 128
Urban VIII., Papst 46, 65, 69, 72, 150, 155, 178, 192, 204, 211

V
Valadier, Giuseppe 37, 215
Vatikan 140, 145, 235, 288, 300, 301
Vegetarisch essen 19
Verkehrsmittel 255, 264
Vespa-Fahren 256
Via Appia Antica 118, 132, 134, 305
Via Cola di Rienzo 161
Via dei Cappellari 86
Via dei Condotti 20, 36, 39, 45
Via dei Coronari 8, 72
Via dei Fori Imperiali 90, 104
Via dei Giubbonari 20
Via del Babuino 37, 46, 48
Via del Corso 20, 34, 36, 37, 45
Via della Conciliazione 145
Via della Lungara 178
Via del Pellegrino 77, 86
Via del Portico d'Ottavia 80, 82
Via del Quirinale 209
Via di Governo Vecchio 20
Via di San Gregorio 124
Via Flaminia 36
Via Giulia 78
Via Margutta 48
Via Merulana 13, 225, 231
Via Nazionale 10, 20, 208
Via Nomentana 186, 204, 214
Via Querceti 238
Via Ripetta 37
Via Sant'Agnese in Agone 70
Via Veneto 204, 214
Via Venti Settembre 10, 209

Vignola, Giacomo Barozzi da 74, 196
Villa Ada 186, 256, 282
Villa Adriana 248, 251
Villa Borghese 28, 50, 184, 187, 282
Villa Celimontana 80, 236
Villa dei Quintili 135
Villa del Priorato di Malta 123, 125
Villa d'Este 248, 251
Villa di Massenzio 135
Villa Doria Pamphilj 175, 282
Villa Farnesina 178
Villa Giulia 23, 196
Villa Gregoriana 252
Villa Malta 50
Villa Medici 38, 50
Villa Poniatowski 194, 196
Villa Torlonia 27, 83, 204, 215, 216, 282
Viminal 12, 101, 202, 204
Vittoriano 54
Vittorio Emanuele II. 54, 65

W
WeGil 172
Wetter 288

Y
Yoga 200, 256

Z
Zerocalcare (Michele Rech) 295
Zoo 189

Abbildungsnachweis
Alexander Drummer, Rom (IT): S. 311 **Claudia Viggiani,** Rom (IT): S. 144 **DuMont Bildarchiv,** Ostfildern: S. 11, 13, 18, 19 li., 24, 26, 34 li., 37, 61 li., 140 li., 154, 159, 167 o. re., 179, 203 o. re., 256, 265, 272 o., 272 u., 290/291 (Frank Heuer) **EyeEm,** Berlin: Titelbild (Laurence Ashdown) **Getty Images,** München: S. 139 (AFP/Alberto Pizzoli); 28 (AFP/Tiziana Fabi); 165 (AFP/Vincenzo Pinto); 276 (Corbis/Alessandra Benedetti); 47, 173

DAS KLIMA IM BLICK

Reisen bereichert und verbindet Menschen und Kulturen. Wer reist, erzeugt auch CO_2. Der Flugverkehr trägt in erheblichem Maße zur globalen Erwärmung bei. Wer das Klima schützen will, sollte sich für eine schonendere Reiseform (z. B. die Bahn) entscheiden – oder die Projekte von atmosfair unterstützen. Atmosfair ist eine gemeinnützige Klimaschutzorganisation. Die Idee: Flugpassagiere spenden einen kilometerabhängigen Beitrag für die von ihnen verursachten Emissionen und finanzieren damit Projekte in Entwicklungsländern, die dort den Ausstoß von Klimagasen verringern helfen. Dazu berechnet man mit dem Emissionsrechner auf www.atmosfair.de, wie viel CO_2 der Flug produziert und was es kostet, eine vergleichbare Menge Klimagase einzusparen (z. B. Berlin – London – Berlin 14 €). Atmosfair garantiert die sorgfältige Verwendung Ihres Beitrags.

atmosfair

MIX
Papier | Fördert gute Waldnutzung
FSC® C018236